江苏省重点学科南京师范大学中国史学科项目资助

随园史学文库

以经治国与汉代社会

晋文 著

江苏人民出版社

图书在版编目（CIP）数据

以经治国与汉代社会 / 晋文著. — 南京：江苏人
民出版社，2024.10
ISBN 978 - 7 - 214 - 29028 - 1

Ⅰ．①以… Ⅱ．①晋… Ⅲ．①经学—影响—政治制度
—研究—中国—汉代 Ⅳ．①D691.2

中国国家版本馆 CIP 数据核字（2024）第 032493 号

书　　　　名	以经治国与汉代社会	
著　　　者	晋　文	
责 任 编 辑	张　欣	
装 帧 设 计	刘葶葶	
责 任 监 制	王　娟	
出 版 发 行	江苏人民出版社	
地　　　址	南京市湖南路 1 号 A 楼，邮编:210009	
照　　　排	江苏凤凰制版有限公司	
印　　　刷	江苏凤凰数码印务有限公司	
开　　　本	652 毫米×960 毫米　1/16	
印　　　张	28.75　插页 2	
字　　　数	402 千字	
版　　　次	2024 年 10 月第 1 版	
印　　　次	2024 年 10 月第 1 次印刷	
标 准 书 号	ISBN 978 - 7 - 214 - 29028 - 1	
定　　　价	88.00 元	

（江苏人民出版社图书凡印装错误可向承印厂调换）

"随园史学文库"缘起

中国是一个五千年的文明古国,物华天宝,地灵人杰,作为中华民族优秀传统文化组成部分的历史学,博大精深,气度恢宏,根深叶茂,历久弥新。梁启超曾说:"中国于各种学问中,惟史学为最发达,史学在世界各国中惟中国为最发达。"

历史科学的任务,是研究过去,总结经验,探索规律,指导现实。恩格斯在19世纪曾深刻指出:"必须重新研究历史,必须详细研究各种社会形态存在的条件,然后设法从这些条件中找出相应的政治、经济、私法、美学、哲学、宗教等的观点。这方面,到现在为止,只做出了很少一点成绩,因为只有很少的人认真地这样做过。"现在距恩格斯讲这番话又过去一百多年了,世界发生了巨大的变化,但是运用历史唯物主义的立场、观点、方法研究历史问题的基本原理,并没有随着时代的变迁而过时。相反,飞速前进的时代步伐和各种层出不穷的社会问题,正要求我们以历史唯物主义的精神、更为严谨的科学态度以及艰苦细致的工作去应对时代的挑战,奉献出无愧于时代和充满科学精神的史学精品。

我们编辑这套文库开始于2004年,主要目的在于出版我校教师、研究人员及我校培养的历届博士生、硕士生学术研究的精品,展现我校史学研究的风貌。文库所收各书,或"著"或"译",或"编"或"论"。我们期望通过这套文库的出版，使学术界更多地了解我们的研究工作，更好地进行学术交流，为促进我国历史科学的发展与繁荣，贡献绵薄之力。

这套文库以"随园史学文库"命名，有两层含义：一是因为南京师范大学是一所百年老校，有着丰厚的文化积淀。学校老校区即为清代文学家袁枚"随园"著述之地，同时，南京师范大学还是历史上柳诒徵等史学大家的执教之所。取名随园，自是对先贤的尊重和纪念；二是希望借助"随园"这一富有文化内涵的名称，鼓励我校的史学同仁奋发图强，积极进取，勇于探索，求实创新，在史学研究上做出更大的成绩。

本文库曾得到许多著名史学家及出版部门的关心与支持，在此谨致深深的谢意。尽管我们做了不少的努力，但难免会有这样那样的不足，祈请学界同仁不吝赐教，让我们共同推进中国历史学的繁荣。

"随园史学文库"编辑委员会

新版序

王子今

自汉武帝与董仲舒等儒学思想领袖合作,实现"罢黜百家,表章《六经》"①,"推明孔氏,抑黜百家"②,推行全面提升儒学地位的文化政策之后,儒学逐步成为国家意识形态的主导。这一社会文化格局的确定,影响了此后两千年的中国思想史。经,经学,长期成为执政者治国的基本文化原则。从西汉中晚期至于东汉,儒学的普及,或者说经学的普及,全面影响了社会生活的各个层面。

公孙弘建议完善官学教育,"教化之行也,建首善自京师始,由内及外"。以为"昭至德,开大明,配天地,本人伦,劝学修礼,崇化厉贤,以风四方,太平之原也"③。实践这一理念的成功,不仅表现于王莽能够上位,益热衷于"讲合《六经》之说"④,"必欲依古得经文",多所"兴造"⑤,以及东汉"光武中兴,爱好经术","光武迁还洛阳,其经牒秘书载之二千余两,

---

① 《汉书》卷六《武帝纪》,北京:中华书局1962年版,第212页。
② 《汉书》卷五六《董仲舒传》,北京:中华书局1962年版,第2525页。
③ 《史记》卷一二一《儒林列传》,北京:中华书局1959年版,第3119页。
④ 《汉书》卷九九中《王莽传中》,北京:中华书局1962年版,第4140页。
⑤ 《汉书》卷二四下《食货志下》,北京:中华书局1962年版,第1179页。

自此以后,参倍于前"①,其主要战友都是儒生②,据说"自光武中年以后,干戈稍戢,专事经学,自是其风世笃焉"③,还体现于儒学在社会基层的广泛普及。不仅"四方学士""莫不抱负坟策,云会京师"④,一时"诸生横巷,为海内所集"⑤,而且乡间儒者教授经学的活跃,亦令人惊异。

当时民间的私学非常繁盛。社会上出现了一些累世专攻一经的士大夫家族。他们世代相继,广收门徒。许多名师教授的弟子,往往多至百千甚至超过万人。《后汉书》卷七九下《儒林列传下》记载,任城人魏应"习《鲁诗》","教授山泽中,徒众常数百人","弟子自远方至,著录数千人"。犍为武阳人杜抚专于《韩诗章句》,"后归乡里教授","弟子千余人"。犍为资中人董钧"当世称为通儒","常教授门生百余人"。山阳东缗人丁恭"习《公羊严氏春秋》","学义精明,教授常数百人","诸生自远方至者,著录数千人"。北海安丘人周泽"少习《公羊严氏春秋》,隐居教授,门徒常数百人"。北海安丘人甄宇"习《严氏春秋》,教授常数百人"。其孙甄承"尤笃学,未尝视家事,讲授常数百人"⑥。陈留雍丘人楼望,曾经受诏与名儒丁鸿、贾逵等"论定《五经》同异于北宫白虎观"⑦,曾官至九卿,"教授不倦,世称儒宗,诸生著录九千余人。"豫章南昌人程曾"习《严氏春秋》,积十余年,还家讲授,会稽顾奉等数百人常居门下"。河内河阳人张

① 《后汉书》卷七九上《儒林列传上》,北京:中华书局1965年版,第2545、2548页。
② 汉代武帝刘秀建国的功臣集团,文化资质与刘邦时代所谓"汉初布衣将相之局"完全不同。清代史学家赵翼注意到这一情形,指出"帝本好学问"。他的功臣集团中儒生也发挥着重要作用,甚至军事领袖也"皆有儒者气象"。"诸将之应运而兴者,亦皆多近于儒。""东汉功臣多近儒"的情形,与西汉王朝的开国功臣往往出于亡命无赖明显有别。刘秀身边的主要将领,确实多有儒学资质。赵翼所举邓禹、寇恂、冯异、贾复、耿弇、祭遵、李忠、朱佑等凡十四例,都具有一定的儒学修养。于是总结说:"光武诸功臣,大半多习儒术。"(清)赵翼著,王树民校证:《廿二史札记校证》,北京:中华书局1984年版,第36—37、90—91页。这一说法,是符合历史实际的。
③ 《后汉书》卷七九下《儒林列传下》,北京:中华书局1965年版,第2588页。
④ 《后汉书》卷七九上《儒林列传上》,北京:中华书局1965年版,第2545页。
⑤ 《后汉书》卷四八《翟酺传》,北京:中华书局1965年版,第1606页。
⑥ 《后汉书》卷七九下《儒林列传下》,北京:中华书局1965年版,第2571、2573、2577—2578、2580页。
⑦ 《后汉书》卷三七《丁鸿传》,北京:中华书局1965年版,第1264页。

玄"诸儒皆伏其多通,著录千余人"。扶风漆人李育"少习《公羊春秋》,沈思专精,博览书传","常避地教授,门徒数百。"陈国长平人颍容"博学多通,善《春秋左氏》","避乱荆州,聚徒千余人。"南阳章陵人谢该"善明《春秋左氏》,为世名儒,门徒数百千人"。汝南南顿人蔡玄"学通《五经》,门徒常千人,其著录者万六千人"①。

"太原界休人"郭太,曾经"就成皋屈伯彦学,三年业毕,博通坟籍","后归乡里","遂闭门教授,弟子以千数"。他42岁去世,"四方之士千余人,皆来会葬"②。又有记载说,"自弘农函谷关以西,河内汤阴以北,二千里负笈荷担弥路,柴车苇装塞涂,盖有万数来赴"③。所谓"二千里负笈荷担弥路,柴车苇装塞涂",这些多达"万数"的学业追随者,应当都是身份低下的社会人等。

据《后汉书》的作者范晔总结,当时,"经生所处,不远万里之路,精庐暂建,赢粮动有千百,其著名高义开门受徒者,编牒不下万人"④。经学传播和延续的热度,史无前例。普及城乡的广泛,渗入基层的透彻,后世历朝大致也都难以比拟。东汉砖文遗存可以看到《公羊传》文字:"元年春,王正月。元年者何?君之始年也。春者何?岁之始也。王者孰谓?谓文王也。曷为先言王而后正月,王之正月也。何言乎王之正月?大一统也。"⑤泥砖上刻划文字,很可能是普通劳动者随手所为。这是体现"以经治国与汉代社会"最直接的文物实证。联系到居延汉简边防戍卒书写文字也有"元年元年春王正月公即位所谓王"(EPT52:59A)、"元年春王正月"(EPT52:59B)⑥,可以体会当时儒学经典在社会下层普及之广。由执政集团刻意倡导的经学学习热潮,可以说有突出的成功。以此确立意识

---

① 《后汉书》卷七九下《儒林列传下》,北京:中华书局1965年版,第2580—2582、2584、2588页。
② 《后汉书》卷六八《郭太传》,北京:中华书局1965年版,第2225—2227页。
③ 《后汉书》卷六八《郭太传》李贤注引《谢承书》,北京:中华书局1965年版,第2227页。
④ 《后汉书》卷七九下《儒林列传下》,北京:中华书局1965年版,第2588页。
⑤ 王镛、李淼编撰:《中国古代砖文》,北京:知识出版社1990年版,第61页。
⑥ 甘肃省文物考古研究所、甘肃省博物馆、文化部古文献研究室、中国社会科学院历史研究所编:《居延新简:甲渠候官与第四燧》,北京:文物出版社1990年版,第231页。

形态正统并维护政治合法性的努力，可以说是有效的。后世的统治者，可能正是在这样的经验中找到了仿拟的标本①。

对于这一时期政治史和文化史重要主题"经学"作用的说明，联系到"汉代社会"的文化风景，确实是必要的，也是有意义的。

晋文的这部著作不仅考察了汉代以经治国的历史演进以及与汉代政治理论构建、政治制度巩固的关系，也比较全面地阐说了"以经治国"与经济、法律、教育的关系，与社会生活的关系。涉及社会生活史的内容，包括精神生活和物质生活，通过不同视角，论及多个方面，包括礼俗形式、信仰世界、祭祀制度、艺术生活，以及日常的衣食住行等。附于各章之后的"附论"共计14篇，分别考察具体的学术主题，如"从推广教化看秦汉王朝的民族边疆治理""'重瞳'记载的起源、内涵与转变——从项羽'重瞳'说起""古今之辨与'焚书坑儒'的悲剧""汉代霾或'霾雾'探微""重评董仲舒与司马迁的义利观""汉代太学浅说""两汉时期的赋民公田及实质""重评班昭《女诫》的女性伦理观"等，均坚持实证原则，发表了新的见解，对于读者必将有所启示。有些议题是人们共同关心的，有些议题则关注点新鲜且有趣味。例如有关"重瞳""雾霾""《女诫》"等问题的讨论，跳出了以往"经学"研究大多略嫌死板生硬晦涩的传统定式，可以说产生了别开生面的效应。而全书的学术品质，其实也得以提升。

晋文著《以经治国与汉代社会》初版，得到学界颇多好评。现在新版面世，朋友们皆以为能够促进汉代经学史、行政史和社会意识史、社会生活史的研究。作者命作书序，笔者深心以为幸事。

得识晋文，已经近40年了。作为老朋友，这里不必说恭维的虚言，但是对他为人之诚恳、治史之勤勉、学风之严谨，以及对待学生的谦和、关爱和亲近，从事教学与学术领导工作的认真和积极，百千感念，一时涌集于心。持续数十年来，晋文对我的帮助很多，包括支持、鼓励和批评等等。我对晋文，也是知无不言，言无不尽，发表不太恭敬的意见，也从不必忌

---

① 王子今：《东汉的"学习型社会"》，载《读书》2010年第1期。

讳。小序行文至此,真诚希望我们的友情持久。

去年本命年遭遇严重病患,不能不想到生死问题。晋文新书有"'天命'论的重新阐释"一节,当然主要是说政治理论。而我们思考个人的人生,有时也难以避开"天命"这一主题。晋文书中也讨论了是否"苟活"的问题,当然相关文字与我这里要说的意思相距很远。我在这里希望朋友们多多保重,生命之树常青,学术之树常青。期待有更多的秦汉史研究论著问世,努力创造,积极发明,迎来这一学术方向更为生气蓬勃的春天。对于好友晋文未来新的学术收获,当然也深心企盼,满怀热望。

2023 年 5 月 1 日于北京

序

安作璋

汉代是经学繁荣的一个黄金时期。特别是西汉中期以后,统治者以经治国,不仅通经可以入仕,朝廷诏令与群臣奏议皆援引经义为据,更有所谓以《禹贡》治河、以《洪范》察变、以《春秋》决狱、以《诗》为谏等事例。所以,清人皮锡瑞在《经学历史》中指出:"经学自汉元、成至后汉,为极盛时代。"

汉代经学的繁荣曾引起历代学者极大的研究兴趣,这方面的著作可以说汗牛充栋。但遗憾的是,这些研究的内容一般都局限于经学自身的发展,即思想史和学术史的范围之内,而对于汉代甚至后世曾产生重大影响的经学治国,则大多语焉不详。近年来,这种状况有所改变,一些论著已开始涉及其中某些问题。然而,迄今在学术界仍没有出版一部研究汉代以经治国的专著。这与当今史学界所提出的进一步繁荣和发展史学的要求显然是不相适应的。

令人欣慰的是,晋文同志的《以经治国与汉代社会》即将出版面世。我曾经是他的硕士研究生导师,他在1984—1987年读研究生期间,即以汉代经学治国问题作为主要研究方向,并写出了颇有见地的学位论文,因而顺利地通过论文答辩。此后十余年间,他一直从事这方面的研究,在原有基础上不断地向深度广度发展。"十年辛苦不寻常",现在终于获得可喜的成果。作者请我作序,我除了向他表示祝贺,也非常乐意向读者介绍这部颇具学术品位的专著。

通观《以经治国与汉代社会》,本书除了资料翔实、语言简洁流畅并运用新的研究方法,主要有两个突出特点:

首先,本书论证广泛,对汉代以经治国进行了全面、系统的研究。仅就内容而言,本书即与以往不同。它不再是单纯研究经学,而是更加注重经学在汉代基本国策中的具体操作和运用,并注意总结它的成功经验与教训。具体来说,作者采用多方位、多层面的不同视角论述汉代的经学治国,使得全书形成了纵横交织的严密体系。其中包括经学何以成为汉王朝的统治思想,汉代以经治国是如何形成、发展和衰落的,其对于汉代政治、经济、军事、法律、文化教育、社会保障和社会生活等方面的深刻影响与特点,以及怎样才能正确评价它的作用和得失等,几乎囊括了汉代社会的各个领域。

其次,本书论证深入,颇具新意,是一部名副其实的专著。本书虽然字数不多,仅有 20 余万字,但在每一章中都提出了作者的独到见解,或者是对前人的论述做出了比较重要的补充。例如论汉代以经治国的兴衰,经学与汉代的“天命”论、“古今”观和“忠孝”说,汉代经济思想和经济政策的转变,皇帝制度的进一步完善,以儒取士及其新的用人制度的建立,“宽猛并施”与《春秋》决狱及得失,太学、郡国学的创建和私学的繁荣,所谓“荒政”的实施与评价,汉人社会生活的多方面整合及影响,等等。别的不说,仅从作者在《中国史研究》《社会学研究》《秦汉史论丛》《历史教学》《江海学刊》《江汉论坛》《南京大学学报》《山东师大学报》《齐鲁学刊》等已发表近 20 篇相关论文看,我们亦可以想见其在学术界的广泛和良好的影响。

诚然,本书也并非完美无缺,其中有些问题也还需要进一步探讨。然而瑕不掩瑜,本书仍可谓研究汉代以经治国的力作。相信读者都会从中感受它的学术价值和思想启迪。

2001 年 7 月于山东济南

目　录

前　言

　　纵观历代王朝的治国之道，以经治国实为汉代所首创，而且一直影响到后代。前人很早就注意及此，所谓以《禹贡》治河，以《洪范》察变，以《春秋》决狱，以《诗》为谏。[①] 然而，多失之笼统，对有些重大问题，如经学怎样成了汉代的统治思想，汉代统治者如何以经学治国，其作用、得失及影响等，尚缺乏系统深入的研究。就今人而言，由于以往对汉代经学往往采取简单化的论证，这方面的研究亦显得比较薄弱。从现有的研究状况看，除笔者和张涛、孙筱（孙晓）、华有根、刘厚琴等学人对其中某些问题曾作过比较系统的论述外[②]，最主要的成果就是汤志钧等先生撰著的《西汉经学与政治》。该书 1994 年由上海古籍出版社出版，原系汤志钧先生申报的国家社会科学基金一般项目，主要"研究儒家经学在西汉成为统治思想的原因、特征和在其影响下人民大众的文化心理状态，论述西汉经学初期的作用和谶纬迷信与经学的关系及其演变，探讨其社会政治原

[①] 参看（清）赵翼撰，曹光甫点校：《廿二史札记》卷二《汉时以经义断事》，上海：上海古籍出版社 2011 年版。

[②] 从 20 世纪 90 年代开始，张涛、孙晓先生先后发表了一组经学与汉代历史文化的论文，刘厚琴女士发表了一组儒学与汉代人际关系的论文，华有根先生的主要成果则集中在西汉礼学方面，并出版专著《西汉礼学新论》（上海：上海社会科学院出版社 1998 年版）一书。

因"①。然而其内容实侧重于思想史研究,对经学在汉代统治和汉代社会的各个方面究竟如何被具体运用和操作,则缺乏较系统的论述,且时间上亦仅限于西汉。故严格说来,在汉代以经治国的研究上,迄今尚没有比较系统和完整的成果。

本书将从多方位、多层面的视角探讨汉代的经学治国。其内容包括经学何以成为汉王朝的统治思想,汉代以经治国是如何形成、发展和衰落的,它对于汉代社会的诸多方面如政治、经济、法律、教育、社会保障和社会生活等领域中的深刻影响及特点,以及怎样比较科学地评价它的作用和得失等。

研究汉代经学治国不仅具有进一步拓展汉史研究、总结历史规律、弘扬优秀传统文化和批判封建主义的理论价值,还有着总结历史经验,为今天的社会主义现代化建设提供有益借鉴的应用价值。但是在研究上也有着很大难度,主要表现在三个方面:一是怎样在前人和今人研究的基础上对汉代以经治国进行更加全面的论述,以达到在内容上更加深入、更加系统的目的;二是如何在研究上真正做到出新,特别是对其中一些疑难问题的解释能否令人信服;三是怎样突出重点,以使本书能够更加注重经学在汉代统治政策中的具体操作与运用,并注意总结它的成功经验和教训。

本书将坚持以马克思主义唯物史观为指导,在充分占有史料的基础上,借鉴政治学、经济学、法学、教育学和社会学等有关理论,对汉代以经治国进行综合研究和探讨。具体来说,既要强调经学在各项统治政策中的指导作用,又要指出汉代物质生活对于这些政策的制约作用;要注重阶级分析,更要注重历史分析;要进行定量考察,也要进行定性研究;要大量采用个案分析,又要充分注重在理论上的总体概括和提升;还要把上述方法同其他方法都有机地结合起来,并注意微观与宏观研究的统一。当然,

---

① 中国史学会:《中国历史学年鉴》(1991),北京:人民出版社1991年版,第666页。

本书最终是否都能科学、有效地运用这些方法,并使本书的研究结出丰硕的成果,这还要取决于读者的评判。

愿本书的撰写能为新世纪的史学研究做出微薄的贡献!

第一章　汉代以经治国的历史考察

治史当明其源流。研究汉代的以经治国,也应当首先考察它的历史发展和演变过程。本章着重探讨汉代以经治国的兴衰历程,并就经学怎样成为汉王朝的统治思想、统治者在不同时期如何以经学治国、其原因与特点等问题作出比较系统的分析。

汉代以经治国的兴衰大致可分为四个历史时期。

一、汉代以经治国的发端

汉代以经治国发端于西汉中期。它是由武帝首开其风,而昭帝、宣帝进一步推广所形成制度的。据有关记载,汉武帝自建元元年(前140年)"罢黜百家,表章六经"(后人概括为"独尊儒术")后,便把经学运用于统治之中。这主要表现在他把经学已作为重大举措的理论依据。仅就其诏书而言,如元朔元年(前128年)策立卫皇后,为强调所谓"更始"的重要性,武帝便引经说:

> 朕闻天地不变,不成施化;阴阳不变,物不畅茂。《易》曰:"通其变,使民不倦。"《诗》云"九变复贯,知言之选"。朕嘉唐虞而乐殷周,据旧以鉴新。其赦天下,与民更始。①

---

① 《汉书》卷六《武帝纪》,北京:中华书局1962年版,第169页。

1

又如元朔元年诏举孝廉,六年诏议置武功赏官,元鼎五年(前112年)诏恤民辛劳等,也都一一引经。说明汉武帝"独尊儒术"后,便把经学与政治结合,即以经治国了。此后,昭帝、宣帝相继即位,统治措施虽有所损益,但仍把经学作为施政的理论根据,并有了进一步发展。《汉书》卷七一《隽不疑传》记载,京兆尹隽不疑,据《公羊春秋》果断处理卫太子冒充案,受到昭帝和大将军霍光的称赞,就是一例。

> 始元五年,有一男子乘黄犊车,建黄旐,衣黄襜褕,著黄冒,诣北阙,自谓卫太子。公车以闻,诏使公卿将军中二千石杂识视。长安中吏民聚观者数万人。右将军勒兵阙下,以备非常。丞相御史中二千石至者并莫敢发言。京兆尹不疑后到,叱从吏收缚。或曰:"是非未可知,且安之。"不疑曰:"诸君何患于卫太子!昔蒯聩违命出奔,辄距而不纳,《春秋》是之。卫太子得罪先帝,亡不即死,今来自诣,此罪人也。"遂送诏狱。
>
> 天子与大将军霍光闻而嘉之。①

当然,在武帝以前,像这种引经据典,西汉诸帝也曾间或有之。但它们只是统治者的某种特殊需要,还不能说是严格意义上的以经治国。因为在那时政治上是黄老思想占据主导地位,儒学仅是百家之一。而在西汉中期,情况则大为不同。由于这时儒学的地位已经获得独尊,所谓《五经》不但在思想界具有最高的权威,而且在政治上也成为汉王朝赖以统治的理论依据。如昭帝与霍光便公开宣称:"公卿大臣当用经术明于大谊。"②乃至朝廷上下,或大小官吏,在上疏、奏议、对策时,也都连篇累牍地称引经义。如武帝时董仲舒、公孙弘、严助等人的《贤良对策》,韩安国与王恢关于匈奴的和战之争,昭帝时贤良文学与桑弘羊在盐铁会议上的发言,霍光之废昌邑王、立宣帝,宣帝时张敞上封事言世卿,等等。更重要

---

① 《汉书》卷七一《隽不疑传》,北京:中华书局1962年版,第3037—3038页。
② 《汉书》卷七一《隽不疑传》,北京:中华书局1962年版,第3038页。

的是,至昭、宣继位后,一些地方官吏也开始把经学运用于施政活动之中。韩延寿就是一例。

> 延寿为吏,上礼义,好古教化,所至必聘其贤士,以礼待用,广谋议,纳谏争;举行丧让财,表孝弟有行;修治学官,春秋乡射,陈钟鼓管弦,盛升降揖让,及都试讲武,设斧钺旌旗,习射御之事。①

这与西汉前期显然已大相径庭。

不过,所谓不同或变化乃是比较而言,也不能把它过分夸大。实际上,统治者在这时皆实行德刑并用政策,而且在德刑的具体运用上也主要是侧重于刑。例如,关于德刑的作用和功能,武帝便公开宣称:"夫本仁祖义,褒德禄贤,劝善刑暴,五帝三王所由昌也。"②再如,元帝"柔仁好儒。见宣帝所用多文法吏,以刑名绳下,大臣杨恽、盖宽饶等坐刺讥辞语为罪而诛,尝侍燕从容言:'陛下持刑太深,宜用儒生'"③。而宣帝亦明确指出:"汉家自有制度,本以霸王道杂之,奈何纯任德教,用周政乎!"④可见,在西汉中期还是儒法杂用、外儒内法,以经治国也只是一个发端而已。

西汉中期为什么会成为以经治国的发端?这当然不是取决于某个皇帝的意志,而是有着深刻的社会原因。

首先,从经学本身来看,到西汉中期,儒学经过不断改造,已成为一种兼收并蓄、对维护统治特别有利的思想体系,它能够为统治者所采纳。这从汉代儒学的自我改造的过程中便可以得到证明。先秦儒学一般都特别重视仁义,孔孟曾言必称仁义。而汉代经学却主张既要强调仁义,又要辅以暴力,二者乃不可或缺。汉初统治者从崇奉法治的秦朝的速亡中认识到,仅仅用暴力并不能有效地巩固统治。如对于汉高祖声称"迺公居马上而得之,安事《诗》《书》",陆贾便明确告诫说:"居马上得之,宁可以马上

---

① 《汉书》卷七六《韩延寿传》,北京:中华书局1962年版,第3211页。
② 《汉书》卷六《武帝纪》,北京:中华书局1962年版,第166页。
③ 《汉书》卷九《元帝纪》,北京:中华书局1962年版,第277页。
④ 《汉书》卷九《元帝纪》,北京:中华书局1962年版,第277页。

治之乎？且汤武逆取而以顺守之，文武并用，长久之术也。"①贾谊也总结秦亡的历史经验说："仁义不施而攻守之势异也。"②故汉初力反其弊，在政治上采取无为而治的黄老学说。但是黄老学说实质还是刑名之学，只不过它主张清静自然，不采取极端的暴力统治而已。要真正做到长治久安，这还不能更好地满足统治者的需要。而儒家思想又过于偏持仁义，统治者也不可能完全采用。因此，为了能满足统治者的需要，也为了儒学地位的提高，许多儒生便吸取各家学说对儒学进行改造。这里要特别提到的是陆贾、贾谊和董仲舒。

陆贾在理论上可称为汉代新儒学的开创者。他对儒家思想的改造是采撷了道家的"无为"学说，主张治国贵在清净自然。

> 君子之为治也，块然若无事，寂然若无声，官府若无吏，亭落若无民，间里不讼于巷，老幼不愁于庭，近者无所议，远者无所听，邮无夜行之卒，乡无夜召之征，犬不夜吠，鸡不夜鸣，耆老甘味于堂，丁男耕耘于野，在朝者忠于君，在家者孝于亲；于是赏善罚恶而润色之，兴辟雍庠序而教诲之，然后贤愚异议，廉鄙异科，长幼异节，上下有差，强弱相扶，大小相怀，尊卑相承，雁行相随，不言而信，不怒而威，岂待坚甲利兵、深牢刻令、朝夕切切而后行哉？③

而贾谊则将法家的法治思想揉进了儒学，强调仁义必须辅以法治。他说："仁义恩厚者，此人主之芒刃也；权势法制，此人主之斤斧也。"④至于董仲舒，则可谓西汉前期儒学改造的集大成者。他以《公羊春秋》为核心，在陆、贾等人的基础上，对儒学曾进行全面改造。他的《贤良对策》和《春秋繁露》不仅汲取了黄老、法家、名实之学，更把阴阳五行、天人感应也纳入

---

① 《史记》卷九七《郦生陆贾列传》，北京：中华书局1959年版，第2699页。
② 《史记》卷六《秦始皇本纪》载贾谊《过秦论》，北京：中华书局1959年版，第282页。
③ 王利器撰：《新语校注》卷下《至德》，北京：中华书局1986年版，第118页。
④ （西汉）贾谊撰，阎振益、钟夏校注：《新书校注》卷二《制不定》，北京：中华书局2000年版，第71页。

了儒学。诚如金春峰先生所说：

> 董仲舒在对策和《春秋繁露》中，以《公羊春秋》为骨干，融合阴阳家、黄老、法家思想，建立了一个新的以天人感应为基础的目的论思想体系，代替黄老成为汉代的官方哲学思想，完成了汉武帝对策所提出的历史任务。①

这样一来，儒学也就基本完成了改造，初步形成了比较符合统治者口味的所谓"霸王道杂之"的经学。

其次，从现实的政治需要看，经学讲究尊君、大一统，讲究宗法伦理，讲究德主刑辅，讲究举贤任能，讲究华夷之分，实质则是如何来妥善处理统治阶级与被统治阶级、统治阶级内部之间的关系，这在当时正是汉王朝所迫切需要的。即以前者说，在西汉中期，随着地主阶级对农民的剥削、压迫逐渐加重，阶级矛盾相当激化。汉武帝时，董仲舒批评"一岁之狱以万千数"②，小规模的农民起义已不断爆发。如何来缓和阶级矛盾也就迫在眉睫。而经学主张德主刑辅，即所谓以仁义教化之，以刑罚整齐之，即使得统治者在处理这一关系时可以推行恩威并重的统治政策，比较有效地解决这个问题。

就统治阶级内部来说，西汉中期也存在着不少隐患。当时王国问题虽已基本解决，但有些诸侯王仍在蠢蠢欲动，史称"武有衡山、淮南之谋"③。而且，地方上的强宗豪右也是一股割据势力。他们"武断于乡曲"④，"权行州域，力折公侯"⑤，成为汉王朝推行统一政令的严重障碍。更严重的是，汉行郡县制，郡守在地方上握有实权，有的也对中央政令置

① 金春峰：《董仲舒思想的特点及其历史地位》，载氏著《汉代思想史》，北京：中国社会科学出版社 1987 年版，第 146 页。
② 《汉书》卷五六《董仲舒传》，北京：中华书局 1962 年版，第 2515 页。
③ 《汉书》卷一四《诸侯王表》，北京：中华书局 1962 年版，第 395 页。
④ 《汉书》卷二四上《食货志上》，北京：中华书局 1962 年版，第 1136 页。
⑤ 《汉书》卷九二《游侠传》，北京：中华书局 1962 年版，第 3698 页。

若罔闻。如会稽太守严助,就曾因会稽鄙远,"阔焉久不闻问"①。显而易见,经学强调要尊君、大一统,所谓"君为臣纲""王者无外",同样也为统治者处理这些问题提供了理论依据。

正因为现实的社会原因亟需汉王朝借助经学来维护统治,所以当时的"独尊儒术"也主要是尊崇对于解决这些问题最为有利的《春秋》,亦即《公羊春秋》。《汉书》卷八八《儒林传》云:"武帝……尊《公羊》家,诏太子受《公羊春秋》,由是《公羊》大兴。"②就具体原因来说,则可以归纳为两个方面。首先,《公羊春秋》的"大一统"说,为汉王朝加强皇权和中央集权提供了关键性依据。例如元狩年间,博士徐偃奉旨行风俗,据《春秋》"大夫出疆"擅使胶东、鲁国营盐铁,被武帝以"矫制"论,其理由即《春秋》"王者无外"亦即"大一统"。③ 其次,《公羊春秋》的"大复仇"理论,为汉武帝继续对匈奴的战争制造了借口。《汉书》卷九四上《匈奴传上》载,太初四年(前101年),武帝诏攻打匈奴,便特别强调说:"高皇帝遗朕平城之忧,高后时单于书绝悖逆。昔齐襄公复九世之仇,《春秋》大之。"④

西汉中期的以经治国还具有很明显的初期特点。这主要表现在统治者非但没有在各个领域里普遍运用经学,即便有所运用,也采取了一种形式主义的实用态度。其中典型事例,就是汉武帝根据《春秋》"大复仇"对匈奴所继续进行的战争。因为在关于少数民族的基本思想上,《春秋》虽然强调华夷之分,却从来都主张"天子守在四夷"⑤,即所谓"以德怀远",反对用武力来解决争端。孔子也曾经提出:"远人不服,则修文德以来之。"⑥可见,这完全是一种为我所用的曲解。所以,史家也就把这种对经

① 《汉书》卷六四上《严助传》,北京:中华书局1962年版,第2789页。
② 《汉书》卷八八《儒林传》,北京:中华书局1962年版,第3617页。
③ 《汉书》卷六四下《终军传》,北京:中华书局1962年版,第2818页。
④ 《汉书》卷九四上《匈奴传上》,北京:中华书局1962年版,第3776页。
⑤ 杨伯峻:《春秋左传注·昭公二十三年》,北京:中华书局1990年版,第1448页。另请参看《汉书》卷九四下《匈奴传·赞》《春秋繁露·竹林》《公羊传》成公十五年与宣公十二年。
⑥ 程树德撰,程俊英、蒋见元点校:《论语集释》卷三三《季氏上》,北京:中华书局1990年版,第987页。

学只取文辞、不问实质的做法称为"润饰"或"缘饰"。《汉书》卷八九《循吏传·序》云：

> 孝武之世，外攘四夷，内改法度，民用凋敝，奸轨不禁。时少能以化治称者，惟江都相董仲舒、内史公孙弘、兒宽，居官可纪。三人皆儒者，通于世务，明习文法，以经术润饰吏事，天子器之。①

这可以说是对西汉中期以经治国形象而又深刻的总结。

二、汉代以经治国的深化

从元帝到平帝，即西汉后期，汉代以经治国进入了一个新的时期。和以前相比，统治者在这一时期已不再对经学还有所保留，而是在各个领域都采用经学来处理问题。

就政治方面而言，汉王朝在这一时期即完全依据经学。可以说，当时其主要政策的制定和贯彻，几乎无不征引经义而后行，乃至在《汉书》中我们已很难找到与此有异者。特别是用人方面，则更为突出地表明了以经治国的深化。汉代自"独尊儒术"，在用人制度上便开始以儒取士，如公孙弘以治《公羊》由布衣而任相。但终于宣帝之世，其用人依然是斑驳不一，如武帝曾重用"兴利之臣"，宣帝用"文法吏"。而在西汉后期，情况则大为改观。史载元帝即位，便"征用儒生，委之以政"，所谓"孝宣之业衰焉"②。又《汉书》卷八一《匡张孔马传·赞》曰：

> 自孝武兴学，公孙弘以儒相，其后蔡义、韦贤、玄成、匡衡、张禹、翟方进、孔光、平当、马宫及当子晏咸以儒宗居宰相位，服儒衣冠，传先王语，其酝藉可也。③

---

① 《汉书》卷八九《循吏传·序》，北京：中华书局1962年版，第3623—3624页。
② 《汉书》卷九《元帝纪·赞》，北京：中华书局1962年版，第299页。
③ 《汉书》卷八一《匡张孔马传·赞》，北京：中华书局1962年版，第3366页。

至于普通官吏,更是比比皆是,所谓"彬彬多文学之士矣"。所以,清人皮锡瑞曾赞叹说:"元、成以后,刑名渐废。……公卿大夫士吏未有不通一艺者也。"①

从经济方面看,在西汉后期,汉王朝的经济政策也开始受到经学的制约和影响。众所周知,先秦儒家皆强调重义轻利。孔子曾明确提出:"君子喻于义,小人喻于利。"②孟子也说:"何必曰利,亦有仁义而已矣。"③汉代经学完全继承了这种观点。如董仲舒说:"夫仁人者,正其谊不谋其利,明其道不计其功。"④然而在西汉中期,汉王朝却推行一种工商官营的"榷利"政策⑤,经学往往被拒之门外。例如盐铁会议,贤良文学便以此对这一政策猛烈抨击:"今郡国有盐、铁、酒榷、均输,与民争利。"⑥及至西汉后期,随着以经治国的深化,经学则不仅已明显产生影响,而且由于它的作用,这种工商官营政策也基本停顿,有的甚至被废止。《汉书》卷二四上《食货志上》载:"元帝即位……在位诸儒多言盐铁官及北假田官、常平仓可罢,毋与民争利。上从其议,皆罢之。"⑦以后,其工商政策尽管也还有一些变化,但总的来看,是朝着取消的方向逆行的。

从法律方面说,武帝、宣帝都注重法治,并且重用"酷吏"。而西汉后期,统治者则不但强调德主刑辅,很少再公开提倡法治,同时还把经学更多地运用于法律实践之中。如元帝,即位伊始,便下诏对现存律令"蠲除轻减"。成帝也根据《甫刑》"五刑之属三千,大辟之罚其属二百",诏群臣"议减死刑及可蠲除约省者"⑧。所谓引经决狱在这时也被越来越广泛地

① (清)皮锡瑞著,周予同注释:《经学历史·经学极盛时代》,北京:中华书局1959年版,第103页。
② 程树德撰,程俊英、蒋见元点校:《论语集释》卷八《里仁下》,北京:中华书局1990年版,第267页。
③ (清)焦循撰,沈文倬点校:《孟子正义》卷二《梁惠王上》,北京:中华书局1987年版,第36页。
④ 《汉书》卷五六《董仲舒传》,北京:中华书局1962年版,第2524页。
⑤ 参看拙文:《从西汉抑商政策看官僚地主的经商》,载《中国史研究》1991年第4期。
⑥ 王利器撰:《盐铁论校注(定本)》卷一《本议》载文学语,北京:中华书局1992年版,第1页。
⑦ 《汉书》卷二四上《食货志上》,北京:中华书局1962年版,第1142页。
⑧ 《汉书》卷二三《刑法志》,北京:中华书局1962年版,第1103页。

运用。元帝时，王尊以经义严惩继子或养子不孝，就是非常典型的事例。

> （王尊）转守槐里，兼行美阳令事。春正月，美阳女子告假子不
> 孝，曰："儿常以我为妻，妒笞我。"尊闻之，遣吏收捕验问，辞服。尊
> 曰："律无妻母之法，圣人所不忍书，此经所谓造狱者也。"尊于是出
> 坐廷上，取不孝子悬磔著树，使骑吏五人张弓射杀之。①

见于《汉书》等记载的，还有"《春秋》诛首恶""原心定罪""以功覆过""专
地盗土"等案例。

在教育方面，也是如此。西汉后期可以说是汉代学校教育的兴盛时
期。为了促进经学的传播，培养更多的懂得经术的儒生，统治者在这时大
力发展教育。以太学为例说，《汉书》卷八八《儒林传·序》记载，其规模
在西汉中期一直发展缓慢，至宣帝时仅设有博士弟子二百人。而到了西
汉后期，则很快增员为三千人。成帝末年，"或言孔子布衣养徒三千人，今
天子太学弟子少，于是增弟子员三千人"②。平帝时，王莽又"奏起明堂、
辟雍、灵台，为学者筑舍万区"③，太学的规模更加扩大。地方官学也有了
很大发展。如元帝时，郡国皆增置《五经》百石卒史，至平帝元始三年（3
年）还制定了系统的郡国学校制度：

> 郡国曰学，县、道、邑、侯国曰校。校、学置经师一人。乡曰庠，聚
> 曰序。序、庠置《孝经》师一人。④

随着官学的迅速发展，西汉后期的私人教学也更加发达。一些著名的经
学大师往往都有弟子数百人，有的甚至有上千人。所谓"传业者浸盛，支
叶蕃滋，一经说至百余万言，大师众至千余人"⑤。这些都从一个侧面说
明了汉代以经治国的深化。

---

① 《汉书》卷七六《王尊传》，北京：中华书局1962年版，第3227页。
② 《汉书》卷八八《儒林传·序》，北京：中华书局1962年版，第3596页。
③ 《汉书》卷九九上《王莽传上》，北京：中华书局1962年版，第4069页。
④ 《汉书》卷一二《平帝纪》，北京：中华书局1962年版，第355页。
⑤ 《汉书》卷八八《儒林传·赞》，北京：中华书局1962年版，第3620页。

西汉后期以经治国的深化与大批儒生涌入政界有直接关系。在此时期,由于统治者对儒生的多方选用,许多儒生相继登上了政治舞台。他们或任为各州、郡国、县(道)的地方长官,或任为中央各机构的要员,乃至出将入相,成为最高统治集团的一员。因而在当政后,为施展抱负,实现其政治理想,他们也力图把经学运用于具体施政之中。例如:

> 《汉书》卷八一《匡衡传》:"时,上(元帝)好儒术文辞,颇改宣帝之政,言事者多进见,人人自以为得上意。"①

> 《汉书》卷七一《平当传》:"平当……以明经为博士,公卿荐当论议通明,给事中。每有灾异,当辄傅经术,言得失。"②

> 《汉书》卷七六《张敞传》:"敞为京兆,朝廷每有大议,引古今,处便宜,公卿皆服,天子数从之。"③

> 《汉书》卷七七《孙宝传》:"鸿嘉中,广汉群盗起,选为益州刺史。……宝到部,亲入山谷,谕告群盗,非本造意。渠率皆得悔过自出,遣归田里。自劾矫制,奏(扈)商为乱首,《春秋》之义,诛首恶而已。"④

可见,以经治国的深化与这时大批儒生的当政也确有很大关系。

当然,其根本原因还在于新的历史条件的需要,主要就是统治者在政治上已愈趋腐败。表面上看,汉王朝承昭、宣之余绪,经济繁荣,四夷宾服,实际上其苛政暴敛,土地兼并,以及天灾人祸,社会矛盾已严重激化,可以说危机四伏。如元帝时,匡衡便明确指出:

> 今关东连年饥馑,百姓乏困,或至相食,此皆生于赋敛多,民所共者大,而吏安集之不称之效也。⑤

① 《汉书》卷八一《匡衡传》,北京:中华书局1962年版,第3338页。
② 《汉书》卷七一《平当传》,北京:中华书局1962年版,第3048页。
③ 《汉书》卷七六《张敞传》,北京:中华书局1962年版,第3222页。
④ 《汉书》卷七七《孙宝传》,北京:中华书局1962年版,第3258页。
⑤ 《汉书》卷八一《匡衡传》,北京:中华书局1962年版,第3337页。

哀帝继位后,鲍宣也上书直言成帝时外戚专权,国家已屡有"危亡之征"①。因之对汉王朝来说,除了改良统治以缓冲社会动荡,也只有打着儒学仁政的幌子来掩盖剥削和欺骗人民。史载成帝时丞相薛宣即上疏说:

> 《诗》云:"民之失德,乾候以愆。"鄙语曰:"苛政不除,烦苦伤恩。"方刺史奏事时,宜明申敕,使昭然知本朝之要务。②

而成帝也确曾"数敕有司,务行宽大"③,并"尽召直言之士诣白虎殿对策"曰:

> 天地之道何贵? 王者之法何如?《六经》之义何上? 人之行何先? 取人之术何以? 当世之治何务? 各以经对。④

这自然就使得统治者的"当世之治"与经学更加紧密地联系起来。

由于西汉后期的历史条件已发生很大变化,统治者对于经学的侧重点这时也进行了调整。他们不再独尊《春秋》,而是尊崇《诗经》。元帝就是一个显例。《史记》卷九六《张丞相列传》补曰:

> 匡衡……补博士,拜为太子少傅,而事孝元帝。孝元好《诗》,而迁为光禄勋,居殿中为师,授教左右,而县官坐其旁听,甚善之,日以尊贵。⑤

而且在西汉后期,朝廷的各项政策一般也都引《诗》为据,从皇帝到各级官吏乃至平民百姓也几乎无不学《诗》。一些著名的《诗》学大师还往往身居高官,如《鲁诗》韦贤、韦玄成父子,前者号称"邹鲁大儒",宣帝时任丞相;后者在元、成时"复以明经历位至丞相",其影响更大。以致在邹鲁

---

① 《汉书》卷七二《鲍宣传》,北京:中华书局 1962 年版,第 3087 页。
② 《汉书》卷八三《薛宣传》,北京:中华书局 1962 年版,第 3386 页。
③ 《汉书》卷一○《成帝纪》,北京:中华书局 1962 年版,第 318 页。
④ 《汉书》卷六○《杜钦传》,北京:中华书局 1962 年版,第 2673 页。
⑤ 《史记》卷九六《张丞相列传》,北京:中华书局 1959 年版,第 2689 页。

地区人们为劝学《诗》,竟流传《谚》曰:"遗子黄金满籝,不如一经。"①

西汉后期的以经治国也有着鲜明特点。简言之,就是"灾异"说的盛行。灾异说是汉代经学中被立为官学的今文经学的一个重要组成部分②,内容是讲"天人感应"。它认为人间的一切事务都是上天有意安排的,人间的统治秩序,尤其是皇帝的举止一旦有了过失,上天便会出现灾异,以示其"告诫"——"国家将有失道之败,而天乃先出灾害以谴告之,不知自省,又出怪异以警惧之,尚不知变,而伤败乃至"③。灾异说在西汉中期已开始影响政治,史称董仲舒"治国,以《春秋》灾异之变推阴阳以错行"④。但那时灾异说还只是在少数人中间流行。到西汉后期,统治者则把灾异说与政治更广泛地结合起来。仅就元帝而言,据《汉书》卷九《元帝纪》记载,其在位十六年,因各种灾异颁布的诏书便有十二次之多。为挽救危机,哀帝还曾导演了一幕"再受命"的闹剧。同时,有许多儒生在议政时也纷纷引用灾异说。如翼奉说,"《易》有阴阳,《诗》有五际,《春秋》有灾异,皆列终始,推得失,考天心,以言王道之安危"⑤,并以所谓"五际之要"来论述日蚀、地震之变:

> 臣闻人气内逆,则感动天地。天变见于星气日蚀,地变见于奇物震动。所以然者,阳用其精,阴用其形,犹人之有五臧(脏)六体,五臧(脏)象天,六体象地。故臧(脏)病则气色发于面,体病则欠申动于貌。⑥

也正因为当时灾异说的盛行,把一切灾害现象都完全附会人事,所以刘向、刘歆父子还专门撰写《洪范论》和《五行传》,对这些"天人感应"作了

---

① 《汉书》卷七三《韦贤传》,北京:中华书局1962年版,第3107页。
② 详请参看周予同:《经今古文学》,载《周予同经学史论著选集》,上海:上海人民出版社1983年版。
③ 《汉书》卷五六《董仲舒传》,北京:中华书局1962年版,第2498页。
④ 《汉书》卷五六《董仲舒传》,北京:中华书局1962年版,第2524页。
⑤ 《汉书》卷七五《翼奉传》,北京:中华书局1962年版,第3172页。
⑥ 《汉书》卷七五《翼奉传》,北京:中华书局1962年版,第3173页。

非常详尽的论述①。

三、汉代以经治国的极盛

从东汉光武帝至桓、灵之际，即东汉前、中期，汉代以经治国又进入了一个新的阶段。在这一阶段，不但经学已臻于极盛，而且举凡一切事务皆引经为断。

首先，从政策调整看，在东汉前期，统治者皆大力奉行"柔道"。如光武帝公开宣称："吾理天下……欲以柔道行之。"②而所谓"柔道"，实际上就是"儒道"，也就是以经学为依据的治国之道。《说文解字》"儒，柔也"③可证。而且其基本精神与经学也完全吻合，甚至在推广教化、轻徭薄赋、减免刑罚、放免奴婢等措施上也都曾征引经义。如建武二年（26年），光武帝诏议减刑罚，便根据《论语》说：

> 顷狱多冤人，用刑深刻，朕甚愍之。孔子云："刑罚不中，则民无所措手足。"其与中二千石、诸大夫、博士、议郎议省刑法。④

再如放免奴婢，建武十一年（35年）诏曰："天地之性人为贵。其杀奴婢，不得减罪。"⑤可见"柔道"实乃"儒道"，不过是经学的一种具体实施而已。

其次，从宗庙、礼仪、祭祀看，东汉初年旧章多阙，自光武帝以下统治者都曾考据经典，多所正定。如光武帝就"禘、祫之祭"曾特诏张纯说：

---

① 参看《汉书》卷二七《五行志》，北京：中华书局1962年版。一般来说，两汉言《洪范》总于前、后汉书的《五行志》中。《汉书·五行志》首列"经曰"，即《尚书·洪范》；次列"传曰"，即《洪范五行传》；次又为"说曰"，即董仲舒、刘向、刘歆、眭孟、夏侯胜、京房等说。至于《洪范五行传》的作者，至今尚无定论，或云伏生，或云刘向，或云夏侯始昌。
② 《后汉书》卷一下《光武帝纪下》，北京：中华书局1965年版，第68—69页。
③ （东汉）许慎撰，（北宋）徐铉校定：《说文解字》，北京：中华书局2013年版，第159页。
④ 《后汉书》卷一上《光武帝纪上》，北京：中华书局1965年版，第29页。
⑤ 《后汉书》卷一下《光武帝纪下》，北京：中华书局1965年版，第57页。按："天地之性人为贵"原出《孝经·圣治章》，见（唐）李隆基注，（北宋）邢昺疏：《孝经注疏》卷五《圣治章》，（清）阮元校刻：《十三经注疏》（附校勘记），北京：中华书局1980年版，第2553页。

"禘、祫之祭,不行已久矣。'三年不为礼,礼必坏;三年不为乐,乐必崩。'宜据经典,详为其制。"①明帝对于礼仪制度的制订,也是如此。《后汉书》志四《礼仪上》载:

> 明帝永平二年三月,上始帅群臣躬养三老、五更于辟雍。行大射之礼。郡、县、道行乡饮酒于学校,皆祀圣师周公、孔子,牲以犬。于是七郊礼乐三雍之义备矣。
>
> [注]引服虔、应劭曰:"汉家郡县飨射祭祀,皆假士礼而行之。乐县笙磬笾俎,皆如士制。"②

据此可知,东汉所谓"七郊礼乐三雍"之制,都是以礼而定的。

再次,从民族关系看,在东汉前、中期,统治者也试图根据经学采取比较宽松的政策。《后汉书》卷八七《西羌传》载,永平元年(58年)临羌长残杀羌人,并收系其女首领比铜钳,明帝即下诏曰:

> 昔桓公伐戎而无仁惠,故《春秋》贬曰"齐人"。今国家无德,恩不及远,羸弱何辜,而当并命!夫长平之暴,非帝者之功,咎由太守长吏妄加残戮。比铜钳尚生者,所在致医药养视,令招其种人,若欲归故地者,厚遣送之。③

又如阳嘉四年(135年),马贤为弘农太守、来机为并州刺史、刘秉为凉州刺史,大将军梁商亦征引《尚书》和《论语》告诫说:

> 戎狄荒服,蛮夷要服,言其荒忽无常。而统领之道,亦无常法,临事制宜,略依其俗。今三君素性疾恶,欲分明白黑。孔子曰:"人而不仁,疾之已甚,乱也。"况戎狄乎!其务安羌胡,防其大故,忍其小过。④

---

① 《后汉书》卷三五《张纯传》,北京:中华书局1965年版,第1195页。
② 《后汉书》志四《礼仪上》,北京:中华书局1965年版,第3108—3109页。
③ 《后汉书》卷八七《西羌传》,北京:中华书局1965年版,第2880页。
④ 《后汉书》卷八七《西羌传》,北京:中华书局1965年版,第2895页。

延熹元年(158 年),北中郎将张奂以南匈奴单于不能统理国事,拘之欲另立,桓帝据"《春秋》大居正"明令将其遣返。① 这些也都是例证。诚然,这只是东汉民族政策的一个方面,总的来说,统治者是推行民族压迫政策的,但由此仍可以看出经学对其民族政策的影响。

最后,从社会关系来看,在这一时期,人们的各种交往也被纳入经学的轨道。凡是经学所主张的,无不视为准则。仅就君臣、父子、夫妇、亲朋、师友这些社会关系而言,由章帝亲自主持召开的白虎观会议,便将西汉以来经学提出的纲常伦理总结为"三纲六纪",并以法典的形式规定下来:

> 三纲者,何谓也? 谓君臣、父子、夫妇也。六纪者,谓诸父、兄弟、族人、诸舅、师长、朋友也。故《含文嘉》曰:"君为臣纲,父为子纲,夫为妻纲。"又曰:"敬诸父兄,六纪道行。"②

由此可见,在社会关系问题上,统治者也同样是以经为断。

那么,为什么在东汉前、中期以经治国会臻于极盛? 要回答这个问题,还得从当时的历史形势说起。

先说东汉前期。这时的历史形势是:一方面大乱初定,社会经济亟待恢复与发展;另一方面,地主阶级政权重建中兴,原有的统治秩序也亟待整顿和巩固。统治者正面临着既要缓和矛盾,又要加强统治的难局。作为一个再建王朝,尤其是目睹了新莽王朝的覆亡,他们认识到对农民不能再竭泽而渔。因此,要想做到两全,就不能不改变旧的统治方法,代之以新的统治政策。如《后汉书》卷七六《循吏列传·序》载:

> 初,光武长于民间,颇达情伪,见稼穑艰难,百姓病害,至天下已定,务用安静,解王莽之繁密,还汉世之轻法。③

---

① 《后汉书》卷八九《南匈奴传》,北京:中华书局 1965 年版,第 2963—2964 页。
② (清)陈立撰,吴则虞点校:《白虎通疏证》卷八《三纲六纪》,北京:中华书局 1994 年版,第 373—374 页。
③ 《后汉书》卷七六《循吏列传·序》,北京:中华书局 1965 年版,第 2457 页。

这也就决定了其理论依据必然非经学莫属。因为以经治国乃是汉王朝的基本国策,而经学所鼓吹的"仁政"又特别适合于这种历史条件,所谓"夫儒者难与进取,可与守成"①。所以,统治者在这时便大力宣扬纲常伦理,同时提出"柔道",并付诸实施,结果就把经学更大限度地运用于统治之中。

再看东汉中期。这时的情况与东汉前期又有不同。虽然在阶级关系和民族关系上当时仍存在较大矛盾,所谓"四夷外侵,盗贼内起"②,但由于统治者极力奉行"柔道",这些矛盾都已相对缓和。然而,统治集团内部由于外戚、宦官的交替擅权,矛盾却又激化起来。特别是外戚,他们主要凭借裙带关系把持政权,在政治上更是多面树敌。为了能够保证专权,这些外戚也竭力要在经学上做些文章。因为经学这时已具有最高权威,只要在政治斗争中以经学为武器,就可以从舆论上压倒对方和维护自己。所以他们往往也打着经学招牌,如窦氏、马氏、邓氏、梁氏便大都是诗礼传家。有些人甚至还成为著名的经学大师,史载邓弘"少治《欧阳尚书》,授帝禁中,诸儒多归附之"③,就是一例。同样,也正是由于经学的独尊地位,为了反对外戚和宦官的专权,许多比较正直的官吏也都借助经学进行批判和抨击。例如窦宪专权,何敞便上疏说:

> 昔郑武姜之幸叔段,卫庄公之宠州吁,爱而不教,终至凶戾。由是观之,爱子若此,犹饥而食之以毒,适所以害之也。伏见大将军宪……兄弟专朝。宪秉三军之重,笃、景总宫卫之权,而虐用百姓,奢侈僭偪,诛戮无罪,肆心自快。今者论议凶凶,咸谓叔段、州吁复生于汉。④

因之经学被越引越多,这自然也使得经学被更多运用于统治之中。

---

① 《史记》卷九九《刘敬叔孙通列传》,北京:中华书局 1959 年版,第 2722 页。
② 《后汉书》卷一○上《皇后纪上·和熹邓皇后》,北京:中华书局 1965 年版,第 425 页。
③ 《后汉书》卷一六《邓骘传》,北京:中华书局 1965 年版,第 615 页。
④ 《后汉书》卷四三《何敞传》,北京:中华书局 1965 年版,第 1485 页。

除了以上所说,历史文化的继承和发展也是一个重要因素。翻翻史书,便不难看出:由于西汉后期和王莽新朝的影响,到东汉建立后,统治者在政治上不仅已形成尊经、读经和引经的传统,而且从皇帝到各级官吏大多出身于儒生,有的甚至是经学世家。仅就功臣而言,清人赵翼就曾经指出:

> 西汉开国功臣,多出于亡命无赖,至东汉中兴,则诸将帅皆有儒者气象,亦一时风会不同也。①

因而在他们当政后,由于服膺经学,往往都大力推行以经治国的方针,并有了进一步发展。特别是光武帝,他"数引公卿、郎、将讲论经理,夜分乃寐"②,已到了不遗余力的地步。这对于东汉以经治国的极盛无疑也起了推波助澜的作用。

随着历史条件的变化,统治者的经学侧重点又做了比较大的调整。在这一时期,他们已不再尊《诗》,而是以《孝经》治国。主要表现在三个方面。一是《孝经》经学地位的确立。东汉时,它与《五经》再加上《论语》,被称为"《七经》"。《汉成阳令唐扶颂》讲到唐扶的学业,便说他"耽乐道述,咀嚼《七经》"③。二是《孝经》已成为学校教育的主要内容。所谓"汉制使天下诵《孝经》"④,可以说,自皇帝以下无不诵读《孝经》。如明帝明确规定:"自期门羽林之士,悉令通《孝经》章句。"⑤三是极力倡导"孝道"。在这一时期,不仅统治者强调以"孝"取士,而且在社会生活中也大力表彰"孝道"。详见本书第二章"以经治国与汉代政治理论的构建"。

---

① (清)赵翼撰,曹光甫点校:《廿二史札记》卷四《东汉功臣多近儒》,上海:上海古籍出版社2011年版,第78页。
② 《后汉书》卷一下《光武帝纪下》,北京:中华书局1965年版,第85页。
③ 《隶释》卷五《汉成阳令唐扶颂》,(南宋)洪适撰:《隶释 隶续》,北京:中华书局1986年版,第61页。
④ 《后汉书》卷六二《荀爽传》,北京:中华书局1965年版,第2051页。
⑤ 《后汉书》卷七九上《儒林列传上·序》,北京:中华书局1965年版,第2546页。

东汉前、中期的以经治国也有一个突出特点。这就是"谶纬"学的泛滥。谶纬学是从西汉末年发展起来的一种由经学与迷信相结合的神学思潮。"谶"是指上天降下来的预言,是预告吉凶的隐语,用图象表现出来,即称"图谶"。而"纬"则是一些衍释经书的经说与荒诞术数之谈(亦含有一些自然科学知识),也包括谶言,当时有《诗》《书》《礼》《乐》《易》《春秋》《孝经》七纬。其中"《易》纬六,《书》纬五,《诗》《礼》《乐》纬各三,《春秋》纬十三,《孝经》纬二,共三十五种"①。东汉前期,由于光武帝的称帝就曾多次利用谶语,统治者对它均极为重视。《后汉书·张衡传》称:"初,光武善谶,及显宗、肃宗因祖述焉。"②又《后汉书·方术列传·序》云:

> 及光武尤信谶言,士之赴趣时宜者,皆骋驰穿凿,争谈之也。故王梁、孙咸名应图箓,越登槐鼎之任,郑兴、贾逵以附同称显,桓谭、尹敏以乖忤沦败。自是习为内学,尚奇文,贵异数,不乏于时矣。③

故皮锡瑞总结说:"光武以赤伏符受命,深信谶纬。五经之义,皆以谶决。贾逵以此兴《左氏》,曹褒以此定汉礼。于是五经为外学,七纬为内学,遂成一代风气。"④

四、汉代以经治国的尾声

自桓、灵之际至献帝退位,即东汉后期,汉代以经治国进入最后一个阶段。在这一阶段,由于传统的惯性,尽管统治者仍提倡经学治国,但实际上对此已没有多大兴趣。

---

① 周予同:《纬书与经今古文学》,载《周予同经学史论著选集》,上海:上海人民出版社1983年版,第43页。
② 《后汉书》卷五九《张衡传》,北京:中华书局1965年版,第1911页。
③ 《后汉书》卷八二上《方术列传·序》,北京:中华书局1965年版,第2705页。
④ (清)皮锡瑞著,周予同注释:《经学历史·经学极盛时代》,北京:中华书局1959年版,第109页。

在东汉后期,统治者虽然表面上仍尊崇儒术,如熹平四年(175年),灵帝"诏诸儒正《五经》文字,刻石立于太学门外"①,但实际上对经学已不再是顶礼膜拜,而是另寻新的精神寄托。桓帝晚年便是如此。史载他于延熹八年(165年)曾派遣宦官至陈国苦县祭祀老子,并且命陈相边韶为老子庙专门撰写了《老子铭》②。以后又"亲祠老子"③,乃至"好神""数祀浮图(佛)"④。灵帝则公开向经学的权威挑战。他即位后,对太学冷落,置鸿都门学。《后汉书》卷八《灵帝纪》注云:

> 鸿都,门名也,于内置学。时其中诸生,皆敕州、郡、三公举召能为尺牍辞赋及工书鸟篆者相课试,至千人焉。⑤

尽管许多儒生对鸿都门学都猛烈攻击,如尚书令阳球提出,"今太学、东观足以宣明圣化。愿罢鸿都之选,以消天下之谤"⑥,但灵帝也仍然不为所动。说明在东汉后期统治者对经学确实已不再重视。

第二,在东汉后期,以儒取士的格局也已被完全打破。以儒取士是汉代经学与利禄相结合的主要形式,班固在总结西汉经学发展时,曾一针见血指出:"一经说至百余万言,大师众至千余人,盖禄利之路然也。"⑦而到了东汉后期,尽管也还是讲以儒取士,其实已根本不遵守这一制度。如灵帝置鸿都门学,"或出为刺史、太守,入为尚书、侍中,乃有封侯赐爵者"⑧。更有甚者,桓、灵二帝还公开卖官辞爵。《后汉书》卷八《灵帝纪》注引《山阳公载记》曰:

> 时卖官,二千石二千万,四百石四百万,其以德次应选者半之,或

---

① 《后汉书》卷八《灵帝纪》,北京:中华书局1965年版,第336页。
② 《老子铭》有碑铭传世,收于《隶释》卷三,(南宋)洪适撰:《隶释 隶续》,北京:中华书局1986年版,第36—37页。
③ 《后汉书》志八《祭祀中·老子》,北京:中华书局1965年版,第3188页。
④ 《后汉书》卷八八《西域传》,北京:中华书局1965年版,第2922页。
⑤ 《后汉书》卷八《灵帝纪》,北京:中华书局1965年版,第341页。
⑥ 《后汉书》卷七七《酷吏列传·阳球》,北京:中华书局1965年版,第2499页。
⑦ 《汉书》卷八八《儒林传·赞》,北京:中华书局1962年版,第3620页。
⑧ 《后汉书》卷六〇下《蔡邕传》,北京:中华书局1965年版,第1998页。

三分之一,于西园立库以贮之。①

所以,王符在《潜夫论·考绩》中便针对当时察举中的弊端,批评这种取士是"名实不相副,求贡不相称"②。

第三,在东汉末年,就是当作招牌,统治者的措施也很少再援引经学。就诏书和奏议而言,在《后汉书》与《三国志》中,我们便很少能找到那种引经据典的诏书和奏议。即使偶尔有之,也不过是一些权臣为了树立权威或打击政敌制造口辞而已。如董卓以"蹙迫永乐太后,至令忧死,逆妇姑之礼"③,废迁何太后,又"以灾异奏免"反对迁都的司徒杨彪、太尉黄琬等④;袁绍以"贼臣不诛,《春秋》所贬",为"专征"公孙瓒辩解⑤;曹操以"不孝"乃"大逆不道",杀名士孔融⑥;等等。这种情况更反映了经学治国的衰落。

所以发生以上情况,既有经学本身的原因,又有其现实原因。

先从经学本身看。到东汉后期,被立为官学的今文经学已经衰落。前人所谓"汉亡而经学衰。……郑学虽盛,而汉学终衰"⑦,就是感慨汉末虽然郑(玄)学兴盛,作为官学的今文经学仍然不免其衰落的命运。

今文经学的衰落有多种因素。其一是繁琐。如桓谭《新论·正经》载:"秦近君能说《尧典》篇目两字之谊,至十余万言,但说'曰若稽古',三万言。"故王莽、光武帝等都曾要求删减章句。如桓荣删《欧阳尚书》,从四十万字删为二十三万字,桓郁又删为十二万字;而张奂删《牟氏尚书》,四十五万字,竟删为九万字。可见这些章句实在太繁琐了。因此,要想真

---

① 《后汉书》卷八《灵帝纪》,北京:中华书局1965年版,第342页。

② (汉)王符著,(清)汪继培笺,彭铎校正:《潜夫论笺校正》卷二《考绩》,北京:中华书局1985年版,第68页。

③ 《后汉书》卷七二《董卓传》,北京:中华书局1965年版,第2324页。

④ 《后汉书》卷五四《杨彪传》,北京:中华书局1965年版,第1787页。

⑤ 《后汉书》卷七四上《袁绍传》,北京:中华书局1965年版,第2387页。

⑥ 《后汉书》卷七〇《孔融传》,北京:中华书局1965年版,第2278页。

⑦ (清)皮锡瑞著,周予同注释:《经学历史·经学中衰时代》,北京:中华书局1959年版,第141页。

正弄通一经,就得花很大气力苦读。所谓"幼童而守一艺,白首而后能言"①,这不能不影响人们读经的积极性。但是为了做官,又必须读经,于是很多人便不求甚解,乃至"章句渐疏,而多以浮华相尚"②。王充曾非常感慨地批评说:

> 儒者说五经,多失其实。……苟名一师之学,趋为师教授,及时蚤仕,汲汲竞进,不暇留精用心,考实根核。故虚说传而不绝,实事没而不见,五经并失其实。③

这虽然是说东汉中期的情况,但由此也可以想见东汉后期的一斑。

其二,今文经学从西汉灾异说发展到东汉谶纬学,以迷信附会经义,到东汉后期已经彻底神学化了。这不仅使其自身失去发展的活力,而且越来越受到统治者的冷遇。当然,为了证明统治的合理性,汉王朝对经学的神学化本来是赞赏和鼓励的。但从东汉中期开始,随着地方豪强势力的膨胀,中央政府的权威相对衰落,经学的神学化非但不能再为汉王朝涂脂抹粉,反而成为豪强地主与皇权相对抗的一种思想武器。因为在人间皇帝已至高无上,他们只有寄希望于通过上天的威灵来限制皇权。例如灵帝时,有"虹霓昼降于嘉德殿",大官僚杨赐便借以攻击当时代表皇权的宦官集团。他说:

> 方今内多嬖倖,外任小臣,上下并怨,喧哗盈路,是以灾异屡见,前后丁宁。今复投蜺,可谓孰矣。案《春秋谶》曰:"天投蜺,天下怨,海内乱。"加四百之期,亦复垂及。昔虹贯牛山,管仲谏桓公无近妃宫。《易》曰:"天垂象,见吉凶,圣人则之。"今妾媵婢人阉尹之徒,共专国朝,欺罔日月。又鸿都门下,招会群小……殆哉之危,莫过于今。④

另一方面,由于当时政治昏乱,东汉王朝的一些有识之士,为了保证国家

---

① 《汉书》卷三〇《艺文志》,北京:中华书局1962年版,第1723页。
② 《后汉书》卷七九上《儒林列传上·序》,北京:中华书局1965年版,第2547页。
③ (东汉)王充著,张宗祥校注,郑绍昌标点:《论衡校注》卷二八《正说》,上海:上海古籍出版社2010年版,第546页。
④ 《后汉书》卷五四《杨赐传》,北京:中华书局1965年版,第1780页。

机器的正常运转,也试图借助于神学来迫使统治者改弦易张、励精图治。例如,永康元年(167年)夏日食,桓帝诏问得失,皇甫规对曰:

> 天之于王者,如君之于臣,父之于子也。诚以灾妖,使从福祥。陛下八年之中,三断大狱,一除内嬖,再诛外臣。而灾异犹见,人情未安者,殆贤愚进退,威刑所加,有非其理也。①

再如桓帝时,杨秉陈言谏微行,蔡邕建议除佞邪,陆康上疏谏重敛,也都是比较典型的事例。② 尽管其目的只是改良统治,以缓和矛盾,但在万事皆欲"独断"的皇帝看来,这与其说是维护权威,还不如说是一种限制。由此可见,经学当时所以受到统治者的冷遇,并非偶然。

再从现实来看。在东汉后期,以经治国也越来越不能适应统治者的需要。

首先,东汉后期政局多变,统治者亟需网罗人才,而以经治国却强调以儒取士,已不能满足需要。因为这种用人制度要求通经入仕,它本身便具有明确的限定性。如灵帝重用艺术之士,蔡邕即上书指责说:

> 孝武之世,郡举孝廉,又有贤良、文学之选,于是名臣辈出,文武并兴。汉之得人,数路而已。夫书画辞赋,才之小者,匡国理政,未有其能。③

加之政治昏乱,一些儒生这时也不与当权者合作。所谓"有道则见,无道则隐"④。如《后汉书》卷六八《郭符许列传》:

> 郭太……司徒黄琼辟,太常赵典举有道。或劝林宗仕进者,对曰:"吾夜观乾象,昼察人事,天之所废,不可支也。"遂并不应。
>
> 许劭……司空杨彪辟,举方正、敦朴,征,皆不就。或劝劭仕,对曰:"方今小人道长,王室将乱,吾欲避地淮海,以全老幼。"乃南到

---

① 《后汉书》卷六五《皇甫规传》,北京:中华书局1965年版,第2136页。
② 参看《后汉书》各本传。
③ 《后汉书》卷六〇下《蔡邕传》,北京:中华书局1965年版,第1996页。
④ 程树德撰,程俊英、蒋见元点校:《论语集释》卷一六《泰伯下》,北京:中华书局1990年版,第540页。

广陵。①

许多儒生还公开批评和议论朝政，"遂乃激扬名声，互相题拂，品核公卿，裁量执政"②。终于招致镇压，而形成两次大规模的"党锢"。更重要的是，在东汉后期，以儒取士的弊病也暴露得更为明显。不少儒生被任用后，由于只知经书，往往不能胜任实际工作。例如向栩，黄巾起义时竟建议"但遣将于（黄）河上北向读《孝经》，贼自当消灭"③。又如边让，才高意骄，大将军何进欲辟命，恐不至，诡以军事征召，又屡迁，然而"出为九江太守"，却"不以为能"。④ 这自然是不能满足统治者的需要的。

其次，攻守异势，以经治国也不能适应当时的形势发展。东汉后期，自黄巾起义，汉王朝的统治已经分崩离析。这时，各地豪强在镇压黄巾起义的过程中蜂拥而起。他们拥兵自重，公然违抗中央政令，有的甚至自立，俨然以新帝自居。特别是献帝迁许后，曹操秉政，"挟天子以令诸侯"，汉王朝更是形同虚设，名存实亡。因此，对于这些即将代起的新的统治者来说，天下大乱，其首要任务不是如何维护旧的王朝，而是怎样争夺天下，建立新的王朝。这就决定了"可与守成""难与进取"的经学在政治上必然要受到冷落。例如占据整个北方的曹操，他在政治上便主张法治，提出"唯才是举"⑤。而且，当时雄踞江东、奄有巴蜀的孙权和刘备，也都重视法治，任人唯贤。可见，在汉失其鹿、天下共逐之的过程中，即将代起的新统治者的策略，都是如何去"攻"而不是"守"。所以，以经治国的方针也就不能适应形势的发展了。

总之，由于经学本身的衰落与历史形势的变化，到东汉后期，以经治国已由极盛而转为衰落，进入尾声。以后，随着东汉的灭亡，它在两汉历史上便走完了自己的历程。

---

① 《后汉书》卷六八《郭符许列传》，北京：中华书局 1965 年版，第 2225、2235 页。
② 《后汉书》卷六七《党锢列传·序》，北京：中华书局 1965 年版，第 2185 页。
③ 《后汉书》卷八一《独行列传·向栩》，北京：中华书局 1965 年版，第 2694 页。
④ 《后汉书》卷八〇下《文苑列传下·边让》，北京：中华书局 1965 年版，第 2647 页。
⑤ 《三国志》卷一《魏书·武帝纪》，北京：中华书局 1959 年版，第 32 页。

附论一

也谈"汉武帝尊儒问题"

——与孙景坛教授商榷

《南京社会科学》2005 年第 6 期发表孙景坛教授《汉史研究中的几个重要问题新探》(以下简称《新探》)一文,读后颇有疑问。考虑到其中与笔者有关的只是"汉武帝尊儒问题",以下也就此谈谈一些看法,与孙教授商榷。

一、关于"绌抑黄老崇尚儒学"的解读问题

在这一问题上,孙教授"十年"来始终强调汉武帝"罢黜百家,独尊儒术"是"学术谎言",实际汉武帝尊儒应叫田蚡"绌抑黄老崇尚儒学"。《新探》又再一次对这一观点予以重申。笔者则感到费解。既然孙教授也认为汉武帝确曾尊儒,那么又为什么认定汉武帝"罢黜百家,独尊儒术"是学术谎言呢?看了《新探》的具体论述,才知道其中原来还另有"深意"——

> 为什么把汉武帝尊儒叫田蚡"绌抑黄老崇尚儒学"?历史事实告诉我们:1. 此事乃田蚡所为,与董仲舒无涉。2. 田蚡此举的过程是和平的,并未"罢黜百家"。3. 未有"独尊儒术"的事实。汉武帝尊儒后,除举行儒学考试外,还举行一般文学贤良考试。"刑法"和"黄老"派虽被"罢绌",但两派的学者仍可通过其他途径当官,如主父偃是上书、卜式是放羊、汲黯是选拔等。《史记·封禅书》还载:汉武帝因封禅问题对儒官不满,曾"尽罢诸儒不用"——把他们全都撤了。

然而这种"深意"却恐怕纯属误解。

首先,作为国家政策,所谓"绌抑黄老崇尚儒学",这实际就是"罢黜百家,独尊儒术",只不过说法不同而已。众所周知,西汉前期统治阶级的指导思想主要是黄老学说,因而"绌抑黄老崇尚儒学"也就意味着儒学取代黄老成为西汉王朝的指导思想,并在各种学派当中居于尊崇地位。而其他学派尽管也还存在,甚至或多或少仍有着影响,但就指导思想的选择来说,却已经被西汉王朝所否定,亦即所谓"罢黜"。所以《新探》既认为汉武帝尊儒是"绌抑黄老崇尚儒学",却又强调"罢黜百家,独尊儒术"是学术谎言,显然是自相矛盾。至于说此事究竟是田蚡所为,还是董仲舒所为,则只是一个枝节问题。汉武帝的"罢黜百家,独尊儒术"是一个巨大工程,其中凝聚了汉武帝及其君臣许多人的心血,而并不能把它简单归功于某一个人或某几个人。

其次,所谓"汉武帝尊儒后,除举行儒学考试外,还举行一般文学贤良考试"云云,这是对汉代贤良文学对策的曲解。实际上,汉代自武帝开始,贤良文学对策就都是儒学应对,所谓贤良文学也都是儒生。如贤良,其全称为"贤良方正",被举为贤良的都是有一定功名即做过官的人,而且多为名儒。《史记》卷一二一《儒林列传》载,《诗》学大师辕固"孝景时为博士",后拜清河王太傅,病免,武帝"初即位,复以贤良征固"①,就是一例。《汉书》卷五六《董仲舒传》,董仲舒"少治《春秋》,孝景时为博士。……武帝即位,举贤良文学之士前后百数,而仲舒以贤良对策焉"②;卷五八《公孙弘传》,弘学《春秋》,武帝初即位"以贤良征为博士",后免归,"元光五年,复征贤良文学,菑川国复推上弘"③;也都是如此。更重要的是,公孙弘此次对策,所征召的贤良文学共有"百余人",《公孙弘传》亦记载武帝是"策诏诸儒"。而文学通常即指儒学。如《史记》卷一二一《儒林列传》称:"自此以来,则公卿大夫士吏斌斌多文学之士矣。"④又《汉书》卷七一《隽不疑传》曰:"隽不疑……治《春秋》,为郡文学。"⑤就征召

---

① 《史记》卷一二一《儒林列传》,北京:中华书局 1959 年版,第 3122—3123 页。
② 《汉书》卷五六《董仲舒传》,北京:中华书局 1962 年版,第 2495 页。
③ 《汉书》卷五八《公孙弘传》,北京:中华书局 1962 年版,第 2613 页。
④ 《史记》卷一二一《儒林列传》,北京:中华书局 1959 年版,第 3119—3120 页。
⑤ 《汉书》卷七一《隽不疑传》,北京:中华书局 1962 年版,第 3035 页。

对策的文学而言,则指有一定名气但还没有功名的儒生。如盐铁会议,由于文学皆未任官职,桑弘羊便挖苦他们是"布褐不完,糟糠不饱"①的鄙儒。可见,所谓"文学贤良考试",这本身就是其尊儒的表现。而《新探》却以此为据,岂不荒唐!

再次,《新探》提出"'刑法'和'黄老'派虽被'罢绌',但两派的学者仍可通过其他途径当官",所举事例皆误。根据《汉书》卷六四下《主父偃传》可知,主父偃并非"刑法"或"黄老"中人。他最早"学长短纵横术",属于纵横家,"晚乃学《易》《春秋》、百家之言"②,实际已转变为儒家。卜式也并非"刑法"或"黄老"派,而是一个思想接近儒家的大农牧主。他是因为主动捐献钱财支持武帝对匈奴战争被立为典型而当官的,如《汉书》卷五八《卜式传》云:

> 是时富豪皆争匿财,唯式尤欲助费。上于是以式终长者,乃召拜式为中郎,赐爵左庶长,田十顷,布告天下,尊显以风百姓。③

他早年对其弟曾多次推让钱财(儒学即倡导推让),在武帝对匈奴的战争中又多次捐献钱财,后来做了高官则和董仲舒上下呼应,反对汉武帝的盐铁官营政策,可见他根本不可能是"刑法"或"黄老"中人。至于汲黯,他虽然"学黄老言,治官民,好清净,择丞史任之,责大指而已",但"以父任,孝景时为太子洗马"④,并与汉武帝有着比较特殊的关系。更重要的是,汉武帝的"独尊儒术"应该是一个渐进的过程,不能形而上学地认为一开始尊儒就完全是录用儒生。如前揭"自此以来,则公卿大夫士吏斌斌多文学之士矣",即指明汉武帝尊儒之后儒生录用越来越多的情形。所以汲黯的事例也仍然不足为据。

---

① 王利器撰:《盐铁论校注(定本)》卷四《毁学》,北京:中华书局1992年版,第231页。桑弘羊还形容文学说:"儒皆贫羸,衣冠不完,安知国家之政,县官之事乎?"(《盐铁论校注(定本)》卷四《地广》,北京:中华书局1992年版,第209页)亦可证明。

② 《汉书》卷六四下《主父偃传》,北京:中华书局1962年版,第2798页。

③ 《汉书》卷五八《卜式传》,北京:中华书局1962年版,第2625页。

④ 《汉书》卷五〇《汲黯传》,北京:中华书局1962年版,第2316页。

最后，《新探》所说汉武帝曾"尽罢诸儒不用"——把儒官全都给撤了，这更是典型的断章取义和误解。其原文如下：

> 自得宝鼎，上与公卿诸生议封禅。……群儒既已不能辩明封禅事，又牵拘于《诗》《书》古文而不能骋。上为封禅祠器示群儒，群儒或曰"不与古同"，徐偃又曰"太常诸生行礼不如鲁善"，周霸属图封禅事，于是上绌偃、霸，而尽罢诸儒不用。

这里实际是说汉武帝对包括徐偃、周霸在内的诸儒建议一概不予采纳，并不再让他们参与封禅大礼的议定，而根本不是说把他们全部撤职。以徐偃为例，根据《汉书》卷六四下《终军传》，他就始终担任着博士一职，没有所谓被罢官之事，后来是因为奉旨巡行，擅自允许胶东、鲁国营盐铁，才被汉武帝以死罪论。更何况，《汉书》卷五八《兒宽传》对此事还有着详细记载——

> 及议欲放古巡狩封禅之事，诸儒对者五十余人，未能有所定。先是，司马相如病死，有遗书，颂功德，言符瑞，足以封泰山。上奇其书，以问宽，宽对曰："陛下躬发圣德，统楫群元，宗祀天地，荐礼百神，精神所乡，征兆必报，天地并应，符瑞昭明。其封泰山，禅梁父，昭姓考瑞，帝王之盛节也。然享荐之义，不著于经……唯圣主所由，制定其当，非群臣之所能列。今将举大事，优游数年，使群臣得人自尽，终莫能成。唯天子建中和之极，兼总条贯，金声而玉振之，以顺成天庆，垂万世之基。"上然之，乃自制仪，采儒术以文焉。[1]

而孙教授却恐怕根本未读，这就不能不使他的理解要产生谬误了。

二、关于班固对《董仲舒传》的"作伪"问题

为了认定汉武帝"罢黜百家，独尊儒术"是学术谎言，《新探》还别出

---

[1]《汉书》卷五八《兒宽传》，北京：中华书局1962年版，第2630—2631页。

心裁地考证出班固所撰《董仲舒传》完全是"作伪"。应该说,孙教授的这一观点如果真能成立,那将是对学术界的一个巨大贡献,但是仔细阅读《新探》,却根本没有令人信服的论据,而完全是想当然的臆断。

请看《新探》所谓"作伪"最直接的证据:

> 《汉书·董仲舒传》的作伪,主要表现在《天人三策》上,《天人三策》是班固从汉武帝时期搜罗的三篇与董仲舒思想相近的对策,拼凑而成。其中,没有一篇对策能证明是董仲舒所作。尤其第三策,班固在对策中着意加了"仲舒"二字,这是画蛇添足。

在这里,《新探》主要是认为董仲舒的《天人三策》均为班固拼凑而成,并非董仲舒所作。而最重要的论据,就是班固在第三策中"画蛇添足"地加了"仲舒"二字,暴露了作伪的马脚。但实际上,汉人在对策中加上自己的名字乃是一种常见现象。例如公孙弘,他在元光五年(前130年)的对策中就加上自己的名字说:"臣弘愚戇,不足以奉大对。"①而如果说在对策中加上自己的名字就肯定是作伪,那么公孙弘乃至其他一些人的对策岂不都是作伪? 这显然是讲不通的。

需要说明的是,孙教授对《天人三策》班固作伪的论证并非仅仅《新探》所说的"画蛇添足"。他在与笔者的商榷中就详细提出了所谓班固作伪的理由,诸如:

> 《天人三策》是伪作。考题都有问题:考题1说:你现在被取为第一,我再考考你。考题1应为公共考题,班固也这么说,怎么成了复试题? 考题2说:你们一百余人来考试,现在出题考你们。这才是公共考卷,可班固说是复试考题! ……考题3说:你的学问已达到最高,你好好阐发一下,我将亲自研究。这哪是考卷,分明是请教,任何一个考官、哪怕是最蹩脚的考官都不会出这样的考题,何况汉武帝!

① 《汉书》卷五八《公孙弘传》,北京:中华书局1962年版,第2617页。另请参看(东汉)蔡邕撰:《独断》卷上,上海:上海古籍出版社1990年版。

答卷问题更大：答卷 1 说：我们汉朝建国已 70 余年。注意：西汉人认为汉朝建国是从刘邦 202 年称帝算起。202 年到武帝七年（笔者按，即元光元年），才 68 年，怎么能说 70 余年？答卷 2 说：夜郎、康居二国，已向我大汉悦德归义。注意：康居归汉，在武帝七年之后。答卷 3 说：现在法制大坏，刑狱太滥，犯罪人数激增。武帝六年才结束"黄老之治"，刑狱怎么会滥成这样？这一现象，是武帝中期后，重用酷吏的结果。①

然而这些理由也都有问题。

先看考题部分。孙教授说："考题 1 应为公共考题，班固也这么说，怎么成了复试题？"而理由就是考题中说董仲舒已经被"取为第一"了。但笔者翻遍《董仲舒传》也没有找到董仲舒被取为第一的记录。原来孙教授是把汉武帝所说"今子大夫褎然为举首"解释成董仲舒被取为第一。这实属大误！关键即在于：汉武帝这里所说的"子大夫"并非是指董仲舒，而是指所有贤良文学。这从汉武帝元光元年（前 134 年）、元光五年（前 130 年）策问贤良文学的制诏即可以得到证明。如元光元年诏曰："朕之不敏，不能远德，此子大夫之所睹闻也。"②元光五年制曰："天文地理人事之纪，子大夫习焉。"③另外"褎然为举首"也并非对策被取为第一的意思，而是说贤良文学在各地被推举时名列第一，"举"即推举的意思。可见，这根本不是什么考题有问题，实际是孙教授没有读懂史料。故以下所论，也就完全失去了依托。

孙教授又说："考题 2 说：你们一百余人来考试，现在出题考你们。这才是公共考卷，可班固说是复试考题！"但这里又是断章取义和曲解，请看其全句原文：

---

① 孙景坛：《汉武帝"罢黜百家"不是学术谎言吗？——答南京师范大学历史系秦汉史专家张进教授》，http://www.confucius2000.com/admin/list.asp? id=1711。
②《汉书》卷六《武帝纪》，北京：中华书局 1962 年版，第 161 页。
③《汉书》卷五八《公孙弘传》，北京：中华书局 1962 年版，第 2614 页。

> 今子大夫待诏百有余人,或道世务而未济,稽诸上古之不同,考之于今而难行,毋乃牵于文系而不得骋与? 将所繇异术,所闻殊方与? 各悉对,著于篇,毋讳有司。①

而如果说这就是"公共考卷",亦即不是复试的第二策,那么还没有开始对策,汉武帝还没有"览其对",怎么就已经知道他们"或道世务而未济,稽诸上古之不同,考之于今而难行"? 可见,这也不是什么考题有问题,而是孙教授故意曲解史料。

孙教授还说,贤良文学的对策是考试,因而汉武帝不可能在策问中有请教的内容。但事实上,汉代的贤良文学对策就是一方面考试选拔人才,一方面又征求、请教治国的方略。② 如前揭汉武帝元光五年(前 130 年)制曰:"天文地理人事之纪,子大夫习焉。其悉意正议,详具其对,著之于篇,朕将亲览焉,靡有所隐。"③《盐铁论·本议》载:"惟始元六年,有诏书使丞相、御史与所举贤良文学语,问民间所疾苦。"④《汉书》卷八《宣帝纪》载宣帝地节三年(前 67 年)诏曰:

> 乃者……地震,朕甚惧焉。有能箴朕过失,及贤良方正直言极谏之士以匡朕之不逮,毋讳有司。⑤

而孙教授却主观地认定武帝策问不可能求教贤良,其结论则自然要误称班固作伪了。

再看答题部分。孙教授提出的第一条理由是,从西汉建国到武帝元光元年才 68 年,而董仲舒的第一次对策却说"今临政愿治七十余岁矣"。其实不然。一则董仲舒所谓"临政"实际应当从西汉建立政权算起,因为

---

① 《汉书》卷五六《董仲舒传》,北京:中华书局 1962 年版,第 2507 页。
② 参看拙文:《以经治国与汉代"荒政"》,载《中国史研究》1994 年第 2 期;《以经治国与汉代用人》,载《齐鲁学刊》1994 年第 6 期。
③ 《汉书》卷五八《公孙弘传》,北京:中华书局 1962 年版,第 2614 页。
④ 王利器撰:《盐铁论校注(定本)》卷一《本议》,北京:中华书局 1992 年版,第 1 页。
⑤ 《汉书》卷八《宣帝纪》,北京:中华书局 1962 年版,第 249 页。

早在汉王元年(前206年)刘邦即开始了"临政"。而如果从汉王元年算起,到武帝元光元年,则恰好"七十余岁矣"。二则西汉人也并不认为"汉朝建国是从刘邦202年称帝算起",却恰恰是从公元前206年刘邦被封为汉王算起。考虑到孙教授对《汉书》颇多成见,我们以《史记》为例。在《高祖本纪》中,司马迁就把汉政权的建立从公元前206年算起,称"元年",而把刘邦称帝的公元前202年称为"五年"。《史记》卷三〇《平准书》亦云:"至今上即位数岁,汉兴七十余年之间。"①三则即使"西汉人认为汉朝建国是从刘邦202年称帝算起",但董仲舒就要从公元前206年算起,我们显然也不能断言有误。

孙教授的第二条理由是,董仲舒的第二策声称,"夜郎、康居,殊方万里,说德归义",而事实上康居的归汉却是在武帝元光元年之后。毋庸讳言,所谓"康居归汉"确实不是在武帝时期,但仅凭这一条也仍然不能认定班固作伪。因为康居的真正归汉不仅不是在武帝时期,甚至也不在西汉后期,而是在东汉前期。如《汉书》卷九六下《西域传下》载西域都护的管辖范围说:

> 最凡国五十。……而康居、大月氏、安息、罽宾、乌弋之属,皆以绝远不在数中,其来贡献则相与报,不督录总领也。②

故如果说此策确为班固作伪的话,那也绝不是拼凑"从汉武帝时期搜罗"的对策,而应是西汉后期乃至东汉前期的对策。但这显然不能成立。如此明显的作伪人们当时就会发现,怎么会至今才由孙教授发现?因之比较合理的解释,董仲舒之所谓"说德归义"恐怕还另有所指,只不过史书没有留下记载而已。③ 当然也有可能是误传,或董仲舒的误写,但这和班

---

① 《史记》卷三〇《平准书》,北京:中华书局1959年版,第1420页。
② 《汉书》卷九六下《西域传下》,北京:中华书局1962年版,第3928页。
③ 据安作璋先生研究,中国的丝可能在公元前4世纪以前即已传入印度(安作璋:《两汉与西域关系史》,济南:齐鲁书社1979年版,第134页),而康居则是丝绸之路在中亚的一个中转站,所以两国发生交往也并非没有可能。

固作伪却完全是两回事。

孙教授又提出，董仲舒的第三策说："今世废而不修，亡以化民，民以故弃行谊而死财利，是以犯法而罪多，一岁之狱以万千数。"但武帝六年才结束"黄老之治"，刑狱不可能这样泛滥，故只能是武帝中期以后"重用酷吏的结果"。孙教授的这个理由实际更不充分。孙教授也不仔细看看《史记》的《酷吏列传》，就断言武帝中期才重用酷吏，其实早在武帝即位之初，就已重用了一批酷吏，如周阳由、赵禹、张汤和义纵等。另一方面，虽然说武帝六年才结束"黄老之治"，但这种"一岁之狱以万千数"的情况在武帝初期却完全可能。随着剥削、压迫的不断加重，早在景帝末年，社会矛盾已逐渐激化。如景帝就公开承认：

> 今岁或不登，民食颇寡，其咎安在？或诈伪为吏，吏以货赂为市，渔夺百姓，侵牟万民。①

至武帝即位后，这种情况也并没有改观。所以尽管难以置信，所谓"一岁之狱以万千数"的情形也基本属于正常范围，而与武帝中期以后社会矛盾严重激化甚至农民起义有着明显区别。如《汉书》卷六〇《杜周传》云："至周为廷尉……以上廷尉及中都官，诏狱逮至六七万人，吏所增加十有余万。"②仅仅在首都长安一年就有"罪犯"十几万人，这无疑才是孙教授所说刑狱更加泛滥的情形。不仅如此，我们还可以对比昭帝到平帝时期的刑狱。如《汉书》卷二三《刑法志》载："自昭、宣、元、成、哀、平六世之间，断狱殊死，率岁千余口而一人，耐罪上至右止，三倍有余。"③宣帝即位后，路温舒也说："方今……被刑之徒比肩而立，大辟（死刑）之计岁以万数。"④更不用说，就是在东汉统治最为稳固的明章时期，班固也总结说：

---

① 《汉书》卷五《景帝纪》，北京：中华书局 1962 年版，第 151 页。
② 《汉书》卷六〇《杜周传》，北京：中华书局 1962 年版，第 2660 页。
③ 《汉书》卷二三《刑法志》，北京：中华书局 1962 年版，第 1108 页。
④ 《汉书》卷五一《路温舒传》，北京：中华书局 1962 年版，第 2369 页。

"今郡国被刑而死者岁以万数,天下狱二千余所。"①可见这根本不是班固作伪,而完全是孙教授的误解。

此外,《新探》还征引《汉书·董仲舒传》《循吏传》《楚元王传》《武帝纪》等,认为班固的记载均与事实不符。但这些征引不是对史料的误读,就是断章取义和为我所用的曲解,有些甚至是逻辑思维问题。限于篇幅,不再一一置论。

三、其他问题

《新探》在讨论汉武帝尊儒时还错误地解读一些史实。为了澄清事实,以下也对此再作一些分析。

(一)卫绾的学派归属问题

一般来说,学术界都认为卫绾的思想偏重儒家。但《新探》却认为卫绾是黄老派——

> 卫绾是"黄老"派,他"罢刑、法"是"黄老"对"刑法"的打击,与后来窦太皇太后打击王臧、赵绾的性质是一样的。

不知其根据何在?《史记》卷一〇四《万石张叔列传》:景帝"立胶东王为太子,召绾,拜为太子太傅"。又云:"然自初官以至丞相,终无所言。天子以为敦厚,可相少主。"②据此可知,卫绾曾做过武帝的太傅(王臧曾做过武帝的少傅),且为人"敦厚",从未提出过施政建议。因此,若考虑到武帝即位时才仅仅 16 岁,他在建元元年(前 140 年)所奏"所举贤良,或治申、商、韩非、苏秦、张仪之言,乱国政,请皆罢"③,即显然应是其师生的预谋。否则的话,崇尚黄老的窦太后又为什么要把他罢免?(武帝当时还没有完全亲政,所有重大事宜都必须奏事"东宫"——窦太后)更何况,如

---

① 《汉书》卷二三《刑法志》,北京:中华书局 1962 年版,第 1109 页。
② 《史记》卷一〇四《万石张叔列传》,北京:中华书局 1959 年版,第 2770 页。
③ 《汉书》卷六《武帝纪》,北京:中华书局 1962 年版,第 156 页。

果他真是代表黄老,并打击"刑法",即使汉武帝想把他罢免,窦太后也根本不可能批准。可见他并非代表黄老,而应是尊儒一派,他的上奏实际也应是汉武帝"罢黜百家,独尊儒术"的第一项举措。

(二)贤良文学对策能否被说成"《五经》考试"问题

在这一问题上,《新探》秉承孙教授的一贯主张,把贤良文学对策都视为"《五经》考试"或"儒学考试"。这显然是偏颇的。实际上,汉代的贤良文学对策还从未对《五经》的具体内容进行考试,而是要求运用《五经》及其解说即经学来讨论时事问题。如《汉书》卷六〇《杜周传》载成帝策问贤良,即明确规定:"当世之治何务?各以经对。"[①]再就现存的一些对策说,像公孙弘的对策、董仲舒的"天人三策",也都是如此。甚至就是皇帝不能亲自策问的盐铁会议,那些贤良文学的议论也无一例外。当然,由于对策的理论依据主要就是经学,这种对策也确实要间接考察对策者对《五经》的掌握和认识,但其本质上却并非《五经》考试,而只能说是时事策问。再有,汉代真正的"《五经》考试"是太学生考试和郡国学生考试,以及"明经"科等。[②] 如果把贤良文学对策都说成"《五经》考试",那也等于把它们混为一谈。从某种意义上说,孙教授的许多论述都出现严重谬误,把贤良文学对策都说成"《五经》考试"就是其中一个主要原因。

(三)田蚡"绌抑黄老崇尚儒学"是否解决了汉武帝尊儒问题

关于这一问题,《新探》固执认为:由于田蚡已经绌退了"黄老",宣布了儒学的主导地位,故"尊儒问题已得到解决"。而我们则感到费解。《汉书》卷六《武帝纪》明明记载窦太后对田蚡的"绌抑黄老崇尚儒学"曾予以严厉打击——

> 二年冬十月,御史大夫赵绾坐请毋奏事太皇太后,及郎中令王臧

① 《汉书》卷六〇《杜周传》,北京:中华书局1962年版,第2673页。
② 参看拙文:《汉代太学浅说》,载《山东师大学报(人文社会科学版)》2001年第6期;《以经治国与汉代教育》,载《徐州师范学院学报(哲学社会科学版)》1991年第4期。

皆下狱,自杀。丞相婴、太尉蚡免。①

连田蚡都被罢官,怎么能说汉武帝"尊儒问题已得到解决"呢? 当然,《新探》这里可能是说田蚡的第二次尊儒,如《史记》卷一二一《儒林列传》:"及窦太后崩,武安侯田蚡为丞相,绌黄老、刑名百家之言,延文学儒者数百人。"②但即便如此,这也还有许多问题需要操作,也并非仅仅绌退"黄老"就能够完全解决。仅就意识形态而言,有许多理论问题亟待澄清。其中最典型的事例,就是汉家如何继统亦即是否"受命"问题。所以汉武帝才会在策问中反复要求贤良文学回答:"天命之符,废兴何如?""三代受命,其符安在?"③而且也正是由于董仲舒等人的回答,所谓"天之所大奉使之王者,必有非人力所能致而自至者,此受命之符也"④,这一问题才算最终解决。另外还有如何贯彻尊儒、如何培养懂得儒学的人才等问题,又怎么能说田蚡的绌退黄老已解决了尊儒问题呢?

(四)汉武帝所尊儒学究竟《五经》还是《七经》问题

一般来说,由于《乐经》到西汉前期已然亡失,汉武帝尊儒的最主要的标志就是设立《五经》博士,这也就是通常所说的"罢黜百家,表章《六经》"⑤。而《新探》则标新立异地提出:

> 汉武帝所尊的儒学,是《七经》,不是仅仅《五经》,核心是《孝经》的"以孝治天下"。

表面上看,《新探》的说法似乎更为全面,在《五经》之外又加上了《孝经》和《论语》,但这却完全是一种为我所用的曲解。在汉武帝时期还根本没有"《七经》"之说,无论《史记》或其他史书,还是出土文献,我们都找不到任何记载。实际上,《孝经》虽名之曰"经",在西汉中期却并没有被视为

---

① 《汉书》卷六《武帝纪》,北京:中华书局 1962 年版,第 157 页。
② 《史记》卷一二一《儒林列传》,北京:中华书局 1959 年版,第 3118 页。
③ 《汉书》卷五八《公孙弘传》,北京:中华书局 1962 年版,第 2614 页。
④ 以上皆见《汉书》卷五六《董仲舒传》,北京:中华书局 1962 年版,第 2496、2500 页。
⑤ 《汉书》卷六《武帝纪·赞》,北京:中华书局 1962 年版,第 212 页。

"经",只是到了东汉才和《五经》再加上《论语》被称为"《七经》"。如关于东汉成阳令唐扶的学业,人们便称赞他"耽乐道术,咀嚼《七经》"①。又如谢承《后汉书》载赵典,亦说他"学孔子《七经》"②。诚然,作为公认的儒学著作,《孝经》和《论语》在汉武帝"独尊儒术"后也发挥过一定作用③,但这却并不意味它们已经取得了与《五经》相同的经学地位。西汉中后期人们皆称《五经》或《六经》(《六艺》),如其所谓"《五经》圣人所制,万事靡不毕载"④云云,就是一个明证。

(五) 孔子作《春秋》是否史实问题

为了证明《孝经》在汉武帝时期是最重要的儒学经典,《新探》还煞费苦心地考证《春秋》并非孔子所作——

> 众所周知,学术界主流观点认为,孔子曾作《春秋》,《公羊》是对《春秋》的最好阐释。实际上,孔子作《春秋》非史实。孔子自称"述而不作";孔子的嫡传弟子们对此都没有讲;此说是孔子去世一百年左右的传言。如果孔子真作了《春秋》,他将是中国古代第一个抄袭大王,因为《春秋》原本鲁史,我们怎么将《春秋》与鲁史相区别?

但这却只能更加昭示其作者的逻辑混乱与偏执。《春秋》究竟是不是孔子所作,这当然可以研究,也是一个非常重要的学术问题。但就讨论汉武帝尊儒而言,实际却文不对题。且不说《春秋》还可能确为孔子所作,就算《春秋》并非孔子所作,由于汉人皆笃信《春秋》乃孔子所作,我们也只能在此认识的基础上来讨论汉武帝的尊儒问题(至于认识的对错,则是另外一个问题)。例如司马谈、司马迁父子就说:"孔子修旧起废,论

---

① 《隶释》卷五《汉成阳令唐扶颂》,(南宋)洪适撰:《隶释 隶续》,北京:中华书局1986年版,第61页。
② 《后汉书》卷二七《赵典传》注引《谢承书》,北京:中华书局1965年版,第947页。
③ 参看拙文:《论经学与汉代忠孝观的整合》,载《江海学刊》2001年第5期;《论"以经治国"对我国汉代社会生活的整合功能》,载《社会学研究》1992年第6期。
④ 《汉书》卷八〇《宣元六王传·东平思王宇》,北京:中华书局1962年版,第3325页。

《诗》《书》,作《春秋》,则学者至今则之。"①又怎么能用今天的看法来代替汉人的认识呢? 同样的问题还表现在《新探》对《公羊春秋》不能称经的"论述"上。这也根本不是一个可以讨论的问题。显而易见,无论《新探》怎样批评乃至批判把《公羊春秋》称经的做法,实际也无法否定汉代把《公羊春秋》称经的既定事实。

总之,从以上讨论来看,《新探》的许多论点和论据都存在严重疏漏,有些甚至是学术"硬伤",其结论自然是不能成立的——

汉武帝"罢黜百家,独尊儒术"绝非谎言!

①《史记》卷一三〇《太史公自序》,北京:中华书局 1959 年版,第 3295 页。

附论二

论《春秋》《诗》《孝经》《礼》
在汉代政治地位的转移

自东汉郑玄提出《春秋》为"大经",《孝经》乃"大本"后①,所谓《春秋》与《孝经》在汉代政治地位并重的看法,似乎便成了定论。其实,在汉代,由于特定历史条件的变化,儒家各经典特别是《春秋》《诗》《孝经》《礼》的政治地位,都有着微妙的差别和变化。以下即试图对此作一些探讨。

一、从《春秋》治国到以《诗》治国的转移

汉代儒家各经典政治地位的差别与变化,主要是指统治者在一定时期对于各种经典的不同态度,具体则表现为其经学治国所依专经的转移。这种转移在两汉时期明显的有三次。第一次,就是由《春秋》治国而转移到以《诗》治国。

汉代自武帝"独尊儒术",儒家经典便获得了独尊地位。但究其实质,在当时政治地位最高的,却只有《春秋》,即《公羊春秋》。如《汉书》卷八八《儒林传》云:"武帝……尊《公羊》家,诏太子受《公羊春秋》,由是《公羊》大兴。"②武帝尊《公羊》的原因在于《公羊春秋》特别能适合他的政治需要。第一,《公羊春秋》的"大一统"说,为他加强皇权和中央集权提供了依据。例如元狩(前122—前117年)中,博士徐偃行风俗,据《春秋》"大夫出疆"擅使胶东、鲁国营盐铁,被朝廷以"矫制"论,其理由

---

① (东汉)郑玄注,(唐)孔颖达疏:《礼记正义》卷五三《中庸》,(清)阮元校刻:《十三经注疏》(附校勘记),北京:中华书局1980年版,第1635页。
② 《汉书》卷八八《儒林传·瑕丘江公》,北京:中华书局1962年版,第3617页。

即《春秋》"王者无外"亦即"大一统"。① 第二,《公羊春秋》的"大复仇"理论,为他继续对匈奴战争制造了借口。《汉书》卷九四上《匈奴传》载,太初四年(前101年),武帝为攻打匈奴,便下诏说:"高皇帝遗朕平城之忧,高后时,单于书绝悖逆。昔齐襄公复九世之仇,《春秋》大之。"②可见武帝之尊《公羊》,完全是适合了他的政治需要。

武帝以后的昭、宣时期,《公羊春秋》的地位基本上还是独尊的。然而从元帝开始,统治者对《公羊》就已兴趣不大。迄于平帝,他们都很少用《春秋》,而是以《诗》治国。因此,在政治地位上,这时便由《春秋》独尊转移到以《诗》为尊。

元帝以后,统治者的尊《诗》突出表现在其各项政策多引《诗》为据。当时皇帝的诏书曾每每引《诗》。以元帝为例说,《汉书》卷九《元帝纪》载,其引经诏书共有七道,而引《诗》的就有四道。大臣的奏议,也引《诗》为据。如成帝时,匡衡上疏戒嫔妃,即引《诗》论证说:

　　孔子论《诗》以《关雎》为始,言太上者民之父母,后夫人之行不侔乎天地,则无以奉神灵之统而理万物之宜。故《诗》曰:"窈窕淑女,君子好仇。"③

此外,如元帝时贡禹奏言存节俭,成帝时梅福上书言取士、贾捐之议论弃珠崖,哀帝时鲍宣上疏谏苛政、杜邺说王商复郊祀,平帝时陈崇奏书赞王莽等,也都是引《诗》为据。甚至还有引《诗》上书解讼的。④

元帝以后,统治者的尊《诗》还突出表现在皇帝与公卿的通《诗》上。这时,对皇帝皆要求必须通《诗》。史称元帝命伏理"以《诗》授成帝"⑤,成帝命韦玄成、韦赏"以《诗》授哀帝"⑥,就是其明证。特别值得一提的

① 《汉书》卷六四下《终军传》,北京:中华书局1962年版,第2818页。
② 《汉书》卷九四上《匈奴传上》,北京:中华书局1962年版,第3776页。
③ 《汉书》卷八一《匡衡传》,北京:中华书局1962年版,第3342页。
④ 《汉书》卷七八《萧望之传》,北京:中华书局1962年版,第3287页。
⑤ 《后汉书》卷二六《伏湛传》,北京:中华书局1965年版,第893页。
⑥ 《汉书》卷八八《儒林传·申公》,北京:中华书局1962年版,第3609页。

是，哀帝以藩王入继大统，成帝对其才能的考核，首先也是检查他的通《诗》——"上令诵《诗》，通习，能说"，成帝"称其材"①，然后才立为皇太子。可见，在元帝以后，对皇帝是要求必须通《诗》的。

至于公卿，通《诗》的更多。如韦玄成为丞相，通《鲁诗》；萧望之为前将军，通《齐诗》；长孙顺为博士，通《韩诗》等。即以三公来说，据《汉书》卷一九《百官公卿表下》记载，从元帝至平帝，先后共有丞相 13 人，大司马 14 人，御史大夫（包括大司空）26 人，不算转任重复，总计是 43 人。其中，除去史载阙文或学派不明者，尚余 21 人，通《诗》的就有 7 人，而通《春秋》的最多才只有 5 人。如果再考虑到《诗》是经学的基础，所谓"不学《诗》，无以言"②，那么当时恐怕就没有不通《诗》的了。如上文已提到的贡禹和梅福，一个本通《春秋》，一个本通《尚书》，然而在上书中也都大量引《诗》。可见，他们虽不以《诗》著称，对《诗》也是熟谙的。

元帝以后，《诗》学极盛，不仅学者众多，而且涌现出了许多《诗》学大师。这是当时统治者尊《诗》的又一突出表现。《诗》学的兴起最早可追溯到西汉前期。《汉书》卷八八《儒林传》记载，《诗》在文帝时就被立为博士，到景帝时，已形成齐、鲁、韩三家主要的学派。汉武帝"独尊儒术"，《诗》学更加发展，出现了一批著名学者，有的还被任为公卿。如蔡义治《韩诗》，武帝时"擢为光禄大夫、给事中"③，昭帝时任为丞相。但《诗》学的真正繁荣还是在元帝以后。这时，学《诗》蔚然成风，贫贱者固然学《诗》以求仕进，而富贵者亦通《诗》以保禄位。《汉书》卷九七下《外戚传》载司隶解光奏言曰：

> 臣闻许美人及故中宫史曹宫皆御幸孝成皇帝，产子，子隐不见。臣遣从事掾业、史望验问……官婢曹晓、道房、张弃……皆曰宫即晓

---

① 《汉书》卷一一《哀帝纪》，北京：中华书局 1962 年版，第 333 页。
② 程树德撰，程俊英、蒋见元点校：《论语集释》卷三三《季氏上》，北京：中华书局 1990 年版，第 1168 页。
③ 《汉书》卷六六《蔡义传》，北京：中华书局 1962 年版，第 2898 页。

子女,前属中宫,为学事史,通《诗》,授皇后。①

据此可知,即使贫贱如官婢当时也有学《诗》的,普通知识分子就更不用
说了。再看富贵者的事例。《汉书》卷七九《冯奉世传》:"(冯)野王字君
卿,受业博士,通《诗》。"②《汉书》卷七三《韦贤传》:"东海太守(韦)弘子
赏亦明《诗》。"③这里所举的冯、韦二人,一个是外戚、将军之子,一个是家
学、太守之子,身份无疑是显贵的,但他们却与曹宫一样也都学《诗》。说
明在当时学《诗》确已是蔚然成风。

随着《诗》学的兴盛,这时也涌现出许多著名的《诗》学大师。仅见
于《汉书》卷八八《儒林传》记载的,便有《齐诗》翼、匡、师、伏之学,《鲁
诗》韦、张、唐、褚之学,《韩诗》王、食、长孙之学。他们在政治上地位非常
显赫,如元帝时匡衡以治《齐诗》任丞相,其他学派也均有传人至高官者。
这些身居高官的《诗》学大师,其门下也往往有着众多弟子。如彭城(今
江苏徐州)龚胜,死后"门人衰绖治丧者百数"④。特别是《鲁诗》韦氏学
韦贤、韦玄成父子,前者"号称邹鲁大儒",宣帝时为丞相,后者在元、成
时,"复以明经历位至丞相",其门生更多,影响更大。以致在邹鲁人们为
劝学《诗》竟流传谚曰:"遗子黄金满籝,不如一经。"⑤

元帝以后,《春秋》独尊所以转移到以《诗》为尊,有着深刻的社会原
因。首先,是历史条件发生了变化。因为在这时汉武帝时所要解决的问
题都已基本解决。就强化皇权而言,所谓君权神授、天子至尊的观念即已
根深蒂固。如贡禹说:"王者受命于天,为民父母。"⑥中央集权也是如此。
西汉后期,原来不断进行割据活动的诸侯王,在中央王朝的压制下,仅还
享有一些经济特权,已很难再构成威胁。如《汉书》卷一四《诸侯王表》:

---

① 《汉书》卷九七下《外戚传下》,北京:中华书局1962年版,第3990页。
② 《汉书》卷七九《冯奉世传》,北京:中华书局1962年版,第3302页。
③ 《汉书》卷七三《韦贤传》,北京:中华书局1962年版,第3115页。
④ 《汉书》卷七二《龚胜传》,北京:中华书局1962年版,第3085页。
⑤ 《汉书》卷七三《韦贤传》,北京:中华书局1962年版,第3107页。
⑥ 《汉书》卷七二《贡禹传》,北京:中华书局1962年版,第3070页。

自此(指武帝)以来……至于哀、平之际,皆继体苗裔,亲属疏
远,生于帷墙之中,不为士民所尊,势与富室亡异。①

在地方上,则随着刺史制度的设置和健全,中央王朝更加强了它的控制。
再有,从民族关系看,匈奴在遭受武帝的沉重打击后,元气大伤,加之其本
身的内乱和瘟疫的流行,从宣帝时就已向汉称臣,到元帝时重结和亲,边
境问题便最后解决了。故史称:"边城晏闭,牛马布野,三世无犬吠之警,
黎庶亡干戈之役。"②既然上述问题这时都已基本解决,那么自然《春秋》
也就丧失了被独尊的意义。

另一方面,在元帝以后又出现了新的问题。这时,统治者已完全陶醉
在一派"盛世"景象之中。他们淡忘了亡秦的历史教训,不断地加重对农
民的剥削。其主要表现就是土地兼并的加剧,并由此派生出许多新的问
题,如流民问题与奴婢问题。这自然激化了阶级矛盾。因此,当时统治者
的首要任务就是要麻醉人民,以掩盖矛盾,从而决定了《诗》比《春秋》更
能满足统治者的需要。因为它们对维护统治虽有着异曲同工之妙,却也
各有不同的特点。《礼记·经解》便征引孔子曰:

入其国,其教可知也。其为人也,温柔敦厚,《诗》教也……属辞
比事,《春秋》教也。③

可见,《诗》与《春秋》有明显不同,它主要是教导人们在道德品质上应"温
柔敦厚"。这对于统治者培养驯服工具、麻醉人民,显然是最为有利。所
以,王夫之就曾指出:

元帝诏四科举士,即以此第郎官之殿最,一曰质朴,二曰敦厚,三
曰逊让,四曰有行。盖孱主佞臣惩萧(望之)、周(堪)、张(猛)、刘

---

① 《汉书》卷一四《诸侯王表》,北京:中华书局 1962 年版,第 396 页。
② 《汉书》卷九四下《匈奴传下》,北京:中华书局 1962 年版,第 3832—3833 页。
③ (清)孙希旦撰,沈啸寰、王星贤点校:《礼记集解》卷四八《经解》,北京:中华书局 1989 年版,
第 1254 页。

（向）之骨鲠，而以柔惰销天下之气节也。①

其次，元帝以后，《春秋》独尊转移到以《诗》为尊，与外戚专权有很大关系。范文澜先生便明确指出："元帝立，外戚王氏逐渐掌权，不用《公羊》，而用《诗》为教。"②因为《春秋》与《诗》相比，它提倡尊王，反对外戚专权，而《诗》则相反。据有关记载，早在宣帝时，外戚的势力已经发展，如许氏、史氏以外戚而身居高位。元帝以后，其势力更大。尤其是王氏，历元、成、哀、平四世，先后有五大司马、十人封侯，最后竟完全把持了西汉政权。在这种情况下，他们就要尽可能地减少其专权的阻力。《公羊》学却主张"天子不臣母后之党"③，这自然不能引起他们的兴趣。《诗》则不然。它提倡"温柔敦厚"，目的是培养温、良、恭、俭、让的驯服工具，固然对统治者有利，但同时也对外戚专权有利。所以，为了维护专权，外戚当时也特别提倡《诗》教。

二、从以《诗》治国到《孝经》治国的转移

从光武中兴，至桓、灵之际，汉代历史进入了一个新的阶段。在这一阶段，统治者对经学更为重视，但比较而言，他们已不再尊《诗》，而是以《孝经》治国。因此，在政治地位上，这时便由以《诗》为尊又转移到《孝经》为重。

东汉光武帝以后，统治者重《孝经》，其标志是《孝经》经学地位的确立。《孝经》曾在西汉前期被立为博士，东汉赵岐《孟子章句·题辞》"孝文皇帝……《论语》《孝经》《孟子》《尔雅》皆置博士"④可证。但《孝经》虽名之曰经，当时却并没有被视为经，西汉只有《五经》。《孝经》之称经

---

① （清）王夫之：《读通鉴论》卷四《元帝二》，北京：中华书局1975年版，第106页。
② 范文澜：《范文澜历史论文选集》，北京：中国社会科学出版社1979年版，第313页。
③ 苏舆撰，钟哲点校：《春秋繁露义证》卷四《王道》，北京：中华书局1992年版，第115页。
④ （东汉）赵岐注，（北宋）孙奭疏：《孟子注疏·题辞解》，（清）阮元校刻：《十三经注疏》（附校勘记），北京：中华书局1980年版，第2661页。

是在东汉。东汉时,它与《五经》再加上《论语》被称为《七经》。《汉成阳令唐扶颂》谈到唐扶的学业,便说他"耽乐道述,咀嚼《七经》"①。谢承《后汉书》载赵典,也曾说他"学孔子《七经》"②。而且,东汉时,谶纬盛行,还有所谓《七纬》,《孝经》亦其之一,如《孝经·援神契》《孝经·钩命决》等。这更可说明东汉《孝经》经学地位的确立。所以,几乎所有的经学家当时都把《孝经》与《春秋》相提并论,《孝经·钩命决》即借孔子说:"吾志在《春秋》,行在《孝经》。"③

东汉重《孝经》,还表现在《孝经》已成为学校教育的主要内容。当时,自皇帝以下皆诵读《孝经》。例如,顺帝"始入小学,诵《孝经》章句"④。沛王刘辅"好经书,善说《京氏易》《孝经》《论语》传及图谶,作《五经论》,时号之曰《沛王通论》"⑤。樊安"好学,治《韩诗》《论语》《孝经》"⑥。明帝还曾明确规定:"自期门羽林之士,悉令通《孝经》章句。"⑦而宋枭为凉州刺史,亦"欲多写《孝经》,令家家习之"⑧。因之荀爽曾总结说:"汉制使天下诵《孝经》。"⑨

东汉光武帝以后,统治者重《孝经》也反映到了选官制度上。当时以"孝"取士,把"孝"作为其选官的主要标准。所谓"举孝廉",就是一个突出表现。汉代自武帝开始"令郡国举孝廉"⑩,到东汉时,统治者对它更为

① 《隶释》卷五《汉成阳令唐扶颂》,(南宋)洪适撰:《隶释 隶续》,北京:中华书局1986年版,第61页。
② 《后汉书》卷二七《赵典传》,北京:中华书局1965年版,第947页注[三]。
③ (唐)李隆基注,(北宋)邢昺疏:《孝经注疏·序》,(清)阮元校刻:《十三经注疏》(附校勘记),北京:中华书局1980年版,第2539页。
④ (东汉)刘珍等撰,吴树平校注:《东观汉记校注》卷三《敬宗孝顺皇帝》,北京:中华书局2008年版,第111页。
⑤ 《后汉书》卷四二《光武十王列传·沛献王辅》,北京:中华书局1965年版,第1427页。
⑥ 《隶释》卷六《中常侍樊安碑》,(南宋)洪适撰:《隶释 隶续》,北京:中华书局1986年版,第78页。
⑦ 《后汉书》卷七九上《儒林列传·序》,北京:中华书局1965年版,第2546页。
⑧ 《后汉书》卷五八《盖勋传》,北京:中华书局1965年版,第1880页。
⑨ 《后汉书》卷六二《荀爽传》,北京:中华书局1965年版,第2051页。
⑩ 《汉书》卷六《武帝纪》,北京:中华书局1962年版,第160页。

重视。光武帝即位不久，便下令"举孝廉"①，至和帝时，又具体规定了各个地区所举"孝廉"的人数。其取士之多，可以说是东汉士人入仕的主要途径。所以，宋人徐天麟曾指出："汉世诸科，虽以贤良方正为至重，而得人之盛，则莫如孝廉，斯以后世之所不能及。"②元人马端临也说："东京选举，孝廉一科为盛，名士多出其中。"③

在社会生活中，东汉王朝特别提倡"孝道"，这也是统治者重《孝经》的一个突出表现。东汉光武帝以后，从皇帝、太后直到政府各级官员，都对"孝道"备加褒奖。具体有以下几个方面。第一，统治者自身遵行"孝道"，如皇帝置三老、五更，以父兄之礼事之。目的则在于给天下做出其表率，《白虎通》卷四《乡射》便对此解释说："王者父事三老、兄事五更者何？欲陈孝悌之德，以示天下也。"④又《后汉书》卷三九《刘恺传》载，邓太后诏大臣行三年服，刘恺也指出："诏书所以为制服之科者，盖崇化厉俗，以弘孝道也。"⑤第二，劝勉"孝道"。永平三年（60年），察孝廉，章帝便诏曰："大孝入朝，凡诸举者一听平之。"⑥又，黄香至孝，"年十二，太守刘护闻而召之，署门下孝子"⑦。至于"江巨孝"，则更为典型。从乡里到太守、三公直至皇帝，逐级都对他大加表彰，最后居然被任为谏议大夫。⑧ 第三，与褒奖"孝道"相反，对于不孝，统治者则严加贬惩。如齐王刘晃"及弟利侯刚与母姬更相诬告"，章帝便大加贬惩，下诏曰：

晃、刚忿乎至行，浊乎大伦，《甫刑》三千，莫大不孝。朕不忍置

---

① （南宋）徐天麟撰：《东汉会要》卷二六《选举上》，上海：上海古籍出版社1978年版，第387页。
② （南宋）徐天麟撰：《东汉会要》卷二六《选举上》，上海：上海古籍出版社1978年版，第391页。
③ （南宋）马端临撰：《文献通考》卷三四《选举考》，北京：中华书局2011年版，第994页。
④ （清）陈立撰，吴则虞点校：《白虎通疏证》卷五《论养老之义》，北京：中华书局1994年版，第248页。
⑤ 《后汉书》卷三九《刘恺传》，北京：中华书局1965年版，第1307页。
⑥ 《后汉书》卷八四《列女传·姜诗妻》，北京：中华书局1965年版，第2784页。
⑦ 《后汉书》卷八〇上《文苑列传上·黄香》，北京：中华书局1965年版，第2614页。
⑧ 《后汉书》卷三九《江革传》，北京：中华书局1965年版，第1302页。

之于理,其贬晃爵为芜湖侯,削刚户三千。①

以至于统治者当时竟把不孝看作比"盗贼"杀人更为严重。② 可见东汉对于"孝道"的重视。

东汉光武帝以后,统治者重《孝经》也有深刻的历史原因。西汉后期,取士皆以经术,这对维护统治起了很大作用。但同时也出现了一个问题:那些身居高位的所谓大儒不是竭忠为国,而是持禄保位。这使东汉王朝认识到取士不能只讲经术,重要的还要看其节行。如清人皮锡瑞指出:

> 后汉取士,必经明行修,盖非专重其文,而必深考其行。前汉匡
> (衡)、张(禹)、孔(光)、马(宫)皆以经师居相位,而无所匡救。光武
> 有鉴于此,故举逸民,宾处士,褒崇节义,尊经必尊其能实行经义
> 之人。③

那么,什么是节行的标准?《孝经》认为就是"孝"——"夫孝,天之经也,地之义也,民之行也"④。东汉统治者也完全赞成这种看法。光武帝便要求"四科取士"应"皆有孝悌廉公之行"⑤。章帝也曾在诏书中说:"夫孝,百行之冠,众善之始也。"⑥因此,东汉统治者特别重《孝经》。此其一。

其二,东汉是一个在新莽王朝的废墟上重建的封建王朝,历史的经验教训已使它认识到,巩固统治固然要推行其所谓"柔道",却也更要有防患于未然的精神武器。"孝"则正是这样一种精神武器。有子便说:"其为人也孝弟,而好犯上者,鲜矣;不好犯上,而好作乱者,未之有也。"⑦《孝

---

① 《后汉书》卷一四《宗室四王三侯列传·齐武王演》,北京:中华书局1965年版,第553—554页。
② 《后汉书》卷六七《党锢列传·贾彪》,北京:中华书局1965年版,第2192页。
③ (清)皮锡瑞著,周予同注释:《经学历史·经学极盛时代》,北京:中华书局1959年版,第124页。
④ (唐)李隆基注,(北宋)邢昺疏,金良年整理:《孝经注疏》卷三《三才章》,上海:上海古籍出版社2009年版,第28页。
⑤ 《后汉书》志二四《百官一》,北京:中华书局1965年版,第3559页。
⑥ 《后汉书》卷三九《江革传》,北京:中华书局1965年版,第1303页。
⑦ 程树德撰,程俊英、蒋见元点校:《论语集释》卷一《学而上》,北京:中华书局1990年版,第10页。

经》亦云:"孝子……居上不骄,为下不乱,在丑不争。"①"教民亲爱莫善于孝,教民礼顺莫善于悌。"②故"明王之以孝治天下也"③。因此,为了防范人民反抗,统治者这时也特别重《孝经》。

其三,统治者之重《孝经》,也是由于当时"孝"观念的完善,能够为其统治发挥作用。"孝",最初只是一种人们处理家庭关系的伦理观念,它要求在家庭中应"善事父母"④。但从武帝开始,随着君权与宗法伦理关系的结合,统治者便对"孝"进行改造和利用。他们根据《孝经》把"孝""忠"结合起来,以"孝"作为"忠"的手段,以"忠"作为"孝"的目的,形成所谓由"孝"劝"忠"的家国同构理论。史载哀帝即声称:"汉家之制,推亲亲以显尊尊。"⑤因此,在武帝以后,统治者对"孝"已比较重视。地节四年(前66年),宣帝便下诏曰:"导民以孝,则天下顺。"⑥尽管这时"孝"还没有占主导地位,但它却为东汉重《孝经》奠定了基础。所以,到东汉后,人们已普遍认为"孝"的意义乃在于劝"忠"。如明帝时韦彪上书说:

> 夫国以简贤为务,贤以孝行为首。孔子曰:"事亲孝故忠可移于君,是以求忠臣必于孝子之门。"⑦

这自然更决定了统治者对于《孝经》的重视。

---

① (唐)李隆基注,(北宋)邢昺疏,金良年整理:《孝经注疏》卷六《纪孝行章》,上海:上海古籍出版社2009年版,第57—58页。
② (唐)李隆基注,(北宋)邢昺疏,金良年整理:《孝经注疏》卷六《广要道章》,上海:上海古籍出版社2009年版,第62页。
③ (唐)李隆基注,(北宋)邢昺疏,金良年整理:《孝经注疏》卷四《孝治章》,上海:上海古籍出版社2009年版,第35页。
④ (东汉)许慎撰,(北宋)徐铉校定:《说文解字·老部》,北京:中华书局2013年版,第171页。
⑤ 《汉书》卷一一《哀帝纪》,北京:中华书局1962年版,第339页;又见《汉书》卷九七下《外戚传下》,北京:中华书局1962年版,第4001页。
⑥ 《汉书》卷八《宣帝纪》,北京:中华书局1962年版,第250页。
⑦ 《后汉书》卷二六《韦彪传》,北京:中华书局1965年版,第917—918页。

三、从《孝经》治国到以礼治国的转移

自桓、灵之际，至献帝退位，汉代统治者对儒家各经典的态度又有了新的变化。他们不再多么重视《孝经》，而是特别崇《礼》。因此，在这一时期，《孝经》治国便转移到了以《礼》治国。主要表现是：

其一，统治者遵《礼》重《礼》。东汉后期，统治者对《礼》特别强调，不但遵《礼》，而且重《礼》。如灵帝时党锢株连五族，上禄长和海上言：

> 礼，从祖兄弟别居异财，恩义已轻，服属疏末。而今党人锢及五族，既乖典训之文，有谬经常之法。

结果，"帝览而悟之，党锢自从祖以下，皆得解释"①。又窦太后去世，宦官议以"贵人"礼殡，灵帝也力排众议，仍从旧制，"发丧成礼"②。并且，当时不少学者都对汉家礼仪进行总结，写下了很多著作。《后汉书》卷四八《应劭传》记载，应劭"删定律令为《汉仪》，建安元年乃奏之"③，就是一例。此外，蔡邕的《独断》、胡广《汉宫解诂注》、蔡质《汉仪》等，也都是例证。这同样反映了当时统治者对于《礼》的重视。

其二，以《礼》匡失救俗。这主要是指在社会生活中，统治者按照《礼》的准则移风易俗。史载延熹九年（166年），荀爽对策便提出：

> 礼者，尊卑之差，上下之制也。……今臣僭君服，下食上珍，所谓害于而家，凶于而国者也。宜略依古礼尊卑之差，及董仲舒制度之别，严督有司，必行其命。此则禁乱善俗足用之要。④

同时，应劭著《风俗通》，其中《愆礼》一章，亦专门以《礼》的规范来批评当时的矫伪之风。例如：

---

① 《后汉书》卷六七《党锢列传·序》，北京：中华书局1965年版，第2189页。
② 《后汉书》卷五六《陈球传》，北京：中华书局1965年版，第1832页。
③ 《后汉书》卷四八《应劭传》，北京：中华书局1965年版，第1612页。
④ 《后汉书》卷六二《荀爽传》，北京：中华书局1965年版，第2056页。

夫圣人之制礼也,事有其制,曲有其防,为其可传,为其可继。贤者俯就,不肖跂及。是故子张过而子夏不及,然则无愈。子路丧姊,期而不除,仲尼以为大讥,况于忍能矫情直意而已也哉!……故注近世苟妄曰《愆礼》也。①

第三,《礼》学的兴盛。东汉后期,《礼》学兴盛,凡当世名儒皆为《礼》学大师。比如:

> 《后汉书》卷六○上《马融传》:"融才高博洽,为世通儒……著《三传异同说》。注《孝经》《论语》《诗》《易》《三礼》《尚书》。"②

> 《后汉书》卷六二《荀爽传》:"(爽)以著述为事,遂称为硕儒。……著《礼》《易传》《诗传》《尚书正经》《春秋条例》。"③

> 《后汉书》卷六四《卢植传》:"(植)通古今学……作《尚书章句》《三礼解诂》。"④

> 《后汉书》卷三五《郑玄传》:"玄所注《周易》《尚书》《毛诗》《仪礼》《礼记》《论语》《孝经》《尚书大传》《中候》《乾象历》……称为纯儒。"⑤

当然,这些大师除了治《礼》,也还兼通别的专经,都是所谓"博儒"。但值得注意的是,他们虽各有所长,在通《礼》上却不约而同。这绝不是偶然的巧合,而是说明在当时《礼》学的兴盛,同时也反映了他们对于《礼》的重视。

那么,为什么在这时统治者又会转而重《礼》呢? 其原因有两个方面:

---

① (东汉)应劭撰,王利器校注:《风俗通义校注》卷三《愆礼》,北京:中华书局1981年版,第137页。
② 《后汉书》卷六○上《马融传》,北京:中华书局1965年版,第1972页。
③ 《后汉书》卷六二《荀爽传》,北京:中华书局1965年版,第2056—2057页。
④ 《后汉书》卷六四《卢植传》,北京:中华书局1965年版,第2113、2116页。
⑤ 《后汉书》卷三五《郑玄传》,北京:中华书局1965年版,第1212页。

首先,这是由于人们对"忠"观念的淡薄。东汉后期,随着政治的腐败和地方豪强势力的膨胀,中央集权大大削弱,对地方已无力控制。王符当时就曾指出:"今者刺史、守相,率多怠慢,违背法律,废忽诏令,专情务利,不恤公事。"①因此,在思想上,人们对"忠"的观念已逐渐淡薄。例如,灵帝时刊章捕张俭,俭"困迫遁走,望门投止,莫不重其名行,破家相容",对于东汉王朝本属叛逆,在当时却公然被称为"仁义"②。这不能不使统治者要采取措施来扭转这种局面。其尊《礼》目的就在于此。因为《礼》最注重尊卑等级,对于培养"忠臣"也更为有利。《礼记·经解》便对《礼》的作用总结说:"恭俭庄敬,《礼》教也。"③又《论语·子路》发挥说:"上好礼,则民莫敢不敬。"④荀爽也强调说:"臣闻……有君臣然后有上下,有上下然后有礼义。礼义备,则人知所厝(措)矣。"⑤所以,为了强化人们对于"忠"的观念,统治者这时便特别重《礼》。

其次,从《礼》的实践功效看,它比《孝经》更能满足统治者的需要。因为到东汉后期,统治者的重《孝经》已暴露出严重问题。一个突出的表现,就是很多人在"孝道"问题上弄虚作假,乃至于"察孝廉",实际竟"父别居"。⑥而且,更严重的是,随着一味强调重"孝",不少人还把"孝""忠"对立起来,往往舍"忠"而取"孝"。史载鲍昂、周磐、刘宠、赵苞等,就是比较典型的事例。如《后汉书》卷二九《鲍永传附鲍昂传》:

> (鲍)昂,字叔雅,有孝义节行。……及处丧,毁瘠三年,抱负乃

① (汉)王符著,(清)汪继培笺,彭铎校正:《潜夫论笺校正》卷四《三式》,北京:中华书局1985年版,第208页。
② 《后汉书》卷六七《党锢列传·张俭》,北京:中华书局1965年版,第2210页。
③ (清)孙希旦撰,沈啸寰、王星贤点校:《礼记集解》卷四八《经解》,北京:中华书局1989年版,第1254页。
④ 程树德撰,程俊英、蒋见元点校:《论语集释》卷二六《子路上》,北京:中华书局1990年版,第897页。
⑤ 《后汉书》卷六二《荀爽传》,北京:中华书局1965年版,第2052页。
⑥ 杨明照撰:《抱朴子外篇校笺》卷一五《审举》,北京:中华书局1991年版,第393页。

行;服阕,遂潜于墓次,不关时务。举孝廉,辟公府,连征不至,卒
于家。①

这说明重《孝经》在当时还具有很大的局限性。而《礼》则不然。它具有
明确的实践标准,所谓"《礼》经纪人伦,故长于行"②,本身就是"忠""孝"
等观念的具体化。因此,是否"忠""孝",只要看其是否遵礼就可以得知。
如对"孝",《论语·为政》便要求是:"生,事之以礼;死,葬之以礼,祭之以
礼。"③所以,蔡邕随灵帝上陵,曾感慨说:

> 闻古不墓祭。朝廷有上陵之礼,始谓可损。今见其仪,察其本
> 意,乃知孝明皇帝至孝恻隐,不可易旧。④

对"忠"也是如此。荀子论礼即指出:"贵贱、杀生、与夺一也,君君、臣
臣……一也。"⑤因而《孝经》也说:"安上治民,莫善于礼。"⑥可见,《礼》
和《孝经》相比,在这时也确实更能满足统治者的需要。

汉代儒家经典上述地位的转移,对维护统治曾起了很大作用。可以
毫不夸张地说,它的每一次转移,都使统治者顺应历史条件的变化,较好
地解决了所存在的问题。以《春秋》到《诗》的转移说,统治者便明显收到
了培养驯服工具、麻醉人民的功效。在这一时期,谦逊已成为人们最重视
的美德。孔光即是一例。《汉书》卷八一《孔光传》载:"(光)典枢机十余
年……上有所问,据经法以心所安而对,不希指苟合;如或不从,不敢强谏

---

① 《后汉书》卷二九《鲍永传附鲍昂传》,北京:中华书局 1965 年版,第 1023 页。
② 《史记》卷一三〇《太史公自序》司马迁论"礼",北京:中华书局 1959 年版,第 3297 页。
③ 程树德撰,程俊英、蒋见元点校:《论语集释》卷三《为政上》,北京:中华书局 1990 年版,第
  81 页。
④ 《后汉书》志四《礼仪上》注引《谢承书》,北京:中华书局 1965 年版,第 3103 页。按:东汉上陵
  礼始于明帝。
⑤ (清)王先谦撰,沈啸寰、王星贤点校:《荀子集解》卷五《王制》,北京:中华书局 2013 年版,第
  164 页。
⑥ (唐)李隆基注,(北宋)邢昺疏,金良年整理:《孝经注疏》卷六《广要道章》,上海:上海古籍出
  版社 2009 年版,第 62 页。

争。"①因此,作为谦逊,朝臣在谏争中也以所谓"讽谏"为上。刘向对此便总结说:

> 故谏有五:一曰正谏,二曰降谏,三曰忠谏,四曰戆谏,五曰讽谏。
>
> 孔子曰:"吾其从讽谏矣乎!"②

更值得注意的是,西汉后期的阶级和社会矛盾相当激化,鲍宣曾指出当时"民有七亡而无一得""有七死而无一生"③。但终于平帝,却只有为数不多的小股农民起义,乃至史称"天下晏然"④。这与统治者的尊《诗》显然有着直接关系。

再从重《孝经》的转移看,统治者也完全达到了目的。一方面,它扭转了西汉后期那种明哲保身的风气,使得朝臣大多注重名节,敢于为国竭忠。仅就其三公而言,皮锡瑞便评价说:"后汉三公,如袁安、杨震、李固、陈蕃诸人,守正不阿,视前汉匡、张、孔、马大有薰莸之别。"⑤另一方面,它培育出了大批孝子,使得人们普遍重视纲常伦理。韩棱可谓一例。《后汉书》卷四五《韩棱传》记载:"棱四岁而孤,养母弟以孝友称。"任尚书令时,窦宪击北匈奴回师,尚书以下议将迎称"万岁",而他严正指出:"夫上交不谄,下交不黩,礼无人臣称万岁之制。"⑥

至于崇《礼》,更是如此。它使得"忠"观念又重新得到了重视。例如荀悦便强调说:

> 人臣之义,不曰"吾君能矣,不我须也,言无补也",而不尽忠。
>
> 不曰"吾君不能矣,不我识也,言无益也",而不尽忠。必竭其诚,明

---

① 《汉书》卷八一《孔光传》,北京:中华书局1962年版,第3353—3354页。

② (西汉)刘向撰,向宗鲁校证:《说苑校证》卷九《正谏》,北京:中华书局1987年版,第206页。

③ 《汉书》卷七二《鲍宣传》,北京:中华书局1962年版,第3088页。

④ 《汉书》卷二四上《食货志上》,北京:中华书局1962年版,第1143页。

⑤ (清)皮锡瑞著,周予同注释:《经学历史·经学极盛时代》,北京:中华书局1959年版,第124页。

⑥ 《后汉书》卷四五《韩棱传》,北京:中华书局1965年版,第1534—1535页。

其道，尽其义，斯已而已矣，不已则奉身以退，臣道也。①

所以，东汉后期曾出现大批忠臣。如朱儁、皇甫嵩、伍孚、王允、荀彧与董宠等人，就是以忠臣载入史册的。特别是献帝时，曹操秉政，东汉王朝已名存实亡，却仍有汉家忠臣不断在蓄谋政变。而曹氏慑于不忠之名，也只是"挟天子以令诸侯"，以"文王"自慰而已。甚至孙权上表劝进，他竟不以为然地说："是儿欲踞吾著炉火上邪！"②其作用之大，由此亦可以概见。

总之，在汉代，由于历史条件的变化，举凡《诗》《礼》《春秋》《孝经》，它们的政治地位都曾随之而发生了显著变化。这说明汉代以经治国并不是一成不变的，统治者对于经学本身也是根据其需要有所选择的。马克思曾指出："理论在一个国家的实现程度，决定于理论满足这个国家的需要的程度。"③汉代《春秋》《诗》《孝经》《礼》的政治地位转移，就是这样一个例证！

---

① （东汉）荀悦撰，（明）黄省曾注，孙启治校补：《申鉴注校补·杂言》，北京：中华书局2012年版，第155页。

② 《三国志》卷一《魏书·武帝纪》注引《魏略》，北京：中华书局1959年版，第52页。

③ 中共中央马克思恩格斯列宁斯大林著作编译局编：《马克思恩格斯选集》第1卷，北京：人民出版社1972年版，第10页。

附论三

从推广教化看秦汉王朝的民族边疆治理

所谓教化,就是中国古代政教风化或教育感化等人文、伦理和道德规范的集合。就秦汉王朝的民族边疆治理而言,此即意味着国家在民族和边疆地区推广华夏文化,用伦理道德、礼仪和农耕文化来改造当地文化,在移风易俗的过程中而实现对非汉民族或部族的同化,亦即"汉化"。这不仅极大促进了非汉民族或部族对华夏文化的认同,而且为秦汉时期的民族融合发挥了巨大作用。当然,秦汉王朝的推广教化也存在强制同化的问题,留下了很多历史经验和教训。在几乎没有专题研究的情况下①,本文拟就推广教化与秦汉王朝的民族边疆治理谈谈粗浅看法,以作为引玉之砖。

一、推广教化的理论渊源

秦汉推广教化的理论概括可以董仲舒的经学表述为代表,他的《贤良对策》曾就教化的必要性、作用和意义作了比较全面的阐述。例如:

> 夫万民之从利也,如水之走下,不以教化隄防之,不能止也。是故教化立而奸邪皆止者,其隄防完也;教化废而奸邪并出,刑罚不能胜者,其隄防坏也。古之王者明于此,是故南面而治天下,莫不以教化为大务。②

但这并非特指"蛮夷"和"戎狄"的教化理论。从这个方面来说,先秦儒学

---

① 关于秦汉教化及推广教化研究,目前仅见于张俊杰《汉代礼乐教化观的转型探微》(《理论导刊》2015 年第 5 期)、杜俊燕与秦进才《汉代教化传播初探》(《河北学刊》2020 年第 5 期)等及诸多博、硕士学位论文,但文中均未涉及秦汉少数民族的教化问题。
② 《汉书》卷五六《董仲舒传》,北京:中华书局 1962 年版,第 2503 页。

的《春秋》"大一统"观念,以及"以德怀远""有教无类"和"用夏变夷"思想,倒可以视为在多民族聚居的边远地区推广教化的理论渊源。如其"王者无外"①"溥天之下,莫非王土;率土之滨,莫非王臣"②"四海之内皆兄弟也"③云云。孔子还明确主张:"远人不服,则修文德以来之。既来之,则安之。"④并对教化"蛮夷"充满自信,以俯视的姿态看待与"九夷"混居——"子欲居九夷。或曰:'陋,如之何?'子曰:'君子居之,何陋之有?'"⑤孟子也反复强调:"吾闻用夏变夷者,未闻变于夷者也。"⑥总的来说,秦汉王朝倡导的推广教化思想,就是在这些认识的基础上逐渐深化和发展的。主要有三个方面:

一是强调"仁德",倡导对"蛮夷"和"戎狄"的感化。这种感化有着特定的背景和内容,实际就是要施行恩惠让边远地区的非汉民族或部族认同和归顺秦汉王朝。⑦ 就其内容而言,则完全可以概括为对少数民(部)族的超国民待遇。比如贾谊提出:

> 臣闻伯国战智,王者战义,帝者战德。故汤祝网而汉阴降,舜舞干羽而三苗服。今汉帝中国也,宜以厚德怀服四夷,举明义,博示远方,则舟车之所至,人迹之所及,莫不为畜,又且孰敢忿然不承帝意?⑧

----

① (东汉)何休解诂,(唐)徐彦疏:《春秋公羊传注疏》卷一《隐公元年》,(清)阮元校刻:《十三经注疏》(附校勘记),北京:中华书局1980年版,第2199页。

② (东汉)郑玄笺,(唐)孔颖达疏:《毛诗正义》卷一三《小雅·北山》,(清)阮元校刻:《十三经注疏》(附校勘记),北京:中华书局1980年版,第463页。

③ (曹魏)何晏集解,(北宋)邢昺疏:《论语注疏》卷一二《颜渊》,(清)阮元校刻:《十三经注疏》(附校勘记),北京:中华书局1980年版,第2503页。

④ (曹魏)何晏集解,(北宋)邢昺疏:《论语注疏》卷一六《季氏》,(清)阮元校刻:《十三经注疏》(附校勘记),北京:中华书局1980年版,第2520页。

⑤ (曹魏)何晏集解,(北宋)邢昺疏:《论语注疏》卷九《子罕》,(清)阮元校刻:《十三经注疏》(附校勘记),北京:中华书局1980年版,第2491页。

⑥ (东汉)赵岐注,(北宋)孙奭疏:《孟子注疏》卷五下《滕文公章句上》,(清)阮元校刻:《十三经注疏》(附校勘记),北京:中华书局1980年版,第2706页。

⑦ 晋文:《也谈秦代的工商业政策》,载《江苏社会科学》1997年第6期。

⑧ (西汉)贾谊撰,阎振益·钟夏校注:《新书校注》卷四《匈奴》,北京:中华书局2000年版,第135页。

其中"宜以厚德怀服四夷"云云,就是主张应给予"四夷"不同于华夏或中原农耕地区的优待。这与孔子所说"既来之,则安之"有着直接的渊源关系。毫无疑问,如果没有一个使之安定、安生和安心的生活环境,仅凭其武力征服还不可能让那些"夷狄"都长久认同和归顺秦汉王朝。秦汉统治精英也深谙这一点,所以无论主张应"威服"者,还是主张应"怀柔"者,在感化"蛮夷戎狄"的问题上实际却没有分歧。以匈奴为例,力主和亲的贤良文学固然都提出"以德怀远",认为"'投我以桃,报之以李。'未闻善往而有恶来者。故君子敬而无失,与人恭而有礼,四海之内,皆为兄弟也"①,但坚称战争的贾谊也同样提出了所谓"五饵",亦即用优厚的待遇来安抚和荣耀归顺汉朝的匈奴人,以便达到其国中"闻之者、见之者,希心而相告,人人冀幸,以为吾至亦可以得此",或"人人伋伋唯恐其后来至也"的目的。② 无非前者更强调"怀柔"、后者更强调"威服"而已。

当然,感化是要付出很大代价的。除了造成族群矛盾,"厚德"也意味着高额的投入。这在国家财政正常运转的时候还可以维持,也很少有人反对,但在国力衰落的情况下却往往难以为继。更不用说,有的时候感化也根本不起作用。③ 而一旦削减了费用,或增加一些"夷狄"的义务,许多少数民族和部族都纷纷反叛。因此,要不要继续实行感化政策的议论,甚至放弃一些边远郡县和地区的呼声,此起彼伏。史载淮南王刘安便向汉武帝提出:"自三代之盛,胡越不与受正朔,非强弗能服,威弗能制也,以为不居之地,不牧之民,不足以烦中国也。"④元帝时,珠厓(今海南地区)反叛,大臣"廷议者或言可击,或言可守,或欲弃之,其指各殊",最终亦罢除了珠厓郡。"民有慕义欲内属,便处之;不欲,勿强。"⑤这种情况在东汉

---

① 王利器撰:《盐铁论校注(定本)》卷八《和亲》,北京:中华书局1992年版,第513页。

② (西汉)贾谊撰,阎振益、钟夏校注:《新书校注》卷四《匈奴》,北京:中华书局2000年版,第136—137页。

③ 晋文:《两汉王朝对匈奴的战争诉求》,载《社会科学战线》2022年第8期。

④《汉书》卷六四上《严助传》,北京:中华书局1962年版,第2777页。

⑤《汉书》卷六四下《贾捐之传》,北京:中华书局1962年版,第2835页。

初年和东汉后期则表现得更为突出,例如:"会西羌反,边章、韩遂作乱陇右,征发天下,役赋无已。司徒崔烈以为宜弃凉州。诏会公卿百官,烈坚执先议。"①说到底,国家的强盛和稳定才是这种感化政策更多实施的基础。

二是推广农耕,改造或改变"蛮夷"和"戎狄"的生产方式。从最终目的来看,这也可以说是形成共同的经济生活以同化周边少数民族的最重要的设想。尽管受到地理环境的限制,北方草原民族的游牧生产方式还不可能有多大改变,但在帝国的大多数边疆地区,却可以用农耕来尽量改造游牧、狩猎和渔猎民族的生产方式。秦始皇宣称:"皇帝之功,勤劳本事。上农除末,黔首是富。"②便多少含有推广农耕生产方式的意图。更值得注意的是,秦汉王朝的这种做法至少可以追溯到战国时期。据《后汉书》卷八六《南蛮传》记载,早在秦昭王时,为了鼓励和推广少数民族的农耕,秦国对巴蜀地区的板楯蛮夷就实行过"顷田不租,十妻不筭"的优待政策。而且在西汉初年,汉高祖也完全继承了这一政策。比如:

> 至高祖为汉王,发夷人还伐三秦。秦地既定,乃遣还巴中,复其渠帅罗、朴、督、鄂、度、夕、龚七姓,不输租赋,余户乃岁入賨钱,口四十。世号为板楯蛮夷。③

除了汉高祖,汉代的其他皇帝和郡县长官也大多强调重农,特别是在农耕不发达的边疆地区。所谓"光武中兴,锡光为交阯,任延守九真,于是教其耕稼……"④可以毫不夸张说,"教其耕稼"已成为秦汉王朝同化"归义蛮夷"的一项基本国策。

此外,在民族和边疆地区推广农耕,还具有一举多得的作用。一方面,农耕生产方式具有更高的效率,让少数民族或部族学会了定居和耕

---

① 《后汉书》卷五八《傅燮列传》,北京:中华书局1965年版,第1875页。
② 《史记》卷六《秦始皇本纪》,北京:中华书局1959年版,第245页。
③ 以上皆见《后汉书》卷八六《南蛮传》,北京:中华书局1965年版,第2842页。
④ 《后汉书》卷八六《南蛮传》,北京:中华书局1965年版,第2836页。

田,便可以逐渐改造和改变他们原有的生产方式,促进以华夏为中心的共同经济生活的形成;另一方面,在少数民族或部族学会农耕生产后,也可以让他们自己来养活自己,从而大幅降低秦汉王朝感化周边"四夷"的费用。更巧妙的是,通过免除部分"夷人"或"蛮夷"的田租,如走马楼西汉简《都乡七年垦田租簿》"出田十三顷四十五亩半,租百八十四石七斗,临湘蛮夷归义民田不出租"①,秦汉王朝还可以获取"厚德"的美誉。之所以要"教其耕稼",在民族和边疆地区大力推广农耕,也就在情理之中了。

三是移风易俗,对民族和边疆地区大力进行华夏礼乐和习俗教育。这也是在精神文化上"用夏变夷"的重要举措。而理论依据,就是华夏文明的优越论。如《春秋》庄公二十三年(前671年)载:"荆人来聘。"《公羊传》曰:"荆何以称人? 始能聘也。"东汉何休便据此阐发说:"《春秋》王鲁,因其始来聘,明夷狄能慕王化,修聘礼,受正朔者当进之,故使称人也。"②贾谊也精辟指出:非汉民族或部族的习俗皆后天养成,家庭、环境和社会教育都起了关键性作用。"夫胡、粤之人,生而同声,耆欲不异,及其长而成俗,累数译而不能相通,行者有虽死而不相为者,则教习然也。"③所以秦汉王朝也都把华夏礼乐作为同化"蛮夷"的重要举措,以达到其移风易俗的目的。具体来说,就是既要改造或改变"蛮夷"的社会生活和习俗,逐步实行华夏的婚丧礼俗;又要重视学校的设立和作用,让一部分"蛮夷"接受或认同"汉化"教育,培养更多懂得仁义的忠臣和孝子。史载汉武帝议立太学便强调说:

> 盖闻导民以礼,风之以乐。婚姻者,居室之大伦也。今礼废乐

---

① 马代忠:《长沙走马楼西汉简〈都乡七年垦田租簿〉初步考察》,中国文化遗产研究院编:《出土文献研究》第12辑,上海:中西书局2013年版,第213页。按:《都乡七年垦田租簿》的年代一般认为在武帝早期,即长沙王刘庸七年(前122年)。而笔者认为其年代当在文帝前元元年(前179年),详见晋文:《走马楼西汉简〈都乡七年垦田租簿〉的年代问题》,载《山东师范大学学报(社会科学版)》2021年第3期。

② (东汉)何休解诂,(唐)徐彦疏:《春秋公羊传注疏》卷八《庄公二十三年》,(清)阮元校刻:《十三经注疏》(附校勘记),北京:中华书局1980年版,第2237页。

③ 《汉书》卷四八《贾谊传》,北京:中华书局1962年版,第2252页。

崩,朕甚愍焉。故详延天下方正博闻之士,咸登诸朝。其令礼官劝
学,讲议洽闻兴礼,以为天下先。太常议,与博士弟子,崇乡里之化,
以广贤材焉。①

这里虽然是要设立全国的最高学府,亦即太学,并没有提到民族与边疆地
区,但所谓"婚姻者,居室之大伦也","其令礼官劝学,讲议洽闻兴礼,以
为天下先",却肯定是不分"汉人"和"蛮夷"或"戎狄"的。至少在推行
"仁政"感化其臣民方面应完全相同。② 武帝求贤诏亦云:"公卿大夫,所
使总方略,壹统类,广教化,美风俗也。夫本仁祖义,褒德禄贤,劝善刑暴,
五帝三王所繇昌也。朕夙兴夜寐,嘉与宇内之士臻于斯路。故旅耆老,复
孝敬,选豪俊,讲文学,稽参政事,祈进民心,深诏执事,兴廉举孝,庶几成
风,绍休圣绪。"③可见教化是面向所有臣民的。诚如东汉王符所言:"公
刘厚德,恩及草木,羊牛六畜,且犹感德,仁不忍践履生草,则又况于民萌
而有不化者乎?"④无非对少数民族或部族的教化更具有针对性而已。

二、推广教化的践行及意义

为了巩固大一统王朝,秦始皇在吞并六国后便开始大力践行对周边
少数民族或部族的教化。从政策渊源来说,秦始皇对民族与边疆地区的
教化措施主要延续了秦国制度。比如法律上的优待,《后汉书》卷八
六《南蛮传》载:"及秦惠王并巴中,以巴氏为蛮夷君长,世尚秦女,其民爵
比不更,有罪得以爵除。"⑤睡虎地秦简《法律答问》亦云:

> 可(何)谓"赎鬼薪鋈足"? 可(何)谓"赎宫"? ·臣邦真戎君
> 长,爵当上造以上,有罪当赎者,其为群盗,令赎鬼薪鋈足;其有府

---

① 《史记》卷一二一《儒林列传》,北京:中华书局1959年版,第3118—3119页。
② 杜俊燕、秦进才:《汉代教化传播初探》,载《河北学刊》2020年第5期。
③ 《汉书》卷六《武帝纪》,北京:中华书局1962年版,第166页。
④ (汉)王符著,(清)汪继培笺,彭铎校正:《潜夫论笺校正》卷八《德化》,北京:中华书局1985
年版,第373页。
⑤ 《后汉书》卷八六《南蛮传》,北京:中华书局1965年版,第2841页。

(腐)罪,【赎】宫。其他罪比群盗者亦如此。①

又如经济上的优待,《后汉书》卷八六《南蛮传》载:"其(巴氏)君长岁出赋二千一十六钱,三岁一出义赋千八百钱。其民户出幏布八丈二尺,鸡羽三十鍭。汉兴,南郡太守靳强请一依秦时故事。"②对板楯蛮夷则实行"顷田不租,十妻不筭"的政策。

> 板楯蛮夷者,秦昭襄王时,有一白虎,常从群虎数游秦、蜀、巴、汉之境,伤害千余人。昭王乃重募国中有能杀虎者,赏邑万家,金百镒。时,有巴郡阆中夷人,能作白竹之弩,乃登楼射杀白虎。昭王嘉之,而以其夷人,不欲加封,乃刻石盟要,复夷人顷田不租,十妻不筭,伤人者论,杀人者得以倓钱赎死。③

还有婚姻习俗方面,秦国也长期实行"秦女"与蛮夷君长通婚的政策,如前揭"以巴氏为蛮夷君长,世尚秦女"。睡虎地秦简《法律答问》亦规定:

> "真臣邦君公有罪,致耐罪以上,令赎。"可(何)谓"真"?臣邦父母产子及产它邦而是谓"真"。·可(何)谓"夏子"?·臣邦父、秦母谓殹(也)。④

这多少都带有改造"臣邦"婚俗的色彩。

当然,在秦王朝建立后,秦始皇也根据新的形势制定了一些新的教化政策。其中对南方越人婚姻习俗的改造,就是一个特别典型的例子。《史记》卷六《秦始皇本纪》载《会稽刻石》:

> 饰省宣义,有子而嫁,倍死不贞。防隔内外,禁止淫泆,男女絜诚。夫为寄豭,杀之无罪,男秉义程。妻为逃嫁,子不得母,咸化

---

① 睡虎地秦墓竹简整理小组编:《睡虎地秦墓竹简》,北京:文物出版社1990年版,第120页。
② 《后汉书》卷八六《南蛮传》,北京:中华书局1965年版,第2841页。
③ 《后汉书》卷八六《南蛮传》,北京:中华书局1965年版,第2842页。
④ 睡虎地秦墓竹简整理小组编:《睡虎地秦墓竹简》,北京:文物出版社1990年版,第135页。

廉清。①

这里所要求并遵守的,都是华夏文化中的婚姻家庭规范,也充分证明:秦始皇把"蛮夷"教化问题视为巩固统一和同化少数民族的重要举措。② 诚如顾炎武所言:"秦之任刑虽过,而其坊民正俗之意,固未始异于三王也。"③

西汉建立后,对教化"蛮夷"的措施更为细致。以最新公布的胡家草场汉简为例,其中《蛮夷诸律》便明确规定了关于"蛮夷"的各种优待。例如:

> 亡道外蛮夷及略来归、自出,外蛮夷人归萧(义)者,皆得越边塞徼入。(1272)
>
> 蛮夷长以上,其户不賨;其邑人及戎、翟(狄)邑,岁出賨,户百一十二钱,欲出金八朱(铢)者,许。(1582)
>
> 蛮夷人不可令乘城亭鄣者,勿令戍边;其有罪当戍边,令居居县道。(2596)
>
> 蛮夷君当官大夫,公诸侯当大夫、右大夫、左大夫,胡谙劈(彻)公子当不更。(2597)
>
> 蛮夷邑人各以户数受田,平田,户一顷半;山田,户二顷半。阪险不可狠(垦)者,勿以为数。(2636)④

从中可以看出,其优待内容既涉及"归义蛮夷"的政治、法律地位,亦涉及免除一年兵役(戍边)、减免賨赋和授田等经济规定,并有着秦朝制度的渊源关系。值得特别注意的是,简2597的规定也使我们对"蛮夷君

---

① 《史记》卷六《秦始皇本纪》,北京:中华书局1959年版,第262页。
② 晋文:《秦始皇未曾破坏母系制遗存——与张岩先生"破坏"说商榷》,载《南京师大学报(社会科学版)》1999年第3期。
③ (清)顾炎武著,(清)黄汝成集释,栾保群、吕宗力校点:《日知录集释》卷一三《秦纪会稽山刻石》,石家庄:花山文艺出版社1990年版,第587页。
④ 荆州博物馆、武汉大学简帛研究中心编著:《荆州胡家草场西汉简牍选粹》,北京:文物出版社2021年版,第196—197页。

长"的身份和等级有了更具体的认知。据《史记》卷一一四《东越列传》：
"闽越王无诸及越东海王摇者,其先皆越王句践之后也,姓驺氏。秦已并
天下,皆废为君长,以其地为闽中郡。"①以往并不清楚这些"蛮夷君长"具
体对应着哪些身份和等级。而参照此简可知,秦及汉初的"蛮夷君长"最
高应相当于二十等爵第六级的官大夫,最低则相当于第四级的不更。证
诸汉初张家山汉简《户律》的名田或授田规定:"公士一顷半顷。"
(313)②亦可得知普通"蛮夷"的身份相当于二十等爵最低一级的公士。
再根据张家山汉简《蛮夷律》"蛮(蛮)夷大男子岁出五十六钱以当繇(徭)
赋"(2)③,可以判明,所谓"岁出賨,户百一十二钱,欲出金八朱(铢)者,
许",实际是规定每户"蛮夷"都仅按二人缴纳賨赋(比"汉人"按每户纳税
人数缴纳算赋和口钱可谓大大减轻),其中一人是 56 钱或"出金四铢",
合计则为 112 钱或"出金八铢"(由此亦可算出,汉初黄金一铢折 14 钱,
一斤黄金折 5 376 钱,即 14×24×16＝5 376)。汉代"归义蛮夷"还都被豁
免了田租,如前揭《都乡七年垦田租簿》:"出田十三顷四十五亩半,租百
八十四石七斗,临湘蛮夷归义民田不出租。"又武威汉简《王杖诏书令》:
"夫妻俱毋子男为独寡,田毋租,市毋赋,与归义同。"(146)④他们的"賨
赋"比普通"汉人"的"繇赋"亦轻了很多,可以说是非常大的优待了。

在移风易俗方面,西汉时期的记载不多。而影响较大的,是景帝后期
蜀郡太守文翁对地方学校的创办。据《汉书》卷八九《循吏传》载,文翁为
蜀郡守,看到蜀地偏僻,有"蛮夷"之风,于是选送郡县小吏张叔等十余人
到京师,受业于博士,或学律令。而后即创办学校:

> 又修起学官于成都市中,招下县子弟以为学官弟子,为除更繇,

① 《史记》卷一一四《东越列传》,北京:中华书局 1959 年版,第 2979 页。
② 张家山二四七号汉墓竹简整理小组编著:《张家山汉墓竹简〔二四七号墓〕》(释文修订本),北京:文物出版社 2006 年版,第 52 页。
③ 张家山二四七号汉墓竹简整理小组编著:《张家山汉墓竹简〔二四七号墓〕》(释文修订本),北京:文物出版社 2006 年版,第 91 页。
④ 李均明、何双全编:《散见简牍合辑》,北京:文物出版社 1990 年版,第 16 页。

高者以补郡县吏,次为孝弟力田。常选学官僮子,使在便坐受事。每出行县,益从学官诸生明经饬行者与俱,使传教令,出入闺阁。县邑吏民见而荣之,数年,争欲为学官弟子,富人至出钱以求之。繇是大化,蜀地学于京师者比齐鲁焉。至武帝时,乃令天下郡国皆立学校官,自文翁为之始云。[1]

文翁的做法还得到汉武帝的认可,"乃令天下郡国皆立学校官"。这就使得民族与边疆地区的汉化教育进一步发展,为移风易俗做出了重要贡献。[2] 尽管边远地区的学校数量不多,而且生源也主要应是"汉人",但它们毕竟推进了汉文化的传播,为非汉民族或部族与汉族的文化交流和融合奠定了比较坚实的基础。

还有几条关于南越和交阯的记载也值得注意,亦即《史记》《汉书》《后汉书》所说的移民问题。如其"粤人之俗,好相攻击,前时秦徙中县之民南方三郡,使与百粤杂处"[3]"凡交阯所统,虽置郡县,而言语各异,重译乃通。人如禽兽,长幼无别。项髻徒跣,以布贯头而著之。后颇徙中国罪人,使杂居其间,乃稍知言语,渐见礼化"[4]云云。锡光的事例也旁证有的地方官员曾为此做了很大努力——"平帝时,汉中锡光为交阯太守,教导民夷,渐以礼义,化声侔于(任)延"[5]。这表明秦汉王朝对岭南地区的大量移民对当地的华夏文化传播也起了莫大作用。考虑到从汉武帝开始,西汉王朝对西南、东北、西北乃至西域都有过众多移民活动,我们也就不难想见这些移民在当地传播汉文化的作用了。如元朔二年(前127年)夏,"募民徙朔方十万口"。元狩四年(前119年)冬,"有司言关东贫民徙陇西、北地、西河、上郡、会稽凡七十二万五千口"。元狩五年(前118

---

① 《汉书》卷八九《循吏传·文翁》,北京:中华书局1962年版,第3626页。
② 晋文:《以经治国与汉代社会》,广州:广州出版社2001年版,第175—177页。
③ 《汉书》卷一下《高帝纪下》,北京:中华书局1962年版,第73页。
④ 《后汉书》卷八六《南蛮传》,北京:中华书局1965年版,第2836页。
⑤ 《后汉书》卷七六《循吏列传·任延》,北京:中华书局1965年版,第2462页。

年),"徙天下奸猾吏民于边"①。元鼎二年(前115年)秋,因"山东被河灾,及岁不登数年,人或相食,方一二千里。天子怜之,诏曰:'江南火耕水耨,令饥民得流就食江淮间,欲留,留处。'遣使冠盖相属于道,护之"。元鼎六年(前111年),"初置张掖、酒泉郡,而上郡、朔方、西河、河西开田官,斥塞卒六十万人戍田之。中国繕道馈粮,远者三千,近者千余里,皆仰给大农"②。《汉书》卷九六《西域传》亦云:"自贰师将军伐大宛之后,西域震惧,多遣使来贡献,汉使西域者益得职。于是自敦煌西至盐泽,往往起亭,而轮台、渠犁皆有田卒数百人,置使者校尉领护,以给使外国者。"③"昭帝乃用桑弘羊前议,以杆弥太子赖丹为校尉将军,田轮台,轮台与渠犁地皆相连也。"④可以毫不夸张说,西汉王朝对"蛮夷"习俗的种种改造和引导,都肯定少不了对汉文化的宣传和推广,特别是以经学为主导的尊卑长幼观念和婚丧礼俗制度。

及至东汉,关于朝廷和地方官吏在民族与边远地区推广教化的例证也越来越多。这应当与大一统国家的疆域逐渐稳定、越来越多的"蛮夷"同"汉人"混居有关。⑤ 因为除了匈奴和西域曾有过反复,从汉武帝"外攘夷狄"开始,许许多多在东北、东南和西南地区的少数民族或部族都逐渐被纳入汉帝国的疆域之中。所以同化这些非汉民族或部族,以稳固大一统王朝的边远地区,便成为朝廷和各级地方官吏的一个主要任务。而作为一种政绩,也就越来越多地被史书记载下来。诸如:

> (卫飒)迁桂阳太守。郡与交州接境,颇染其俗,不知礼则。飒下车,修庠序之教,设婚姻之礼。期年间,邦俗从化。⑥
>
> (任延)诏征为九真太守。光武引见,赐马杂缯,令妻子留洛阳。

---

① 《汉书》卷六《武帝纪》,北京:中华书局1962年版,第170、178—179页。
② 《史记》卷三〇《平准书》,北京:中华书局1959年版,第1437、1439页。
③ 《汉书》卷九六上《西域传上·序》,北京:中华书局1962年版,第3873页。
④ 《汉书》卷九六下《西域传下·渠犁》,北京:中华书局1962年版,第3916页。
⑤ 晋文:《汉民族的形成及其民族意识》,载《中国社会科学院大学学报》2022年第4期。
⑥ 《后汉书》卷七六《循吏列传·卫飒》,北京:中华书局1965年版,第2459页。

九真俗以射猎为业,不知牛耕,民常告籴交阯,每致困乏。延乃令铸作田器,教之垦辟。田畴岁岁开广,百姓充给。又骆越之民无嫁娶礼法,各因淫好,无适对匹,不识父子之性,夫妇之道。延乃移书属县,各使男年二十至五十,女年十五至四十,皆以年齿相配。其贫无礼娉,令长吏以下各省奉禄以赈助之。同时相娶者二千余人。是岁风雨顺节,谷稼丰衍。其产子者,始知种姓。咸曰:"使我有是子者,任君也。"多名子为"任"。于是徼外蛮夷夜郎等慕义保塞,延遂止罢侦候戍卒。[1]

永平中,益州刺史梁国朱辅,好立功名,慷慨有大略。在州数岁,宣示汉德,威怀远夷。自汶山以西,前世所不至,正朔所未加。白狼、槃木、唐菆等百余国,户百三十余万,口六百万以上,举种奉贡,称为臣仆。[2]

肃宗元和中,蜀郡王追为太守,政化尤异,有神马四匹出滇池河中,甘露降,白乌见,始兴起学校,渐迁其俗。[3]

和帝时,(许荆)稍迁桂阳太守。郡滨南州,风俗脆薄,不识学义。荆为设丧纪婚姻制度,使知礼禁。[4]

会北匈奴入辽东,追拜(陈)禅辽东太守。胡惮其威强,退还数百里。禅不加兵,但使吏卒往晓慰之,单于随使还郡。禅于学行礼,为说道义以感化之。单于怀服,遗以胡中珍货而去。[5]

其中任延的事例最为典型。他不仅在九真(今越南中部)地区推广牛耕和农业生产,而且推广"汉人"的婚姻制度,对改造落后的"骆越"习俗取得了特别显著的成效。所以史书也把他和锡光并举,高度肯定了其推广

---

① 《后汉书》卷七六《循吏列传·任延》,北京:中华书局 1965 年版,第 2462 页。
② 《后汉书》卷八六《西南夷传》,北京:中华书局 1965 年版,第 2854—2855 页。
③ 《后汉书》卷八六《西南夷传》,北京:中华书局 1965 年版,第 2847 页。
④ 《后汉书》卷七六《循吏列传·许荆》,北京:中华书局 1965 年版,第 2472 页。
⑤ 《后汉书》卷五一《陈禅传》,北京:中华书局 1965 年版,第 1685 页。

教化的贡献，称"领（岭）南华风，始于二守焉"①。而王追"政化尤异"，有神马出滇池，以及陈禅在郡学里感化北匈奴单于，则堪称"以德怀远"的"传奇"。

更重要的是，即使在政治昏暗的东汉后期，有些地方官员也仍然竭力在民族与边疆地区推广教化。如栾巴"迁桂杨（阳）太守。以郡处南垂，不闲典训，为吏人定婚姻丧纪之礼，兴立学校，以奖进之"②。应奉拜武陵太守，"于是兴学校，举仄陋，政称变俗"③。霍谞"迁金城太守。性明达笃厚，能以恩信化诱殊俗，甚为羌胡所敬服"④。种暠任益州刺史，好立功立事。"在职三年，宣恩远夷，开晓殊俗，岷山杂落皆怀服汉德。其白狼、槃木、唐菆、邛、僰诸国，自前刺史朱辅卒后遂绝；暠至，乃复举种向化。"⑤从某种意义上说，东汉时期有越来越多的"蛮夷"都逐渐接受了汉文化，这种大力推广教化的做法曾功不可没。

当然，对史书的这些正面记载，我们还不可尽信。在推广教化成为政绩考核的情况下，某些地方官吏通过伪造政绩来获得奖赏是绝对不能排除的。更不用说，朝廷也非常需要这样的范例来宣扬其"仁德"和感化的效果。《东观汉记》所留存的《远夷乐德歌诗》《远夷慕德歌诗》《远夷怀德歌诗》，被视为少数民族的"真情流露"⑥，其实就很可能是前揭朱辅等地方官员造假做秀的产物。如《远夷乐德歌诗》云：

> 堤官隗构，大汉是治。魏冒逾糟。与天合意。罔驿刘脾，吏译平端。旁莫支留。不从我来。微衣随旅，闻风向化。知唐桑艾。所见奇异。邪毗继缅，多赐缯布。推潭仆远。甘美酒食。拓拒苏便，昌

① 《后汉书》卷七六《循吏列传·任延》，北京：中华书局 1965 年版，第 2462 页。
② 《后汉书》卷五七《栾巴传》，北京：中华书局 1965 年版，第 1841 页。
③ 《后汉书》卷四八《应奉传》，北京：中华书局 1965 年版，第 1608 页。
④ 《后汉书》卷四八《霍谞传》，北京：中华书局 1965 年版，第 1617 页。
⑤ 《后汉书》卷五六《种暠传》，北京：中华书局 1965 年版，第 1827 页。
⑥ 许殿才：《历史文化认同意识在秦汉统一多民族国家建设中的作用》，载《中国社会科学院研究生院学报》2012 年第 6 期。

乐肉飞。局后仍离。屈伸悉备。偻让龙洞,蛮夷贫薄。莫支度由。无所报嗣。阳雒僧鳞,愿主长寿。莫稗角存。子孙昌炽。

《远夷慕德歌诗》云:

> 偻让皮尼,蛮夷所处。且交陵悟。日入之部。绳动随旅,慕义向化。路旦拣雒。归日出主。圣德渡诺,圣德深恩。魏菌度洗。与人富厚。综邪流藩,冬多霜雪。祚邪寻螺。夏多和雨。藐浮泸漓,寒温时适。菌补邪推。部人多有。辟危归险,涉危历险。莫受万柳。不远万里。术叠附德,去俗归德。仍路孳摸。心归慈母。

《远夷怀德歌诗》云:

> 荒服之仪,荒服之外。犁籍怜怜。土地墝埆。阻苏邪犁,食肉衣皮。莫砀粗沐。不见盐谷。罔译传微,吏译传风。是汉夜拒。大汉安乐。踪优路仁,携负归仁。雷折险龙。触冒险陕。伦狼藏幢,高山岐峻。扶路侧禄。缘崖磻石。息落服淫,木薄发家。理历髭雒。百宿到洛。捕苴菌毗,父子同赐。怀稿匹漏。怀抱匹帛。传室呼敕,传告种人。陵阳臣仆。长愿臣仆。[1]

但显而易见,这三首诗歌都过于“汉化”,不像出自“夷人”之口。譬如“大汉是治,与天合意”“圣德深恩,与人富厚”,尤其“去俗归德,心归慈母”“传告种人,长愿臣仆”的表述,更明显是“汉人”的捉刀代笔,无非借用“夷人”的名义并采用夷汉两种语言记录而已。朱辅在上疏中便道出了其诗歌的真正来源:“远夷之语,辞意难正。草木异种,鸟兽殊类。有犍为郡掾田恭与之习狎,颇晓其言,臣辄令讯其风俗,译其辞语。”而明帝亦大加赞赏,“事下史官,录其歌焉”[2]。

另一方面,对汉王朝的推广教化,许多少数民族或部族都多少予以抵

---

① （东汉）刘珍等撰,吴树平校注:《东观汉记校注》卷二〇《传十五·莋都夷》,北京:中华书局 2008 年版,第 889—890 页。
② 《后汉书》卷八六《西南夷传》,北京:中华书局 1965 年版,第 2855 页。

制。为了保持本民族或本部族的习俗,并摆脱两汉王朝的管控,他们曾采取了多种暴力和非暴力的手段。以武装反抗为例,前揭珠厓的不断反叛,最终迫使西汉王朝放弃了珠厓郡,以及交阯徵侧、徵贰的反叛,南蛮西南夷的多次暴乱,都反复说明了这一点。特别是羌人的三次大起义,更是严重打击和动摇了东汉王朝,使得其汉化效果大打折扣。如《后汉书》卷八七《西羌传》载:"自羌叛十余年间,兵连师老,不暂宁息。军旅之费,转运委输,用二百四十余亿,府帑空竭。延及内郡,边民死者不可胜数,并、凉二州,遂至虚耗。"①而周边"蛮夷"的不断逃亡或迁移,如上引"其白狼、槃木、唐菆、邛、僰诸国,自前刺史朱辅卒后遂绝",如合浦地方官"并多贪秽,诡人采求,不知纪极,珠遂渐徙于交阯郡界。于是行旅不至,人物无资"②等,则可以视为其抵制汉化的非暴力做法。这就进一步说明,对两汉王朝在民族与边疆地区推广教化的效果,我们还不能估价过高评估。

此外,对两汉王朝的推广教化也应当看到其自身的局限。且不说这一政策建立在武力威慑和强大的经济基础之上,就算在国力强盛的时候都未必能对非汉民族或部族完全奏效,遑论其国力衰落、一些保障措施跟不上的时候了。聂尚对烧当羌迷唐感化的失败,就是一个显例。《后汉书》卷八七《西羌传》:

> 校尉邓训遣兵击迷唐,迷唐去大、小榆谷,徙居颇岩谷。和帝永元四年,训病卒,蜀郡太守聂尚代为校尉。尚见前人累征不克,欲以文德服之,乃遣驿使招呼迷唐,使还居大、小榆谷。迷唐既还,遣祖母卑缺诣尚,尚自送至塞下,为设祖道,令译田泝等五人护送至庐落。迷唐因而反叛,遂与诸种共生屠裂泝等,以血盟诅,复寇金城塞。③

总的来说,哪里有压迫,哪里就有反抗。当汉王朝的同化政策变成一种强制措施,并严重损害少数民族或部族的利益时,这种推广教化的做法便必

①《后汉书》卷八七《西羌传》,北京:中华书局1965年版,第2891页。
②《后汉书》卷七六《循吏列传·孟尝》,北京:中华书局1965年版,第2473页。
③《后汉书》卷八七《西羌传》,北京:中华书局1965年版,第2883页。

然会成为一厢情愿,而遭到后者的强烈抵制和反抗。无论两汉王朝愿意也好,不愿意也好,这都是不以他们的意志为转移的客观事实,无非在程度上略有差别而已。事实上,东汉王朝的最终灭亡,若追根溯源,即主要应归因于羌人的长期反叛。

三、小结

综上所述,秦汉大一统王朝的建立使得推广教化成为民族边疆治理的一项基本国策。其内容主要有三个方面:一是强调“仁德”,倡导对“蛮夷”和“戎狄”的感化;二是推广农耕,改造或改变“蛮夷”和“戎狄”的生产方式;三是移风易俗,对民族和边疆地区大力进行华夏礼乐和习俗教育。而最终目的,就是要让边远地区的少数民(部)族能逐渐汉化,维护和巩固大一统王朝的统治。从秦汉王朝的践行来看,推广教化的做法也的确卓有成效,在大多数情况下对民族和边疆地区的治理都发挥了“万里同风”的作用。史家范晔便赞叹说:

> 汉氏征伐戎狄,有事边远,盖亦与王业而终始矣。至于倾没疆垂,丧师败将者,不出时岁,卒能开四夷之境,欤殊俗之附。若乃文约之所沾渐,风声之所周流,几将日所出入处也。著自山经、水志者,亦略及焉。虽服叛难常,威泽时旷,及其化行,则缓耳雕脚之伦,兽居鸟语之类,莫不举种尽落,回面而请吏,陵海越障,累译以内属焉。①

但由于强制汉化,特别是民族歧视和压迫政策,秦汉王朝的推广教化也或多或少遭到少数民(部)族的抵制和反抗。其突出表现,就是东汉王朝对羌人的汉化和欺压式管理,曾三次激起羌人的大规模反叛。诚如班彪所言:“今凉州部皆有降羌,羌胡被发左衽,而与汉人杂处,习俗既异,言语不通。数为小吏黠人所见侵夺,穷恚无聊,故致反叛。夫蛮夷寇乱,皆为此

① 《后汉书》卷八六《南蛮西南夷列传·论》,北京:中华书局1965年版,第2860页。

也。"①秦汉王朝的推广教化在民族边疆治理方面还留下许多经验和教训,对后世亦产生了深远影响。所谓"四夷之暴,其势互强矣。匈奴炽于隆汉,西羌猛于中兴。而灵献之间,二虏迭盛。石槐骁猛,尽有单于之地;蹋顿凶桀,公据辽西之土。其陵跨中国,结患生人者,靡世而宁焉。然制御上略,历世无闻;周、汉之策,仅得中下"②,就是南朝时期汉人的一种代表性总结与批评。

① 《后汉书》卷八七《西羌传》,北京:中华书局 1965 年版,第 2878 页。
② 《后汉书》卷九〇《乌桓鲜卑列传·论》,北京:中华书局 1965 年版,第 2994 页。

第二章　以经治国与汉代政治理论的构建

　　自从汉武帝"独尊儒术",汉代的政治理论即发生非常显著的变化。为了适应统治政策的转变,以达到长治久安的目的,汉王朝根据经学对政治理论进行了全新构建,诸如"受命"论、"三纲"论、忠孝论、"大一统"论、夷夏论、古今论、教化论、德刑论、义利论和贤才论等。它改变了秦代政治理论主要以法家思想为依据的理论格局,将儒法思想更加紧密地结合起来,比较有效地巩固了汉王朝的统治;同时也发展和完善了自战国以来的地主阶级的统治理论,对形成中国古代具有儒学特色的政治理论体系做出了巨大贡献。

　　本章拟着重探讨汉代"受命"即"天命"论、"大一统"论、古今论和忠孝论的构建。

一、"天命"论的重新诠释

　　汉武帝"独尊儒术"后,在政治理论上的一个最突出的变化,就是经学"受命"论的构建。这种"天命"说之所以在这时会立即得到统治者的认同,乃是因为他们迫切需要找到一种防患于未然的精神武器。从理论的最终归宿看,则直接表现为汉家究竟是以武力夺取天下还是"受命"而王,即如何继统这样一个极为敏感的重大现实问题。而且,这在西汉前期也是一个长期悬而未决、使统治者感到非常棘手的问题。

根据《史记》卷八《高祖本纪》,高祖于临终前曾谩骂医生说:"吾以布衣提三尺剑取天下,此非天命乎?命乃在天,虽扁鹊何益!"①但从高祖的一贯言行来看,这不过是一种自己已感到病入膏肓不愿再接受治疗的托词而已。例如在总结所以能战胜项羽的原因时,高祖便特别强调了他用"汉初三杰"即"人事"的作用:

> 夫运筹帷幄之中,决胜千里之外,吾不如子房;填国家,抚百姓,给馈饷,不绝粮道,吾不如萧何;连百万之众,战必胜,攻必取,吾不如韩信。三者皆人杰,吾能用之,此吾所以取天下者也。项羽有一范增而不能用,此所以为我禽也。②

《汉书》卷四三《陆贾传》载,陆贾经常向他称说《诗》《书》,高祖也责骂说:"乃公居马上得之,安事《诗》《书》!"③另据《史记》卷九二《淮阴侯列传》,蒯通以"秦失其鹿,天下共逐之,于是高材疾足者先得焉"④来解释鼓动韩信背汉的原因,高祖也表示赞同。可见,在汉初,包括高祖在内,人们都没有把汉王朝的建立归结于"天命",而是强调"人事"和武力。这种现象的出现,既是由于长达八年的战争使人们充分体验到"人"的作为的重要性,也是法家所谓"当今争于气力"⑤社会历史观的一个真实反映。

然而,随着时间的流逝,汉王朝却逐渐抛弃了这种解释。因为亡秦的历史教训已经充分证明:仅仅使用赤裸裸的暴力并不能长治久安,要想更好地维护统治,还必须采用防患于未然的精神武器。否则的话,只要一有风吹草动,人们就会萌发"彼可取而代也"⑥的反叛意识,甚至于揭竿而

---

① 《史记》卷八《高祖本纪》,北京:中华书局 1959 年版,第 391 页。
② 《汉书》卷一下《高帝纪下》,北京:中华书局 1962 年版,第 56 页。
③ 《汉书》卷四三《陆贾传》,北京:中华书局 1962 年版,第 2113 页。
④ 《史记》卷九二《淮阴侯列传》,北京:中华书局 1959 年版,第 2629 页。
⑤ (清)王先慎撰,钟哲点校:《韩非子集解》卷一九《五蠹》,北京:中华书局 1998 年版,第 445 页。
⑥ 《史记》卷七《项羽本纪》载项羽评论秦始皇语,北京:中华书局 1959 年版,第 296 页。

起。所以,尽管汉家王朝的建立完全是"争于气力",但是为了证明其继统的合理性,以消弭各种可能的隐患,许多儒生,包括皇帝在内,他们还是逐渐否认了"争于气力"的事实,并试图采用自殷周以来的"天命"说来进行解释。这方面的典型事例,就是景帝时期辕固与黄生关于汤武"受命"还是"放弑"的争论。

《史记》卷一二一《儒林列传》:

> 辕固生者,齐人也,以治《诗》,孝景时为博士。与黄生争论景帝前。黄生曰:"汤武非受命,乃弑也。"辕固生曰:"不然。夫桀纣虐乱,天下之心皆归汤武,汤武与天下之心而诛桀纣,桀纣之民不为之使而归汤武,汤武不得已而立,非受命为何?"黄生曰:"冠虽敝,必加于首;履虽新,必关于足。何者? 上下之分也。今桀纣虽失道,然君上也;汤武虽圣,臣下也。夫主有失行,臣下不能正言匡过以尊天子,反因过而诛之,代立践南面,非弑而何也?"辕固生曰:"必若所云,是高帝代秦即天子之位,非邪?"于是景帝曰:"食肉不食马肝,不为不知味;言学者无言汤武受命,不为愚。"遂罢。是后学者莫敢明受命放杀者。[1]

对这场争论,当今学者一般都肯定辕固而否定黄生,似无异议。然而完全否定黄生,恐怕也多少有些误解。实际上,从维护汉王朝的统治说,辕、黄二人的主张并没有什么根本分歧。黄生是从维护汉代业已形成的君臣关系着眼。他认为帽子再破也必须戴在头上,而鞋子再新也必须穿在脚上,其实是强调"臣下"在任何情况下都不能对汉家"天子"有反叛行为。否则,即使是圣如"汤武",也应当视为"弑君"。《韩非子·说疑》便明确提出:"舜逼尧,禹逼舜,汤放桀,武王伐纣,此四王者,人臣弑其君者也。"[2]问题乃在于,这种看法虽可以顾及眼前,但不能说明汉王朝何以继

---

[1] 《史记》卷一二一《儒林列传·辕固》,北京:中华书局1959年版,第3122—3123页。

[2] (清)王先慎撰,钟哲点校:《韩非子集解》卷一七《说疑》,北京:中华书局1998年版,第406—407页。

统的原因。相反,如果真按黄生的看法解释,却恰恰否定了汉王朝继统的合法性。因为汉高祖原本也是"臣下",这无疑也将他置于"弑君"的审判席上。与黄生相比,辕固的看法则是从论证汉家夺取天下的合法性入手。他以"汤武革命"为依据,一方面指出"桀纣虐乱"乃是"天下之心皆归汤武"的原因,另一方面又说明了人心所向之与"受命"的关系,显然是强调"臣下"在所谓"受命"的条件下即可以夺取政权。这对于从法理上论证"高帝代秦即天子位",以及汉代的君臣关系,既显得更为合理,也比较符合实际。只是辕固的主张当时还很难被汉王朝采纳。一则只要是图谋代立,任何人都可以宣称自己接受了"天命";二则它也意味着汉家不可能永远一姓天下,即或早或晚总要被它的"臣下"以"受命"的形式所取代。这对于汉王朝亦不啻是一个严重隐患。因此,尽管辕固的说法更有道理,汉景帝还是做出了行政干预,禁止再讨论"受命"问题,"是后学者莫敢明受命放杀者"。

然而问题并没有解决。特别是武帝即位后,由于黄老思想的放纵,诸如皇权和中央集权都受到了一定程度的挑战。从有关记载看,皇帝虽然已号称"天子",并拥有最高的政治权力,但在思想上却还远没有被视为绝对权威。一些人当时仍然信奉"各为其主"的信条。以淮南王刘安为例说,其宾客即无视"天子"的存在,而"以厉王迁死感激安"[①]。而要真正解决这一问题,除了采取政治、法律等措施,在理论上大力宣扬皇权的至高无上,以树立皇帝即"天子"的绝对权威,就是其中一个特别重要的方面。但是要做好这项工作,首先在理论上即遇到一个难题——一个连政权的合法性都没有完全弄清楚的皇帝,又怎么能让人相信他真是神圣不可侵犯的"天子"呢? 因此,对汉武帝来说,关于汉家如何继统的问题确实是到了不能不解决的时候了。

"两害相权取其轻。"在两难之中,汉武帝最终是采用了"受命"论。这倒并不是说他已经完全认同了汉家政权的历史性,就在策问董仲舒等

---

① 《汉书》卷四四《淮南王传》,北京:中华书局 1962 年版,第 2146 页。

人的制书中,他还特别强调说:"朕获承至尊休德,传之亡穷,而施之罔极。"①但解决政权的合法性问题实在是当务之急,而汉王朝的灭亡和新王的代立等问题,则毕竟是将来的事情。所以到元光五年(前130年),汉武帝在策诏公孙弘诸儒时便公开打破了景帝的禁令,并要求他们对"受命"能做出满意的解释。他说:

> 盖闻上古至治,画衣冠,异章服,而民不犯;阴阳和,五谷登,六畜蕃,甘露降,风雨时,嘉禾兴,朱中(草)生,山不童,泽不涸;麟凤在郊薮,龟龙游于沼,河洛出图书;父不丧子,兄不哭弟;北发渠搜,南抚交阯,舟车所至,人迹所及,跂行喙息,咸得其宜。朕甚嘉之,今何道而臻乎此? ……[敢]问子大夫:天人之道,何所本始? 吉凶之效,安所期焉? 禹汤水旱,厥咎何由? 仁义礼知四者之宜,当安设施? 属统垂业,物鬼变化,天命之符,废兴何如?②

从公孙弘的回答看,由于他的论述不够明确③,武帝感到有些欠缺,故没有直接表态。最终还是在董仲舒对他的策问——"三代受命,其符安在?"——解答后,尤其运用《公羊》学提出,汉家乃"天命"所归,"必有非人力所能致而自至者"④,武帝才完全肯定了这一理论的内容与观点。例如元朔七年(前122年),武帝"幸雍祠五畤,获白麟",因终军以为"此天之所以示飨,而上通之符合也。宜因昭时令日,改定告元",武帝便"由是

---

① 《汉书》卷五六《董仲舒传》,北京:中华书局1962年版,第2495页。
② 《汉书》卷五八《公孙弘传》,北京:中华书局1962年版,第2613—2614页。
③ 公孙弘是这样说的:"礼义者,民之所服也,而赏罚顺之,则民不犯禁矣。故画衣冠,异章服,而民不犯者,此道素行也。"又说:"臣闻之,气同则从,声比则应。今人主和德于上,百姓和合于下,故心和则气和,气和则形和,形和则声和,声和则天地之和应矣。故阴阳和,风雨时,甘露降,五谷登,六畜蕃,嘉禾兴,朱中(草)生,山不童,泽不涸,此和之至也。故形和则无疾,无疾则不夭,故父不丧子,兄不哭弟。德配天地,明并日月,则麟凤至,龟龙在郊,河出图,洛出书,远方之君莫不说义,奉币而来朝,此和之极也。"(《汉书》卷五八《公孙弘传》,北京:中华书局1962年版,第2615—2616页)
④ 《汉书》卷五六《董仲舒传》,北京:中华书局1962年版,第2500页。

改元为元狩"。① 另外像元鼎、元封等年号的制定,也都是如此。以后,在汉王朝的大力倡导和许多儒生的阐释下,这种"受命"说便成为论证汉家政权合法性的基本理论。

根据董仲舒的论述,汉代的"受命"理论主要包括两方面的内容。

一是"受命"而王所应具有的种种标志和象征,如黄龙、麒麟、凤凰、甘露、朱草、灵芝等,这就是所谓"祥瑞"或"符瑞"。如董仲舒说:

> 臣闻天之所大奉使之王者,必有非人力所能致而自至者,此受命之符也。天下之人同心归之,若归父母,故天瑞应诚而至。《书》曰"白鱼入于王舟,有火复于王屋,流为乌",此盖受命之符也。②

这方面的内容还包括怎样才能成为"奉天"而王的"受命"者。董仲舒的解释和辕固所说的"天下之心皆归汤武"几乎如出一辙,就是要"积善累德"行仁政。

二是当"受命"之君出现某些过失时,"上天"所采取的种种"警诫"和"谴告",如天变、灾害等,也就是所谓"灾异"。董仲舒说:

> 臣谨案《春秋》之中,视前世已行之事,以观天人相与之际,甚可畏也。国家将有失道之败,而天乃先出灾害以谴告之,不知自省,又出怪异以警惧之,尚不知变,而伤败乃至。以此见天心之仁爱人君而欲止其乱也。③

至于"灾异"所产生的原因,董仲舒则通过对比,认为是"废德教而任刑罚"。他说:

> 周公曰"复哉复哉",孔子曰"德不孤,必有邻",皆积善累德之效也。及至后世,淫佚衰微,不能统理群生,诸侯背畔,残贼良民以争壤土,废德教而任刑罚。刑罚不中,则生邪气;邪气积于下,怨恶畜于

---

① 《汉书》卷六四下《终军传》,北京:中华书局1962年版,第2817页。
② 《汉书》卷五六《董仲舒传》,北京:中华书局1962年版,第2500页。
③ 《汉书》卷五六《董仲舒传》,北京:中华书局1962年版,第2498页。

上。上下不和,则阴阳缪戾而妖孽生矣。此灾异所缘而起也。①

除了以上所说,为表示"应天""顺天"或"奉天",董仲舒的"受命"理论还包括定正朔、制礼乐、改法律、易服色、行封禅(告成)、祭天地、任贤臣、退奸佞、宽减刑罚、轻徭薄赋等内容。可以说,它已形成了相当完整的体系。虽然在一些问题的解释上以后还存在分歧,且"异相"即"圣相"或"异表"之说风行,但是总的来看,各家所说也大多不出这些内容之外。

对这种"受命"理论,现在一般都把它称为"天人感应的神学目的论",恐怕不确。关键即在于:它实际还是要强调"人事",只不过披着神学的外衣、比较隐蔽而已。详见本书第七章"以经治国与汉代'荒政'"。

还要说明的是,对汉代"受命"理论的研究,目前往往都侧重于"灾异"方面,而对于"祥瑞"或"符瑞"方面的问题,则不是斥之为"迷信",就是完全视为"虚妄",这显然是欠妥的。实际上,汉代"祥瑞"学说乃是"受命"理论不可或缺的内容,它与"灾异"理论既相互对立,又相辅相成,而同样是值得研究的重要课题。别的不说,就是仅从徐天麟《两汉会要》所列举的种种"符瑞"看,由于它们往往皆与汉代的一些重大事件有着直接或间接的关系,这也提醒我们必须重视"祥瑞"理论的研究。即以其所谓"凤凰"说,赵翼就曾经指出:

> 两汉多凤凰,而最多者,西汉则宣帝之世,东汉则章帝之世。……按宣帝当武帝用兵劳扰之后;昭帝以来与民休息,天下和乐;章帝承明帝之吏治肃清,太平日久,故宜皆有此瑞。然抑何凤凰之多耶? 观宣帝纪年以神爵、五凤、黄龙等为号,章帝亦诏曰:"乃者鸾凤仍集,麟龙并臻,甘露宵降,嘉谷滋生。"似亦明其得意者。得无二帝本喜符瑞,而臣下遂附会其事耶?②

---

① 《汉书》卷五六《董仲舒传》,北京:中华书局 1962 年版,第 2500 页。
② (清)赵翼撰,曹光甫点校:《廿二史札记》卷三《两汉多凤凰》,上海:上海古籍出版社 2011 年版,第 56 页。

赵翼的论述给人以启示:要深入研究汉代的"受命"理论,就不能仅仅注重所谓"灾异",还必须重视它的"祥瑞"学说。这样才能对"受命"理论作出比较全面的评述,得出比较正确的结论。

汉代"受命"理论的确立,不仅圆满解决了汉王朝如何继统天下的法理性问题,为统治者大力提倡忠孝扫除了障碍,而且借助于神学,为汉王朝的统治更罩上了一圈神圣的光环,并成为一种腐蚀人们反抗意志的思想武器。如董仲舒提出,"天子受命于天,诸侯受命于天子,子受命于父,臣妾受命于君,妻受命于夫。诸所受命者,其尊皆天也"①,就是把当时的尊卑贵贱秩序说成是所谓"天命"。因此,自董仲舒之后,为了在思想上更加有效地维护汉王朝的统治,许多儒生都极力强调汉家乃"受命"而王。班彪、苏竟等人就是其中比较典型的事例。《后汉书》卷四〇上《班彪传》载,隗嚣为图谋割据又旧话重提,称"昔秦失其鹿,刘季逐而羁之,时人复知汉乎"②。班彪"既感嚣言,又愍狂狡之不息,乃著《王命论》以救时难"。其文云:

> 刘氏承尧之祚,氏族之世,著乎《春秋》。唐据火德,而汉绍之,始起沛泽,则神母夜号,以章赤帝之符。由是言之,帝王之祚,必有明圣显懿之德,丰功厚利积累之业,然后精诚通于神明,流泽加于生民,故能为鬼神所福飨,天下所归往,未见运世无本,功德不纪,而得屈起在此位者也。世俗见高祖兴于布衣,不达其故,以为适遭暴乱,得奋其剑,游说之士至比天下于逐鹿,幸捷而得之,不知神器有命,不可以智力求也。③

另一方面,汉代"受命"理论的确立,也标志着经学所推崇的"汤武革命"学说已经为朝野上下所认同。《周易·革卦·彖传》说:"天地革而四

① 苏舆撰,钟哲点校:《春秋繁露义证》卷一五《顺命》,北京:中华书局1992年版,第412页。
② 《后汉书》卷四〇上《班彪传》,北京:中华书局1965年版,第1324页。
③ 《汉书》卷一〇〇上《序传》,北京:中华书局1962年版,第4208—4209页。关于苏竟所论,请参看《后汉书》卷三〇上《苏竟传》,北京:中华书局1965年版。

时成。汤武革命,顺乎天而应乎人。革之时,大矣哉!"①它不仅成为汉代乃至后世政治理论的一个重要基石,而且宣告了像秦始皇、汉高祖那样痴心梦想——"朕为始皇帝。后世以计数,二世三世至于万世,传之无穷""欲其长久,世世奉宗庙亡绝也"②——的终结。从汉代和以后的朝代看,不管愿意也好,不愿意也好,任何王朝都不得不承认改朝换代乃是不可抗拒的历史规律。正如毛泽东诗云:"天若有情天亦老,人间正道是沧桑。"只不过其时间的早晚而已。

据《汉书》卷七五《眭弘传》记载,就在昭帝刚刚继位后,眭弘便公开宣称:

> 先师董仲舒有言,虽有继体守文之君,不害圣人之受命。汉家尧后,有传国之运。汉帝宜谁差天下,求索贤人,禅以帝位,而退自封百里,如殷周二王后,以承顺天命。③

成帝时,刘向也说:"自古及今,未有不亡之国也。"④而哀帝时,夏贺良等人所搞的"再受命",则直接表明了汉王朝对于这种潜在危险的恐惧。更具有讽刺意味的是,当一个新的王朝依据"受命"理论采用某些形式取代旧王朝后,它又会被以后的王朝以同样的理论和形式所取代。例如对王莽的所谓"禅让",顾颉刚先生便精辟总结说:

> 从此以后,中国的历史上,凡是换朝代而出于同民族的,便没有不依照这个成例,行禅让的典礼的。……王莽固然不久失败,但这

---

① （曹魏）王弼、（东晋）韩康伯注,（唐）孔颖达疏:《周易正义》卷五《革》,（清）阮元校刻:《十三经注疏》（附校勘记）,北京:中华书局1980年版,第60页。

② 《史记》卷六《秦始皇本纪》,北京:中华书局1959年版,第236页;《汉书》卷一下《高帝纪》,北京:中华书局1962年版,第71页。按:秦始皇的思想其实是典型的实用主义,他宣称秦为"水德"就是这样一个事例。正如顾颉刚先生所说:"堪笑秦始皇一方面'至于万世,传之无穷',一方面却又听信了齐人的话,自承为水德。他不想想:倘有土德之帝起来,他的天子之位是不是尚可传之无穷呢?"参见顾颉刚:《五德始终说下的政治和历史》,收于《顾颉刚古史论文集》第3册,北京:中华书局1996年版,第254—459页。

③ 《汉书》卷七五《眭弘传》,北京:中华书局1962年版,第3154页。

④ 《汉书》卷三六《刘向传》,北京:中华书局1962年版,第1951页。

"心法"是长期传下去了,直到袁世凯的筹安会还是如此。①

同时,也正如景帝所担忧的那样,这种"受命"理论也确曾为野心家提供了便利。史载王莽代汉,就是借用了所谓"符命"的形式,以至于汉家史官也不得不说他是"余分润位,圣王之驱除云尔"②。又如,在东汉末年,一些军阀,如袁绍、袁术、刘焉、公孙瓒等,他们也都以所谓"符命"而自立。而且,当阶级矛盾激化时,由于"统治阶级的思想在每一时代都是占统治地位的思想"③,许多农民起义领袖也依据"受命"理论来说明其造反的合理。如黄巾起义,便提出"苍天已死,黄天当立"的口号。而这些则更是董仲舒和汉武帝等所始料不及的。从某种意义上说,汉代"受命"理论的构建固然为维护统治发挥了强大的思想武器作用,但同时它也是一把让汉王朝时刻感到惊恐而又无可奈何的双刃剑。

二、"《春秋》大一统"理论的确立

汉武帝"独尊儒术"后,"《春秋》大一统"理论的确立,乃是汉代政治理论构建的另一个重要方面。所谓"《春秋》大一统",原话出自《春秋公羊传》。《春秋》隐公元年载:"元年春,王正月。"《公羊传》解释说:

> 元年者何?君之始年也。春者何?岁之始也。王者孰谓?谓文王也。曷为先言王而后言正月?王正月也。何言乎王正月?大一统也。④

从而阐发出这条对汉代乃至今天都有着极其深远影响的《春秋》大义。

---

① 顾颉刚撰,王煦华导读:《秦汉的方士与儒生》,上海:上海古籍出版社1998年版,第78页。
② 《汉书》卷九九下《王莽传下·赞》,北京:中华书局1962年版,第4194页。
③ 中共中央马克思恩格斯列宁斯大林著作编译局译:《马克思恩格斯全集》第3卷,北京:人民出版社1972年版,第52页。
④ (东汉)何休解诂,(唐)徐彦疏:《春秋公羊传注疏》卷一《隐公元年》,(清)阮元校刻:《十三经注疏》(附校勘记),北京:中华书局1980年版,第2196页。

文中的"大"字,这里是形容词而作为动词,是把"一统"视为重大①,亦即"重视""强调"或"高扬"的意思。它突出反映了《公羊传》对王者一统天下的向往,所以董仲舒又依据"天人感应"论进一步阐发说:"何以谓之王正月?曰:王者必受命而后王。王者必改正朔,易服色,制礼乐,一统于天下。"②这样一来,由于王者一统天下在汉代实际就是要一统于皇帝,因而"《春秋》大一统"便成为汉王朝加强皇权和中央集权的理论依据。

与"《春秋》大一统"具有相同含义的说法还有《春秋》"王者无外"。《春秋》隐公元年载:"冬,十有二月,祭伯来。"《公羊传》解:

> 祭伯者何?天子之大夫也。何以不称使?奔也。奔则曷为不言奔?王者无外。言奔则有外之辞也。③

又《春秋》桓公八年载:冬十月,"祭公来,遂逆王后于纪"。《公羊传》亦云:"女在其国称女,此其称王后何?王者无外。"④显而易见,所谓"王者无外",就是强调天子的至高无上,实际也就是"溥天之下,莫非王土;率土之滨,莫非王臣"⑤的另一种表述。就理论推导而言,这既是"《春秋》大一统"的逻辑起点,也是"《春秋》大一统"的必然结论。

依据于这种认识,汉代"《春秋》大一统"的理论主要有政治一统和思想一统两个方面的内容。以前者来说,其内容乃是要论证皇权的至上和一统。如董仲舒说:

> 唯天子受命于天,天下受命于天子。⑥

---

① 参看刘家和:《论汉代春秋公羊学的大一统思想》,载《史学理论研究》1995年第2期。
② 苏舆撰,钟哲点校:《春秋繁露义证》卷七《三代改制质文》,北京:中华书局1992年版,第185页。
③ (东汉)何休解诂,(唐)徐彦疏:《春秋公羊传注疏》卷一《隐公元年》,(清)阮元校刻:《十三经注疏》(附校勘记),北京:中华书局1980年版,第2199页。
④ (东汉)何休解诂,(唐)徐彦疏:《春秋公羊传注疏》卷五《桓公八年》,(清)阮元校刻:《十三经注疏》(附校勘记),北京:中华书局1980年版,第2219页。
⑤ 程俊英、蒋见元:《诗经注析·小雅·北山》,北京:中华书局1991年版,第643页。
⑥ 苏舆撰,钟哲点校:《春秋繁露义证》卷一一《为人者天》,北京:中华书局1992年版,第319页。

皇帝,天佑而子之,号称天子。①

《春秋》立义:……有天子在,诸侯不得专地,不得专封,不得专执天子之大夫,不得舞天子之乐,不得致天子之赋,不得适天子之贵。君亲无将,将而诛。大夫不得世,大夫不得废置君命。②

董仲舒的论述都围绕着一个主题,其目的非常明显,就是要论证"君权神授",即强调皇权的至上和一统,天下(包括少数民族地区)应一统于汉家皇帝。虽然皇帝也还要受到"天"的制约,但在人间来说,却已经神圣不可侵犯,并且是生杀予夺所有大权的唯一主宰。再从后者来看,其目的乃是要实现思想文化的一统,在当时也就是要"罢黜百家,独尊儒术"。如董仲舒便明确提出:

《春秋》大一统者,天地之常经,古今之通谊也。今师异道,人异论,百家殊方,指意不同,是以上亡以持一统;法制数变,下不知所守。臣愚以为诸不在六艺之科孔子之术者,皆绝其道,勿使并进。邪辟之说灭息,然后统纪可一而法度可明,民知所从矣。③

也就是说,思想统一乃是政治统一的必要条件。只有实现了思想文化的统一,才能够维护和保障政治统一,也才能够真正形成皇帝一统天下的"大一统"局面。

正因为"《春秋》大一统"倡导政治一统和文化一统,并强调皇权至上,所以为维护皇权、防范地方割据势力的发展,以及"外事四夷"④,它在"独尊儒术"的过程中便立即得到了汉武帝的采纳与运用。一个比较典型的事例,是汉武帝把"大一统"理论作为制定、修改和执行法律的依据。

---

① 苏舆撰,钟哲点校:《春秋繁露义证》卷七《三代改制质文》,北京:中华书局 1992 年版,第201 页。
② 苏舆撰,钟哲点校:《春秋繁露义证》卷四《王道》,北京:中华书局 1992 年版,第112—114 页。
③ 《汉书》卷五六《董仲舒传》,北京:中华书局 1962 年版,第 2523 页。
④ 如《汉书》卷六《武帝纪》载武帝诏曰:"今中国一统而北边未安,朕甚悼之。"(北京:中华书局1962 年版,第 173 页)

如淮南王刘安等谋反,武帝便根据"《春秋》大一统",以"君亲无将,将而必诛"来定罪。[①] 最终他不仅把主犯刘安等定为死罪,还牵连了许多吏民,"党与死者数万人"[②]。所以范文澜先生指出:

> 武帝表面上尊崇儒家,实际上杀人很多,用的是法家的刑名之学。《公羊传》说:"君亲无将,将而必诛。"意思是说,臣子对君父不能有弑逆的念头,如果有的话,就可以把他杀死。这个论点很合乎汉武帝随便杀人的意思。[③]

另一事例是,元鼎五年(前112年),汉武帝为讨伐南越相吕嘉等人叛乱,也根据"大一统"下诏说:"天子微弱,诸侯力政,讥臣不讨贼。吕嘉、建德等反,自立晏如,令粤人及江淮以南楼船十万师往讨之。"[④]且"讥臣不讨贼"者,亦含有"《春秋》大一统"之意,载于《公羊传》隐公十一年和宣公六年。还有,博士徐偃奉使行风俗,擅自允许胶东、鲁国营盐铁,被武帝以"矫制"论,其理由也同样是"《春秋》大一统"。《汉书》卷六四下《终军传》云:

> 元鼎中,博士徐偃使行风俗。偃矫制,使胶东、鲁国鼓铸盐铁。还,奏事,徙为太常丞。御史大夫张汤劾偃矫制大害,法至死。偃以为《春秋》之义,大夫出疆,有可以安社稷,存万民,颛之可也。汤以致其法,不能诎其义。有诏下军问状,军诘偃曰:"古者诸侯国异俗分,百里不通,时有聘会之事,安危之势,呼吸成变,故有不受辞造命颛己之宜;今天下为一,万里同风,故《春秋》'王者无外'。偃巡封域之中,称以出疆何也?且盐铁,郡有余藏,正二国废,国家不足以为利害,而以安社稷存万民为辞,何也?"……偃穷诎,服罪当死。[⑤]

---

① 详见本书第五章"以经治国与汉代法律"。
② 《汉书》卷六《武帝纪》,北京:中华书局1962年版,第174页。
③ 范文澜:《范文澜历史论文选集》,北京:中国社会科学出版社1979年版,第310页。
④ 《汉书》卷九五《南粤传》,北京:中华书局1962年版,第3857页。
⑤ 《汉书》卷六四下《终军传》,北京:中华书局1962年版,第2817—2818页。

更不用说,以"大一统"来"罢黜百家"、统一思想了。

由于汉武帝的极力强调和运用,自武帝开始,"《春秋》大一统"便成为汉代政治理论的一个基本原则。只要是涉及皇权、中央集权和所谓"夷狄"问题,人们在论述中几乎都以此理论为依据。宣帝时,关于"凤凰"下于彭城是否可以视为"祥瑞"的争论,就是一个显例。据《论衡·验符》记载:

> 宣帝时,凤皇下彭城,彭城以闻。宣帝诏侍中宋翁一,翁一曰:"凤皇当下京师,集于天子之郊,乃远下彭城,不可收,与无下等。"宣帝曰:"方今天下合为一家,下彭城与京师等耳,何令可与无下等乎?"令左右通经者,论难翁一,翁一穷,免冠叩头谢。①

又据《汉书》卷七〇《陈汤传》记载,西域都护甘延寿、副校尉陈汤发兵击灭匈奴郅支单于后,亦上疏报捷说,"臣闻天下之大义,当混为一,昔有唐虞,今有强汉"。并建议应将郅支悬首于"槁街蛮夷邸间,以示万里,明犯强汉者,虽远必诛"②。

更有甚者,"《春秋》大一统"理论还被引申到统治者的其他政策之中。如王吉征为博士谏大夫,因宣帝"任用能吏",便据此上疏说:

> 《春秋》所以大一统者,六合同风,九州共贯也。今俗吏所以牧民者,非有礼义科指可世世通行者也,独设刑法以守之。其欲治者,不知所繇,以意穿凿,各取一切,权谲自在,故一变之后不可复修也。是以百里不同风,千里不同俗,户异政,人殊服,诈伪萌生,刑罚亡极,质朴日销,恩爱浸薄。……③

又如安帝时,在关于能否观看远夷杂技的问题上,尚书陈忠也以"《春秋》

① (东汉)王充著,张宗祥校注,郑绍昌标点:《论衡校注》卷一九《验符》,上海:上海古籍出版社2010年版,第401页。
② 《汉书》卷七〇《陈汤传》,北京:中华书局1962年版,第3015页。师古曰:"槁街,街名,蛮夷邸在此街也。"
③ 《汉书》卷七二《王吉传》,北京:中华书局1962年版,第3063页。

大一统"来驳斥谏议大夫陈禅。《后汉书》卷五一《陈禅传》记载,永宁元年(120年),西南夷掸国献乐舞、杂技和魔术,有吐火、人体肢解、牛马换头等节目。至次年元旦朝会时,安帝遂与群臣一起来观看表演。然而陈禅却以为"帝王之庭,不宜设夷狄之技"①,他大声反对说:"昔齐鲁为夹谷之会,齐作侏儒之乐,仲尼诛之。又曰:'放郑声,远佞人。'"②故陈忠予以反驳,他说:

> 古者合欢之乐舞于堂,四夷之乐陈于门,故《诗》云"以《雅》以《南》,《韎》《任》《朱离》"。今掸国越流沙,逾县度,万里贡献,非郑卫之声,佞人之比,而禅廷讪朝政,请劾禅下狱。③

这里陈忠所说的"四夷之乐陈于门",以及《诗经》提到的"夷狄"之乐的名称,根据唐人李贤的注释,就是指各地少数民族来朝见时所演奏的乐曲。所谓"九夷、八蛮、六戎、五狄来朝,立于明堂四门之外也"④。可见,其隐含的理论底蕴实际也还是《春秋》"王者无外"亦即"大一统"。所以,这也就决定了陈忠的反驳必然要压倒陈禅的论据,而后者也不能不受到降职的处分。

"《春秋》大一统"理论乃是秦汉封建大帝国的形成及其客观要求的产物。早在战国时期,由于全国正逐渐走向统一,几乎各家学派在理论上都曾主张并尝试进行整合。因而秦灭六国后,"别黑白而定一尊"⑤,曾试图统一思想,以巩固政治上的一统。秦始皇甚至还"焚书坑儒",采取了极为愚蠢的文化专制政策。但是这种做法并不奏效,随着秦王朝的覆亡,即宣告了它的破产。西汉建立后,学术界继续为此而努力。到汉武帝时,这种理论需求既显得更加急迫,也完全具备了条件。一方面皇权和中央

---

① 《后汉书》卷五一《陈禅传》,北京:中华书局1965年版,第1685页。
② 《后汉书》卷五一《陈禅传》,北京:中华书局1965年版,第1685页。
③ 《后汉书》卷五一《陈禅传》,北京:中华书局1965年版,第1685页。
④ 蔡邕《独断》亦云:"王者必作四夷之乐,以定天下之欢心。……东方曰韎,南方曰任,西方曰株离,北方曰禁。"见(东汉)蔡邕撰:《独断》卷上,上海:上海古籍出版社1990年版,第11页。
⑤ 《史记》卷六《秦始皇本纪》,北京:中华书局1959年版,第255页。

集权亟待加强,另一方面以董仲舒为代表的《公羊》学已经做出了充分论证。所以经过长期的选择,汉王朝最终采纳了"《春秋》大一统"理论,这就是"罢黜百家,表章六经"即"独尊儒术",从而才比较成功地完成了思想文化的整合。由此看来,《公羊传》之所以会在景帝时期著于竹帛,并出现董仲舒这样一个极力鼓吹"大一统"的《公羊》学大师,也并非一种偶然的巧合,而是封建大帝国的需要。

汉代"《春秋》大一统"理论的确立,不但为汉王朝加强皇权和中央集权提供了强大的思想武器,还为汉王朝的许多政策,包括政治、经济、军事、法律、教育乃至社会生活等政策的整合,提供了重要的理论依据,对形成中国古代具有经学特色的政治理论也产生了深远影响。以经济为例,汉代《公羊》学明确提出了"有天子在,诸侯不得专地"①的法权观念,这实际就是运用"《春秋》大一统"理论把全国的统治权都归于皇帝。所谓"《春秋》之义,诸侯不得专地,所以壹统尊法制也"②。事实也正是如此。《汉书》卷八一《匡衡传》载,成帝时匡衡任丞相,封乐安侯,因其故意使封邑多占了国家土地四百顷,被劾为"专地盗土"③而免官,即可谓典型。再从社会生活来看,据《礼记·中庸》记载,早在秦汉之际,所谓"车同轨,书同文,人同伦"就已经初步得到了体现。而在汉武帝"独尊儒术"后,由于"《春秋》大一统"理论的强烈影响,这种整合作用则更加凸显出来。终军称"今天下为一,万里同风";王吉曰"《春秋》所以大一统者,六合同风,九州共贯也";等等。这对于形成具有共同文化特征的生活方式即起到有力的促进作用,并为汉民族的形成和具有中国传统文化特征的生活方式的形成奠定了坚实的基础。

另一方面,随着"大一统"理论的确立,从中原华夏到周边各族也产

---

① 按:董仲舒此语乃出自《公羊传》桓公元年:"有天子存,则诸侯不得专地也。"见(东汉)何休解诂,(唐)徐彦疏:《春秋公羊传注疏》卷四《桓公元年》,(清)阮元校刻:《十三经注疏》(附校勘记),北京:中华书局1980年版,第2212页。

② 《汉书》卷八一《匡衡传》,北京:中华书局1962年版,第3346页。

③ 《汉书》卷八一《匡衡传》,北京:中华书局1962年版,第3345页。

生了强烈的认同意识,这集中反映在司马迁《史记》对我国古史起源的记载中。它不仅追述夏、商、周、秦的先祖系之于黄帝,乃至追述楚、越、匈奴的先祖也归之于黄帝。这种认同意识既标志着各民族的逐渐融合,汉民族已经初步形成,同时在维护和巩固华夏一统方面更发挥了极其重要的作用。中国自秦汉以后,在国家观念上之所以始终是一个统一国家,各族人民之所以始终都支持统一,坚决反对分裂,其中一个主要原因,就是从汉代开始这种"《春秋》大一统"理论得到了社会各界的认同,已成为中华民族的坚定信念。它不仅铸就了中华民族的巨大凝聚力,也激发出无数英雄儿女热爱伟大祖国、反对分裂、抵抗外来侵略的深厚感情和行动。尤其从后世来看,在"《春秋》大一统"的强烈影响下,历代帝王固然都必须把建立一统江山、维护版图统一作为自己的千秋伟业和义不容辞的职责,而普通民众也不容置疑地把国家统一视为历史发展的必然归宿。甚至在政治理论上还形成了一种特殊的思维定式,这就是把能否维护和坚持统一作为衡量人们执大义、别善恶的一条最基本的原则。也就是说,"《春秋》大一统"理论已具有无可争辩的权威性。因此,在关于国家统一的问题上,这实际也成为国家领导人或一个政府能否拥有合法的统治权,能否得到人民拥戴的前提和依据。例如在中英谈判中,为了收回香港,邓小平便明确指出:"如果中国在 1997 年,也就是中华人民共和国成立四十八年后,还不把香港收回,任何一个中国领导人和政府都不能向中国人民交代。"①其作用之大,由此亦可以概见。

三、"古今"论的改造与衍变

司马迁在《报任安书》中曾以"究天人之际,通古今之变,成一家之言"来概括自己撰写《史记》的宗旨。以往人们多认为这是太史公的史识之所以高于其他人的一个突出表现,其实不然。从有关记载看,司马迁的

---

① 邓小平:《邓小平文选》第 3 卷,北京:人民出版社 1993 年版,第 12 页。

史识虽堪称卓见，但是所谓"究天人之际，通古今之变，成一家之言"却并非他的发明，而是一种在当时相当普遍的看法。① 尤其"通古今之变"，这实际就是汉代政治理论构建的一个主要内容。

对如何看待古今社会及其变化的问题，即治国究竟是应当厚今薄古还是厚古薄今，这原是先秦百家争鸣的一个主要内容。一般来说，在儒墨道法四大学派中，除了法家认为今胜于昔而主张"圣人不期修古，不法常可"②，其他各家都强调今不如昔，儒家还明确提出了"法先王"的主张。尽管"法先王"也并不意味着完全复古，而且落脚点其实还是要放在"今"上，但在诸侯纷争、社会巨变的春秋战国时期，由于各国都需要建立新的政治、经济体制，这种说法便格外显得不合时宜。所以还是法家的主张得到了采纳，然而争论却没有结束。尤其在秦始皇统一全国后，对究竟是实行郡县制还是分封制问题，两种不同的观点又公开交锋。

根据《史记》卷六《秦始皇本纪》，这场争辩乃爆发于秦始皇三十四年（前213年）的一次大型酒宴。当时博士仆射周青臣借祝酒对秦始皇和郡县制大加赞颂，即遭到博士齐人淳于越的反驳。后者明确提出："臣闻殷周之王千余岁，封子弟功臣，自为枝辅。今陛下有海内，而子弟为匹夫，卒（猝）有田常、六卿之臣，无辅拂，何以相救哉？"③并告诫和批评说："事不师古而能长久者，非所闻也。"④由于二者的观点严重分歧，秦始皇便将这一问题交群臣讨论，于是引出了丞相李斯的焚书建议。他先是提出三代之治各异，本不足为法，然后即指责诸生以古非今，惑乱黔首。因之他建议焚书：

> 臣请史官非秦记皆烧之。非博士官所职，天下敢有藏《诗》

---

① 事实上，作为代表着国家最高学术水平的"博士"官，自从秦代设置以来，其职掌亦就是所谓"通古今"。《汉书》卷一九上《百官公卿表上》云："博士，秦官，掌通古今。"（北京：中华书局1962年版，第726页）可证。

② （清）王先慎撰，钟哲点校：《韩非子集解》卷一九《五蠹》，北京：中华书局1998年版，第442页。

③ 《史记》卷六《秦始皇本纪》，北京：中华书局1959年版，第254页。

④ 《史记》卷六《秦始皇本纪》，北京：中华书局1959年版，第254页。

《书》、百家语者，悉诣守、尉杂烧之。有敢偶语《诗》《书》者弃市。以
　　古非今者族。吏见知不举者与同罪。令下三十日不烧，黥为城旦。①
结果被秦始皇采纳。以后到第二年，则又以"妖言以乱黔首"为名，在咸
阳坑杀了460余名儒生和方士。

　　秦始皇的"焚书坑儒"是极其残暴和愚蠢的文化专制主义的表现。
它非但没有达到统一思想以巩固统治的目的，反而还把那些愿意并主动
为秦王朝尽忠竭智的儒生人为地置于自己的对立面上，诚可谓为渊驱鱼，
为丛驱雀，给后人留下了刻骨铭心的教训。尽管如此，它也极大触动了秦
汉之际的政治思潮。一方面人们从社会变革中已经深切体验到古今巨变
的事实，不得不承认某些新事物所存在的历史合理性；另一方面，许多儒
生也开始汲取教训，并逐渐认识到：如果仍然是固执旧的观念，而不能为
统治者的政策制造理论根据，在政治上便没有立足之地。所以到了汉初，
有不少儒生都大谈与世推移。例如，叔孙通受命制汉仪，征召鲁诸生，有
二人以"所为不合古"拒行，通即斥之曰："若真鄙儒也，不知时变。"②再如
贾谊，他虽然批评秦始皇曾得出"仁义不施而攻守之势异也"的结论，但
他所说"秦虽离战国而王天下，其道不易，其政不改，是以其所以取之也，
孤独而有之，故其亡可立而待也"③，却显然是吸收了法家所谓"世异则事
异""事异则备变"④的思想。贾谊在强调以古为鉴的同时还鲜明地提出
古今变通的主张，他说：

　　　　野谚曰"前事之不忘，后事之师也"。是以君子为国，观之上古，
　　验之当世，参以人事，察盛衰之理，审权势之宜，去就有序，变化有时，
　　故旷日长久而社稷安矣。⑤

---

① 《史记》卷六《秦始皇本纪》，北京：中华书局1959年版，第255页。
② 《史记》卷九九《叔孙通列传》，北京：中华书局1959年版，第2722—2723页。
③ （西汉）贾谊撰，阎振益、钟夏校注：《新书校注》卷一《过秦下》，北京：中华书局2000年版，第
　　14页。
④ （清）王先慎撰，钟哲点校：《韩非子集解》卷一九《五蠹》，北京：中华书局1998年版，第445页。
⑤ 《史记》卷六《秦始皇本纪》，北京：中华书局1959年版，第278页。

尽管其论述也还是以古论今,但他们已不再对那些新制度极力非难或怀疑,而是尽可能地去维护这些制度。于是在理论上便出现了一个明显变化,由以古非今而逐渐转变到以古喻今,甚至于颂古是今。

明乎此,就不难理解:为什么作为儒学经典,《礼记·乐记》竟公开宣称:"五帝殊时,不相沿乐;三王异世,不相袭礼。"①而且,《礼记》的成书也恰恰是在西汉前期。这固然是因为存在决定意识,但儒生为了服务于汉王朝的统治,并提高自身的政治地位,对儒学所进行的自觉改造,也当是其中一个很重要的原因。以后汉武帝之所以能够"独尊儒术",也与此有着一定的关系。

正因为在古今问题上经学已经完成了改造,并力图满足统治者的需要,所以自从汉武帝"独尊儒术",这种新的古今观便立即得到了汉王朝的采纳。如武帝诏贤良对策,在诏书中公开宣称:"盖闻五帝三王之道,改制作乐而天下洽和,百王同之。"②宣帝时,太子庶子王生也说:"自古之治,三王之术各有制度。"③更重要的是,在理论构建上,这时对古今之变的原因也完全形成了共识。简言之,就是所谓"时异",或"时务""时变"等,亦即历史条件的变化。史载元光二年(前133年)武帝诏议击匈奴,大行令王恢便强调说:"臣闻五帝不相袭礼,三王不相复乐,非故相反也,各因世宜也。"④元朔六年(前123年)武帝诏议置武功赏官,亦强调指出:

> 朕闻五帝不相复礼,三代不同法,所繇殊路而建德一也。盖孔子对定公以来远,哀公以论臣,景公以节用,非期不同,所急异务也。⑤

又元帝时,因日食地震之变,匡衡乃上疏说:"臣闻五帝不同礼,三王各异

① (清)孙希旦撰,沈啸寰、王星贤点校:《礼记集解》卷三七《乐记》,北京:中华书局1989年版,第991页。
② 《汉书》卷五六《董仲舒传》,北京:中华书局1962年版,第2496页。
③ 《汉书》卷七七《盖宽饶传》,北京:中华书局1962年版,第3246页。
④ 《汉书》卷五二《韩安国传》,北京:中华书局1962年版,第2400页。
⑤ 《汉书》卷六《武帝纪》,北京:中华书局1962年版,第173页。

教,民俗殊务,所遇之时异也。"①成帝时,改丞相、大司马、御史大夫为三公,其议者亦"多以为古今异制,汉自天子之号下至佐史皆不同于古,而独改三公,职事难分明,无益于治乱"。故哀帝时,朱博为大司空,也据此奏言说,"帝王之道不必相袭,各繇时务"②。再如明帝时,曹充建议制礼,他同样上书说:"汉再受命,仍有封禅之事,而礼乐崩阙,不可为后嗣法。五帝不相沿乐,三王不相袭礼,大汉当自制礼,以示百世。"③可见,在当时人们不仅完全认同了古今异治的说法,而且对古今异世的解释也形成了共识。

既然古今异世在统治方法上有着很大不同,那么古今统治者曾采取了哪些不同措施或对策? 而这些措施又是怎样发展、变化的? 其利弊如何? 这对于汉王朝来说都是亟需得到论证的。例如在《贤良对策》中,武帝就特别要求董仲舒来解释为什么虞舜同周文王的治道会出现不同。他说:

> 盖闻虞舜之时,游于岩郎之上,垂拱无为,而天下太平。周文王至于日昃不暇食,而宇内亦治。夫帝王之道,岂不同条共贯与? 何逸劳之殊也?④

因此,为了能够满足统治者的需要,汉代古今理论的构建即着重要论述这些问题。用司马迁的话说,亦就是所谓"通古今之变"。

从有关记载看,汉代的古今理论一般都强调古今虽然异治,但并没有改变统治阶级的尊卑贵贱制度,也没有改变古代圣贤所奉行的基本政策。董仲舒即可谓这种说法的主要代表者。他以《春秋公羊传》的"经""权"理论为依据⑤,在《春秋繁露》中曾多次论述其所谓"异治"并非"异道"的

---

① 《汉书》卷八一《匡衡传》,北京:中华书局 1962 年版,第 3333 页。

② 《汉书》卷八三《朱博传》,北京:中华书局 1962 年版,第 3405 页。

③ 《后汉书》卷三五《曹褒传》,北京:中华书局 1965 年版,第 1201 页。

④ 《汉书》卷五六《董仲舒传》,北京:中华书局 1962 年版,第 2506 页。

⑤ 如《公羊传》桓公十一年曰:"权者何? 权者反于经,然后有善者也。权之所设,舍死亡无所设。行权有道自贬损以行权,不害人以行权。"见(东汉)何休解诂,(唐)徐彦疏:《春秋公羊传注疏》卷五《桓公十一年》,(清)阮元校刻:《十三经注疏》(附校勘记),北京:中华书局 1980 年版,第 2220 页。

观点。如《楚庄王》说:"天下无二道,故圣人异治同理也。古今通达,故先贤传其法于后世也。"又说:

> 今所谓新王必改制者,非改其道,非变其理,受命于天,异姓更王,非继前王而王也。若一因前制,修故业,而无有所改,是与继前王而王者无以别。①

所以他明确向汉武帝提出,古今"有改制之名,无变道之实",所谓"道之大原出于天,天不变,道亦不变"。② 而关键即在于,"权虽反经,亦必在可以然之域。不在可以然之域,故虽死亡,终弗为也"③。也就是说,任何统治政策的调整,其前提都必须是更好地维护统治,而不能动摇统治制度的根基。仅以史学为例,司马迁撰写《史记》虽提出"通古今之变"的宗旨,但是他以"采善贬恶,推三代之德,褒周室"④来评论《春秋》,即表明他实际上还是要宣扬古今不变的纲常伦理。再如荀悦,他编撰《前汉纪》亦公开宣称:"夫立典有五志焉:一曰达道义,二曰章法式,三曰通古今,四曰著功勋,五曰表贤能。"⑤可见,其变异也好,不变也好,最终目的都还是要维护"古今通达"的统治秩序。

从董仲舒的《贤良对策》也可以看出,他的"天不变,道亦不变"的说法实际是针对秦朝和西汉前期的"失道"而言的。这从董仲舒所列举的种种弊政便可以得到印证,例如:

> 周之末世,大为亡道,以失天下。秦继其后,独不能改,又益甚之,重禁文学,不得挟书,弃捐礼谊而恶闻之,其心欲尽灭先王之道,而颛为自恣苟简之治,故立为天子十四岁而国破亡矣。⑥

① 苏舆撰,钟哲点校:《春秋繁露义证》卷一《楚庄王》,北京:中华书局1992年版,第17页。
② 《汉书》卷五六《董仲舒传》,北京:中华书局1962年版,第2518—2519页。
③ 苏舆撰,钟哲点校:《春秋繁露义证》卷三《玉英》,北京:中华书局1992年版,第79页。
④ 《史记》卷一三〇《太史公自序》,北京:中华书局1959年版,第3299页。
⑤ 《后汉书》卷六二《荀悦传》,北京:中华书局1965年版,第2062页。
⑥ 《汉书》卷五六《董仲舒传》,北京:中华书局1962年版,第2504页。

至秦则不然。师申商之法，行韩非之说，憎帝王之道，以贪狼为俗，非有文德以教训于下也。诛名而不察实，为善者不必免，而犯恶者未必刑也。①

今则不然。垒日以取贵，积久以致官，是以廉耻贸乱，贤不肖浑殽，未得其真。②

古者修教训之官……天下常亡一人之狱矣。今世废而不修，亡以化民，民以故弃行谊而死财利，是以犯法而罪多，一岁之狱以万千数。以此见古之不可不用也，故《春秋》变古则讥之。③

显而易见，在董仲舒看来，自春秋战国以来，特别是秦朝，统治者已完全背弃了"帝王之道"。所以为避免重蹈覆辙，并达到天下大治的目的，他明确提出了"法古"和"复古"的主张。而具体做法就是要"复修教化"，也就是所谓"更化"。董仲舒说：

今临政而愿治七十余岁矣，不如退而更化；更化则可善治，善治则灾害日去，福禄日来。《诗》云："宜民宜人，受禄于天。"④

用比较通俗的话说，这就是要拨乱反正。董仲舒的历史观当然是不科学的，但是他提出"天不变，道亦不变"却是有着特定语境的，而不能简单说成形而上学。相反，如果考虑到他的意图其实是要改变以往的种种"变古"，"恢复"古代圣贤奉行的治国之道，这种说法则恰恰是要变革当时的统治政策，只不过后人往往都对它片面理解而已。

更重要的是，汉代古今理论的构建主要还重在强调"今"和"变"上。所谓"善言天者必有征于人，善言古者必有验于今"⑤。这也可以说是其理论中最富有光彩和现实意义的内容。它不仅从理论上阐明了时代变化

---

① 《汉书》卷五六《董仲舒传》，北京：中华书局1962年版，第2510页。
② 《汉书》卷五六《董仲舒传》，北京：中华书局1962年版，第2513页。
③ 《汉书》卷五六《董仲舒传》，北京：中华书局1962年版，第2515页。
④ 《汉书》卷五六《董仲舒传》，北京：中华书局1962年版，第2505页。
⑤ 《汉书》卷五六《董仲舒传》，北京：中华书局1962年版，第2515页。

之与古今治道的关系,而且为汉王朝各项政策的调整提供了关键性依据。尤其对统治者来说,在经学崇尚"法古"往往比较保守的条件下,这对于如何制定和推行新的统治政策便更是大开了方便之门。所以自从汉武帝"独尊儒术",汉王朝在理论上一般都特别强调古今治道不同的思想。以法律为例说,史载廷尉杜周在受到其朋友的批评——"君为天子决平,不循三尺法,专以人主意指为狱。狱者固如是乎?"——后,即公然宣称:"三尺安出哉?前主所是著为律,后主所是疏为令,当时为是,何古之法乎!"①光武帝时,因议立古文博士问题,陈元也论述说:

> 臣愚以为若先帝所行而后主必行者,则盘庚不当迁于殷,周公不当营洛邑,陛下不当都山东也。往者,孝武皇帝好《公羊》,卫太子好《谷梁》,有诏诏太子受《公羊》,不得受《谷梁》。孝宣皇帝在人间时,闻卫太子好《谷梁》,于是独学之。及即位,为石渠论而《谷梁氏》兴,至今与《公羊》并存。此先帝后帝各有所立,不必其相因也。②

甚至他还就自己的论述专门说明,"若辞不合经,事不稽古,退就重诛,虽死之日,生之年也"③。可见其重心主要还是放在"今"和"变"上。

还要说明的是,汉代古今理论的构建对确立汉家天子的经学权威亦具有极其重要的意义。一方面古今时代不同,"所急异务",必须由执掌最高统治权的皇帝决断;另一方面,经学虽然在理论上被视为最高权威,但由于经学体系的庞杂,以及在内容上经常表现出的歧义、矛盾和模糊性,其实际操作往往仍需要皇帝来最终裁决。质言之,汉代古今理论的构建在政治权力与经学权威的结合上亦有着重要意义。因而对皇帝来说,由于拥有至高无上的政治权力,他们在理论界便又成为最具有权威的经学大师。事实也正是如此。据《汉书》卷七三《韦玄成传》记载,永光四年(前40年),元帝诏议毁庙,群臣各引经义,竟出现了四种不同的观点。

---

① 《史记》卷一二二《酷吏列传·杜周》,北京:中华书局1959年版,第3153页。
② 《后汉书》卷三六《陈元传》,北京:中华书局1965年版,第1231页。
③ 《后汉书》卷三六《陈元传》,北京:中华书局1965年版,第1232页。

如丞相韦玄成等 44 人认为，"太上皇、孝惠、孝文、孝景庙皆亲尽宜毁，皇考庙亲未尽，如故"①；大司马车骑将军许嘉等 29 人认为，"孝文皇帝除诽谤，去肉刑，躬节俭，不受献，罪人不帑，不私其利，出美人，重绝人类，宾赐长老，收恤孤独，德厚侔天地，利泽施四海，宜为帝者太宗之庙"②；廷尉尹忠认为，"孝武皇帝改正朔，易服色，攘四夷，宜为世宗之庙"③；谏大夫尹更始等 18 人认为，"皇考庙上序于昭穆，非正礼，宜毁"④。最终还是由元帝经过比较才予以决断。另外，宣帝时的石渠阁会议、章帝时的白虎观会议，在讨论经学的异同时，也都是由皇帝亲自主持并予以钦定的。这种皇帝对于经学的绝对权威，既为汉王朝的以经治国发挥了关键性的主导作用，也给后世树立了垂范千古的先例。实际上，它在中国古代已成为权威崇拜的固定思维模式，并成为强化君主专制的思想基础。

当然，由于汉代古今理论的构建是在"复古""法古"或"尊古"的前提下进行的，而且儒家强调"法先王"，所推崇的圣贤至少也是几百年前的古人，在当时也确实越来越形成一种以古为准的思维方式。这种现象在西汉前期便相当突出，如《淮南子》卷一九《修务》说："世俗之人，多尊古而贱今，故为道者，必托之于神农、黄帝而后能入说。"⑤到西汉中期后，则大有愈演愈烈之势，甚至于言必称往古。例如在《盐铁论·散不足》中，贤良当时共列举了三十一项"不足"，其每项"不足"就都曾叙说"古者"如何如何。再如光武帝时，范升因反对立《左氏》博士，也上书强调说："臣闻主不稽古，无以承天；臣不述旧，无以奉君。"⑥可见，很多人都以古为准。所以宣帝就曾批评说："俗儒不达时宜，好是古非今，使人眩于名实，不知所守。"⑦王充也说："俗好褒远称古，讲瑞上世为美，论治则古王为

① 《汉书》卷七三《韦玄成传》，北京：中华书局 1962 年版，第 3118 页。
② 《汉书》卷七三《韦玄成传》，北京：中华书局 1962 年版，第 3118—3119 页。
③ 《汉书》卷七三《韦玄成传》，北京：中华书局 1962 年版，第 3119 页。
④ 《汉书》卷七三《韦玄成传》，北京：中华书局 1962 年版，第 3119 页。
⑤ 何宁撰：《淮南子集释》卷一九《修务训》，北京：中华书局 1998 年版，第 1355 页。
⑥ 《后汉书》卷三六《范升传》，北京：中华书局 1965 年版，第 1228 页。
⑦ 《汉书》卷九《元帝纪》，北京：中华书局 1962 年版，第 277 页。

贤,睹奇于今,终不信然。"①这在理论上就必然会形成一种今不如昔、厚古薄今的思维定势,引导着人们向后看,而不是引导人们向前看。更重要的是,在许多情况下,这种以古为准的思维方式还与经学强调的"孝道"联系在一起。所谓"不愆不忘,率由旧章"②,"三年无改于父之道,可谓孝矣"③,而造成墨守成规、压制新鲜事物的严重后果。宣帝时设置常平仓,元帝时毁庙罢园,光武帝时大封功臣,灵帝时置"鸿都门学"等,就因为其所谓"变古",它们都遭到许多儒生的反对。这不能不说是汉代古今理论构建的一个严重问题。

尽管如此,在许多情况下,由于所谓"法古""尊古"其实是要借古喻今,批判统治腐败和皇帝的昏庸,并倡言改革和改制,故这种思维方式又是具有明显的积极意义的。仍以前引贤良为例,他们虽然在每一项论说中都反复称引"古者",然而其目的实际却还是要说明严重的社会现实,希望能移风易俗,改革种种"不足"。兹略举一二,以资参证。《盐铁论·散不足》:

> 古者衣服不中制,器械不中用,不粥于市。今民间雕琢不中之物,刻画玩好无用之器。玄黄杂青,五色绣衣,戏弄蒲人杂妇,百兽马戏斗虎,唐锑追人,奇虫胡妲。④

这是批评其生活奢侈而主张节俭。

> 古者庶人春夏耕耘,秋冬收藏,昏晨力作,夜以继日。《诗》云:"昼而于茅,宵而索陶,亟其乘屋,其始播百谷。"非腊腊不休息,非祭祀无酒肉。今宾昏酒食,接连相因,析酲什半,弃事相随,虑无

---

① (东汉)王充著,张宗祥校注,郑绍昌标点:《论衡校注》卷一九《宣汉》,上海:上海古籍出版社2010年版,第389页。

② 程俊英、蒋见元:《诗经注析·大雅·假乐》,北京:中华书局1991年版,第820页。

③ 程树德撰,程俊英、蒋见元点校:《论语集释》卷二《学而下》,北京:中华书局1990年版,第42页。

④ 王利器撰:《盐铁论校注(定本)》卷六《散不足》,北京:中华书局1992年版,第349页。

乏日。①

这是抨击宴饮无度而强调重农。

> 古者夫妇之好，一男一女，而成家室之道。及后，士一妾，大夫
> 二，诸侯有姪娣九女而已。今诸侯百数，卿大夫十数，中者侍御，富者
> 盈室。是以女或旷怨失时，男或放死无匹。②

这是谴责统治者的生活糜烂和逾制等。再如，元帝时贡禹上书言节俭，其
论述也同样如此。他说：

> 古者宫室有制，宫女不过九人，秣马不过八匹；墙涂而不雕，木磨
> 而不刻，车舆器物皆不文画，苑囿不过数十里，与民共之；任贤使能，
> 什一而税，亡它赋敛徭戍之役，使民不过三日，千里之内自给，千里之
> 外各置贡职而已。故天下家给人足，颂声并作。……今大夫僭诸侯，
> 诸侯僭天子，天子过天道，其日久矣。承衰救乱，矫复古化，在于陛
> 下。臣愚以为尽如太古难，宜少放古以自节焉。《论语》曰："君子乐
> 节礼乐。"方今宫室已定，亡可奈何矣，其余尽可减损。③

可见，对这种以古为准的思维方式我们还不能一概而论，应当具体情况具
体分析。

更何况，这种以古为准的思维方式还有着保持统治政策的连续性的
作用。在某些特定的条件下，如昭帝时霍光对于武帝晚年政策的贯彻，东
汉时期盐铁私营政策的延续等，对稳定政局，特别是防止政策出现重大起
伏都具有一定的积极意义。因此，在这种情况下，我们就更不能简单地以
厚古薄今还是厚今薄古来作为评判的依据。相反，在有些情况下，尽管他
们的论述看起来厚今薄古，似乎是一种进步的历史观，但实际上却是要粉
饰现实，掩盖矛盾，甚至于反对改革的。例如在东汉后期，社会矛盾已严

---

① 王利器撰：《盐铁论校注（定本）》卷六《散不足》，北京：中华书局 1992 年版，第 351 页。
② 王利器撰：《盐铁论校注（定本）》卷六《散不足》，北京：中华书局 1992 年版，第 354 页。
③《汉书》卷七二《贡禹传》，北京：中华书局 1962 年版，第 3069—3070 页。

重激化,许多儒生都予以强烈抨击,要求改革,但是桓灵二帝却仍然要借助所谓"祥瑞"为自己歌功颂德。《后汉书》卷七《桓帝纪》载,永康元年(167年)秋八月,"魏郡言嘉禾生,甘露降。巴郡言黄龙见"①。从某种意义上说,这种强调"今胜于昔"的主张恰恰严重阻碍了社会变革和发展。所以对这些情况,我们就更不能简单地按照厚古、厚今来定性;其厚古未必薄今,亦未必保守,而厚今亦未必代表着进取。

四、"家国同构"——忠孝观的整合

汉代忠孝观的整合是中国古代孝忠观念演变的一个重要阶段。中国古代的孝忠观念源远流长。一般来说,孝的观念的产生颇早,它是父系氏族公社时期所谓"孝道"形成的产物。孝的内涵最初是指"敬老""尊亲"和奉养父母等,主要用于规范亲属关系,特别是父母关系。《说文解字·老部》云:"孝,善事父母者。从老省,从子,子承老也。"②忠的观念则产生较晚,有忠君、忠于国家、忠于朋友等内涵,是进入文明社会后所形成的一种价值取向。随着社会的发展,到春秋战国时期,由于诸子百家的重视和研究,尤其是儒家的极力倡导,这时的忠孝观念已经基本形成了"孝亲""忠君"的共识,并成为两个最重要的政治伦理观念。如成书于战国时期的《孝经》便征引孔子说:

> 夫孝,德之本也,教之所由生也。……身体发肤,受之父母,不敢毁伤,孝之始也;立身行道,扬名于后世,以显父母,孝之终也。夫孝,始于事亲,中于事君,终于立身。《大雅》云:"无念尔祖,聿修厥德。"③

---

① 《后汉书》卷七《桓帝纪》,北京:中华书局1965年版,第319页。
② (东汉)许慎撰,(北宋)徐铉校定:《说文解字·老部》,北京:中华书局2013年版,第171页。
③ (唐)李隆基注,(北宋)邢昺疏,金良年整理:《孝经注疏》卷一《开宗明义章》,上海:上海古籍出版社2009年版,第3—6页。

再如《荀子·礼论》："是先王之道,忠臣孝子之极也。"①又《韩非子·忠孝》说："臣事君,子事父,妻事夫,三者顺则天下治,三者逆则天下乱,此天下之常道也。"②但是总的来看,这时的忠、孝观念仍然存在着明显的分离,而且孝亲也明显要重于忠君。如关于丧服,郭店楚简《六德》便要求:"为父绝君,不为君绝父。"③当然也有一些相反的例证,如刘向《列女传》引《周书》云："先君而后臣,先父母而后兄弟,先兄弟而后交友,先交友而后妻子。"④

西汉王朝建立后,为了巩固统治并达到长治久安的目的,汉高祖刘邦在思想上竭力强调忠道。一个非常突出的事例,就是对于丁公、季布的不同处理。丁公与季布乃是异父兄弟,在楚汉之争中都是项羽麾下的大将。季布对刘邦曾穷追猛打,必欲置之死地而后快,令高祖恨之入骨;而丁公则手下留情,使高祖免于危难。然而刘邦称帝后,却赦免了季布,而处死了丁公。《史记》卷一〇〇《季布栾布列传》载:

> 及项王灭,丁公谒见高祖。高祖以丁公徇军中,曰:"丁公为项王臣不忠,使项王失天下者,乃丁公也。"遂斩丁公,曰:"使后世为人臣者无效丁公!"⑤

汉高祖将仇人赦免却将恩人斩首的做法,从道义上讲完全是恩将仇报,也可以说是一种得了便宜反而卖乖的小人做派。但是他即位伊始就采用这

---

① (清)王先谦撰,沈啸寰、王星贤点校:《荀子集解》卷一三《礼论》,北京:中华书局1988年版,第360页。
② (清)王先慎撰,钟哲点校:《韩非子集解》卷二〇《忠孝》,北京:中华书局1998年版,第466页。
③ 荆门市博物馆编著:《郭店楚墓竹简》,北京:文物出版社1998年版,第188页。又《韩诗外传》卷七亦记载了一则主张父重于君的对话:"齐宣王谓田过曰:'吾闻儒者亲丧三年,君与父孰重?'过对曰:'殆不如父重。'王忿然曰:'曷为士去亲而事君?'对曰:'非君之土地,无以处吾亲;非君之禄,无以养吾亲;非君之爵,无以尊显吾亲。受之于君,致之于亲。凡事君,以为亲也。'宣王悒然无以应之。"见(西汉)韩婴撰,许维遹校释:《韩诗外传集释》卷七《第一章》,北京:中华书局1980年版,第237页。
④ (西汉)刘向编撰,张涛译注:《列女传译注》卷五《节义·盖将之妻》,济南:山东大学出版社1990年版,第176页。
⑤ 《史记》卷一〇〇《季布栾布列传》,北京:中华书局1959年版,第2733页。

种无赖手段来提倡忠道,却无疑表明了他对提倡忠道的急切心情。

在提倡忠道的同时,汉王朝也把这时已经被视为"美德"的孝道运用于统治之中。史载高祖六年(前201年),为表示孝道,高祖尊太公为太上皇,便公开下诏说:

> 人之至亲,莫亲于父子,故父有天下传归于子,子有天下尊归于父,此人道之极也。……今上尊太公曰太上皇。①

从惠帝开始,汉王朝还在选举制度上设置了"孝弟力田"科。《汉书》卷二《惠帝纪》载,四年"春正月,举民孝弟力田者复其身"②。《汉书》卷三《高后纪》载,元年春正月,"初置孝弟力田二千石者一人"③。在高祖之后,汉家皇帝(光武帝庙号世祖,除外)的谥号也都被冠以"孝"字。《汉书》卷二《惠帝纪》注云:"孝子善述父之志,故汉家之谥,自惠帝已下皆称孝也。"④

尽管如此,在西汉前期人们对于忠孝观念的理解仍然存在着某些差异。即以忠为例,当时就有许多人没有把忠君视为最高的伦理标准。据《汉书》卷四一《郦商传》记载,在诛灭诸吕的过程中,郦商的儿子郦寄曾将执掌北军的吕禄骗出北军,使太尉周勃得以夺取北军兵权,才最终平定了诸吕之乱。然而就像这种决定汉家王朝命运的大是大非的问题,许多人却竟然都做出"郦况卖友"(《史记》作"郦况卖交")的评论:

> (郦)寄,字况,与吕禄善。及高后崩,大臣欲诛诸吕,吕禄为将军,军于北军,太尉勃不得入北军,于是乃使人劫[郦]商,令其子寄给吕禄。吕禄信之,与出游,而太尉勃乃得入据北军,遂以诛诸吕。……天下称郦况卖友。⑤

---

① 《汉书》卷一下《高帝纪下》,北京:中华书局1962年版,第62页。
② 《汉书》卷二《惠帝纪》,北京:中华书局1962年版,第90页。
③ 《汉书》卷三《高后纪》,北京:中华书局1962年版,第96页。
④ 《汉书》卷二《惠帝纪》,北京:中华书局1962年版,第86页。
⑤ 《汉书》卷四一《郦商传》,北京:中华书局1962年版,第2075—2076页。

更有甚者,淮南王刘长谋反,汉文帝予以惩治,在押送刘长到蜀郡严道邛邮的路途中,刘长绝食而死,也有人作歌谴责说:"一尺布,尚可缝;一斗粟,尚可舂。兄弟二人不能相容。"①可见其忠观念的淡薄和混乱。再从孝观念看,这时对孝的理解也仍然没有上升到忠君的高度。在汉初思想家的著作中,我们便很少能找到把孝亲与忠君完全联系在一起的论述。因此,对理论界来说,究竟怎样才能澄清忠孝观念中的"模糊"认识,以便更好地维护汉王朝的统治,就成为一个亟待解决的问题。

从诸多记载看,汉代经学家对这一问题的解决主要是采用由孝劝忠的方法。具体地说,就是在理论上强调"家国同构",在实际生活中则把孝作为忠的手段,而把忠作为孝的目的。

所谓"家国同构",简言之,就是把君、父的角色合而为一,使皇帝既具有至高无上的政治权威,同时又可以成为天下所有人都必须尽孝的父母。关键乃在于:向皇帝尽忠也就等于最大的孝亲,因而如果能在家庭中做到孝亲,那就必然会在朝廷里尽忠。这种理论的提出可以说渊源很早,如《尚书·洪范》云:"天子作民父母,以为天下王。"②至春秋战国时期,所谓忠孝互通的说法已开始比较多地出现。《礼记·祭统》说:"忠臣以事其君,孝子以事其亲,其本一也。上则顺于鬼神,外则顺于君长,内则以孝于亲,如此之谓备。"③《孝经·广扬名章》说:"君子之事亲孝,故忠可移于君。"④但是这些说法并没有引起统治者的重视。一直到西汉前期,随着对于忠观念的更加强调,许多儒生才开始竭力宣扬家国同构的理论。特别是董仲舒,他根据阴阳五行说,把孝忠都论证为"土德",对家国同构理论作出了比较全面的论述。例如,对《孝经》所说,"夫孝,天之经也,地之

①《史记》卷一一八《淮南衡山列传》,北京:中华书局 1959 年版,第 3080 页。

② (西汉)孔安国撰,(唐)孔颖达正义:《尚书正义》卷一一《洪范》,上海:上海古籍出版社 2007 年版,第 465 页。

③ (清)孙希旦撰,沈啸寰、王星贤点校:《礼记集解》卷四七《祭统》,北京:中华书局 1989 年版,第 1237 页。

④ (唐)李隆基注,(北宋)邢昺疏,金良年整理:《孝经注疏》卷七《广扬名章》,上海:上海古籍出版社 2009 年版,第 69 页。

义也"①,董仲舒便阐发说：

> 天有五行，木火土金水是也。木生火，火生土，土生金，金生水。水为冬，金为秋，土为季夏，火为夏，木为春。春主生，夏主长，季夏主养，秋主首，冬主藏。藏，冬之所成也。是故父之所生，其子长之；父之所长，其子养之；父之所养，其子成之。诸父所为，其子皆奉承而续行之，不敢不致如父之意，尽为人之道也。故五行者，五行也。由此观之，父授之，子受之，乃天之道也。故曰：夫孝者，天之经也。此之谓也。②

这是关于孝为"天经"的论证。

> 地出云为雨，起气为风。风雨者，地之所为。地不敢有其功名，必上之于天。……故下事上，如地事天也，可谓大忠矣。土者，火之子也。五行莫贵于土。土之于四时无所命者，不与火分功名。木名春，火名夏，金名秋，水名冬。忠臣之义，孝子之行，取之土。土者，五行最贵者也，其义不可以加矣。五声莫贵于宫，五味莫美于甘，五色莫盛于黄，此谓孝者地之义也。③

这是关于孝为"地义"以及孝、忠皆源于"土德"的论证。

董仲舒以所谓五行相生来论证孝忠当然是不科学的，但是他竭力要把孝忠统一起来，这却是毫无疑问的。而既然孝道和忠道都被他说成"土德"，那么忠、孝实际上也就成为"土德"的不同表现形式。从某种意义上说，孝道就是忠道，忠道亦就是孝道。因为就国家而言，它无非是家庭的扩大；就皇权而言，则无非是父权的扩大。所以对孝道的论证，在这种理论架构下，也就完全变成了对忠道的论证。如董仲舒说："五行者，乃孝子

---

① （唐）李隆基注，（北宋）邢昺疏，金良年整理：《孝经注疏》卷三《三才章》，上海：上海古籍出版社 2009 年版，第 28 页。
② 苏舆撰，钟哲点校：《春秋繁露义证》卷一〇《五行对》，北京：中华书局 1992 年版，第 315 页。
③ 苏舆撰，钟哲点校：《春秋繁露义证》卷一〇《五行对》，北京：中华书局 1992 年版，第 316—317 页。

忠臣之行。""事君,若土之敬天也。""是故圣人之行,莫贵于忠,土德之谓也。"①当然,对统治者来说,要想倡导人们尽忠,其最好的办法亦莫过于推崇孝道。所谓"虽天子必有尊也,教以孝也;必有先也,教以弟也"②,即"明王之以孝治天下也"③。而对于普通百姓来说,要履行神圣的忠孝义务,即必须做到《孝经》所要求的"始于事亲,中于事君,终于立身"④。所谓"退家则尽心于亲,进宦则竭力于君"⑤。这样也就基本完成了对忠孝观念的整合。

因此,为了更加鼓励人们尽忠,自从汉武帝"独尊儒术",这种家国同构、由孝劝忠的理论体系便成为汉代政治理论的一个主要内容,并越来越得到重视。如《汉书》卷六四上《严助传》记载,严助被任为会稽太守后,以会稽鄙远而"久不闻问",在受到武帝责问后,严助便据此请罪说:

> 《春秋》天王出居于郑,不能事母,故绝之。臣事君,犹子事父母也,臣助当伏诛。陛下不忍加诛,愿奉三年计最。⑥

再如《盐铁论·备胡》载桑弘羊称:"天子者,天下之父母也。四方之众,其义莫不愿为臣妾。"⑦又灵帝时傅燮上疏说:"臣闻忠臣之事君,犹孝子之事父也。子之事父,焉得不尽其情?"⑧所以东汉具有法典性质的《白虎通》曾总结说:"臣之于君,犹子之于父。"⑨

另一方面,在这种理论的指导下,统治者也极力倡导孝道,以达到其

---

① 苏舆撰,钟哲点校:《春秋繁露义证》卷一一《五行之义》,北京:中华书局1992年版,第321—323页。
② 苏舆撰,钟哲点校:《春秋繁露义证》卷一一《为人者天》,北京:中华书局1992年版,第320页。
③ (唐)李隆基注,(北宋)邢昺疏,金良年整理:《孝经注疏》卷四《孝治章》,上海:上海古籍出版社2009年版,第35页。
④ (唐)李隆基注,(北宋)邢昺疏,金良年整理:《孝经注疏》卷一《开宗明义章》,上海:上海古籍出版社2009年版,第5页。
⑤ 《汉书》卷七六《张敞传》,北京:中华书局1962年版,第3219页。
⑥ 《汉书》卷六四上《严助传》,北京:中华书局1962年版,第2789—2790页。
⑦ 王利器撰:《盐铁论校注(定本)》卷七《备胡》,北京:中华书局1992年版,第445页。
⑧ 《后汉书》卷五八《傅燮传》,北京:中华书局1965年版,第1874页。
⑨ (清)陈立撰,吴则虞点校:《白虎通疏证》卷一一《丧服》,北京:中华书局1994年版,第504页。

劝忠的最终目的。甚至为推广孝道，他们还把重孝作为推行教化的一个主要途径，所谓"导民以孝，则天下顺"①。到东汉时，随着《孝经》经学地位的确立，汉王朝竟然把孝视为最高的道德和行为准则："天地之性人为贵。人之行莫大于孝。"②如章帝便宣称："夫孝，百行之冠，众善之始也。"③明帝时韦彪也说：

> 夫国以简贤为务，贤以孝行为首。孔子曰："事亲孝故忠可移于君，是以求忠臣必于孝子之门。"④

因此，当时人人重孝，蔚然成风。从效果上看，也确实在很大程度上达到了由孝劝忠的目的。仅就三公而言，自从汉武帝"独尊儒术"，其任为三公者便大多有"孝谨"之称。例如：公孙弘"养后母孝谨，后母卒，服丧三年"⑤；王商父薨，"居丧哀慨"⑥。刘恺"素行孝友，谦让洁清"⑦；胡广年逾八十，"继母在堂，朝夕瞻省，旁无几杖，言不称老。及母卒，居丧尽哀，率礼无愆"⑧；杜乔"少为诸生，举孝廉"⑨；等等。

三公尚且如此，普通官吏就更不用说了。如张霸"年数岁而知孝让，虽出入饮食，自然合礼，乡人号为'张曾子'"⑩；江革"负母逃难，备经阻险，常采拾以为养。……与母归乡里。每至岁时，县当案比，革以母老，不欲摇动，自在辕中挽车，不用牛马，由是乡里称之曰'江巨孝'"⑪等。至于

① 《汉书》卷八《宣帝纪》，北京：中华书局1962年版，第250页。
② （唐）李隆基注，（北宋）邢昺疏，金良年整理：《孝经注疏》卷五《圣治章》，上海：上海古籍出版社2009年版，第43页。引孔子语。
③ 《后汉书》卷三九《江革传》，北京：中华书局1965年版，第1303页。
④ 《后汉书》卷二六《韦彪传》，北京：中华书局1965年版，第917—918页。
⑤ 《汉书》卷五八《公孙弘传》，北京：中华书局1962年版，第2619页。
⑥ 《汉书》卷八二《王商传》，北京：中华书局1962年版，第3369页。
⑦ 《后汉书》卷三九《刘般传》，北京：中华书局1965年版，第1306页。
⑧ 《后汉书》卷四四《胡广传》，北京：中华书局1965年版，第1510页。
⑨ 《后汉书》卷六三《杜乔传》，北京：中华书局1965年版，第2091页。
⑩ 《后汉书》卷三六《张霸传》，北京：中华书局1965年版，第1241页。
⑪ 《后汉书》卷三九《江革传》，北京：中华书局1965年版，第1302页。

被后世广为流传的"丁兰刻木孝亲""董永孝感神女"①的故事,也都从一个侧面说明了汉人重孝的普遍。而如此之多的孝子涌现,则自然就造就了更多的忠臣,并多少达到了《孝经·三才章》所憧憬的"其教不肃而成,其政不严而治"②的效果。

尽管如此,汉代忠孝观念的整合仍存在着某些问题。主要就是过分强调了孝的作用。一方面由于统治者极力重孝,在政治、经济上对孝子贤孙们给予了种种的优待,因而许多人为了表示孝亲,并得到社会的承认,往往都标新立异,甚至于弄虚作假。所谓"察孝廉,父别居"③,就是对于这种伪孝现象的揭露和抨击。至于其具体形式,则可以说五花八门。桓帝时,乐安太守陈蕃对赵宣伪孝的惩治,就是一例。《后汉书》卷六六《陈蕃传》:

> 民有赵宣葬亲而不闭埏隧,因居其中,行服二十余年,乡邑称孝,州郡数礼请之。郡内以荐蕃,蕃与相见,问及妻子,而宣五子皆服中所生。蕃大怒曰:"圣人制礼,贤者俯就,不肖企及。且祭不欲数,以其易黩故也。况乃寝宿冢藏,而孕育其中,诳时惑众,诬汙鬼神乎?"遂致其罪。④

另一方面,也是更重要的,在孝道被竭力宣扬而成为"天之经也,地之义也,民之行也"⑤的情况下,人们对于忠孝的理解越来越出现偏差。尽管汉代对忠孝观念的整合,其目的就是要做到家国同构来劝导人们尽忠,而

---

① 如曹植《灵芝篇》曰:"丁兰少失母,自伤蚤孤茕。刻木当严亲,朝夕致三牲。暴子见陵侮,犯罪以亡形。丈人为泣血,免戾全其名。董永遭家贫,父老财无遗。举假以供养,佣作致甘肥。责家填门至,不知何用归。天灵感至德,神女为秉机。"见《宋书》卷二二《乐志四》,北京:中华书局 1974 年版,第 627 页。

② (唐)李隆基注,(北宋)邢昺疏,金良年整理:《孝经注疏》卷三《三才章》,上海:上海古籍出版社 2009 年版,第 29 页。

③ 杨明照撰:《抱朴子外篇校笺》卷一五《审举》,北京:中华书局 1991 年版,第 393 页。

④ 《后汉书》卷六六《陈蕃传》,北京:中华书局 1965 年版,第 2159—2160 页。

⑤ (唐)李隆基注,(北宋)邢昺疏,金良年整理:《孝经注疏》卷三《三才章》,上海:上海古籍出版社 2009 年版,第 28 页。

且统治者特别强调了这一点——"汉家之制，推亲亲以显尊尊"①。在所谓"首匿"问题上，汉王朝也明确规定：凡属"谋反"等重罪皆不得"首匿"，否则将严厉制裁。② 但是在现实生活中许多人却仍然把孝看得比忠还重。因为就按《孝经》解释，孝敬父亲本身即高于忠君。如《孝经·士章》说："资于事父以事母而爱同，资于事父以事君而敬同，故母取其爱而君取其敬，兼之者父也。"③所以，当忠孝出现重大冲突亦即不能两全时，他们就往往会舍忠而取孝。这种情况在西汉时期已有所表现，史载"王阳为孝子，王尊为忠臣"，就是一个非常典型的事例。《汉书》卷七六《王尊传》：

> （尊）迁益州刺史。先是，琅邪王阳为益州刺史，行部至邛郲折阪，叹曰："奉先人遗体，奈何数乘此险！"后以病去。及尊为刺史，至其阪，问吏曰："此非王阳所畏道邪？"吏对曰："是。"尊叱其驭曰："驱之！王阳为孝子，王尊为忠臣。"④

东汉时，这种现象则更为明显，乃至统治者已把它视为应予以扭转的不良风气（详见本书第八章"以经治国与汉代社会生活的整合"）。比如，在关于究竟应如何处理忠孝的冲突问题上，这时有不少人都公开提出忠重孝轻的观点。曾师从经学大师桓荣的鲍骏，便针对同学丁鸿的让爵批评说："《春秋》之义，不以家事废王事。"⑤为了更加鼓励忠道，著名的经学家马融还参照《孝经》的格式撰写了《忠经》一书，并把"忠"提到了"天地神明"的高度。他说："天之所覆，地之所载，人之所履，莫大乎忠。"⑥这显然是希望忠在理论上能与孝的"天经地义"相抗衡。同时，有关孝忠的关系

① 《汉书》卷一一《哀帝纪》载哀帝语，北京：中华书局1962年版，第339页。
② 参看晋文：《以经治国与汉代法律》，载《江海学刊》1991年第3期。
③ （唐）李隆基注，（北宋）邢昺疏，金良年整理：《孝经注疏》卷二《士章》，上海：上海古籍出版社2009年版，第19页。
④ 《汉书》卷七六《王尊传》，北京：中华书局1962年版，第3229页。
⑤ 《后汉书》卷三七《丁鸿传》，北京：中华书局1965年版，第1263页。
⑥ （东汉）马融撰，（东汉）郑玄注，（明）陶原良详解：《忠经详解·天地神明章》，影印上海图书馆藏明崇祯刻本，第479页。

及地位的讨论也成为人们相当关注的热点问题。在这些讨论中,最著名的一次,就是东汉末年由魏太子曹丕主持的关于君父孰重的争辩。《三国志》卷一一《魏书·邴原传》注引《邴原别传》曰:

> 太子燕会,众宾百数十人,太子建议曰:"君父各有笃疾,有药一丸,可救一人,当救君邪,父邪?"众人纷纭,或父或君。时原在坐,不与此论。太子谘之于原,原勃然对曰:"父也。"太子亦不复难之。[1]

当然问题还没有解决,而且也不可能真正解决。关键在于君臣乃是社会关系,父子则是血亲关系,故不可能完全等同。特别是秦汉时期,封建的专制主义中央集权制度还刚刚确立和发展,统治者既没有能力也没有条件来强制人们尽忠(这一问题在宋明理学的论述和皇权高度强化的条件下才最终解决——在忠孝不能两全时,只能且必须舍孝而取忠)。再从具体操作来看,统治者的目的非常明确,重孝就是为了劝忠,它已成为汉王朝培养忠臣的捷径,甚至是一条最主要的途径。因而必须重孝,否则即无以劝忠;但过分重孝又必然会出现变形,乃至本末倒置,使得手段竟变成目的。换句话说,这实际上也是一个让统治者颇感两难的问题。所以,尽管汉王朝也试图改变这种重孝轻忠的现象,并取得了一定成效,但直到东汉末年它在理论和实践上都仍然存在着缺陷。这在一定程度上就不能不削弱汉代"以孝治天下"的作用和影响。

---

[1]《三国志》卷一一《魏书·邴原传》,北京:中华书局 1959 年版,第 353—354 页。

附论四

"重瞳"记载的起源、内涵与转变

——从项羽"重瞳"说起

在《史记》卷七《项羽本纪》中,司马迁对项羽评论说:"吾闻之周生曰:'舜目盖重瞳子',又闻项羽亦重瞳子。羽岂其苗裔邪?何兴之暴也!"[①]

何谓"重瞳子"?史学界众说纷纭。有人按照字面意思将其解释为"一只眼睛中有两个瞳孔";有人认为"重瞳"即双眼瞳孔内聚导致目光重叠,俗称"对眼"[②];还有人称"重瞳"可能是白内障等眼病的早期症状[③]。

以今度古,一只眼中有双瞳孔之人闻所未闻,似乎缺乏说服力。而司马迁记录"重瞳"的短短一句话中,接连使用了"吾闻之""盖"和"又闻"三个推测词。同时,在推导两人关系时,更采用了设问句,将判断权留给了读者。从这种模棱两可的记载中可以看出,司马迁本人也认为这些说法并没有确凿证据。

倘若抛开局限于"重瞳"一词的考据,将目光投向"项羽重瞳说"的整体语境,则不难发现,"重瞳说"只是作为项羽与古代圣王舜相连的一条纽带而存在,主要目的是将读者的思路引至"项羽是舜的后代"之处。换句话说,只要能将项羽与舜附会,证据的具体内容似乎并不十分重要,重瞳亦可,其他似乎也并无不可。

既然舜与项羽重瞳的证据均不充分,那么司马迁为何要在无可无不

---

① 《史记》卷七《项羽本纪》,北京:中华书局1959年版,第338页。
② 杨振国:《"重瞳"再训》,载《内蒙古民族师院学报(哲学社会科学版)》1993年第2期。
③ 王云度:《论项羽的英雄气概》,载曹秀明、岳庆平主编:《项羽研究》第一辑,南京:凤凰出版社2011年版;《百度百科·重瞳》,http://baike.baidu.com/view/525.htm。

可之间选择"重瞳"作为二者的联系呢?"重瞳"究竟是一种病变抑或还有其他内涵? 以下试作一些分析。

一、"重瞳"的起源与记载对象

关于"重瞳"的记载虽然在古今文献中并不罕见,然而究其源头却集中于《史记》与《尸子》《荀子》之中。

查阅先秦典籍,唯有《尸子》记载"舜两眸子"①,《荀子》记载"舜参牟子"。有意思的是,恰恰在"重瞳"问题上,《史记》与《尸子》《荀子》形成了互证。如清人王先谦将"参牟子"训为"二瞳之相参"②,证据是裴骃的《史记集解》;而《集解》在注释项羽"重瞳"时,则征引《尸子》"舜两眸子,是谓重瞳"之语。但今本《尸子》卷下辑佚中此语却有一字不同——"舜两眸子,是谓重明"③。是否《尸子》在西汉还有其他版本,今人已不得而知。④ 总之,逻辑循环一周后,明确使用"重瞳"一词的文献记载,最早仍应从《史记》算起。

细读《史记》原文,"重瞳"的记载仅仅涉及舜与项羽二人。其中,"舜目重瞳"闻自"周生",周生是何许人今亦无从得知⑤,而"项羽亦重瞳"并未说明出处。

除舜与项羽之外,在古代文献资料中还有许多关于重瞳人物的记载。为便于行文和讨论,笔者对其资料⑥进行了粗略整理,列表如下:

① 按:关于今本《尸子》的作者和真伪问题,以往有多种看法。本书取其作者为战国尸佼的通常看法。
② (清)王先谦撰,沈啸寰、王星贤点校:《荀子集解》,北京:中华书局 1988 年版,第 75 页。
③ 缩印浙江书局汇刻本《二十二子》,上海:上海古籍出版社 1986 年版,第 376 页。注云:"《御览》八十一又三百六十六,眸作瞳。《史记·项羽本纪》,《集解》明作瞳,误。"
④ 参见徐文武:《〈尸子〉辨》,载《孔子研究》2005 年第 4 期。
⑤ 《史记》原注为:《集解》文颖曰:"周时贤者。"《正义》孔文祥云:"周生,汉时儒者,姓周也。"(北京:中华书局 1959 年版,第 339 页)按:太史公云"吾闻之周生",则是汉人,与太史公耳目相接明矣。
⑥ 另外,在《庐山记》《后山诗注》《五代史记注》等文献中,还有一些关于智常、卓偗明、乘方、黄初平等宗教人物的"重瞳"记载,均为汉代之后人,此处不予讨论。

古代文献中的重瞳人物记载

身份	姓名	生活时代	记载文献	文献时代
圣贤君王	仓颉	上古	《论衡·骨相》(四目①)	东汉
	舜	上古	《尸子》卷下(两眸子)	战国
	尧、舜	上古	《荀子·非相》(参牟子)	战国
	舜	上古	《淮南子·修务训》(二瞳子)	西汉
	舜	上古	《史记》卷七《项羽本纪》	西汉
	颜回	春秋	《刘子》卷五《命相》	南北朝
	项羽	秦汉	《史记》卷七《项羽本纪》	西汉
	王莽	两汉之际	《论衡·讲瑞》	东汉
	吕光	后凉	《晋书》卷一二二《吕光载记》	唐
	李煜	南唐	《新五代史》卷六二《南唐世家》	宋
	刘崇	北汉	《新五代史》卷七〇《东汉世家》	宋
	明玉珍	元	《七修类稿》卷八《国事类》	明
皇亲	朱友孜	后梁	《新五代史》卷一三《梁家人传》	宋
文臣武将	鱼俱罗	隋	《北史》卷七八《鱼俱罗传》	唐
	沈约	南北朝	《梁书》卷一三《沈约传》	南北朝

根据上表,可以对"重瞳"得出三条结论:

其一,先秦人物少,汉代以降人物多。本表共统计 13 人,其中先秦人物 4 人,接近总人数的三分之一。

其二,先秦人物的生活时代与出现"重瞳"记载的文献时代有很大差异,而汉代及以后人物生活与"重瞳"的记载时间基本吻合。表中所列先秦人物的生活与记载年代,仓颉与尧、舜均相差近三千年,颜回相差一千多年;对秦汉项羽、王莽的"重瞳"记录基本属于当代人记近代事;而汉代

---

① 按:"四目"乃指四只眼睛,如沂南北寨汉画像石墓"第 41 幅上格刻的仓颉造字的故事,仓颉有四目"(南京博物院、山东省文物管理处编:《沂南古画像石墓发掘报告》,北京:文化部文物管理局 1956 年版,第 39 页)。尽管这与"重瞳"的含义已明显有别,但为了说明"重瞳"之说的由来,笔者仍将"仓颉四目"列入表中。

之后各人则大多见于当朝正史之中。

其三,被记载为"重瞳"的人物身份地位均比较崇高,以君王圣贤为主。在上表统计人物之中,圣贤与君王超过总人数的四分之三,数量上占绝对优势。

由此可见,"重瞳"记载的对象有很强的针对性,以君王圣贤为主,从汉代开始流行。先秦人物的"重瞳"应多为后世补叙或附益之说。这大体印证了顾颉刚先生所提出的"古史是层累地造成的"假说——所谓古史,其实更多是后人关于历史的种种"造说"的累积。[①] 后世的统治者和文人出于当时的政治需要,为"重瞳"增添了新的内涵,并寄托于古代圣贤身上,因而先秦人物的"重瞳"直至千年甚至几千年后才开始被文献广泛提及。

二、"重瞳"的内涵及转变

"重瞳"一词在文献记载中的常见义项,主要可以归为两类。

(一)重瞳是一种病变或缺陷

持这种观点的文献较少,笔者所见主要有《荀子·非相》:

> 禹跳,汤偏,尧、舜参牟子。从者将论志意,比类文学邪?直将差长短,辨美恶,而相欺傲邪?古者桀、纣长巨姣美,天下之杰也,筋力越劲,百人之敌也。然而身死国亡,为天下大僇,后世言恶则必稽焉。是非容貌之患也,闻见之不众,论议之卑尔。[②]

荀子将"参牟子"等与"长巨姣美"相对比,显然认为"参牟子"是一种不美的缺憾,然而瑕不掩瑜,身存病变或者缺陷并不能掩盖尧、舜、禹、汤作为明君圣贤的光辉。由此可见,在荀子的眼中,"重瞳"并没有被赋予神圣的意味。类似认为丑貌或特殊体貌并非圣人象征的文献还有一些,如《尸子》卷下:"禹长颈鸟喙,面貌亦恶矣。"[③]《孔丛子·居卫》:"禹汤文

---

① 顾颉刚撰,王煦华导读:《秦汉的方士与儒生》,上海:上海古籍出版社1998年版,第11—12页。
② (清)王先谦撰,沈啸寰、王星贤点校:《荀子集解》,北京:中华书局1988年版,第75—76页。
③ 缩印浙江书局汇刻本《二十二子》,上海:上海古籍出版社1986年版,第375页。

武及周公,勤思劳体,或折臂望视,或秃骭背偻,亦圣。"①

（二）重瞳是一种圣人异相

与先秦朴素直观的"重瞳缺陷论"相对,两汉乃至而后,人们大多不再认为"重瞳"是一种病变,而是将它看作一种"圣人异相"来称颂。所谓"圣人异相",在班固等东汉主流学者看来,就是"天人感应"亦即"受命"的体现。天地万物将其特征反映在圣人身体上,而使之表现出与常人相异的面(体)貌。《白虎通·圣人》：

> 圣人皆有异表。《传》曰："伏羲日禄衡连珠,大目山准龙状,作《易》八卦以应枢。"黄帝龙颜,得天匡阳,上法中宿,取象文昌。颛顼戴干,是谓清明,发节移度,盖象招摇。帝喾骈齿,上法月参,康度成纪,取理阴阳。尧眉八彩,是谓通明,历象日月,璇、玑、玉衡。舜重瞳子,是谓滋凉,上应摄提,以象三光。《礼说》曰："禹耳三漏,是谓大通,兴利除害,决河疏江。皋陶马喙,是谓至诚,决狱明白,察于人情。汤臂三肘,是谓柳、翼,攘去不义,万民咸息。文王四乳,是谓至仁,天下所归,百姓所亲。武王望羊,是谓摄扬,盱目陈兵,天下富昌。周公背偻,是谓强俊,成就周道,辅于幼主。孔子反宇,是谓尼甫,德泽所兴,藏元通流。"圣人所以能独见前睹,与神通精者,盖皆天所生也。②

甚至著名的无神论者王充也认为"重瞳"是一种"天命"在圣人身体上的表现：

> 人命禀于天,则有表候于体。察表候以知命,犹察斗斛以知容矣。表候者,骨法之谓也。传言黄帝龙颜,颛顼戴午,帝喾骈齿,尧眉八采,舜目重瞳,禹耳三漏,汤臂再肘,文王四乳,武王望阳,周公背

---

① (明)程荣纂辑:《汉魏丛书》,长春:吉林大学出版社1992年版,第336页。按:关于《孔丛子》的真伪,今人依据上海博物馆藏战国楚简,多认为其书中确有可靠的先秦资料。详见孙少华:《〈孔丛子〉真伪辨》,载《古典文学知识》2006年第6期。
② (清)陈立撰,吴则虞点校:《白虎通疏证》卷七《圣人》,北京:中华书局1994年版,第337—341页。

傻,皋陶马口,孔子反羽。斯十二圣者,皆在帝王之位,或辅主忧世,世所共闻,儒所共说,在经传者,较著可信。①

根据现有文献,这种"圣人皆有异表"的解释至少应产生于西汉前期。从前揭《尸子》"舜两眸子,是谓重明,作事成法,出言成章",以及"文王四乳,是谓至仁"看,②似乎在战国后期"重瞳"和"四乳"便开始蕴含着"圣人皆有异表"的意味。但既然作者认为"禹长颈鸟喙,面貌亦丑矣",并强调"人之欲见毛嫱、西施,美其面也。夫黄帝、尧、舜、汤、武美者,非其面也",也就充分说明实际他还是主张身存病变或者缺陷并不能掩盖圣贤的光辉。因此,对"圣人异相"的真正表述还应该在此之后。具体时间虽不详,但根据《淮南子·修务训》:

> 若夫尧眉八彩,九窍通洞,而公正无私,一言而万民齐;舜二瞳子,是谓重明,作事成法,出言成章;禹耳参漏,是谓大通,兴利除害,疏河决江;文王四乳,是谓大仁,天下所归,百姓所亲;皋陶马喙,是谓至信,决狱明白,察于人情。③

从中亦可看出,在《淮南子》编撰之时,所谓"八彩""重瞳""参漏""四乳"和"马喙"等都已被视为圣人的"异相"。稍后,司马迁写《史记》,在《项羽本纪》里称"项羽亦重瞳子",在《高祖本纪》里称刘邦"隆准而龙颜"(这是正史中"龙颜"的最早记载),更说明"重瞳"和"龙颜"都是当时公认的"圣人异相"或"异表"。

及至谶纬兴盛,到王莽改制,在"五德""三统"说的解释下④,上述"异相"不仅被完全固定下来,而且"造作"了一些新的"异表"。前揭《白

---

① (东汉)王充著,张宗祥校注,郑绍昌标点:《论衡校注》卷三《骨相》,上海:上海古籍出版社2010年版,第55页。按:王充的观点其实是有些矛盾的。他在《论衡·讲瑞》中又强调不能光凭体相来判断圣贤,如"虞舜重瞳,王莽亦重瞳"云云。
② 缩印浙江书局汇刻本《二十二子》,上海:上海古籍出版社1986年版,第376页。
③ 何宁撰:《淮南子集释》卷一九《修务训》,北京:中华书局1998年版,第1335—1336页。
④ 顾颉刚撰,王煦华导读:《秦汉的方士与儒生》,上海:上海古籍出版社1998年版,第72—89页。

虎通》所提到的"戴干""骈齿""再肘""望阳""背偻"和"反宇",就是《传》"《礼》"即谶纬之书"造作"的成果。① 终于,到东汉前期,在官方和民间的共同推动下,"重瞳"的义项便完成了从一种病变或生理缺陷到"圣人异相"的转变。而且不仅"重瞳",还有十一种"异相",亦即"龙颜""戴干""骈齿""八采""三漏""再肘""四乳""望阳""背偻""马口""反羽",也都被完全确定下来。所谓"十二圣相各不同"②。甚至作为圣人,在一人身上竟有几种"异相"。如《艺文类聚》卷一一《帝王部一》引《孝经援神契》曰:"舜龙颜、重瞳、大口。"③又《史记》卷四《周本纪》注引《帝王世纪》云:"文王龙颜虎肩,身长十尺,胸有四乳。"④所以无怪乎,作为一种身份和道德文化的象征,"重瞳"等"异相"自汉代便大量进入了文献记载,乃至在《晋书》以后的各代正史和其他史料中都屡见不鲜。

至于"重瞳"等的内涵为何会在汉代发生转变,则要从当时流行的社会思潮中探寻。

三、"圣人异相"与汉代的造神运动

徐复观先生认为,在西汉前期曾流行一种人与"天"通的观念。如董仲舒云:"身犹天也。"⑤它不仅以身体器官模拟天地万物,而且强调"天"的作用也必须通过人来实现。"这实际是由以天为中心的天人关系,转到以人为中心的天人关系。"⑥

正是在这种背景下,"重瞳"等"异相"的内涵在汉代发生了从"相"到

---

① 关于这一点,钟肇鹏先生便明确指出:"《白虎通义》大量援引谶纬",并征引侯外庐先生主编的《中国思想通史》总结,《白虎通义》"百分之九十的内容出于谶纬"。详见氏著:《谶纬论略》,沈阳:辽宁教育出版社1991年版,第145页。

② (东汉)王充著,张宗祥校注,郑绍昌标点:《论衡校注》卷一六《讲瑞》,上海:上海古籍出版社2010年版,第337页。

③ (唐)欧阳询撰,汪绍楹校:《艺文类聚》,上海:上海古籍出版社1965年版,第215页。

④ 《史记》卷四《周本纪》,北京:中华书局1959年版,第116页。

⑤ 苏舆撰,钟哲点校:《春秋繁露义证》卷一三《人副天数》,北京:中华书局1992年版,第356页。

⑥ 徐复观:《两汉思想史》第2卷,上海:华东师范大学出版社2001年版,第136页。

"天"的转变,即从一种与"天"毫无联系的单纯的肉体性病变,转而成为"天命"在"圣人"身体上的映射,并由此还进一步使人联想到凡"受命"者都可以通过其面(体)相反映出来。因此,种种"异相"的内涵再由"天"到"人",而化为"天命"赋予"圣人"的统治权。这就使得"重瞳"等由一种或几种"圣人"才拥有的"异相",被进一步引申为凡"异相"者都应是"天命"的赋予者。

不过,与其说"重瞳"等"异相"乃是"天命"和"圣人"的象征,毋宁说是汉代的一种造神现象。如前所述,关于"圣人异相"的记载在先秦时期基本没有,这与春秋战国推崇"霸道"即功利主义有着莫大关系。尽管其"天""帝""神""鬼"系统并没有被完全破坏,但"当今争于气力"①的看法却无疑是整个时代的潮流。陈胜所谓"王侯将相宁有种乎"②,项羽所谓"彼可取而代也"③,刘邦所谓"大丈夫当如此也"④,便足以证明。但此一时也,彼一时也。随着秦亡汉兴,统治阶级日益感受到了"神道设教"的重要与必要。因为亡秦的历史教训已经充分证明:仅仅使用赤裸裸的暴力并不能长治久安,要想更好地维护统治,还必须采用防患于未然的精神武器。否则的话,只要一有风吹草动,人们便会萌发"彼可取而代也"的反叛意识,甚至于揭竿而起。所以,尽管汉家王朝的建立完全是"争于气力",但为了证明其统治的合理性,以消弭各种可能的隐患,许多儒生,也包括皇帝在内,还是逐渐否认了"争于气力"的事实,并试图采用自殷周以来的"天命"说来进行解释。⑤ 至汉武帝"独尊儒术"后,在"天人感应"的具体描述下,汉王朝便完全确立了可以为自己罩上神圣光环的"受命"理论。史载元朔七年(前122年),武帝"幸雍祠五畤,获白麟",因终军以为"此天之所以示飨,而上通之符合也。宜因昭时令日,改定告元",武帝

---

① (清)王先慎撰,钟哲点校:《韩非子集解》卷一九《五蠹》,北京:中华书局1998年版,第445页。
② 《史记》卷四八《陈涉世家》,北京:中华书局1959年版,第1952页。
③ 《史记》卷七《项羽本纪》,北京:中华书局1959年版,第296页。
④ 《史记》卷八《高祖本纪》,北京:中华书局1959年版,第344页。
⑤ 晋文:《论经学与汉代"受命"论的诠释》,载《学海》2008年第4期。

便"由是改元为元狩"①。

根据诸多经学家的阐释,汉代"受命"论的一个主要内容,就是"受命"而王所应具有的种种标志和象征,如黄龙、麒麟、凤凰、甘露、朱草、灵芝、龙颜、重瞳等。此即所谓"祥瑞""符瑞"或"异相"。仅就后者而言,在史书和谶纬中都有着大量记载。诸如:伏牺"蛇身人首,有圣德";炎帝"人身牛首,有圣德";黄帝"弱而能言,龙颜,有圣德";颛顼"首戴干戈,有圣德";帝喾"生而骈齿,有圣德";尧"眉八彩""身长十尺,有圣德";舜"目重瞳子,故名重华。龙颜大口,黑色,身长六尺一寸";禹"虎鼻大口,两耳参镂,首戴钩钤,胸有玉斗……长有圣德。长九尺九寸";汤"号天乙。丰下锐上,晰而有髯,句身而扬声,身长九尺,臂有四肘,是曰殷汤";周文王"龙颜虎肩,身长十尺,胸有四乳";武王"骈齿望羊";汉"高帝隆准而龙颜,美须髯,左股有七十二黑子"②;等等。这就使得"异相"如"隆准而龙颜,美须髯,左股有七十二黑子"成为汉家"受命"的一个重要标志③,并随着统治者的需要,又掀起了一轮又一轮的造神运动。以王莽为例,为了名正言顺地夺取西汉政权,便根据尧舜禅让、汉家尧后而编造了王氏舜后亦当有"重瞳"异相的《自本》。④ 可以毫不夸张说,这才是"重瞳"等"异相"的内涵在汉代发生了从"相"到"天"再到"人"的转变的主要原因。

当然,和"祥瑞"相比,"异相"在任何时候都只能居于次要地位。这主要是由于前者的操作空间大,实际也就是造假的余地大,效果好,也比后者

① 《汉书》卷六四下《终军传》,北京:中华书局1962年版,第2817页。

② 《宋书》卷二七《符瑞志上》,北京:中华书局1974年版,第767页。按:其中记载多采自谶纬,详见前揭《白虎通疏证·圣人》(北京:中华书局1994年版)、《论衡校注·骨相》(上海:上海古籍出版社2010年版)。

③ 据《魏书》卷一《序纪》记载,代王拓跋什翼犍被兄长拓跋翳槐指定为继承人,也是强调他"身长八尺,隆准龙颜,立发委地,卧则乳垂至席"(北京:中华书局1974年版,第11页)。

④ 顾颉刚撰,王煦华导读:《秦汉的方士与儒生》,上海:上海古籍出版社1998年版,第80页。按:关于王莽《自本》,今尚有一些内容载于《汉书》卷九八《元后传》以及《汉书》卷九九《王莽传》。例如:"黄帝姓姚氏,八世生虞舜。舜起妫汭,以妫为姓。至周武王封舜后妫满于陈,是为胡公,十三世生完。完字敬仲,奔齐,齐桓公以为卿,姓田氏。十一世,田和有齐国,二世称王,至王建为秦所灭。项羽起,封建孙安为济北王。至汉兴,安失国,齐人谓之'王家',因以为氏。"(《汉书》卷九八《元后传》,北京:中华书局1962年版,第4013页)

更易于宣传和掩饰。譬如黄龙、麒麟、凤凰、甘露、朱草和灵芝等,这些"祥瑞"均可谓说有即有、说无即无的东西①,关键乃在于认定。如《论衡·验符》记载,在宣帝时,关于"凤凰"下于彭城是否可视为"祥瑞"的争论,就是一例。

> 宣帝时,凤凰下彭城,彭城以闻。宣帝诏侍中宋翁一,翁一曰:"凤凰当下京师,集于天子之郊,乃远下彭城,不可收,与无下等。"宣帝曰:"方今天下合为一家,下彭城与京师等耳,何令可与无下等乎?"令左右通经者,论难翁一,翁一穷,免冠叩头谢。②

而"异相"作为一种体貌,则很难造假。因为除了古人无法验证,如果哪个帝王将相真有某种"异相"的话,世人或多或少都能够看到。所谓"仓颉四目",即已成了神话(附图)。而且历史证明,即使真有"异相",实际也未必真有"天命"和作为。且不说项羽,王充便明确指出:"虞舜重瞳,王莽亦重瞳;晋文骈胁,张仪亦骈胁。如以骨体毛色比,则王莽,虞舜,而张仪,晋文也。"③所以也无怪乎,许多频繁出现在汉唐文献上的"异相"以后都很少记载。④ 同样,由于"重瞳"很可能是一种眼疾,在现实生活中确实存在,因而也决定了它比其他"异相"要更多地见于记载。在前揭《晋书·载记》中,便描述后凉吕光为"身长八尺四寸,目重瞳子,左肘有肉印"⑤。在《新五代史》中,亦记载了北汉刘崇(旻)"美须髯,目重瞳子"⑥;

---

① 以汉代凤凰为例,有学者便总结了操作此类"祥瑞"的诀窍——"由于神话传说中的凤凰形象怪诞难辨,世间绝难见到如此的鸟类,为了迎合统治阶级粉饰太平的政治需要,人们便将凤凰世俗化为现实生活中可以见到的、形象倩丽的孔雀、丹顶鹤、鸿雁、天鹅等鸟类。"(牛天伟、金爱秀:《汉画神灵图像考述》,开封:河南大学出版社 2009 年版,第 316 页)

② (东汉)王充著,张宗祥校注,郑绍昌标点:《论衡校注》卷一九《验符》,上海:上海古籍出版社 2010 年版,第 401 页。

③ (东汉)王充著,张宗祥校注,郑绍昌标点:《论衡校注》卷一六《讲瑞》,上海:上海古籍出版社 2010 年版,第 337 页。

④ 比较突出的事例有唐高祖李渊,《太平御览》《册府元龟》《新唐书》都声称其"体有三乳"。例如:"仁公生高祖于长安,体有三乳,性宽仁,袭封唐公。"(《新唐书》卷一《高祖本纪》,北京:中华书局 1975 年版,第 1 页)流传于世的明太祖朱元璋的"丑陋"画像,亦当与"异相"有关。

⑤ 《晋书》卷一二二《吕光载记》,北京:中华书局 1974 年版,第 3053 页。

⑥ 《新五代史》卷七〇《东汉世家》,北京:中华书局 1974 年版,第 863 页。

南唐李煜"丰额、骈齿,一目重瞳子"①;后梁康王朱友孜"目重瞳子,尝窃自负,以为当为天子",以至于做行刺末帝朱友贞之事②。

再回到项羽的"重瞳"记载看,司马迁对《史记》的撰写正处于西汉王朝接受"受命"理论而"天人感应"学说开始兴盛之时。这应该是他采纳项羽"重瞳"传闻,并将其写入《史记》的一个根本原因。

众所周知,在《史记》中,司马迁并没有戴着成王败寇的有色眼镜将项羽写作汉朝的逆贼,反而始终抱有一种赞赏与同情他的态度。因此,在当时那种将"重瞳"等"异相"神圣化的思潮下,对项羽的"重瞳"记载实际就是要表达作者的怀疑和感慨——同样是拥有"重瞳",舜帝成为传说中的圣人,项羽却身死功败,这不能不令人怀疑"天命"的存在,也不能不令人感慨英雄的悲剧。而刘胜项败究竟是因为"天命",还是取决于"人事",一句"何兴之暴也"便已说明。

附图　仓颉四目(南京博物院、山东省文物管理处合编:《沂南古画像石墓发掘报告》,北京:文化部文物管理局1956年版,第121页图版52)

①《新五代史》卷六二《南唐世家》,北京:中华书局1974年版,第777页。
②《新五代史》卷一三《梁家人传·朱友孜》,北京:中华书局1974年版,第138页。

附论五

古今之辨与"焚书坑儒"的悲剧

关于秦始皇的"焚书坑儒",人们以往多严厉谴责。这主要是出于对秦王朝二世而亡的反思,也是出于"焚书坑儒"对我国古代文化的洗劫和对儒生的摧残。其心情可以理解,但没有触及问题的实质:此乃师古还是法今并固持旧的观念所导致的悲剧。

从有关记载看,所谓"焚书坑儒",其起因乃是秦始皇三十四年(前213 年)在咸阳宫酒宴上关于分封问题的一次激烈争论。这次争论首先由博士仆射周青臣挑起。当时他借祝酒对秦始皇和郡县制大加赞颂——"他时秦地不过千里,赖陛下神灵明圣,平定海内,放逐蛮夷,日月所照,莫不宾服。以诸侯为郡县,人人自安乐,无战争之患,传之万世。自上古不及陛下威德"。这遭到博士齐人淳于越的反驳。后者当即提出:

> 臣闻殷周之王三千余岁,封子弟功臣,自为枝辅。今陛下有海
> 内,而子弟为匹夫,卒有田常、六卿之臣,无辅拂,何以相救哉?[1]

并告诫和批评说:"事不师古而能长久者,非所闻也。今青臣又面谀以重陛下之过,非忠臣。"由于其师古还是法今的观点严重分歧,秦始皇便将这一问题交群臣讨论,于是引出了反对分封制的丞相李斯的焚书建议。他先是提出三代之治各异,本不足为法,然后即指责诸生以古非今,惑乱黔首——"人闻令下,则各以其学议之,入则心非,出则巷议,夸主以为名,异取以为高,率群下以造谤"。因之他建议焚书:

> 臣请史官非秦记皆烧之。非博士官所职,天下敢有藏《诗》
> 《书》、百家语者,悉诣守、尉杂烧之。有敢偶语《诗》《书》者弃市。以

---

[1] 《史记》卷六《秦始皇本纪》,北京:中华书局 1959 年版,第 254 页。

> 古非今者族。吏见知不举者与同罪。令下三十日不烧,黥为城旦。
> 所不去者,医药卜筮种树之书。若欲有学法令,以吏为师。①

这正合力主郡县制的秦始皇心意,被完全采纳,并制定了严苛的"挟书律"。以后到第二年,由于侯生与卢生的潜逃事件,则又以"妖言以乱黔首"为名,在咸阳坑杀了460余名方士和儒生。"于是使御史悉案问诸生,诸生传相告引,乃自除犯禁者四百六十余人,皆阬之咸阳,使天下知之,以惩后。"②这样也就酿成了"焚书坑儒"的悲剧。③

从最初只是一场政见不同的宫廷辩论,最后竟演变成一场举国震动的文化钳制运动,这当然不是秦始皇的残暴性格就能简单说明的。实际上,它乃是两种政治体制选择的长期争执的结果。秦统一全国之前,荀子曾强调"一天下",明确主张:"士大夫分职而听,建国诸侯之君分土而守,三公揔方而议,则天子共己而止矣。"④《吕氏春秋》也曾经强调"众封建"的看法:"众封建,非以私贤也,所以便势全威,所以博义。义博利则无敌。无敌则安。故观于上世,其封建众者,其福长,其名彰。神农十七世有天下,与天下同之也。"⑤及至统一六国,丞相王绾等人又提出同样主张——"诸侯初破,燕、齐、荆地远,不为置王,毋以填之。请立诸子,唯上幸许",并得到群臣的支持,"皆以为便"。⑥ 由此可见,前述淳于越的观点实际上是自战国末年以来许多人的共同主张。这种看法不能说没有道理,但秦

---

① 《史记》卷六《秦始皇本纪》,北京:中华书局1959年版,第255页。按:《史记》卷八七《李斯列传》的记载与此大体相同,所不同者,《秦始皇本纪》有禁毁"非秦记"史书的内容,而《李斯列传》则强调禁毁"文学"书的内容(北京:中华书局1959年版,第2546页),其侧重点略有不同。

② 《史记》卷六《秦始皇本纪》,北京:中华书局1959年版,第258页。

③ 对"坑儒"的真伪和人数问题,学界尚有不同看法。详见李开元:《焚书坑儒的真伪虚实——半桩伪造的历史》,载《史学集刊》2010年第6期;王子今:《"焚书坑儒"再议》,《光明日报》,2013年8月14日《史学》,第11版。

④ (清)王先谦撰,沈啸寰、王星贤点校:《荀子集解》卷七《王霸》,北京:中华书局1988年版,第216、221页。

⑤ 陈奇猷校释:《吕氏春秋校释》卷一七《慎势》,上海:学林出版社1984年版,第1108页。

⑥ 《史记》卷六《秦始皇本纪》,北京:中华书局1959年版,第238—239页。

始皇、李斯等人却不以为然。他们认为争战不休的原因即在于分封,今天下已定,再重新"立国",那就无异于继续"树兵"。因此,对王绾等人的建议曾予以否定。现在淳于越又重提分封之事,这就使得秦始皇等人更加认识到统一思想的必要。为了维护郡县制和"皇帝"的权威,他们便站在法今的立场上愚蠢地采取高压政策。可见"焚书坑儒"也并非偶然。

其实,从更深层次的历史背景看,"焚书坑儒"在当时也完全不可避免。因为随着秦汉大一统王朝的建立,统一思想已经是势在必行。所谓"《春秋》大一统者,天地之常经,古今之通谊也。今师异道,人异论,百家殊方,指意不同,是以上亡以持一统;法制数变,下不知所守"①。就是这种情形的一个概括总结。正如冯友兰先生所言:

> 及汉之初叶,政治上既开以前所未有之大一统之局,而社会及经济各方面之变动,开始自春秋时代者,至此亦渐成立新秩序;故此后思想之渐归统一,乃自然之趋势。秦皇、李斯行统一思想之政策于前,汉武、董仲舒行统一思想之政策于后,盖皆代表一种自然之趋势,非只推行一二人之理想也。②

问题仅在于选择哪种主张来统一思想。显而易见,秦始皇选择了法家。翻翻《韩非子》,我们便不难看出,所谓"焚书坑儒"实际是先秦法家的一贯主张。以"焚书"而言,商鞅变法时,就曾经"燔《诗》《书》而明法令"③。至于其"坑儒"之事,韩非直指"儒以文乱法",并斥之为"五蠹"之一④,也为此提供了依据。而秦始皇之所以选择法家主张来统一思想,则原因有三:

第一,和其他学派相比,法家思想在秦王朝中有着特别深厚的土壤。这不仅是指战国时的"百家争鸣"在理论上已确立了法家的主导地位,更

---

① 《汉书》卷五六《董仲舒传》,北京:中华书局1962年版,第2523页。
② 冯友兰:《中国哲学史》,北京:中华书局1961年版,第486页。
③ (清)王先慎撰,钟哲点校:《韩非子集解》卷四《和氏》,北京:中华书局1998年版,第97页。
④ (清)王先慎撰,钟哲点校:《韩非子集解》卷一九《五蠹》,北京:中华书局1998年版,第449页。

重要的是秦自商鞅变法便长期奉行法家学说,并以它的富国强兵证明了法家思想的合理。秦以这种理论为指导,实现了由弱而强的转变。这就使得统治者产生了法家万能的错觉。如南郡守腾《语书》便一再声称:"凡法律令者,以教道(导)民,去其淫避(僻),除其恶俗,而使之之于为善殹(也)。""凡良吏明法律令,事无不能殹(也)。"①司马迁更总结说,秦始皇统一天下后,"事皆决于法"②。章炳麟撰《秦政记》亦对此不无感慨:

> 独秦制本商鞅,其君亦世守法。韩非道"昭王有病,百姓里买牛而家为王祷"。王曰:"非令而擅祷,是爱寡人也。夫爱寡人,寡人亦且改法而心与之相循者,是法不立;法不立,乱亡之道也。不如人罚二甲,而与为治。"秦大饥,应侯请发五苑以活民。昭襄王曰:"秦法,使民有功而受赏。今发五苑之蔬草者,使民有功与无功俱赏也。夫发五苑而乱,不如弃枣蔬而治。"要其用意,使君民不相爱,块然循于法律之中。秦皇固世受其术,其守法则非草茅、搢绅所能拟已。③

这种做法当然也存在迷信法令的弊端,前引秦简《语书》称:"今法律令已具矣,而吏民莫用。"④便无意中透露出问题。王夫之则一针见血指出:"孰谓秦之法密,能胜天下也?项梁有栎阳逮,蕲狱掾曹咎书抵司马欣而事得免。其他请托公行、货贿相属,而不见于史者,不知凡几也。"⑤

第二,和法家相比,其他学派当时也确实没有提出多少令人信服的理论。即以儒家为例,其理论固然对维护统治非常有利,如汉初叔孙通指出:"夫儒者难与进取,可与守成。"⑥但应当承认,儒学的这种合理性在当

---

① 睡虎地秦墓竹简整理小组编:《睡虎地秦墓竹简·语书》,北京:文物出版社1978年版,第15、19页。

② 《史记》卷六《秦始皇本纪》,北京:中华书局1959年版,第238页。

③ 北京师范大学中文系章太炎著作译注小组:《章太炎〈秦政记〉〈秦献记〉评注》,北京:人民出版社1974年版,第7—8页。

④ 睡虎地秦墓竹简整理小组编:《睡虎地秦墓竹简·语书》,北京:文物出版社1978年版,第15页。

⑤ (清)王夫之:《读通鉴论》卷一《二世六》,北京:中华书局1975年版,第7页。

⑥ 《史记》卷九九《叔孙通列传》,北京:中华书局1959年版,第2722页。

时尚未表现出来。诚如马非百先生所说:"惜诸博士品类不齐,又皆迂腐寡识,不谙时务。"①其实,秦始皇当时已经朦胧地意识到:在指导思想上,"进取"和"守成"可能并不相同。他设置博士七十人,并杂采百家之学,便表明了这种心境。而且,他也确曾试图以儒家思想来整合民风。如清人顾炎武指出:

> 秦始皇刻石凡六,皆铺张其灭六国、并天下之事。其言黔首风俗,在泰山则云男女礼顺,慎遵职事,昭隔内外,靡不清净;在碣石门则云男乐其畴,女修其业,如此而已。惟会稽一刻,其辞曰:饰省宣义,有子而嫁,倍死不贞。防隔内外,禁止淫佚,男女洁诚。夫为寄豭,杀之无罪,男秉义程。妻为逃嫁,子不得母,咸化廉清。……然则秦之任刑虽过,而其坊民正俗之意,固未始异于三王也。②

在近年公布的《为吏治官及黔首》中,亦可发现对秦代吏民的一些要求都明显带有儒家思想的色彩,并与时间略早的睡虎地秦简《为吏之道》有许多相似之处。如"黔首不田作不孝"(1539 正);为吏应"忠信敬上"(残 4-1-1+0928 背),"龔(恭)敬多让"(1575 正);且"让大受小"(1553 正),"兹(慈)下勿淩(陵)"(1562 正);"欲人敬之必先敬人"(1534 正),"欲人爱之必先爱人"(1496 正);"为人君则惠,为人臣则忠,为人父则兹(慈),为人子则孝"(1541 正)③;等等。法令对恪守孝悌的黔首也的确予以表彰,如规定"黔首或事父母孝,事兄姊忠敬,亲弟(悌)兹(慈)爱,居邑里长老衞(率)黔首为善,有如此者,牒书"(199)④所以秦始皇自己也声

---

① 马非百:《秦集史·博士表·序》,北京:中华书局 1982 年版,第 894 页。
② (清)顾炎武著,(清)黄汝成集释,栾保群、吕宗力校点:《日知录集释》卷一三《秦纪会稽山刻石》,上海:上海古籍出版社 2006 年版,第 751—752 页。
③ 朱汉民、陈松长主编:《岳麓书院藏秦简(壹)》,上海:上海辞书出版社 2010 年版,第 114、121、123、133—134、137—138、147 页。按:忠孝观念乃儒法等学派的共同主张,但强调"忠信""恭敬多让""敬人""爱人""君惠""父慈"等,却显然是儒家的种种做派。参看晋文:《论"以经治国"对我国汉代社会生活的整合功能》,载《社会学研究》1992 年第 6 期。
④ 陈松长主编:《岳麓书院藏秦简(伍)》,上海:上海辞书出版社 2017 年版,第 134 页。

称:"吾……悉召文学方术士甚众,欲以兴太平。"①而效果却令他失望,这不能不使他认为,那些百家之学都是空谈、无用之术。

第三,和官学相比,私学的"以古非今"既不利于统一思想,也妨碍其舆论控制。根据睡虎地秦简《内史杂》规定:"非史子殹(也),毋敢学学室,犯令者有罪。"②可知在商鞅变法后秦的郡县都设有官学。这些官学的教学内容主要有两个方面:一是要"学书",相当于蒙学,即学写字、书姓名、识名物;二是要明习法令,如《商君书·定分》:"主法令之吏有迁徙物故,辄使学读法令所谓,为之程式,使日数而知法令之所谓。不中程,为法令以罪之。"③里耶秦简也进一步证实,"学室"的教学包括"律令、事务处理"和"学书"等要求。④ 其中明习法令是最重要的内容,亦即"以法为教"⑤。而私学则明显不同,多把"以古非今"作为自己的教学宗旨。如李斯便严厉指责说:"今陛下并有天下,别白黑而定一尊;而私学乃相与非法教之制,闻令下,即各以其私学议之,入则心非,出则巷议,非主以为名,异趣以为高,率群下以造谤。"⑥这对于统一思想和控制舆论都将大为掣肘。诚如清人朱彝尊所言:

> 当周之衰,圣王不作,处士横议,孟氏以为邪说诬民,近于禽兽。更数十年历秦,必有甚于孟氏所见者。又从人之徒,素以摈秦为快。不曰"嫚秦",则曰"暴秦";不曰"虎狼秦",则曰"无道秦"。所以诟詈之者靡不至。六国既灭,秦方以为伤心之怨,隐忍未发,而诸儒复以事不师古,交讪其非。祸机一动,李斯上言,百家之说燔,而诗书亦

---

① 《史记》卷六《秦始皇本纪》,北京:中华书局1959年版,第258页。
② 睡虎地秦墓竹简整理小组编:《睡虎地秦墓竹简·秦律十八种》,北京:文物出版社1978年版,第106—107页。
③ 山东大学《商子译注》编写组:《商子译注·定分》,济南:齐鲁书社1982年版,第167页。
④ 张春龙:《里耶秦简中迁陵县学官和相关记录》,载清华大学出土文献研究与保护中心编:《出土文献》第1辑,上海:中西书局2010年版,第233—234页。
⑤ (清)王先慎撰,钟哲点校:《韩非子集解》卷一九《五蠹》,北京:中华书局1998年版,第452页。
⑥ 《史记》卷八七《李斯列传》,北京:中华书局1959年版,第2546页。

与之俱烬矣![1]

所以选择法家来统一思想,而不是儒家或其他学派,就更在情理之中了。

从秦政权的长治久安看,秦始皇最终选择法家并没有达到目的,由此所导致的"焚书坑儒"更是残暴和愚蠢。但我们却不能过于苛求古人。秦始皇在没有任何经验可以借鉴,特别是以法家理论指导从胜利走向胜利的情况下,是根本不可能选择儒家或其他学派的。诚然,汉初陆贾曾言:"秦以刑罚为巢,故有覆巢破卵之患。"[2]贾谊也曾指出:"仁义不施,而攻守之势异也。"[3]但在当时的历史条件下,秦始皇还根本不可能认识到这一点。故尽管我们对"焚书坑儒"可以这样或那样指责,但它对于以后如何来确立统治思想,实际却留下了极其重要的历史经验和教训。从某种意义上说,没有秦始皇的"焚书坑儒",也就没有汉初的黄老盛行,以及汉武帝的"罢黜百家,表章六经"[4]。

由于秦始皇和那些儒生都固持旧的观念,因而从中又派生出更为严重的逆反现象。从秦始皇来看,其目的是镇压儒生,用法家学说来统一思想,以巩固统治,但结果却是秦王朝二世即亡,法家思想亦随之一蹶不振。且富有戏剧性的是,秦始皇虽笃信法家,实则却"其道不易,其政不改"[5],最终又背离了"世异则事异""事异则备变"[6]的法家思想。更让他意想不到的是,儒生到汉代竟受到礼遇,儒学最后还成了汉王朝(也是以后历代王朝)的指导思想。所谓"《五经》圣人所制,万事靡不毕载"[7]。实际上,那些儒生也根本不是秦王朝的敌对者。他们虽然在某些问题上持不同政

---

① (清)朱彝尊:《秦始皇论》,载《曝书亭集》卷五九《论》,上海:世界书局1937年版,第694页。

② 王利器撰:《新语校注》卷上《辅政》,北京:中华书局1986年版,第51页。

③ (西汉)贾谊撰,阎振益、钟夏校注:《新书校注》卷一《过秦上》,北京:中华书局2000年版,第3页。另见《史记》卷六《秦始皇本纪》,北京:中华书局1959年版,第282页。

④ 《汉书》卷六《武帝纪·赞》,北京:中华书局1959年版,第212页。

⑤ (西汉)贾谊撰,阎振益、钟夏校注:《新书校注》卷一《过秦下》,北京:中华书局2000年版,第14页。

⑥ (清)王先慎撰,钟哲点校:《韩非子集解》卷一九《五蠹》,北京:中华书局1998年版,第445页。

⑦ 《汉书》卷八〇《宣元六王传·东平思王宇》,北京:中华书局1962年版,第3325页。

见,但还是愿意并主动为它尽忠竭智的。他们之所以反复要求分封,其目的也就是为秦王朝的千秋万代计。因之贾谊曾不无惋惜地说:"秦灭周祀,并海内……天下之士斐然乡风。"①而秦始皇却把这些儒生人为地置于自己的对立面上,结果是为渊驱鱼、为丛驱雀,严重削弱了秦王朝的统治基础。真正的亡秦者,又非儒生者流。如唐人章碣赋诗云:

> 竹帛烟销帝业虚,关河空锁祖龙居。
> 坑灰未冷山东乱,刘项元来不读书。②

尽管如此,这也并不意味着那些儒生就比秦始皇高明。从关于分封的辩论中,我们可以清楚看出:他们舍命抗争所企求的,也就是要把郡县制改为分封制。但他们没有想到,事实不幸也正被李斯所言中:"今陛下创大业,建万世之功,固非愚儒所知。"③秦的郡县制不仅没有改变,而且还一直被历代王朝所继承。如王夫之指出:"郡县之制,垂二千年,而弗能改矣。合古今上下皆安之,势之所趋,岂非理而能然哉!"④后世儒生则从中汲取了教训,并认识到若不能对旧的观念进行改革,为统治者制造理论根据,在政治上便没有立足之地。所以到了汉初,有许多儒生都大谈与时俱进。例如,叔孙通受命制汉仪,征召鲁儒生,有二生以"所为不合古"拒行,通即斥之曰:"若真鄙儒也,不知时变!"⑤特别耐人寻味的是,西汉"惩诫亡秦孤立之败"⑥,实行郡、国并行制度,又正是对秦始皇严厉批评的贾谊最早提出了"众建诸侯而少其力"⑦的主张。尽管还是以古论今,但他们已不再对那些新制度极力非难或怀疑,而是尽可能地去维护这些制度,

---

① (西汉)贾谊撰,阎振益、钟夏校注:《新书校注》卷一《过秦下》,北京:中华书局2000年版,第13页。

② (唐)章碣:《焚书坑》,《全唐诗》卷六六九,北京:中华书局1980年版,第7654页。

③ 《史记》卷六《秦始皇本纪》,北京:中华书局1959年版,第254页。

④ (清)王夫之:《读通鉴论》卷一《秦始皇一》,北京:中华书局1975年版,第1页。

⑤ 《史记》卷九九《叔孙通列传》,北京:中华书局1959年版,第2722—2723页。

⑥ 《汉书》卷一四《诸侯王表·序》,北京:中华书局1962年版,第393页。

⑦ 《汉书》卷四八《贾谊传》,北京:中华书局1962年版,第2237页。

于是便完成了由以古非今到以古喻今甚至以古颂今的转变。①

然而,对秦始皇和那些秦儒来说,这种转变却显然是他们始料不及的。这不仅充分体现了历史发展的客观必然性,同时也突出反映了人们关于历史发展的盲目性。恩格斯曾精辟指出:

> 从马克思的观点看,整个历史进程——指重大事件——到现在为止都是不知不觉地完成的,也就是说,这些事件及其所引起的后果都是不以人的意志为转移的。历史事件的参与者要么直接希求的不是已成之事,要么这已成之事又引起完全不同的未预见到的后果。②

"焚书坑儒"的结果就是如此。这既是秦始皇的莫大悲剧,也更是那些儒生的悲剧!

---

① 晋文:《汉代的古今观及其理论的构建》,载《南京大学学报(哲学·人文科学·社会科学)》2001年第6期。

② 恩格斯:《致威纳尔·桑巴特(1895年3月11日)》,中共中央马克思恩格斯列宁斯大林著作编译局译:《马克思恩格斯全集》第39卷上册,北京:人民出版社1974年版,第405页。

第三章　以经治国与汉代政治制度的巩固

汉承秦制,在政治制度上主要是继承了秦代,同时也根据自身需要进一步予以创新和发展。《汉书》卷一九上《百官公卿表上》云:"秦兼天下,建皇帝之号,立百官之职。汉因循而不革,明简易,随时宜也。其后颇有所改。"①因为政治制度的建设将关系到汉代的根本制度和基本制度——国体和政体,而汉代自武帝开始又始终推行以经治国的政策,所以汉代政治制度的发展便不能不受到经学的影响和制约。

一、皇帝制度的进一步完善

汉代的皇帝制度主要包括皇帝的名号、职权、继承、亲属、宦官、服御和宫省等内容。自从汉武帝"独尊儒术",在经学的论证和指导下,这些制度都有了比较明显的变化和发展。

（一）皇帝的名号、职权和继承制度

关于这一方面,汉武帝"独尊儒术"后的一个突出表现,就是"君权神授"和"君为臣纲"等理论在制度上完全得到了确认。如董仲舒说:"受命

---

① 《汉书》卷一九上《百官公卿表上》,北京:中华书局1962年版,第722页。

之君,天意之所予也。"①"王道之三纲,可求于天。"②又《白虎通·爵》说:

> 天子者,爵称也。爵所以称天子者何?王者父天母地,为天之子也。故《援神契》曰:"天覆地载,谓之天子。"③

这些内容在汉代皇帝制度的发展中都得到了充分体现。以名号制度说,为了突出皇帝的至尊和"独断"地位,汉代皇帝制度明确规定:

> 汉天子正号曰皇帝,自称曰朕,臣民称之曰陛下。其言曰制诏,史官记事曰上。车马衣服器械百物曰乘舆。所在曰行在所,所居曰禁中,后曰省中。印曰玺。所至曰幸,所进曰御。其命令一曰策书,二曰制书,三曰诏书,四曰戒书。
>
> 王者,至尊四号之别名。
>
> 王,畿内之所称,王有天下,故称王。
>
> 天王,诸夏之所称,天下之所归往,故称天王。
>
> 天子,夷狄之所称,父天母地,故称天子。
>
> 天家,百官小吏之所称,天子无外,以天下为家,故称天家。
>
> 皇帝,至尊之称。皇者,煌也,盛德煌煌,无所不照;帝者,谛也,能行天道,事天审谛。故曰皇帝。④

随着皇帝至尊地位的确立,为了更加表现出皇帝的尊贵,凡是皇帝的亲属关系也都有了特定的名号。如皇帝的父母称为"太上皇""皇太后",祖母称"太皇太后",妻称"皇后",妾称"昭仪""婕妤""夫人""美人""良人""妃嫔"等,子称"皇太子""皇子",女称"公主",孙称"皇孙",姑称"大长公主",姐妹称"长公主"等,形成了一整套专用名号,并为后世所继承。特别值得一提的是,这些名号的确立往往也都被赋予经学的解释。以太

---

① 苏舆撰,钟哲点校:《春秋繁露义证》卷一〇《深察名号》,北京:中华书局1992年版,第286页。

② 苏舆撰,钟哲点校:《春秋繁露义证》卷一二《基义》,北京:中华书局1992年版,第351页。

③ (清)陈立撰,吴则虞点校:《白虎通疏证》附录六《白虎通义定本·爵 》,北京:中华书局1994年版,第747页。

④ 以上皆见(东汉)蔡邕撰:《独断》卷上,上海:上海古籍出版社1990年版,第2页。

后、皇后为例,唐人颜师古便解释说:"后亦君也。天曰皇天,地曰后土,故天子之妃,以后为称,取象二仪。"①

皇帝的名号制度还包括死后的谥号、庙号和陵寝号等,其目的也还是要突出皇帝至高无上的神圣地位和尊贵。例如庙号,汉代根据礼制皆以"祖""宗"为庙号②,而在能否建立庙号的问题上,则以其"祖有功而宗有德"③为标准,实际也都是依据经学而定。《汉书》卷七五《夏侯胜传》记载,宣帝诏议武帝庙号,便特别强调他的"功德茂盛":

> 孝武皇帝躬仁义,厉威武,北征匈奴,单于远遁,南平氏羌、昆明、瓯骆两越,东定薉、貉、朝鲜,廓地斥境,立郡县,百蛮率服,款塞自至,珍贡陈于宗庙;协音律,造乐歌,荐上帝,封太山,立明堂,改正朔,易服色;明开圣绪,尊贤显功,兴灭继绝,褒周之后;备天地之礼,广道术之路。上天报况,符瑞并应,宝鼎出,白麟获,海效钜鱼,神人并见,山称万岁。④

再如所谓陵寝号,一般也都是采用经学的观点参照其生前事迹来命名,如武帝茂陵、宣帝杜陵、光武帝原陵等。

汉代皇帝的职权可以说至高无上。史载秦始皇创立皇帝制度,便开始包揽生杀予夺一切大权,"天下之事无小大皆决于上"⑤。及至汉代,特别是西汉中期以后,随着"君权神授"和"家国同构"理论的宣扬,所谓"上为皇天子,下为黎庶父母,为天牧养元元"⑥,皇帝的职权范围便更是到了无以复加的地步。然而,再专制的君主"在任何时候都不得不服从经济条

---

① 《汉书》卷九七上《外戚传上·序》,北京:中华书局1962年版,第3935页。
② 关于两汉皇帝的庙号问题,详请参看(东汉)蔡邕撰:《独断》卷下,上海:上海古籍出版社1990年版。
③ 《史记》卷一〇《孝文本纪》,北京:中华书局1959年版,第436页。
④ 《汉书》卷七五《夏侯胜传》,北京:中华书局1962年版,第3156页。
⑤ 《史记》卷六《秦始皇本纪》,北京:中华书局1959年版,第258页。
⑥ 《汉书》卷七二《鲍宣传》,北京:中华书局1962年版,第3089页。

件,并且从来不能向经济条件发号施令"①。这虽然说的是经济规律,但它也同样适用于政治规律。因此,在某些既定的政治条件面前,汉代皇帝还不可能完全"独断"而不受限制地滥用权力。尤其汉朝继秦而起,统治者目睹了秦始皇父子独断专行、肆意恣为的种种恶果,这就更使他们认识到对于皇权进行某些限制的必要性和重要性。从当时的情况看,主要就是运用经学中的"灾异"理论,以所谓"天"的权威来限制皇权的随意行使,或制约皇权的滥用。即以穿着来说,皇帝的穿衣本有着专门规定,可选择的范围已经不大,但自从元帝开始,为了能够"法天地,顺四时",却仍然要讲究春夏秋冬之服,并有着专人负责。②另一方面,由于有着秦王朝二世而亡的惨痛教训,为了能够长治久安,汉代皇帝往往也能比较自觉地接受这种制约,已基本形成制度。例如地节三年(前67年)九月壬申,因发生地震,宣帝便下诏检讨说:

> 乃者九月壬申地震,朕甚惧焉。有能箴朕过失,及贤良方正直言极谏之士以匡朕之不逮,毋讳有司。朕既不德,不能附远,是以边境屯戍未息。今复饬兵重屯,久劳百姓,非所以绥天下也。其罢车骑将军、右将军屯兵。③

这方面的事例还有很多,详可参看本书第七章,此不赘述。

至于继承制度,由于关系着汉家政权能否保持连续性、能否保持稳定的重大问题,因而它更是受到经学很深的影响。大致可归纳为两个方面:

其一,被经学所推崇的"嫡长子继承制"在汉代已成为选立太子的法定标准。所谓"嫡长子继承制",简言之,就是由嫡妻长子拥有继承权的制度。这种继承制度最早形成于殷商后期,在西周时期曾得到比较普遍的运用。它的基本内容可以用"子以母贵"来概括,乃是《春秋公羊传》所

① 中共中央马克思恩格斯列宁斯大林著作编译局译:《马克思恩格斯全集》第4卷,北京:人民出版社1972年版,第121页。
② 《汉书》卷七四《魏相传》,北京:中华书局1962年版,第3140页。
③ 《汉书》卷八《宣帝纪》,北京:中华书局1962年版,第249页。

特别阐发的"《春秋》大义"。《春秋》隐公元年载:"元年春,王正月。"《公羊传》解:

> (隐)公何以不言即位? 公将平国而反之桓? 曷为反之桓? 桓幼而贵,隐长而卑。……隐长又贤,何以不宜立? 立嫡以长不以贤,立子以贵不以长。桓何以贵? 母贵也。母贵则子何以贵? 子以母贵,母以子贵。①

而目的则在于防止家族内部对于继承权的争夺,以避免内讧。尽管在现实生活中这种继承制的作用其实相当有限,但由于它毕竟利大于弊,加之经学的极力宣扬,因而汉代还是把它作为确定太子的法定标准。当然,在汉代也出现过一些"舍嫡立庶"或"废长立幼"的现象,但总的来看,除了个别特殊情况,汉代皇帝的立嗣都采用了嫡长子继承制。仅就西汉时期而言,自从武帝开始,在选立太子方面便少有例外者,如武帝之立戾太子,宣帝之立元帝,元帝之立成帝,成帝之立哀帝等。东汉时期也是如此。所以《白虎通》卷一《爵》曰:"汉制,天子称皇帝,其嫡嗣称皇太子。"②

其二,自从汉武帝"独尊儒术",经学已成为嗣立太子的知识和才能标准。为了切实贯彻以经治国的基本国策,在武帝时期便规定太子必须通经,并专门指定了通经的科目。《汉书》卷八八《儒林传》云:"上(武帝)因尊《公羊》家,诏太子受《公羊春秋》。"③以后即成为定制。如昭帝"通《保傅传》《孝经》《论语》《尚书》"④;宣帝"年十八,师受《诗》《论语》《孝经》"⑤;元帝"年十二,通《论语》《孝经》"⑥;明帝"始立为皇太子,

---

① (东汉)何休解诂,(唐)徐彦疏:《春秋公羊传注疏》卷一《隐公元年》,(清)阮元校刻:《十三经注疏》(附校勘记),北京:中华书局 1980 年版,第 2196—2197 页。
② (东汉)班固撰:《白虎通德论》卷一《爵》,上海:上海古籍出版社 1990 年版,第 8 页。
③《汉书》卷八八《儒林传》,北京:中华书局 1962 年版,第 3617 页。
④《汉书》卷七《昭帝纪》,北京:中华书局 1962 年版,第 223 页。
⑤《汉书》卷八《宣帝纪》,北京:中华书局 1962 年版,第 238 页。
⑥《汉书》卷七一《疏广传》,北京:中华书局 1962 年版,第 3039 页。

选求明经",何汤、桓荣"以《尚书》授太子"①;顺帝"始入小学,诵《孝经》章句"②等。特别值得一提的是,成帝无子,在弟、侄中选立太子,他的主要标准亦就是考核其是否通经。《汉书》卷一一《哀帝纪》载:

> 元延四年入朝,(定陶王)尽从傅、相、中尉。时成帝少弟中山孝王亦来朝,独从傅。上怪之,以问定陶王,对曰:"令,诸侯王朝,得从其国二千石。傅、相、中尉皆国二千石,故尽从之。"上令诵《诗》,通习,能说。他日问中山王:"独从傅在何法令?"不能对。令诵《尚书》,又废。……成帝由此以为不能,而贤定陶王,数称其材。③

可见,在汉武帝"独尊儒术"后,对于太子都要求必须通经,已成为一项基本的政治制度。

(二)外戚制度、宦官制度与其他制度

所谓"外戚",亦称"外族",是指外家的亲属,这里则特指皇帝的母族、妻族和一些嫔妃的家族。由于同皇帝有着特殊的裙带关系,加之缺乏制约机制,汉代外戚的势力发展很快。从有关记载看,在两汉时期,几乎历朝皇帝都有着众多显贵的外戚。昭帝以后,还出现过多次外戚专权的局面,如昭宣时期的霍氏、成帝时期的王氏、和帝时期的窦氏、安帝时期的邓氏、顺帝以后的梁氏等。因此,作为这种社会现象的一个必然反映,在汉武帝"独尊儒术"后,汉代的外戚制度也不能不受到经学的影响。例如班固便引经据典说:

> 自古受命帝王及继体守文之君,非独内德茂也,盖亦有外戚之助焉。夏之兴也以涂山,而桀之放也用末喜;殷之兴也以有娀及有莘,而纣之灭也嬖妲己;周之兴也以姜嫄及太任、太姒,而幽王之禽也淫褒姒。故《易》基《乾》《坤》,《诗》首《关雎》,《书》美釐降,《春秋》讥

---

① 《后汉书》卷三七《桓荣传》,北京:中华书局 1965 年版,第 1249 页。

② (东汉)刘珍等撰,吴树平校注:《东观汉记校注》卷三《敬宗孝顺皇帝》,北京:中华书局 2008 年版,第 111 页。

③ 《汉书》卷一一《哀帝纪》,北京:中华书局 1962 年版,第 333 页。

不亲迎。夫妇之际,人道之大伦也。①

仅就其专权的合法性而言,这虽然是皇权进一步强化的表现,但理论上也还是要打着经学的旗号。所谓"后父据《春秋》褒纪之义,帝舅缘《大雅》申伯之意,浸广博矣"②。和帝时,太尉张酺奏言宜追尊帝之生母及其兄弟,就是一例。其文云:"《春秋》之义,母以子贵。汉兴以来,母氏莫不隆显,臣愚以为宜上尊号,追慰圣灵,存录诸舅,以明亲亲。"③

汉代的宦官制度也不例外。所谓"宦官",后世亦称"太监",原指在皇宫中侍奉皇帝及其家属的男人。《后汉书》卷七八《宦者列传》云:"汉兴,仍袭秦制,置中常侍官。然亦引用士人,以参其选。"④但自从东汉开始,"宦官悉用阉人,不复杂调它士",故以后宦官即成为在皇宫或王宫中服务的被阉割过的男人的专称。

汉代宦官制度的迅速发展是在武帝时期。为了加强皇权,当时武帝在皇宫中设置了一套决策机构,称为"中朝官"。由于武帝"数宴后庭,或潜游离馆,故请奏机事,多以宦人主之"⑤。这样一来,宦官的参政便开始形成为制度。至元帝时,重用宦官石显,以为"中人无外党,精专可信任,遂委以政"⑥,宦官势力又进一步膨胀。东汉建立后,宫中皆用宦官,"至永平中,始置员数,中常侍四人,小黄门十人",宦官制度更是急剧发展。"明帝以后,迄乎延平,委用渐大,而其员稍增,中常侍至有十人,小黄门二十人……兼领卿属之职。"最后竟发展到与外戚交替擅权的地步,甚至于"手握王爵,口含天宪"⑦。因此,就时代精神而言,要保障汉代宦官制度

---

① 《汉书》卷九七上《外戚传上·序》,北京:中华书局 1962 年版,第 3933 页。
② 《汉书》卷一八《外戚恩泽侯表》,北京:中华书局 1962 年版,第 678 页。注引应劭曰:"《春秋》,天子将纳后于纪,纪本子爵也,故先褒为侯,言王者不取于小国。""申伯,周宣王元舅也,为邑于谢。后世欲光宠外戚者,缘申伯之恩,援此义以为喻也。"
③ 《后汉书》卷三四《梁商传》,北京:中华书局 1965 年版,第 1172 页。
④ 《后汉书》卷七八《宦者列传·序》,北京:中华书局 1965 年版,第 2508 页。
⑤ 《后汉书》卷七八《宦者列传·序》,北京:中华书局 1965 年版,第 2508 页。
⑥ 《汉书》卷九三《佞幸传·石显》,北京:中华书局 1962 年版,第 3726 页。
⑦ 以上皆见于《后汉书》卷七八《宦者列传·序》,北京:中华书局 1965 年版,第 2509 页。

的发展,也必然会要求经学做出其理论上的论证。

事实也的确如此。一方面,为说明宦官制度的必要性,汉代经学从天文和历史上极力证明宦官制度的存在是符合天意的,且由来已久。如《后汉书》卷七八《宦者列传》说:

> 《易》曰:"天垂象,圣人则之。"宦者四星,在皇位之侧,故《周礼》置官,亦备其数。阍者守中门之禁,寺人掌女宫之戒。又云"王之正内者五人"。《月令》:"仲冬,命阍尹审门闾,谨房室。"《诗》之《小雅》,亦有《巷伯》刺谗之篇。然宦人之在王朝者,其来旧矣。①

这虽然是后世史家的评述,但也足以代表着汉代经学的观点。另一方面,随着经学对于"严男女之大防"的宣扬和倡导,特别是对皇帝妻妾所谓贞洁的绝对要求,要保证皇太后既能够临朝听政又不至于受到男女无别的指责,在客观上她们也需要借助于宦官制度。这不仅从另一个侧面表明了宦官制度存在的合理性,而且更加助长了宦官势力的发展。安帝时,邓太后临朝听制,就可以说是一个显例。所谓"邓后以女主临政,而万机殷远,朝臣国议,无由参断帷幄,称制下令,不出房闱之间,不得不委用刑人,寄之国命"②。乃至在人们的心目中这已成为固有观念。史载灵帝去世后,何太后临朝听制,大将军何进欲尽诛宦官,被何太后断然拒绝,其根据亦即男女有别而不能完全废灭宦官。她说:"中官统领禁省,自古及今,汉家故事,不可废也。且先帝新弃天下,我奈何楚楚与士人对共事乎?"③

当然,无论是外戚制度,还是宦官制度,它们虽然在理论上都有经学的依据,但并不意味着外戚和宦官就可以为所欲为的专权。相反,若按照经学解释,外戚和宦官还根本不能擅权。以外戚为例,董仲舒便明确提出:"天子不臣母后之党。"④再如宦官,人们一般也都把他们的职责限定

---

① 《后汉书》卷七八《宦者列传·序》,北京:中华书局 1965 年版,第 2507 页。
② 《后汉书》卷七八《宦者列传·序》,北京:中华书局 1965 年版,第 2509 页。
③ 《后汉书》卷六九《何进传》,北京:中华书局 1965 年版,第 2249 页。
④ 苏舆撰,钟哲点校:《春秋繁露义证》卷四《王道》,北京:中华书局 1992 年版,第 115 页。

在"掖廷永巷之职,闺牖房闼之任"①。所以,尽管外戚和宦官都曾竭力运用经学来维护自己的专权,但特别有意思的是,其朝野上下对他们专权的反对,却恰恰也就是引用经学,譬如"灾异"学说、古今理论等。史载成帝时王氏专权,"日蚀地震尤数,吏民多上书言灾异之应,讥切王氏专政所致"②,就是一个比较典型的事例。至于宦官,其事例也是比比皆是,不胜枚举。东汉后期的"清议",即是特别突出的表现,所谓"桓灵之间,主荒政缪,国命委于阉寺,士子羞与为伍,故匹夫抗愤,处士横议"③。从具体事例来看,李膺则可谓代表。《后汉书》卷六七《党锢列传》:

> (膺)拜司隶校尉。时张让弟朔为野王令,贪残无道,至乃杀孕妇,闻膺厉威严,惧罪逃还京师,因匿兄让弟舍,藏于合柱中。膺知其状,率将吏卒破柱取朔,付洛阳狱。受辞毕,即杀之。让诉冤于帝,诏膺入殿,御亲临轩,诘以不先请便加诛辟之意。膺对曰:"昔晋文公执卫成公归于京师,《春秋》是焉。《礼》云公族有罪,虽曰宥之,有司执宪不从。昔仲尼为鲁司寇,七日而诛少正卯。今臣到官已积一旬,私惧以稽留为愆,不意获速疾之罪。诚自知衅责,死不旋踵,特乞留五日,克殄元恶,退就鼎镬,始生之愿也。"帝无复言。④

(三)宫省制度与服御制度

为了体现出皇权的至高无上,皇帝办公和居住的地方也有着一套特殊制度。其名称一般通称为皇宫,或称"宫廷"和"宫省"。若分而言之,前者即称"前廷",又称"朝廷";后者则称为"后宫",亦称"禁中"或"省中"。蔡邕《独断》说:

> 禁中者,门户有禁,非侍御者不得入,故曰禁中。孝元皇后父大

---

① 《后汉书》卷七八《宦者列传·序》,北京:中华书局1965年版,第2509页。
② 《汉书》卷八一《张禹传》,北京:中华书局1962年版,第3351页。
③ 《后汉书》卷六七《党锢列传·序》,北京:中华书局1965年版,第2185页。
④ 《后汉书》卷六七《党锢列传·李膺》,北京:中华书局1965年版,第2194页。

司马阳平侯名禁，当时避之，故曰省中。[①]

在具体建筑上，则极尽其宏伟富丽之能事，以显示皇帝的威严和神圣。所谓“天子以四海为家，非令壮丽亡以重威”[②]。

《史记》卷九九《叔孙通列传》载叔孙通制《朝仪》，又“为太常，定宗庙仪法。及稍定汉诸仪法”[③]，《晋书》卷三〇《刑法志》称之“叔孙通益律所不及《傍章》十八篇”[④]。说明自从西汉建立，统治者便制定了包括宫殿省禁之礼在内的朝廷礼仪。但是这些制度还很不完善，所谓宫卫之禁亦比较宽松。《汉书》卷四一《樊哙传》云，“高帝尝病，恶见人，卧禁中，诏户者无得入群臣。……哙乃排闼直入，大臣随之”[⑤]，就是一例。因此，为了更好地保卫皇帝的安全并尊崇皇帝，至汉武帝时便由张汤制定了关于宫卫之禁的专门法——《越宫律》。从现存的条目看，《越宫律》对于宫省的内外界限和出入宫省都有着严格规定。公卿百官没有皇帝的特许不准进入省中，一般官吏非经特许不得进入宫中，如“无引籍不得入宫司马殿门”[⑥]，宫省还有着严格的护卫检查制度。更重要的是，这些规定的制定实际上都总结了历史经验，并得到了经学的指导。《太平御览》卷二四一引《汉名臣奏》云：“汉兴以来，深考古义，推万变之备。于是制宣室出入之义，正轻重之罚。故司马、殿省，阙至五六里，周卫击刁斗。竟门自近臣侍侧，尚不得著剑入。”[⑦]

关于服御制度，这也是汉代强化和神化皇权的一个重要方面。汉代服御的范围非常广泛，举凡衣食住行和各种礼仪活动无不涉及服御，其制度之严格，规定之繁细，诚可谓前所未有。特别是西汉中期以后，为了更

① （东汉）蔡邕撰：《独断》卷上，上海：上海古籍出版社1990年版，第3页。
② 《汉书》卷一下《高帝纪下》，北京：中华书局1962年版，第64页。
③ 《史记》卷九九《叔孙通列传》，北京：中华书局1959年版，第2725页。
④ 《晋书》卷三〇《刑法志》，北京：中华书局1974年版，第922页。
⑤ 《汉书》卷四一《樊哙传》，北京：中华书局1962年版，第2072页。
⑥ （清）沈家本：《汉律摭遗》卷一六《越宫律》，收入氏著《历代刑法考》，北京：中华书局1985年版，第1666页。
⑦ （北宋）李昉等撰：《太平御览》卷二四一《职官部》，北京：中华书局1960年版，第1142页。

加突出皇帝至高无上的地位,统治者又根据经学对服御制度的内容作了进一步的制定。例如冠冕制度,据蔡邕《独断》记载,其内容就主要是依据《尚书》《周礼》和《礼记》而定:

> 周礼,天子冕前后垂延朱绿藻有十二旒,公侯大夫各有差别。汉兴,至孝明帝永平二年,诏有司采《尚书·皋陶篇》及《周官》《礼记》定而制焉。皆广七寸,长尺二寸,前圆后方,朱绿里而玄上,前垂四寸,后垂三寸,系白玉珠于其端,是为十二旒。组缨如其绶之色。三公及诸侯之祠者,朱绿九旒,青玉珠。卿大夫七旒,黑玉珠。①

而且,为了防止公卿百官违反规定地使用皇帝的器物和礼仪,汉王朝还根据经学制定了诸如《尚方律》之类的法令,以惩处那些"僭越"者。如《宋书》卷六一《武三王传》转引《汉律》说:

> 车服以庸,《虞书》茂典,名器慎假,《春秋》明诫。是以尚方所制,汉有严律,诸侯窃服,虽亲必罪。②

再如婚丧制度和礼仪制度等,这方面的事例也有很多。详可参看《后汉书·礼仪志》,此处从略。

二、职官制度的调整与"缘饰"

自从汉武帝"独尊儒术",汉代职官制度的发展也受到经学的影响。虽然总的来看,经学的影响当时还往往局限在形式上的附会,亦即所谓"缘饰",但它毕竟从一个侧面表现出了汉代以经治国的实施,因而也具有一定的研究意义。

西汉中期以后,经学对职官制度的影响主要有两个方面:

其一,由于所谓"受命"论的宣扬,统治者在官制的设置和名称上强

---

① (东汉)蔡邕撰:《独断》卷上,上海:上海古籍出版社1990年版,第18页。
② 《宋书》卷六一《武三王传·江夏文献王义恭》,北京:中华书局1974年版,第1647—1648页。

调"应天"或"顺天"。这方面的直接论据,就是《尚书·说命》所说的"明王奉若天道,建邦设都"①。就其论述而言,则大致可以分为两类。一类是以四时作为立论的依据,例如董仲舒的"官制象天"论,他说:

> 王者制官,三公、九卿、二十七大夫、八十一元士,凡百二十人,而列臣备矣。吾闻圣王所取仪,金天之大经,三起而成,四转而终,官制亦然者,此其仪与? 三人而为一选,仪于三月而为一时也。四选而止,仪于四时而终也。②

而另一类则以星纪为依据,例如更始时李淑上书说:"夫三公上应台宿,九卿下括河海,故天工人其代之。"③再如《论衡·纪妖》曰:

> 天官百二十,与地之王者,无以异也。地之王者,官属备具,法象天官,禀取制度。④

> 《春秋》说云:"立三台以为三公,北斗七星是为九卿,二十七大夫内宿部卫之列,八十一纪以为元士,凡百二十官焉。"⑤

可见,在汉武帝"独尊儒术"后,关于"建官法天"的说法已经被人们所认同。尽管在具体论述上还存在不同的看法,但其"官制象天"或"顺天制官"的基本精神却完全相同。正如清人苏舆所说:"建官法天,今古文说同。"⑥

　　从具体实施看,汉代官制的设置和调整主要是采用了前述第二种观

---

① 孔安国注云:"天有日、月、北斗、五星、二十八宿,皆有尊卑相正之法。明王奉顺此道,以建国设都。"[(西汉)孔安国撰,(唐)孔颖达正义:《尚书正义》卷一〇《说命中》,(清)阮元校刻:《十三经注疏》(附校勘记),北京:中华书局1980年版,第175页]
② 苏舆撰,钟哲点校:《春秋繁露义证》卷七《官制象天》,北京:中华书局1992年版,第214页。
③ 《后汉书》卷一一《刘玄传》,北京:中华书局1965年版,第472页。
④ (东汉)王充著,张宗祥校注,郑绍昌标点:《论衡校注》卷二二《纪妖》,上海:上海古籍出版社2010年版,第441页。
⑤ (东汉)何休解诂,(唐)徐彦疏:《春秋公羊传注疏》卷五《桓公八年》引《春秋说》,(清)阮元校刻:《十三经注疏》(附校勘记),北京:中华书局1980年版,第2219页。
⑥ 苏舆撰,钟哲点校:《春秋繁露义证》卷二四《官制象天》,北京:中华书局1992年版,第213页。

点。其中最典型的事例,就是东汉具有法典性质的《白虎通》对这种"建官法天"论的总结——

> 王者受命为天地人之职,故分职以置三公,各主其一,以效其功。一公置三卿,故九卿也。天道莫不成于三:天有三光,日、月、星;地有三形,高、下、平;人有三尊,君、父、师。故一公三卿佐之,一卿三大夫佐之,一大夫三元士佐之。天有三光,然后能遍照,各自有三法,物成于三,有始,有中,有终。明天道而终之也。三公、九卿、二十七大夫、八十一元士,凡百二十官。①

显而易见,这种"建官法天"实际上并没有真正改变官制的内容,不过是把汉代原有的官制按照经学的观点予以附会而已。因此,我们与其说汉代官制的设置是"法天建官",毋宁说是经学按照汉代官制的设置建立了"天官"系统。明白了这一点,我们也就不难理解,为什么在《史记·天官书》中有许多星官都与人间的官制相互对应。例如:"中宫天极星,其一明者,太一常居也;旁三星三公,或曰子属。后句四星,末大星正妃,余三星后宫之属也。环之匡卫十二星,藩臣。皆曰紫宫。"②因为这就是把人间的官制和尊卑贵贱秩序完全搬到了天上,所谓"天文有五官。官者,星官也。星座有尊卑,若人之官曹列位,故曰天官"③。

当然,汉代这种"法天建官"也并不都是附会。一个比较明显的作用,就是进一步从制度上加强了皇权。因为其前提就是把皇帝视为"受命"天子,即所谓"王者受命为天地人之职"④,所以在制度上,这就更加强化了皇帝的至尊地位。

另一方面,它对明确不同职官的职责也有着一定的作用。汉代的"法

---

① (清)陈立撰,吴则虞点校:《白虎通疏证》卷四《封公侯》,北京:中华书局1994年版,第130—132页。
② 《史记》卷二七《天官书》,北京:中华书局1959年版,第1289页。
③ 《史记》卷二七《天官书》司马贞《索隐》,北京:中华书局1959年版,第1289页。
④ (清)陈立撰,吴则虞点校:《白虎通疏证》卷四《封公侯》,北京:中华书局1994年版,第130页。

天建官"虽然说得很神秘,带有浓厚的神学色彩,但实际上也就是要求按照不同职官的职责来设置官制,这对于明晰不同职官的职责和分工,以保证统治机器的运转,也多少发挥了作用。例如三公,据《后汉书·百官志》记载,他们的职责就分别是协助皇帝执掌军事、民政和水利土木工程等:

> 太尉,公一人。本注曰:掌四方兵事功课,岁尽即奏其殿最而行赏罚。凡郊祀之事,掌亚献;大丧则告谥南郊。凡国有大造大疑,则与司徒、司空通而论之。①
>
> 司徒,公一人。本注曰:掌人民事。凡教民孝悌、逊顺、谦俭,养生送死之事,则议其制,建其度。凡四方民事功课,岁尽则奏其殿最而行赏罚。凡郊祀之事,掌省牲视濯,大丧则掌奉安梓宫。凡国有大疑大事,与太尉同。②
>
> 司空,公一人。本注曰:掌水土事。凡营城起邑、浚沟洫、修坟防之事,则议其利,建其功。凡四方水土功课,岁尽则奏其殿最而行赏罚。凡郊祀之事,掌扫除乐器,大丧则掌其将校复土。凡国有大造大疑,谏争,与太尉同。③

如果说汉代的"法天建官"给三公的职责曾带来什么变化的话,那就是三公对所谓"灾异"的发生负有失职的责任。《后汉书》志二四《百官一》注引《韩诗外传》称:

> 三公之得者何? 曰司马、司空、司徒也。司马主天,司空主土,司徒主人。故阴阳不和,四时不节,星辰失度,灾变非常,则责之司马。山陵崩阤,川谷不通,五谷不植,草木不茂,则责之司空。君臣不正,人道不和,国多盗贼,民怨其上,则责之司徒。故三公典其职,忧其

---

① 《后汉书》志二四《百官一》,北京:中华书局 1965 年版,第 3557 页。
② 《后汉书》志二四《百官一》,北京:中华书局 1965 年版,第 3560 页。
③ 《后汉书》志二四《百官一》,北京:中华书局 1965 年版,第 3561—3562 页。

分,举其办,明其得,此之谓三公之事。①

因此,在西汉中期以后,特别是西汉后期,只要是出现了大的"灾异",按照这种要求,丞相、太尉和御史大夫都必须承担一定的责任。有的甚至还受到免官的处分,如成帝策免丞相薛宣、翟方进,哀帝策免大司空师丹、丞相孔光等,就是比较典型的事例。《西汉会要》卷四三《职官一三》:

> 永始二年,策丞相薛宣曰:"君为丞相,出入六年,忠孝之行,率先百僚,朕无闻焉。朕既不明,变异数见,岁比不登,仓廪空虚,百姓饥馑,流离道路,饥疫死者以万数,人至相食,盗贼并兴,群职旷废,是朕之不德而股肱不良也。……不忍致君于理,其上丞相高阳侯印绶,罢归。"

> 建平元年,策免大司空师丹曰:"夫三公者,朕之腹心也,辅善相过,匡率百僚,和合天下者也。朕既不明,委政于公,间者阴阳不调,寒暑失常,变异屡臻,山崩地震,河决泉涌,流杀人民,百姓流连,无所归心,司空之职尤废焉。……"

> 策免丞相孔光曰:"丞相者,朕之股肱,所与共承宗庙,统理海内,辅朕之不逮以治天下也。朕既不明,灾异重仍,日月无光,山崩河决,五星失行,是章朕之不德而股肱之不良也。君前为御史大夫,辅翼先帝,出入八年,卒无忠言嘉谋;今相朕,出入三年,忧国之风复无闻焉。阴阳错缪,岁比不登,天下空虚,百姓饥馑,父子分散,流离道路,以十万数。而百官群职旷废,奸宄放纵,盗贼并起,或攻官寺,杀长吏。数以问君,君无怵惕忧惧之意,对无能为。是群卿大夫咸惰哉莫以为意,咎由君焉。"②

东汉建立后,这种现象更加普遍,最后竟发展到仅以"灾异"便罢免三公。

---

① 《后汉书》志二四《百官一》,北京:中华书局1965年版,第3562页。
② (南宋)徐天麟撰:《西汉会要》卷四三《职官一三》,上海:上海人民出版社1977年版,第502—505页。

如徐防,和帝时拜为司徒,迁太尉,与太傅张禹参录尚书事,安帝即位后,以定策封龙乡侯,"其年以灾异寇贼策免,就国"①。所以赵翼曾总结说:

> 案《周官》,三公之职本以论道经邦,燮理阴阳为务。汉初犹重此说。陈平谓文帝曰:"宰相者,上佐天子理阴阳,顺四时,遂万物之宜者也。"丙吉问牛喘,以为:"三公调和阴阳。今方春,少阳用事,未可大热,恐牛因暑而喘,则时节失气,有所伤害。"魏相亦奏:"臣备位宰相,阴阳未和,灾害未息,咎在臣等。"是汉时三公官犹知以调和阴阳引为己职,因而遇有灾异,遂有策免三公之制。②

更重要的是,汉代的这种"法天建官"还有着重视选官的作用,特别是在东汉时期。主要可归纳为两点:一是督促统治者重视设官的职责和人选,二是限制统治者过分随意地选官。因为官制既然是应天、象天或奉天而设,那么在具体设官和选官的过程中他们就不能不考虑其作用的发挥,而不能带有过多的随意性。史载明帝因郎官"上应列宿"而不拜其外甥为郎,就是一个比较典型的例子。《后汉书》卷二《明帝纪》:

> 帝遵奉建武制度……馆陶公主为子求郎,不许,而赐钱千万。谓群臣曰:"郎官上应列宿,出宰百里,有非其人,则民受其殃,是以难之。"[注]引《史记》曰:"太微宫后二十五星,郎位也。"③

又如和帝时,张酺以"王者法天"提出刺史任职一年后应入朝汇报;顺帝时,李固以尚书犹如北斗要求应"审择其人";桓帝时,刘瑜以诸侯"上法四七"反对滥封宦官,都可谓例证。兹摘引如下:

> 和帝初,张酺上言:"臣闻王者法天,荧惑奏事太微,故州牧刺史入奏事,所以通下问知外事也。数十年以来,重其道归烦扰,故时止

① 《后汉书》卷四四《徐防传》,北京:中华书局1965年版,第1502页。
② (清)赵翼撰,曹光甫点校:《廿二史札记》卷二《灾异策免三公》,上海:上海古籍出版社2011年版,第42页。
③ 《后汉书》卷二《明帝纪》,北京:中华书局1965年版,第124页。

勿奏事,今因以为故事。臣愚以为刺史视事满岁,可令奏事如旧典,问州中风俗,恐好恶过所道,事所闻见,考课众职,下章所告,及所自举有意者赏异之,其尤无状,逆诏书,行罪法,冀敕戒其余,令各敬慎所职,于以衰灭贪邪便佞。"①

今陛下之有尚书,犹天之有北斗也。斗为天喉舌,尚书亦为陛下喉舌。斗斟酌元气,运平四时。尚书出纳王命,赋政四海,权尊势重,责之所归。若不平心,灾眚必至。诚宜审择其人,以毗圣政。②

盖诸侯之位,上法四七,垂文炳燿,关之盛衰者也。今中官邪孽,比肩裂土,皆竞立胤嗣,继体传爵,或乞子疏属,或买儿市道,殆乖开国承家之义。③

另据《后汉书》卷五四《杨秉传》记载,因桓帝巡游时过多除拜,杨秉上书谏诤,亦同样是引用了"顺天制官"说——

七年,南巡园陵,特诏秉从。……及行至南阳,左右并通奸利,诏书多所除拜。秉复上疏谏曰:"臣闻先王建国,顺天制官。太微积星,名为郎位,入奉宿卫,出牧百姓。皋陶诫虞,在于官人。顷者道路拜除,恩加坚隶,爵以货成,化由此败,所以俗夫巷议,白驹远逝,穆穆清朝,远近莫观。宜割不忍之恩,以断求欲之路。"于是诏除乃止。④

可见在这一方面,它也确有一定的影响。虽然从总体来看,这种重视设官和选官的作用非常有限,甚至在统治腐败时期它的功能竟完全丧失,但它毕竟对汉王朝的职官制度产生过一定的积极效应,因而也还是值得肯定的。

其二,由于经学倡导"复古",统治者在官制的设置和名称上强调应遵从古制。具体来说,又可以分为两种情况:

---

① 《后汉书》志二八《百官五》注引《东观书》曰,北京:中华书局 1965 年版,第 3619 页。
② 《后汉书》卷六三《李固传》,北京:中华书局 1965 年版,第 2076 页。
③ 《后汉书》卷五七《刘瑜传》,北京:中华书局 1965 年版,第 1855 页。
④ 《后汉书》卷五四《杨秉传》,北京:中华书局 1965 年版,第 1773 页。

一是以不合古制对现有的官制进行改革。这里所说的"古制",既包括上古即"三皇五帝"时期的制度,也包括中古、近古甚至西汉建立的制度。其中比较典型的事例,就是西汉后期对三公的职责及其名称的改变。汉承秦制,设置丞相、太尉、御史大夫以分管行政、军事和监察,通称为"三公"。但实际上它们的级别和职责还有着明显区别,《汉书》卷一九上《百官公卿表上》云:丞相,"金印紫绶,掌丞天子助理万机";太尉,"金印紫绶,掌武事";御史大夫,"位上卿,银印青绶,掌副丞相"①。特别是丞相,往往都权倾百官。而在西汉后期,由于所谓"复古",则将三公的名称改为大司徒、大司马和大司空,并且规定三者皆为丞相。如《汉书》卷八三《朱博传》载:

> 及成帝时,何武为九卿,建言"古者民朴事约,国之辅佐必得贤圣,然犹则天三光,备三公官,各有分职。今末俗[之]弊,政事烦多,宰相之材不能及古,而丞相独兼三公之事,所以久废而不治也。宜建三公官,定卿大夫之任,分职授政,以考功效"。其后上以问师安昌侯张禹,禹以为然。时曲阳侯王根为大司马票骑将军,而何武为御史大夫。于是上赐曲阳侯根大司马印绶,置官属。罢票骑将军官,以御史大夫何武为大司空封列侯,皆增奉如丞相,以备三公官焉。②

尽管当时"议者多以为古今异制,汉自天子之号下至佐史皆不同于古,而独改三公,职事难分明,无益于治乱"③,以后又一度反复,且汉改三公官的真正原因乃是要削弱相权,但自从哀帝后期开始,三公即成为定制,东汉仅去掉其名称中的"大"字而已。故由此仍可以看出经学复古思想的影响。

除了三公,汉代官制还有着一些复古的事例。史载成帝时改州刺史为州牧,就是一例。《汉书》卷八三《朱博传》:

---

① 《汉书》卷一九上《百官公卿表上》,北京:中华书局 1962 年版,第 724—725 页。
② 《汉书》卷八三《朱博传》,北京:中华书局 1962 年版,第 3404—3405 页。
③ 《汉书》卷八三《朱博传》,北京:中华书局 1962 年版,第 3405 页。

初,何武为大司空,又与丞相(翟)方进共奏言:"古选诸侯贤者以为州伯,《书》曰'咨十有二牧',所以广聪明,烛幽隐也。今部刺史居牧伯之位,秉一州之统,选第大吏,所荐位高至九卿,所恶立退,任重职大。《春秋》之义,用贵治贱,不以卑临尊。刺史位下大夫,而临二千石,轻重不相准,失位次之序。臣请罢刺史,更置州牧,以应古制。"奏可。①

不过,其中最多的事例,主要还集中在反对外戚和宦官的专权上。如元帝时,萧望之便以此上言宦官之专权及与外戚相勾结,而要求"更置士人"——

初,宣帝不甚从儒术,任用法律,而中书宦官用事。中书令弘恭、石显久典枢机,明习文法,亦与车骑将军(史)高为表里,论议常独持故事,不从望之等。恭、显又时倾仄见诎。望之以为中书政本,宜以贤明之选,自武帝游宴后庭,故用宦者,非国旧制,又违古不近刑人之义,白欲更置士人。②

成帝时,刘向亦上书抨击外戚王氏专权的"骄奢僭盛",称"历上古至秦汉,外戚僭贵未有如王氏者也"③。再如东汉后期,因灵帝和宦官集团排斥太学,重用"鸿都门学士",名儒蔡邕据此指责说:

臣闻古者取士,必使诸侯岁贡。孝武之世,郡举孝廉,又有贤良、文学之选,于是名臣辈出,文武并兴。汉之得人,数路而已。夫书画辞赋,才之小者,匡国理政,未有其能。陛下即位之初,先涉经术,听政余日,观省篇章,聊以游意,当代博弈,非以教化取士之本。……昔孝宣会诸儒于石渠,章帝集学士于白虎,通经释义,其事优大,文武之道,所宜从之。若乃小能小善,虽有可观,孔子以为"致远则泥",君

---

① 《汉书》卷八三《朱博传》,北京:中华书局1962年版,第3406页。
② 《汉书》卷七八《萧望之传》,北京:中华书局1962年版,第3284页。
③ 《汉书》卷三六《楚元王传》,北京:中华书局1962年版,第1960页。

子故当志其大者。①

类似事例在两《汉书》中还有不少,不再一一列举。

二是根据古制来设置和改造官制,一般都模仿《礼记·王制》和《周礼》。从有关记载看,汉代这种官制的设置和改造主要是始于西汉后期。如前所述,成帝时曾改革丞相制度,设置所谓"三公",这显然就与《王制》所说天子置"三公、九卿、二十七大夫、八十一元士"②有着直接的关系。至王莽代汉后,这种现象则表现得更为突出。《汉书》卷九九中《王莽传中》云:

> 置大司马司允,大司徒司直,大司空司若,位皆孤卿。更名大司农曰羲和,后更为纳言,大理曰作士,太常曰秩宗,大鸿胪曰典乐,少府曰共工,水衡都尉曰予虞,与三公司卿凡九卿,分属三公。每一卿置大夫三人,一大夫置元士三人,凡二十七大夫,八十一元士,分主中都官诸职。③

又因为《周礼》《王制》中有世卿和上、中、下大夫的记载,特别是《王制》中记有"千里之外设方伯。五国以为属,属有长;十国以为连,连有帅;三十国以为卒,卒有正;二百一十国以为州,州有伯"④等官职,王莽乃"以《周官》《王制》之文,置卒正、连率、大尹,职如太守;属令、属长,职如都尉。置州牧、部监二十五人,见礼如三公。监位上大夫,各主五郡。公氏作牧,侯氏卒正,伯氏连率,子氏属令,男氏属长,皆世其官。其无爵者为尹"⑤。甚至在爵禄制度上也基本上是模仿《王制》。

东汉建立后,虽然废除了王莽的官制,但是在官制的设置上复古的倾

---

① 《后汉书》卷六〇下《蔡邕传》,北京:中华书局 1965 年版,第 1996—1997 页。
② (东汉)郑玄注,(唐)孔颖达疏:《礼记正义》卷一一《王制》,(清)阮元校刻:《十三经注疏》(附校勘记),北京:中华书局 1980 年版,第 1325 页。
③ 《汉书》卷九九中《王莽传中》,北京:中华书局 1962 年版,第 4103 页。
④ (东汉)郑玄注,(唐)孔颖达疏:《礼记正义》卷一一《王制》,(清)阮元校刻:《十三经注疏》(附校勘记),北京:中华书局 1980 年版,第 1325 页。
⑤ 《汉书》卷九九中《王莽传中》,北京:中华书局 1962 年版,第 4136 页。

向依然非常显著。例如中央官制,东汉时期便完全采用了三公分领九卿的制度。在《白虎通·封公侯》中,也对此做出了明确规定。再如爵禄制度,《白虎通·爵》曰:"爵有五等,以法五行也。……《王制》曰:王者之制禄爵,凡五等,谓公侯伯子男。"①至于州郡制度,在《白虎通·封公侯》中,其论述也完全是照抄了《王制》《禹贡》和《公羊传》。尽管其中有些规定与当时官制的实际情况并不完全相符,但它也仍足以说明东汉官制的复古倾向。问题乃在于究竟应如何来看待这种复古?我们认为:若仅就效果而言,汉代官制的复古,对改革官制所起的作用相当有限;它的真正意义实际上就是"缘饰",并为后世的托古改制提供了一些有益的借鉴。

三、用人制度上的重大转变与发展

汉代自武帝"独尊儒术",其用人制度亦深受经学的制约和影响。这主要表现在统治者依据经学制定了一整套系统的用人理论和政策。

先看其用人理论。可归纳为三个方面:

首先,自"独尊儒术"后,汉代统治者皆根据经学论述用人的意义和作用。他们强调得人乃"为政之本",如西汉梅福即引《诗》上书说:"士者,国之重器;得士则重,失士则轻。《诗》云:'济济多士,文王以宁。'"②东汉章帝则以孔子为例,在诏书中更明确提出,为政无分大小,"以得人为本"——

> 昔仲弓季氏之家臣,子游武城之小宰,孔子犹诲以贤才,问以得人。明政无大小,以得人为本。③

此外,萧望之、王嘉、李寻、谷永、杜诗、樊准、黄琼、左雄与陈蕃等,其上书、奏议也都是如此。而且,汉代统治者还认为,君臣之间虽名分不同,但统

---

① (清)陈立撰,吴则虞点校:《白虎通疏证》卷一《爵》,北京:中华书局1994年版,第6页。
② 《汉书》卷六七《梅福传》,北京:中华书局1962年版,第2919页。
③ 《后汉书》卷三《章帝纪》,北京:中华书局1965年版,第133页。

治国家，"君为元首，臣为股肱"，乃是相辅相成的依赖关系。班固便总结说："圣人虽有万人之德，必须俊贤。三公、九卿、二十七大夫、八十一元士，以顺天成其道。"①这里还要特别提到《公羊》学大师董仲舒。他为了说明君臣之间的这种依赖关系，以重视得贤，甚至将其二者比喻成心与肺、肝、脾、肾、孔窍、肢体的关系。他说：

> 一国之君，其犹一体之心也。隐居深官，若心之藏于胸……内有四辅，若心之有肝肺脾肾也；外有百官，若心之有形体孔窍也；亲圣近贤，若神明皆聚于心也；上下相承顺，若肢体相为使也。②

更有甚者，为强调得人的重要性，他们竟将这一问题视为能否"顺天"的标志，认为得贤即顺天而"祥瑞"见，失之则逆天而"灾异"降。如郎𫖮就曾上书顺帝说：

> 陛下践祚以来，勤心庶政，而三九之位，未见其人，是以灾害屡臻，四国未宁。臣考之国典，验之闻见，莫不以得贤为功，失士为败。③

这种说法虽不免牵强，甚至荒唐，但表明汉王朝把用人问题已放到了最重要的地位。它不仅反映出对用人的重视程度之高，而且更昭示我们，在以经治国的思想指导下，汉代关于用人的基本理论也完全被纳入经学的轨道。

其次，统治者又运用经学系统阐述了如何求贤的理论。主要有勤求、荐举、纳谏、让贤与养士等内容。

所谓勤求，就是辛勤不懈地求贤，乃是指对求贤应殚精竭智并持之以恒。此类主张在两汉典籍中可以说不胜枚举。如宣帝时，王褒以周公、齐

---

① （清）陈立撰，吴则虞点校：《白虎通疏证》卷四《封公侯》，北京：中华书局1994年版，第129页。
② 苏舆撰，钟哲点校：《春秋繁露义证》卷一七《天地之行》，北京：中华书局1992年版，第460—461页。
③ 《后汉书》卷三〇下《郎𫖮传》，北京：中华书局1965年版，第1069页。

桓为例说：

> 夫竭知附贤者，必建仁策；索人求士者，必树伯迹。昔周公躬吐捉之劳，故有囹空之隆；齐桓设庭燎之礼，故有匡合之功。由此观之，君人者勤于求贤而逸于得人。①

所谓荐举，就是对贤才的推荐。这是一种自下而上发动各方面力量求贤的方法。目的乃在于更多、更大范围地求贤。史载元朔元年(前128年)，武帝为鼓励荐举，惩处"不举者"，便征引经义下诏曰：

> 夫十室之邑，必有忠信；三人并行，厥有我师。今或至阖郡而不荐一人，是化不下究，而积行之君子雍于上闻也。……且进贤受上赏，蔽贤蒙显戮，古之道也。其与中二千石、礼官、博士议不举者罪。②

其他皇帝或太后也均有这方面的许多论述和规定。

所谓纳谏，就是要虚心接受其贤臣符合经义的规劝、批评和建议。这是为了更加调动贤臣的积极性，使他们勇于献计献策，并彰显君主的圣明，招致更多贤才所提出的。由于可以充分发挥出贤臣的智慧，并实现他们的抱负，它的效果往往也比较显著。如梅福就曾以武帝为例总结说：

> 孝武皇帝好忠谏，说至言，出爵不待廉茂，庆赐不须显功，是以天下布衣各厉志竭精以赴阙廷自衒鬻者不可胜数。汉家得贤，于此为盛。③

所谓让贤，就是将职位要让给更有才能的贤者。这是一种旨在推荐人才、提携新秀，且做到官得其人和推广教化的求贤方法。从有关记载看，由于经学的深刻影响和统治者的倡导，这种观念在汉代曾至于家喻户晓、妇孺皆知。人们不仅把它视为美德，且身体力行，蔚然成风。如班昭就曾在上

---

① 《汉书》卷六四下《王褒传》，北京：中华书局1962年版，第2823—2824页。
② 《汉书》卷六《武帝纪》，北京：中华书局1962年版，第166—167页。
③ 《汉书》卷六七《梅福传》，北京：中华书局1962年版，第2918页。

疏中指出：

> 妾闻谦让之风，德莫大焉，故典坟述美，神祇降福。昔夷齐去国，天下服其廉高；太伯违邠，孔子称为三让。……《论语》曰："能以礼让为国，于从政乎何有。"由是言之，推让之诚，其致远矣。①

至于养士，乃是要培养通经致用的人才和推行教化。董仲舒的《贤良对策》首先明确提出养士，并且强调选举必须与养士相结合。他说："夫不素养士而欲求贤，譬犹不琢玉而求文采也。故养士之大者，莫大乎太学；太学者，贤士之所关也，教化之本原也。"因此，他认为"兴太学，置明师，以养天下之士，数考问以尽其材，则英俊宜可得矣"②。结果深得汉武帝的欣赏，被完全采纳，且具体实施的过程中，又得到了进一步的补充、丰富和发展。③ 太学的形成和发展，既表明汉王朝在多方向社会求贤的同时对培养人才和推广教化的重视，也标志着经学对于汉代教育思想的统一及其文教政策的确立。

第三，汉代统治者还根据经学提出了一整套关于怎样用人的理论。这套理论包括任贤、知贤、亲贤与明己等项内容。

（一）任贤

其内容主要有三条。一是从正面强调应重视任贤。这表现在他们都认为贤才乃国家"器用"，任贤与否将关系到国家的盛衰，主张把任贤作为治国的首要事务。如刘向曾列举先哲指出："舜举众贤在位，垂衣裳，恭己无为，而天下治。汤、文用伊、吕，成王用周、召，而刑措不用，兵偃而不动，用众贤也。"④二是从反面提出任贤就要退斥奸佞。他们认为，贤才之与奸佞犹如冰炭而不可同器，只有退斥奸佞，才能够保证任贤，否则必然

---

① 《后汉书》卷八四《列女传·曹世叔妻》，北京：中华书局 1965 年版，第 2785 页。

② 《汉书》卷五六《董仲舒传》，北京：中华书局 1962 年版，第 2512 页。

③ 参看本书第六章"以经治国与汉代教育"。

④ （汉）刘向编著，石光瑛校释：《新序校释》卷四《杂事》，北京：中华书局 2001 年版，第 473—474 页。

是奸佞在位而国家昏乱。例如王符便概括说:"国以贤兴,以谄衰,君以忠安,以忌危。"①三是如何才能任贤。这方面的论述可以荀悦为代表。他为了使贤臣能够任用,曾运用经学总结出十条不能任贤的原因:

一曰不知,二曰不进,三曰不任,四曰不终,五曰以小怨弃大德,六曰以小过黜大功,七曰以小失掩大美,八曰以奸讦伤忠正,九曰以邪说乱正度,十曰以谗嫉废贤能。是谓十难。②

质言之,要任贤就是防止"十难"。

(二) 知贤

此乃任贤的前提,因为只有知贤,才能真正任贤。其一,他们强调知贤乃用人之本,是国家吉祥的标志。例如谷永上疏说:"帝王之德莫大于知人,知人则百僚任职,天工不旷。故皋陶曰:'知人则哲,能官于人。'"③刘向亦曾指出:"国有三不祥……有贤而不知,一不祥;知而不用,二不祥;用而不任,三不祥。"④其二,为防止贤臣埋没,主张对各种人才应广泛了解。他们或根据《尚书》"谋及乃心,谋及庶人",或根据《论语》"众好之,必察焉;众恶之,必察焉",都提出了如何了解贤才的具体方法,并指出以往许多贤才所以隐于田野,就是由于没有进行广泛了解。其三,提出知贤应当与"考绩"相结合,主张从实践中了解贤才。如王符即认为:

凡南面之大务,莫急于知贤;知贤之近途,莫急于考功。功诚考则治乱暴而明,善恶信则直(真)贤不得见障蔽,而佞巧不得窜其奸矣。⑤

① (汉)王符著,(清)汪继培笺,彭铎校正:《潜夫论笺校正》卷三《实贡》,北京:中华书局1985年版,第151页。
② (东汉)荀悦撰,(明)黄省曾注,孙启治校补:《申鉴注校补·政体》,北京:中华书局2012年版,第25页。
③ 《汉书》卷八三《谷永传》,北京:中华书局1962年版,第3391页。
④ (西汉)刘向撰,向宗鲁校证:《说苑校证》卷一《君道》,北京:中华书局1987年版,第19页。
⑤ (汉)王符著,(清)汪继培笺,彭铎校正:《潜夫论笺校正》卷二《考绩》,北京:中华书局1985年版,第62页。

（三）亲贤

在用人问题上，统治者固然要知贤和任贤，更重要的还要亲贤。因为贤才被任用后，只有尊重并信任他们，才能够充分发挥他们的聪明才智，也才能够达到用人的最终目的。用孔子的话说，即所谓"君使臣以礼，臣事君以忠"①。汉儒也自然明白这一点。所以，自武帝"独尊儒术"后，他们都根据经学来论述它的意义与作用。具体则可以贾山《至言》对"济济多士，文王以宁"的阐发为代表，其文云：

> 天下未尝亡士也，然而文王独言以宁者何也？文王好仁则仁兴，得士而敬之则士用，用之有礼义。故不致其爱敬，则不能尽其心；不能尽其心，则不能尽其力；不能尽其力，则不能成其功。故古之贤君于其臣也，尊其爵禄而亲之；疾则临视之亡数，死则往吊哭之……故臣下莫敢不竭力尽死以报其上，功德立于后世，而令闻不忘也。②

这可以说已全面论述了亲贤的意义与作用。

（四）明己

这是指君主应具有英明圣哲之德。可归纳为两点。一是强调任贤尚必待君明，认为这是能否真正任贤并做到言听计从、相得益彰的关键。王褒即指出："世必有圣知之君，而后有贤良之臣。"并征引经义说：

> 《诗》曰："思皇多士，生此王国。"故世平主圣，俊艾将自至，若尧、舜、禹、汤、文、武之君，获稷、契、皋陶、伊尹、吕望，明明在朝，穆穆列布，聚精会神，相得益彰。③

二是强调若主昏则奸佞得志，而贤臣埋没。如元帝明确指出："君不明，而所任者巧佞。"④王褒也说，贤臣不遇其君，非其谋不用，且"进仕不得施

---

① 程树德撰，程俊英、蒋见元点校：《论语集释》卷六《八佾下》，北京：中华书局1990年版，第197页。
② 《汉书》卷五一《贾山传》，北京：中华书局1962年版，第2334页。
③ 《汉书》卷六四下《王褒传》，北京：中华书局1962年版，第2826页。
④ 《汉书》卷七五《夏侯胜传》，北京：中华书局1962年版，第3161页。

效,斥逐又非其愆"①。显而易见,这实际就是主张君主应明于用人,希望从根本上能保证任贤。

再看其用人政策。这些政策也是依据经学具体制定的,主要有两个方面:

第一,统治者直接用上述用人理论来指导其用人政策。以求贤而言,汉代自武帝"独尊儒术",除了政治特别昏暗时期,统治者一般都大力求贤。例如光武帝时期,因求贤若渴,史家便赞叹道:"光武侧席幽人,求之若不及,旌帛蒲车之所征贲,相望于岩中矣。"②再说任贤,如昭帝因张安世宿卫有功,以亲亲任贤所谓"唐虞之道"而加封其富平侯③;顺帝以虞诩推荐左雄有"王臣蹇蹇之节,周公谟成王之风",拜左雄为尚书④。至于知贤,永光元年(前43年),元帝公开检讨国家未能平治,"咎在朕之不明,亡以知贤"⑤,就是一个显例。又安帝时,"尚书有缺,诏将大夫六百石以上试对政事、天文、道术,以高第者补之"⑥。顺帝时,左雄进言说:"臣闻柔远和迩,莫大宁人;宁人之务,莫重用贤;用贤之道,必存考黜,是以皋陶对禹,贵在知人。"⑦还有很多亲贤的事例。如《后汉书》卷三六《陈元传》记载,大司农江冯上言令司隶校尉督察三公,陈元即以"师臣者帝,宾臣者霸",孔子曰"百官总己听于冢宰",上疏极力反对,并主张朝廷应"劳心下士,屈节待贤",结果被光武帝接受。⑧ 此外,宣帝下诏赞扬黄霸,哀帝优复师丹之爵,邓太后擢庞参于徒中,左雄建议九卿不宜扑罚等,也都可以佐证。

第二,统治者根据经学制定了一整套行之有效的用人制度。这套用

① 《汉书》卷六四下《王褒传》,北京:中华书局1962年版,第2826页。
② 《后汉书》卷八三《逸民列传·序》,北京:中华书局1965年版,第2756—2757页。
③ 《汉书》卷五九《张安世传》,北京:中华书局1962年版,第2647页。
④ 《后汉书》卷六一《左雄传》,北京:中华书局1965年版,第2015页。
⑤ 《汉书》卷九《元帝纪》,北京:中华书局1962年版,第287页。
⑥ 《后汉书》卷四八《翟酺传》,北京:中华书局1965年版,第1602页。
⑦ 《后汉书》卷六一《左雄传》,北京:中华书局1965年版,第2015—2016页。
⑧ 《后汉书》卷三六《陈元传》,北京:中华书局1965年版,第1233页。

人制度既包括养士亦即教育制度,也包括选官制度和考课制度。

　　关于教育制度,史载武帝自董仲舒对策后,便根据养士与选举相结合的原则,在中央和地方创办了太学与郡国学。以后在统治者的重视下,这些官学曾迅速发展,并遍及全国,形成了太学、宫邸学、郡国学、县学与乡学的教育体系。私学也因此得到了蓬勃发展。然而无论官学或者私学,其主要特色,就是传授儒经、培养懂得经术的人才,以选拔到各级机构。如太学,武帝初置博士弟子员,即规定:"一岁皆辄课,能通一艺以上,补文学掌故缺;其高第可以为郎中,太常籍奏。"[1]其他各种学校也都是如此。由于它们都培养了大批儒生,这就为汉代以经治国尤其用人制度奠定了坚实基础。[2]

　　汉代具有经学特色的选官制度也是确立于武帝时期。《汉书》卷六《武帝纪》云,元光元年(前134年),"初令郡国举孝廉各一人"[3],可视为它的滥觞。这套制度主要有察举和征辟两项内容,但同样也都采用了通经致用、以儒取士的原则。以察举为例,虽然有孝廉、茂才、敦朴、贤良方正、文学及明经等科目,但总的来说,其基本不出这个范围。征辟,即皇帝征聘与公府、州郡辟除,这是一种自上而下的选官制度。比如:

　　　《西汉会要》卷四四《选举上》:"疏广明《春秋》,家居授教,征为博士。"[4]

　　　《东汉会要》卷二七《选举下》:"法真博通图典,为关西大儒。顺帝虚心欲致,前后四聘。"[5]

　　　《后汉书》卷七九上《儒林列传上》:"牟长习《欧阳尚书》……大司空(宋)弘特辟,拜博士。"[6]

---

① 《汉书》卷八八《儒林传·序》,北京:中华书局1962年版,第3594页。
② 详请参看本书第六章"以经治国与汉代教育"。
③ 《汉书》卷六《武帝纪》,北京:中华书局1962年版,第160页。
④ (南宋)徐天麟撰:《西汉会要》卷四四《选举上》,上海:上海人民出版社1977年版,第519页。
⑤ (南宋)徐天麟撰:《东汉会要》卷二七《选举下》,上海:上海古籍出版社1978年版,第408页。
⑥ 《后汉书》卷七九上《儒林列传上·牟长》,北京:中华书局1965年版,第2557页。

这种征辟尽管有的是沽名钓誉,但征辟对象依然是通晓经学的大儒或名儒。

再从考课制度看,它的内容也大多是依据经学制定的。仅就考课内容而言,汉王朝明确规定,主要就是考核官吏推行教化的实绩。如京房任魏郡太守,"令丞尉治一县,崇教化亡犯法者辄迁"①;韩延寿为东郡太守,"上礼义,好古教化",在郡三年,"断狱大减,为天下最"②;何武"为清河太守,数岁,坐郡中被灾害什四以上免"③;平帝诏"二千石选有德义者以为宗师,考察不从教令有冤失职者"④;章帝令"四科辟召,及刺史、二千石察举茂才尤异孝廉吏,务实校试以职"⑤;等等。其他方面也大都如此。

诚然,在不同的历史时期,汉代统治者的用人标准也有微妙的差异和变化。如东汉的选官就与西汉后期有明显的不同。西汉自元帝以后,其取士皆以经术,所谓"征用儒生,委之以政"⑥,并规定了"四科取士"的具体标准,即"丞相、御史举质朴敦厚逊让有行者"⑦。这乃是意在培养驯服工具和麻醉人民。而东汉的选官则强调"名节",其目的又在于重"孝",然后由"孝"而劝"忠"。如同样是"四科取士",史载光武帝便要求应"皆有孝悌廉公之行"⑧。因之重"孝"也就成了东汉选官的一个鲜明特色。但尽管如此,这也仍未超出通经致用、以儒取士的范围,只不过比西汉后期更强调致用而已。

汉代以经治国关于用人制度的理论和实践有着许多成功的经验及教训。

首先,它培养、选拔和任用了大批人才,巩固、发展了汉王朝的统治。

① 《汉书》卷七五《京房传》注引《考功课吏法》,北京:中华书局 1962 年版,第 3161 页。
② 《汉书》卷七六《韩延寿传》,北京:中华书局 1962 年版,第 3211—3212 页。
③ 《汉书》卷八六《何武传》,北京:中华书局 1962 年版,第 3484 页。
④ 《汉书》卷一二《平帝纪》,北京:中华书局 1962 年版,第 358 页。
⑤ 《后汉书》卷四《和帝纪》注引《汉官仪》,北京:中华书局 1965 年版,第 176 页。
⑥ 《汉书》卷九《元帝纪》,北京:中华书局 1962 年版,第 298—299 页。
⑦ 《汉书》卷九《元帝纪》,北京:中华书局 1962 年版,第 287 页。
⑧ 《后汉书》志二四《百官一》注引《汉官仪》,北京:中华书局 1965 年版,第 3559 页。

汉代是我国历史上的一个人才济济、群星灿烂的时期。由于统治者求贤若渴,因而其人才辈出,功业兴盛。仅就数量而言,据明人李贽所辑,在从战国到元末的 1 800 年间,共有名臣、名将计 340 余人(包括附传,下同),而汉代自"独尊儒术"后,仅在 350 年间,便有着 123 人,多达三分之一还强。① 其中可分为武帝、宣帝、光武帝、顺帝与桓帝等几个高峰时期,尤以武帝、顺帝时最多。如班固便赞叹武帝用人说:

> 是时,汉兴六十余载,海内艾安,府库充实,而四夷未宾,制度多阙。上方欲用文武,求之如弗及,始以蒲轮迎枚生,见主父而叹息。群士慕向,异人并出。卜式拔于刍牧,弘羊擢于贾竖,卫青奋于奴仆,日禅出于降虏,斯亦曩时版筑饭牛之朋矣。汉之得人,于兹为盛。②

而顺帝时,也有樊英、李固、周举、左雄、黄琼、桓焉、杨厚、崔瑗、马融、吴祐、苏章、种暠、栾巴、庞参、虞诩、王龚、张皓、张纲、杜乔、郎顗和张衡等大批人才。故范晔亦总结说:"东京之士,于兹盛焉。"③这种人才济济的盛况,在中国古代历史上是不多见的。究其原因,就是汉王朝根据经学制定了地主阶级的新的用人理论和政策,从而巩固并发展了汉王朝的统治,使汉帝国成为当时屹立在世界东方的一个文明大国。

其次,它基本形成了中国古代具有儒学特色的传统用人理论和政策。如前所述,汉代自武帝以后,统治者即根据经学提出了一整套的用人理论。这些理论既包括重贤、养士、荐举与纳谏等主张,也包括考试、选拔、任用等学说。其内容之全面,认识之深刻,论述之系统,可以说此后历代王朝的用人理论大多不出这个范围。以唐太宗为例,他被后人称为中国古代君主的用人楷模,在理论上也提出了一些独到见解。但是从《贞观政要》及有关记载来着,即应当说主要还是继承了自汉代以来的传统用人理论。

---

① 参看《藏书》册一、册二、册三,北京:中华书局 1959 年版。
② 《汉书》卷五八《公孙弘卜式兒宽传·赞》,北京:中华书局 1962 年版,第 2633—2634 页。
③ 《后汉书》卷六一《左周黄列传·论》,北京:中华书局 1965 年版,第 2042 页。

特别值得一提的是,汉代用人的有关政策和制度还更为后世所借鉴。如北魏时,薛琡为借鉴汉代的三公荐举制度,便上疏建议仿照汉氏"更立四科"①。又如唐人赵匡,也曾主张采用汉代的辟除制度,他说:

> 汉朝用人,自诏举之外,其府、寺、郡国属吏,皆令自署。故天下之士修身于家,而辟书交至,以此士务名节,风俗用修。②

更重要的是,不仅是封建时代,就是今天,汉代用人的一些理论和政策仍有着重要的现实意义。例如求贤养士、举贤任能、尊重人才、注重考试、用人广泛听取意见等,都值得我们借鉴。

第三,汉代的以经治国及其用人理论与实践也留下了不少历史教训。一个突出问题,就是其用人主要是以儒取士。以儒取士固然为汉王朝选送了大批人才,但同时也出现了一个很大的弊端。关键在于它决定了读经即为了做官。因而有不少人在入仕后,往往不是尽忠守职,而是持禄保位。这种现象在西汉后期就非常严重。如宋人苏辙批评说:

> 西汉自孝武之后崇尚儒术,至于哀平,百余年间,士之以儒生进用,功业志气可纪于世者不过三四。③

东汉重建后,对这种现象进行了一些改革,提出取士应考察其行。此项改革曾收到较大成效,为史家所称道,但是又产生了新的副作用。人们为了做官,却又忽略经书,想方设法来表现自己。他们标榜清高,矜持名节,甚至为了成名,不惜弄虚作假。赵翼便曾经指出:"盖当时荐举征辟,必采名誉,故凡可以得名者,必全力赴之,好为苟难,遂成风俗。"④当然,这里面确有名实相符者,但欺世盗名者也不乏其人。前引桓帝时,乐安太守陈蕃

---

① 《北齐书》卷二六《薛琡传》,北京:中华书局 1972 年版,第 370 页。
② (唐)杜佑撰,王文锦等点校:《通典》卷一七《选举五》,北京:中华书局 1988 年版,第 419 页。
③ (北宋)苏辙著,曾枣庄、马德富校点:《栾城集》卷二〇《私试进士策问二十八首》,上海:上海古籍出版社 1987 年版,第 451 页。
④ (清)赵翼撰,曹光甫点校:《廿二史札记》卷五《东汉尚名节》,上海:上海古籍出版社 2011 年版,第 88 页。

对赵宣伪孝的惩治,就是一例。这对于汉代的用人制度就不能不产生消极作用。

另一个严重失误是,它任用了许多只知书本、不谙吏事的儒生,往往降低了汉王朝的统治效能。汉代用人虽然注重对实际能力的考核,但由于统治者强调以儒取士,一味提倡名节,许多书呆子还是被选拔进了各级机构。这一点,宋人徐天麟就曾经尖锐指出:

> 汉世之所谓名士者,其风流可知矣。虽弛张趣舍,时有未纯,于刻情修容,依倚道艺,以就其声价,非所能通物方,弘时务也。[①]

具体事例,则比比皆是。例如向栩,时号称名儒,黄巾起义,竟向朝廷建议:"但遣将于河上北向读《孝经》,贼自当消灭。"[②]可见其问题的严重。

总之,汉代以经治国及其关于用人的理论与实践,不仅对巩固汉王朝的统治曾经起了很大作用,而且有着非常深远的历史影响。其中虽然仍存在着不少问题,但也仍然是一笔宝贵的历史遗产,我们应该批判地予以继承。

---

① 《后汉书》卷八二上《方术列传上·论》,北京:中华书局 1965 年版,第 2724 页。
② 《后汉书》卷八一《独行列传·向栩》,北京:中华书局 1965 年版,第 2694 页。

附论六

汉代霾或"霾雾"探微

在中国古代,霾是一种比较常见的自然现象。仅就汉代史书而言,关于霾的记载便不一而足。但由于当时的科学认识水平不高,特别是天人感应的神秘解释,人们对霾的出现往往会产生很大的恐慌。史载建始元年(前32年)四月,因为出现了特别严重的黄霾天气,朝野震恐,成帝为劝阻大将军王凤辞职,即自责说:"朕承先帝圣绪,涉道未深,不明事情,是以阴阳错缪,日月无光,赤黄之气,充塞天下。咎在朕躬……"①

汉代的霾或"霾雾"较多,但直接被称为"霾"的记载很少。《后汉书》卷三〇下《郎顗传》载,顺帝阳嘉二年(133年)正月,因"自从入岁,常有蒙气,月不舒光,日不宣曜",名士郎顗在举荐黄琼、李固的上书中建议:

> 孔子作《春秋》,书"正月"者,敬岁之始也。王者则天之象,因时之序,宜开发德号,爵贤命士,流宽大之泽,垂仁厚之德,顺助元气,含养庶类。如此,则天文昭烂,星辰显列,五纬循轨,四时和睦。不则太阳不光,天地混浊,时气错逆,霾雾蔽日。②

翻检两《汉书》可知,这是直接提到"霾"或"霾雾"的唯一记载。尽管郎顗的说法是汉代典型的灾异理论,即依据天人感应要求皇帝应举贤任能,但所说"霾雾蔽日"的情形却应是当时的客观事实。

值得注意的是,上述"霾雾蔽日"的缘由是"常有蒙气",因而所谓"蒙气"即应是汉代"霾雾"的同义词或近义词。例如,因"连有灾异",黄琼也上疏顺帝说:

---

① 《汉书》卷九八《元后传》,北京:中华书局1962年版,第4017页。
② 《后汉书》卷三〇下《郎顗传》,北京:中华书局1965年版,第1071页。

间者以来,卦位错谬,寒燠相干,蒙气数兴,日闇(暗)月散。原之天意,殆不虚然。陛下宜开石室,案《河》《洛》,外命史官,悉条上永建以前至汉初灾异,与永建以后讫于今日,孰为多少。又使近臣儒者参考政事,数见公卿,察问得失。诸无功德者,宜皆斥黜。臣前颇陈灾眚,并荐光禄大夫樊英、太中大夫薛包及会稽贺纯、广汉杨厚,未蒙御省。伏见处士巴郡黄错、汉阳任棠,年皆耆耋,有作者七人之志。宜更见引致,助崇大化。①

考虑到《黄琼传》此后即言"三年,大旱,琼复上疏"云云,以及《顺帝纪》言"(阳嘉)三年春二月己丑,诏以久旱,京师诸狱无轻重皆且勿考竟,须得澍雨"②,我们即可以推断:黄琼上疏的时间当与郎𫖮大致相同。而所谓"蒙气数兴,日闇月散",实际也就是郎𫖮所言"常有蒙气,月不舒光,日不宣曜",二者很可能说的是同一时期的霾。

其实,"蒙"字本有"阴闇"③之义。故"蒙气"就是阴暗之气,在汉代用语中则往往单用一个"蒙"字表述。如东汉刘熙《释名》云:"蒙,日光不明,蒙蒙然也。"④

明乎此,我们也就不难理解:为什么两汉四百年间关于霾或"霾雾"的记载仅有一例。这固然是由于雾、霾极易混同⑤,但更重要的还在于,在天人感应的理论框架中,汉代对霾本有"蒙"或"蒙气"这一内容更为广泛的专用名词。换句话说,在大多数情况下,汉代关于霾的记载都是用

---

① 《后汉书》卷六一《黄琼传》,北京:中华书局1965年版,第2033页。
② 《后汉书》卷六《顺帝纪》,北京:中华书局1965年版,第263页。
③ (西汉)孔安国撰,(唐)孔颖达正义:《尚书正义》卷一二《洪范》,(清)阮元校刻:《十三经注疏》(附校勘记),北京:中华书局1980年版,第191页。
④ (东汉)刘熙:《释名》卷一《释天》,载《丛书集成初编》,北京:中华书局1985年版,第9页。
⑤ "一般来讲,雾和霾的区别主要在于水分含量的大小:水分含量达到90%以上的叫雾,水分含量低于80%的叫霾。80%~90%之间的,是雾和霾的混合物,但主要成分是霾。"见中央气象报社:《雾和霾的区别》,中国气象局网站,2013年1月13日,http://www.cma.gov.cn/2011xzt/20120816/2012081601_2/201208160101/201209/t20120918_185501.html。另见肖湘卉:《轻雾和霾的区别》,载《陕西气象》2006年第3期。

"蒙"或"蒙气"来表述的。这对于全面理解霾或"霾雾"的记载有着重要的启迪作用。西汉京房的《易传》就是一例——"有蜺、蒙、雾。雾,上下合也。蒙,如尘云。蜺,日旁气也。"其中"蒙,如尘云",显然就是对霾或"霾雾"的一个概括总结。至于所谓"上蒙下雾,风三变而俱解""蒙微,日不明""蒙起而白""蒙,日青,黑云夹日""蒙大起,白云如山行蔽日""蒙大起,日不见,若雨不雨""蒙黄浊""蒙,微而赤""蒙微,日无光,有雨云,雨不降""蒙浊,夺日光""蒙白,三辰止,则日青,青而寒,寒必雨"①等,则可以说是对各种"霾雾"的具体描述。尽管按照今天的界定其中有些还并非霾,而可能是雾,但"蒙,日青,黑云夹日""蒙大起,白云如山行蔽日""蒙黄浊""蒙,微而赤"等却无疑都是霾或"霾雾"的情形。这就充分证明:汉代所常见的"蒙"或"蒙气"的记录也大多是霾。

不仅如此,两《汉书》常见的"阴雾""黄雾""天气混浊""雾气白浊"等,也应该都是霾或"霾雾"的情形。诸如:

> 永光、建昭间,西羌反,日蚀,又久青亡光,阴雾不精。[注]师古曰:"精谓日光清明也。"②
>
> 延熹四年,(刘宠)代黄琼为司空,以阴雾愆阳免。③
>
> (建始元年)夏四月,黄雾四塞,博问公卿大夫,无有所讳。④
>
> (天凤元年)六月,黄雾四塞。⑤
>
> (元帝时)地比震动,天气溷浊,日光侵夺。⑥
>
> 而地震之后,雾气白浊,日月不光,旱魃为虐,大贼纵横,流血丹野,庶品不安,谴诫累至,殆以奸臣权重之所致也。⑦

---

① 《汉书》卷二七下之上《五行志下之上》引京房《易传》,北京:中华书局 1962 年版,第 1460—1461 页。
② 《汉书》卷七五《京房传》,北京:中华书局 1962 年版,第 3160—3161 页。
③ 《后汉书》卷七六《循吏列传·刘宠》,北京:中华书局 1965 年版,第 2478 页。
④ 《汉书》卷一〇《成帝纪》,北京:中华书局 1962 年版,第 304 页。
⑤ 《汉书》卷九九中《王莽传中》,北京:中华书局 1962 年版,第 4136 页。
⑥ 《汉书》卷七五《翼奉传》,北京:中华书局 1962 年版,第 3177 页。
⑦ 《后汉书》卷六五《皇甫规传》,北京:中华书局 1965 年版,第 2130—2131 页。

当然,汉代霾的概念比较宽泛,是指因为风、雨、土所造成的空气混浊现象。如《尔雅》卷六《释天》:"风而雨土为霾。"三国孙炎注曰:"大风扬尘,土从上下也。"①东汉许慎说:"霾,风雨土也。从雨,狸声。《诗》曰:'终风且霾。'"②刘熙也进一步解释说:"风而雨土为霾。霾,霾晦也,言如物尘晦之色也。"③所以在先秦两汉时期,凡源于刮风、雨雾和尘土飞扬的空气混浊现象都可以被称为"霾"。前引《诗经·邶风·终风》所说的"终风且霾",就是描述一个刮风而且尘土飞扬的混浊天气。但其定义的重点还在于"土"字,即必须是空气中悬浮着大量尘土造成了能见度显著降低的混浊天气才能称"霾"。而风、雨则主要是形成空气混浊的两条途径——刮风可以卷起大量尘土在空中飞扬,雨雾可以使得空气湿润而把尘土悬浮在空气之中。

以前者为例,前引成帝建始元年(前32年)夏四月的"黄沙四塞",就是由于大风卷起的尘土所造成的霾。除了《成帝纪》《元后传》的简略记载,此事在《汉书》中还有更详细的描述:

> 成帝建始元年四月辛丑夜,西北有如火光。壬寅晨,大风从西北起,云气赤黄,四塞天下,终日夜下著地者黄土尘也。④

从这段描述可以清楚看出,正是由于四月壬寅清晨的大风,才造成了"云气赤黄,四塞天下,终日夜下着地者黄土尘也"的霾。诚然,根据现代气象学的定义和分类,这种天气情况应该被称为"能见度极度恶化"⑤的沙尘暴(见图一)。但"由于阴霾、轻雾、沙尘暴、扬沙、浮尘、烟雾等天气现象,都是因浮游在空中大量极微细的尘粒或烟粒等影响致使有效水平能见度

---

① (晋)郭璞注,(北宋)邢昺疏:《尔雅注疏》卷六《释天》,(清)阮元校刻:《十三经注疏》(附校勘记),北京:中华书局1980年版,第2608页。
② (东汉)许慎:《说文解字·霾》,北京:中华书局1963年版,第242页。
③ (东汉)刘熙:《释名》卷一《释天》,载《丛书集成初编》,北京:中华书局1985年版,第8页。
④ 《汉书》卷二七下之上《五行志下之上》,北京:中华书局1962年版,第1449页。
⑤ 王子今:《两汉的沙尘暴记录》,载《寻根》2001年第5期。

小于10KM。有时使气象专业人员都难于区分"[1]，因而从能见度降低且尘土飞扬来说，这实际还是符合汉代"风而雨土为霾"的界定的。所不同者，其灾害程度要比今天所说的霾严重。

图一　2011年5月中旬内蒙古锡林郭勒盟沙尘暴天气
（图片引自中国气象网）

至于后者，前引京房《易传》"蒙黄浊""蒙，微而赤""蒙微，日无光，有雨云，雨不降"，《京房传》"日蚀，又久青亡光，阴雾不精"，《翼奉传》"天气溷浊，日光侵夺"，《皇甫规传》"雾气白浊，日月不光"等，也显然都是雨雾造成尘土悬浮的事例。即使按照现代气象学对霾的定义——"霾又称灰霾，在中国气象局的《地面气象观测规范》中，灰霾天气被这样定义：'大量极细微的干尘粒等均匀地浮游在空中，使水平能见度小于10千米的空气普遍有混浊现象，使远处光亮物微带黄、红色，使黑暗物微带蓝色'"[2]，史书的这些记载也应该都是对于霾的描述，只不过在当今社会的"尘土"中又增加了许多工业化的污染而已。

总结汉代霾或"霾雾"的记载，可以得出几点结论和认识：

首先，霾是一种自然现象。汉代史书保存了霾或"霾雾"的较多记录，而且在大多数情况下，人们都是用"蒙"或"蒙气"来表述霾的。汉代

---

① 张辛欣、林晖：《"借我一双慧眼吧！"——气象专家详解雾霾天气成因及趋势》，新华网，2013年1月13日，http://www.sxdaily.com.cn/n/2013/0115/c349-5055017-2.html。
② 中国气象报社：《雾和霾的区别》，中国气象局网站，2012年9月18日。

是典型的农业社会①,生态环境远比今天要好。仅就虎、狼和鸟类等野生动物而言,在史书和汉简上便有着不少记载。诸如:

> 景帝三年十一月,有白颈乌与黑乌群斗楚国吕县,白颈不胜,堕泗水中,死者数千。②

> 乃者,神爵五采以万数集长乐、未央、北宫、高寝、甘泉泰畤殿中及上林苑。③

> 至其(王莽)末年,自天地六宗以下至诸小鬼神,凡千七百所,用三牲鸟兽三千余种。后不能备,乃以鸡当鹜雁,犬当麋鹿。④

> 中平三年八月中,怀陵上有万余爵。⑤

> 顺帝阳嘉元年十月中,望都蒲阴狼杀童儿九十七人。

> 灵帝建宁中,群狼数十头入晋阳南城门啮人。[注]引《袁山松书》曰:"光合三年正月,虎见平乐观,又见宪陵上,啮卫士。"⑥

另据何双全先生研究,即使是在敦煌地区,当时也水源充足、植被丰富,"有的汉简上还提及敦煌有马、猪、牛、羊、狗、鸡、兔子等多种动物",甚至发现了两条蛇的干尸⑦。但尽管如此,汉代也仍有较多霾的记录,可见霾的出现并不能归咎于工业化和城市化造成的环境污染。统计显示,南京

---

① 如文帝二年诏曰:"农,天下之本,务莫大焉。"(《史记》卷一〇《孝文本纪》,北京:中华书局1959年版,第428页)景帝后三年诏曰:"农,天下之本也。"(《汉书》卷六《景帝纪》,北京:中华书局1962年版,第152页)武帝元鼎六年诏曰:"农,天下之本也。泉流灌寖,所以育五谷也。"(《汉书》卷二九《沟洫志》,北京:中华书局1962年版,第1685页)东汉桓谭亦云:"夫理国之道,举本业而抑末利。"(《后汉书》卷二八上《桓谭传》,北京:中华书局1965年版,第958页)

② 《汉书》卷二七中之下《五行志中之下》,北京:中华书局1962年版,第1415页。

③ 《汉书》卷八《宣帝纪》,北京:中华书局1962年版,第258—259页。

④ 《汉书》卷二五下《郊祀志下》,北京:中华书局1962年版,第1270页。

⑤ 《后汉书》志一四《五行二》,北京:中华书局1965年版,第3301页。

⑥ 《后汉书》志一三《五行一》,北京:中华书局1965年版,第3285—3286页。按:类似记载还可见于《史记》卷一〇九《李将军列传》、《汉书》卷五三《景十三王传》、《后汉书》卷七六《循吏列传》等,兹不一一列举。

⑦ 张燕:《专家考证:敦煌汉代生态环境优于今日》,新华社,2002年5月26日,http://www.people.com.cn/GB/huanbao/55/20020526/737307.html。

的经济发展明显落后于上海和苏州①,但灰霾天气的出现却大大高于上海和苏州①,就是一个有力的证明(见图二)。

图二　2014年1月4日南京黄霾天气(图片引自中新网)

其次,在天人感应的神秘解释下,汉代的霾或"霾雾"并没有被视为自然现象,而是都被说成"灾异",并主要是由统治者的用人不当"造成"的。如关于建始元年(前32年)的"黄雾",许多"公卿大夫"便认定此乃"上天"对外戚王氏专权的遣诫——"是岁,帝元舅大司马大将军王凤始用事;又封凤母弟崇为安成侯,食邑万户;庶弟谭等五人赐爵关内侯,食邑三千户。复益封凤五千户,悉封谭等为列侯,是为五侯"②。谏大夫杨兴、博士驷胜等皆以为"阴盛侵阳之气也。高祖之约也,非功臣不侯,今太后诸弟皆以无功为侯,非高祖之约,外戚未曾有也,故天为见异"。而"言事者多以为然"③。对所谓"蒙气"或"蒙"和"霾雾",前引京房《易传》以及郎顗、黄琼的对策也都是推荐贤才,而要求贬黜奸佞和贪腐。即使到了魏晋以后,人们的观念也仍然基本相同。例如:

(永安元年)十一月甲午,风四转五复,蒙雾连日。(孙)綝一门

① 宋娟等:《江苏省快速城市化进程对雾霾日时空变化的影响》,载《气象科学》2012年第3期。
② 《汉书》卷二七下之上《五行志下之上》,北京:中华书局1962年版,第1449—1450页。
③ 《汉书》卷九八《元后传》,北京:中华书局1962年版,第4017页。

五侯皆典禁兵,权倾人主,有所陈述,敬而不违,于是益恣。①

　　凡天地四方昏蒙若下尘,十日五日已上,或一月,或一时,雨不沾衣而有土,名曰霾。故曰天地霾,君臣乖。②

　　(开元)二十九年三月丙午,风霾,日无光,近昼昏也。占为上刑急,人不乐生。③

这种认识和做法虽然是南辕北辙,但它却昭示我们:从汉代开始,霾的每次出现都可以说是一种严重的政治事件,统治者的关注点实际是在如何应对"天"的谴诫,因而所采取的种种措施,如罪己、任贤、策免三公等,没有也不可能对防治和减轻霾的灾害起到什么作用。更有意思的是,就限制皇权和改良政治而言,这种天人感应的比附尽管有一定的积极作用,但它的最终裁定权却完全掌握在皇帝或权臣手里。这就必然会导致一些无权无势的大臣成为其推脱责任的替罪羊,而真正有问题的权臣则往往被置于避风港中,甚至在多数情况下更沦为一种政治斗争的工具。仍以外戚王氏为例,一门五侯的专权被视为"天为见异"的根源,结果却由于成帝的一句"咎在朕躬"而完全没有了下文。④

　　再次,正因为汉代把霾或"霾雾"都视为政治事件,所以除了一些笼统记载,在史书上根本找不到霾对当时社会特别是农业生产造成灾害的具体描述。但可以肯定的是,霾对农业生产曾造成过很大灾害。别的不说,像"阴雾""黄雾""天气混浊""雾气白浊"等霾的出现,便或多或少会影响到日照,而导致农作物的减产。前引"大风从西北起,云气赤黄,四塞天下,终日夜下着地者黄土尘也",也显然会对土壤、庄稼造成严重的破

① 《三国志》卷四八《吴书·三嗣主传·孙休》,北京:中华书局1959年版,第1157页。
② 《晋书》卷一二《天文中》,北京:中华书局1974年版,第335页。
③ 《新唐书》卷三二《天文二》,北京:中华书局1975年版,第833页。
④ 按:虽然成帝的罪己让群臣无法再继续追责王氏,但绝大多数人是口服心不服的,实际仍然认为王氏的专权才是"黄雾四塞"的根源,并逐渐成为东汉人的共识。前引《五行志》《元后传》的直接比附就足以证明。东汉马太后亦据此指出:"昔王氏五侯同日俱封,其时黄雾四塞,不闻澍雨之应。"(《后汉书》卷一〇上《皇后纪上·明德马皇后》,北京:中华书局1965年版,第411页)

坏,更不用说劳动和生活方面的问题了。

图三　2014年4月雾霾下的伦敦(图片引自观察者网)

第四,霾的出现有一定规律,也是一种不可能完全消除的自然灾害。从汉代相关史料来看,并验证近年天气,霾的出现大多在冬春二季。这主要是因为冬天和春天通常都雨水较少,"瑞雪兆丰年""春雨贵如油"等民谚即突出地反映了这种现象。而一旦天气异常,如暖冬少雪,早春不雨,霾雾则频繁出现。前引郎𫖮、黄琼的上言都在阳嘉二年(133年)的春天,而且霾的出现往往都伴有"大旱""旱魃为虐"等记载,便说明了这二者之间存在直接的因果关系。时至今日也同样如此(见图三)。2013年秋天以来,由于长期没有下雨、下雪,从黄河流域到长江流域,甚至东北地区和珠江流域,都出现了大范围的灰霾天气,到2014年2月更达到中华人民共和国成立以来雾霾记载的顶点。然而,就在政府和社会各界忧心忡忡雾霾究竟该如何治理的时候,人们却奇异地发现从3月开始全国的雾霾明显变少,即使历来被诟病的北京、南京也常常是风和日丽、蓝天白云。而主要原因就是其雨水和冷气流逐渐多了。反之,在一些环境污染较小的发达国家,如法国、英国、日本等,也都纷纷出现了霾。① 因此,就减少

① 应强、尚栩:《记者手记:巴黎应对"法国式"雾霾》,新华网,2014年3月16日,http://news.xinhuanet.com/world/2014-03/16/c_119790739.htm。

雾霾而言,今天实际也和古代一样,在很大程度上要祈求老天爷能风调雨顺。从自然界的平衡来说,在抗御雪灾、暴雨、寒流和大风的同时,也更要看到它们可以为我们消除霾。

最后,霾的出现虽然是一种自然现象,但现代工业化和城市化造成的环境污染也确实大大加剧了霾的灾害程度。近10年来,在全国各地越来越多、灾害越来越大的灰霾或黄霾天气便充分说明了这一点,尽管许多地区的农民燃烧秸秆也应是一个重要原因。这就更加警示我们要大力贯彻科学发展观,把霾的防治问题与综合治理环境污染结合起来,尽可能地减少和缩小我国的环境污染,争取将霾的灾害降至最低限度。

第四章　以经治国与汉代经济

　　自从汉武帝"独尊儒术",在经学的强烈影响下,汉代经济也不可避免地发生了明显变化。这种变化既反映到经济思想上,又表现在经济政策中,对汉代经济的发展一定程度上起了制约作用。要深入研究以经治国,研究汉代经济,就不能不对经学的影响及其作用等问题进行一番探讨。

一、经济思想上的重大转变

　　稽诸史乘,自从汉武帝"独尊儒术",汉代的经济思想即开始发生转变。其主要表现,就是在关于"义利之辨"的观念上统治者由重利轻义已逐渐转变为重义轻利。

　　重义还是重利,这本是先秦百家争鸣的一个主要命题。因为它关系着对经济活动的如何引导,且决定着统治者的战略取向,所以当时的思想家都纷纷对它提出自己的看法。这些思想家大致可分为两派。一派是以法家为代表的功利主义者。他们认为人的本性都是自私的,人的本能就是趋利避害,所谓"见利莫能勿就,见害莫能勿避"[1]。因而主张应重利轻

---

[1] 黎翔凤撰,梁运华整理:《管子校注》卷一七《禁藏》,北京:中华书局 2004 年版,第 1015 页。

义,甚至提出利即是义,只谈利而不讲义。另一派则是以儒家为代表的"仁义"之士。他们一般认为,人的本性是善良的,人不能只讲利,还必须有一个义的制约;否则,"上下交征利",社会秩序就必然混乱,"而国危矣"。[①] 因之提出应重义轻利,乃至竟只谈义而不言利。应该说,这二者各自都有着不可替代的合理因素,对维护统治也都各有着独特功效。但是在社会发生剧烈变革的战国时代,为了能适应对社会财富的重新分配,也为了适应其政治变革,统治者更需要的,还是那种功利主义。这就决定了其争论的胜利者必然是功利主义,而成为统治者座上宾的也必然是鼓吹功利的法家人物。

汉承秦制,西汉前期的经济思想仍然是以逐利为主流。从《史记》和《汉书》的大量记载看,无论士农工商,大都以追求财富和权欲作为自己的思想动机。正如司马迁所说:

> 富者,人之情性,所不学而俱欲者也。故壮士在军,攻城先登,陷阵却敌,斩将搴旗,前蒙矢石,不避汤火之难者,为重赏使也。其在闾巷少年,攻剽椎埋,劫人作奸,掘冢铸币,任侠并兼,借交报仇,篡逐幽隐,不避法禁,走死地如骛者,其实皆为财用耳。今夫赵女郑姬,设形容,揳鸣琴,揄长袂,蹑利屣,目挑心招,出不远千里,不择老少者,奔富厚也。游闲公子,饰冠剑,连车骑,亦为富贵容也。弋射渔猎,犯晨夜,冒霜雪,驰坑谷,不避猛兽之害,为得味也。博戏驰逐,斗鸡走狗,作色相矜,必争胜者,重失负也。医方诸食技术之人,焦神极能,为重糈也。吏士舞文弄法,刻章伪书,不避刀锯之诛者,没于赂遗也。农工商贾畜长,固求富益货也。[②]

所以,也正是在这种观念的主要作用下,司马迁作《史记·货殖列传》,对古往以来的逐利活动才给予了高度肯定。故曰:"天下熙熙,皆为利来;天

---

① (清)焦循撰,沈文倬点校:《孟子正义》卷二《梁惠王上》,北京:中华书局1987年版,第37页。
② 《史记》卷一二九《货殖列传》,北京:中华书局1959年版,第3271页。

下壤壤,皆为利往。""人富而仁义附焉。"①即公然申明人的天性就是求利,所谓仁义亦只是"富"的附属物。

西汉前期继续盛行的这种营利之风,对经济振兴,特别是商品经济的活跃,曾起了重要作用。司马迁称:"汉兴,海内为一,开关梁,驰山泽之禁,是以富商大贾周流天下,交易之物莫不通,得其所欲。"②这说明,即使在社会比较安定时期,功利主义对经济发展也仍然有着非常重要的作用。正如恩格斯曾精辟指出:"自从阶级对立产生以来,正是人的恶劣的情欲——贪欲和权势欲成了历史发展的杠杆。"③然而片面强调功利还存在着严重缺陷。因为它无视精神生活的引导作用,破坏社会秩序,使得人们唯利是图、道德沦丧,对于稳固统治也是一个极大的威胁。秦的二世而亡即已证明了这一点。所以,从汉初开始,很多儒生都引鉴秦亡对功利主义猛烈抨击,提出了重义轻利的主张。陆贾便强调说:"治国治众者,不可以图利,治产业,则教化不行,而政令不从。"④韩婴也总结说:"秦之时,非礼义,弃《诗》《书》,略古昔,大灭圣道,专为苟妄,以贪利为俗,以告猎为化,而天下大乱。"⑤而贾谊更明确提出:

> 为人臣者主耳(而)忘身,国耳(而)忘家,公耳(而)忘私,利不苟就,害不苟去,唯义所在。上之化也,故父兄之臣诚死宗庙,法度之臣诚死社稷,辅翼之臣诚死君上,守圉扞敌之臣诚死城郭封疆。故曰圣人有金城者,比物此志也。⑥

但由于黄老思想当时占据着统治地位,他们的批评并没有从根本上动摇

---

① 《史记》卷一二九《货殖列传》,北京:中华书局1959年版,第3255—3256页。
② 《史记》卷一二九《货殖列传》,北京:中华书局1959年版,第3261页。
③ 中共中央马克思恩格斯列宁斯大林著作编译局编:《马克思恩格斯选集》第4卷,北京:人民出版社1972年版,第223页。
④ 王利器撰:《新语校注》卷下《怀虑》,北京:中华书局1986年版,第129页。
⑤ (西汉)韩婴撰,许维遹校释:《韩诗外传集释》卷五《第十六章》,北京:中华书局1980年版,第183—184页。
⑥ 《汉书》卷四八《贾谊传》,北京:中华书局1962年版,第2257页。

功利主义。

功利主义的最终动摇还是在西汉中期。这一时期,由于儒学的独尊地位已开始确立,重利观念在思想上便遭受到严峻挑战。同时,有很多儒生也乘机更加鼓吹重义,要求摒弃功利主义。董仲舒便在这时提出了他的名言——"夫仁人者,正其谊不谋其利,明其道不计其功"①,甚至危言说:"尔好谊,则民乡仁而俗善;尔好利,则民好邪而俗败。"②因而,随着双方地位的转化,终于在昭帝时爆发了一场公开论战,这就是著名的盐铁会议。

在盐铁会议上,与会的双方泾渭分明,一是以御史大夫桑弘羊为首的朝廷官员,一是从各地延请的所谓"贤良""文学"。他们围绕盐铁等政策的存废,就治国应重利还是重义而展开论战。前者力主重利,后者断然重义,双方针锋相对。正如桓宽所说:"余睹盐、铁之义,观乎公卿、文学、贤良之论,意指殊路,各有所出,或上仁义,或务权利。"③现略举一二,以资参证。《盐铁论·本议》:

> 文学曰:"孔子曰:'有国有家者,不患贫而患不均,不患寡而患不安。'故天子不言多少,诸侯不言利害,大夫不言得丧。畜仁义以风之,广德行以怀之。……"

> 大夫曰:"古之立国家者,开本末之途,通有无之用,市朝以一其求,致士民,聚万货,农商工师各得所欲,交易而退。《易》曰:'通其变,使民不倦。'故工不出,则农用乏;商不出,则宝货绝。农用乏,则谷不殖;宝货绝,则财用匮。……"④

《盐铁论·毁学》:

> 大夫曰:"司马子言:'天下穰穰,皆为利往。'……故尊荣者士之

① 《汉书》卷五六《董仲舒传》,北京:中华书局 1962 年版,第 2524 页。
② 《汉书》卷五六《董仲舒传》,北京:中华书局 1962 年版,第 2521 页。
③ 王利器撰:《盐铁论校注(定本)》卷一〇《杂论》,北京:中华书局 1992 年版,第 613 页。
④ 王利器撰:《盐铁论校注(定本)》卷一《本议》,北京:中华书局 1992 年版,第 2—3 页。

愿也,富贵者士之期也。"

　　文学曰:"君子怀德,小人怀土。贤士殉名,贪夫死利。……非乐卑贱而恶重禄也,虑患远而避害谨也。"①

结果,在经过激烈的辩论后,以桑弘羊为代表的重利主张虽然使盐铁政策仍得以保留,但贤良、文学的意见并没有被真正压倒,反而在舆论上得到了更多的支持,最终还是后者取得了胜利。至元帝继位后,盐铁等政策即被宣布废除。而桑弘羊因主持盐铁专卖,也作为"榷利"之臣被彻底否定。如哀帝时,杨雄便严厉指责说:"譬诸父子,为其父而榷其子,纵利,如子何?"②这也表明,到西汉后期,统治者已最终完成了由重利观念向重义观念的转变。

　　因此,原来弥漫整个社会的功利思想逐渐销声匿迹,经学的重义观念则成了不刊之论。比如:

　　大人之学也,为道;小人之学也,为利。③

　　自古于今,上以天子,下至庶人,蔑有好利而不亡者,好义而不彰者也。④

　　君臣争明,朝廷争功,士大夫争名,庶人争利,此乖国之风也。⑤

所以,也正是在这股重义潮流推动下,班固写《司马迁传》,对司马迁才作出了"述货殖则崇势利而羞贱贫"⑥的批评。这也充分说明,无论重利或重义,它们的提出都不过是一种历史的产物。

　　当然,汉代这种义利观念的转变,并不意味着统治者不重视物质利

---

① 王利器撰:《盐铁论校注(定本)》卷四《毁学》,北京:中华书局1992年版,第230—231页。

② 汪荣宝撰,陈仲夫点校:《法言义疏》卷七《寡见》,北京:中华书局1987年版,第241页。

③ 汪荣宝撰,陈仲夫点校:《法言义疏》卷二《学行》,北京:中华书局1987年版,第31页。

④ (汉)王符著,(清)汪继培笺,彭铎校正:《潜夫论笺校正》卷一《遏利》,北京:中华书局1985年版,第26页。

⑤ (东汉)荀悦撰,(明)黄省曾注,孙启治校补:《申鉴注校补·政体》,北京:中华书局2012年版,第27页。

⑥《汉书》卷六二《司马迁传》,北京:中华书局1962年版,第2738页。

益,而是主张对求利要有一个义的制约。其目的实际还是首先要保证统治者的利益,即希望按人们各自的社会等级来获取物质利益,以维护尊卑贵贱的统治秩序。因为在生产力水平低下的古代社会,物质财富的生产要受到很大限制,不可能在满足过多的逐利活动后再保证按既定的等级关系分配。但是等级制度又要求按照这种关系分配,即要求把分配维持在既要尽可能地满足统治者的需要,又要不失限度地保证被统治者能够进行社会再生产的需要。如班固就明确提出:

> 昔先王之制,自天子公侯卿大夫士至于皂隶抱关击柝者,其爵禄奉养宫室车服棺椁祭祀死生之制各有差品,小不得僭大,贱不得逾贵。夫然,故上下序而民志定。[1]

所以,为了保证在分配上的"各有差品",从而保证在政治上的"上下有序",经学才始终反对一味逐利,而主张"见利思义"和"以义克利"。这也是为什么从此以后历代统治者都强调重义轻利的根源所在。

但不幸的是,这种良苦用心对现实生活却往往收效甚微。在物质利益不可或缺的前提下,尤其是拥有财富就几乎拥有一切的情况下,义的约束是根本阻挡不住对于利的追逐的。且不说普通百姓,就是日诵孔孟之言的所谓"通儒",也仍然摆脱不了利的强烈诱惑。例如前引匡衡,说《诗》号称"匡鼎"[2],成帝时任丞相,便公然将自己的封邑多占了国家土地四百顷。再如公孙弘、韦贤、张禹、孔光和马宫等,班固亦批评他们"咸以儒宗居宰相位,服儒衣冠,传先王语,其醖藉可也,然皆持禄保位,被阿谀之讥"[3]。所以,王符曾一针见血指出:"世人之论也,靡不贵廉让而贱财利焉,及其行也,多释廉甘利。"[4]这种言行不一的现象与统治者的愿望

---

① 《汉书》卷九一《货殖传·序》,北京:中华书局 1962 年版,第 3679 页。
② 《汉书》卷八一《匡衡传》,北京:中华书局 1962 年版,第 3331 页。
③ 《汉书》卷八一《匡张孔马传·赞》,北京:中华书局 1962 年版,第 3366 页。
④ (汉)王符著,(清)汪继培笺,彭铎校正:《潜夫论笺校正》卷一《遏利》,北京:中华书局 1985 年版,第 24 页。

正相反,它非但没有对所谓逐利起到多大作用,反而适足说明义的空谈和虚伪,更加暴露出经学的保守性。因此,随着时代的变迁,到了东汉末年,这种重义观念便重新为重利观念所取代。

二、经济政策中的显著变化

汉代自武帝"独尊儒术",统治者的经济政策也开始发生变化。

首先是重农政策有了明显变化。在西汉前期,统治者踵秦继续推行重农政策。但是他们虽强调重农,在立论上却只是一种朴素的农本思想,如文帝二年(前178年)诏曰:"农,天下之大本也,民所恃以生也。"①而在"独尊儒术"后,其立论则具有经学的浓厚色彩。他们这时已不再简单地提出以农为本,而是用经学来论述关于重农的必要性。例如,阳朔四年(前21年),成帝为强调重农,在诏书中便引用《尚书》来勉励各地官吏积极劝勉农桑。其文云:

> 夫《洪范》八政,以食为首,斯诚家给刑错之本也。先帝劝农,薄其租税,宠其强力,令与孝弟同科。间者,民弥惰怠,乡本者少,趋末者众,将何以矫之? 方东作时,其令二千石勉劝农桑,出入阡陌,致劳来之。《书》不云乎? "服田力穑,乃亦有秋。"其勖之哉!②

又据《后汉书》卷三《章帝纪》记载,元和元年(84年),章帝诏听任"郡国募人无田欲徙它界就肥饶者"③,其根据也同样是"王者八政,以食为本"。甚至为了表示重农,在关于所谓"籍田"的意义、内容和程序上,汉王朝也完全是采用了经学。如《白虎通》卷六《耕桑》:"王者所以亲耕、后亲桑何? 以率天下农蚕也。"④从具体操作看,《后汉书》志四《礼仪上》载:"正

---

① 《汉书》卷四《文帝纪》,北京:中华书局1962年版,第118页。
② 《汉书》卷一〇《成帝纪》,北京:中华书局1962年版,第314页。
③ 《后汉书》卷三《章帝纪》,北京:中华书局1965年版,第145页。
④ (清)陈立撰,吴则虞点校:《白虎通疏证》卷六《耕桑》,北京:中华书局1994年版,第276页。

月始耕。昼漏上水初纳,执事告祠先农,已享。耕时,有司请行事,就耕位,天子、三公、九卿、诸侯、百官以次耕。力田种各耰讫,有司告事毕。"刘昭便注引《月令》说:"天子亲载耒耜,措之参保介之御间,帅三公、九卿,躬行帝籍。"①又注引干宝《周礼》注云:

> 古之王者,贵为天子,富有四海,而必私置籍田,盖其义有三焉:一曰,以奉宗庙,亲致其孝也;二曰,以训于百姓在勤,勤则不匮也;三曰,闻之子孙,躬知稼穑之艰难无违[逸]也。②

注引郑玄《周礼注》亦曰,"天子三推,公五推,卿、诸侯九推,庶人终于千亩"③。可见,经学当时确已被作为重农政策的依据,这正是汉代以经治国所带来的新变化。

毫无疑问,汉王朝推行重农政策,目的在于发展小农经济,以保证其赋税、徭役的来源。但问题是,当时存在严重的土地兼并,要想重农还必须保证农民有一定数量的土地。因为农民如果没有土地,所谓重农也就失去了意义。所以根据经学,汉代统治者又提出了限田政策。史载董仲舒即率先向汉武帝建议说:古者"民财内足以养老尽孝,外足以事上共税,下足以畜妻子极爱,故民说从上。至秦则不然,用商鞅之法,改帝王之制,除井田,民得卖买,富者田连阡陌,贫者亡立锥之地。……汉兴,循而未改。古井田法虽难卒行,宜少近古,限民名田,以澹不足,塞并兼之路"④。以后盐铁会议上的贤良、文学,哀帝时的师丹,东汉后期的崔寔、仲长统、何休、荀悦等人,也都提出过类似主张。更值得注意的是,这种限田主张并没有被停留在建议上,也确曾为汉王朝所采纳。武帝在董仲舒上书后,便规定:"贾人有市籍者,及其家属,皆无得籍名田,以便农。"⑤又蔡质《汉

---

① 《后汉书》志四《礼仪上》,北京:中华书局 1965 年版,第 3106 页。
② 《后汉书》志四《礼仪上》,北京:中华书局 1965 年版,第 3106 页。
③ 《后汉书》志四《礼仪上》,北京:中华书局 1965 年版,第 3106 页。
④ 《汉书》卷二四上《食货志上》,北京:中华书局 1962 年版,第 1137 页。
⑤ 《史记》卷三〇《平准书》,北京:中华书局 1959 年版,第 1430 页。

仪》说,武帝置州刺史,以六条问事:"一条,强宗豪右,田宅逾制……"①哀帝在师丹等人的建议下亦明令宣布限田,并就有关问题作了具体规定:

> 诸王、列侯得名田国中,列侯在长安及公主名田县道,关内侯、吏民名田,皆无得过三十顷。诸侯王奴婢二百人……贾人皆不得名田、为吏,犯者以律论。诸名田畜奴婢过品,皆没入县官。②

还有王莽的"王田"制,光武帝的所谓"度田",实际也都含有限田的意图。可见,他们当时也确曾借助经学试图来解决土地问题。不过是由于在封建剥削制度下,要限田就势必动摇其根基,才使它没有产生多少效果而已。当然,这也并不是经学本身所能解决的问题。

为了调动农民的生产积极性,西汉建立后,统治者还制定了轻徭薄赋政策。这一政策在"独尊儒术"后也具有经学的浓厚色彩。

关于徭役,汉代的徭役主要有"更役"和"外徭"等。一般来说,更役是指成年男子每年一个月的劳役,每次或数次相加为 30 天,亦即董仲舒所说的"月为更卒"③。成年妇女也要服役,但劳动强度较低,相当于"半役"。而外徭则是指远离本土且役期较长和劳动强度大的更役④,通常也是 30 天。汉代的"轻徭"大多是减免更役,并主要表现在西汉时期。如本始三年(前 71 年),宣帝因郡国大旱便规定"三辅民就贱者,且勿收事,尽四年"。师古曰:"收谓租赋也,事谓役使也。"⑤另外像孝子、贞妇、高年等,也都曾被免除徭役。所谓"西京时,或以从军,或以三老,或以孝悌、力田,或以明经,或以博士弟子,或以功臣,后以至民产子者,大父母、父母之

---

① 《汉书》卷一九上《百官公卿表上》,北京:中华书局 1962 年版,第 742 页［注］一。
② 《汉书》卷一一《哀帝纪》,北京:中华书局 1962 年版,第 336 页。
③ 《汉书》卷二四上《食货志上》,北京:中华书局 1962 年版,第 1137 页。
④ 详请参看白寿彝、高敏、安作璋主编:《中国通史》第五卷,上海:上海人民出版社 1995 年版,第 772 页。
⑤ 《汉书》卷八《宣帝纪》,北京:中华书局 1962 年版,第 244 页。

年高者,给崇高之祠者,莫不得复"①。至于东汉时期的复除,多属于特殊情况。史载元和二年(85年),章帝以春天乃和育季节,诏"诸怀妊者,赐胎养谷人三斛,复其夫,勿算一岁,著以为令"②。这可以说是比较少见的事例。

再从赋税来看,汉代与农民有关的赋税主要有算赋、口钱、田租、刍稿、假税等。算赋是成年人的人口税,一般是每人每年一百二十钱。如《汉书》卷一上《高帝纪》注引如淳曰:"民年十五以上至五十六出赋钱,人百二十为一算。"③口钱乃是未成年人的人口税,在西汉前中期是指四岁至十四岁的儿童和少年,西汉后期则改为七岁至十四岁。如《汉书》卷七《昭帝纪》注引如淳曰:"《汉仪注》民年七岁至十四岁出口赋钱,人二十三。二十钱以食天子,其三钱者,武帝加口钱以补车骑马。"④田租是按户征收的土地税,其税率自景帝二年(一说景帝元年)后定为三十税一。《汉书》卷二四上《食货志上》:"孝景二年,令民半出田租,三十而税一也。"⑤刍稿亦名"稿税",就是禾杆,乃是田亩的附加税。《汉书》卷三九《萧何传》载萧何请言说:"上林中多空地,弃,愿令民得入田,毋收稿为兽食。"[注]曰:"稿,禾杆也。言恣人田之,不收其稿税也。"⑥从秦汉简牍来看,刍稿税有"顷刍稾"和"户刍"(可以和"稿税"折换)之分。⑦"顷刍稾"是按拥有土地的亩数交纳刍稾税。秦时依照农民申请开垦的草田并被官府备案的总亩数来交纳刍稾,如睡虎地秦简《秦律十八种·田律》规定:"入顷刍稾,以其受田之数,无垦(垦)不垦(垦),顷入刍三石,稾二

① (南宋)徐天麟撰:《东汉会要》卷二九《复除》,上海:上海古籍出版社1978年版,第430—431页,"臣天麟按"。
② 《后汉书》卷三《章帝纪》,北京:中华书局1965年版,第148页。
③ 《汉书》卷一上《高帝纪上》,北京:中华书局1962年版,第46页。
④ 《汉书》卷七《昭帝纪》,北京:中华书局1962年版,第230页。
⑤ 《汉书》卷二四上《食货志上》,北京:中华书局1962年版,第1135页。
⑥ 《汉书》卷三九《萧何传》,北京:中华书局1962年版,第2011—2012页。
⑦ 参看拙文:《睡虎地秦简与授田制研究的若干问题》,载《历史研究》2018年第1期。

石。"①汉代则是按照实际耕种的土地面积交纳刍稿税,如张家山汉简《二年律令·户律》"卿以上所自田户田,不租,不出顷刍稿"(317)②。"户刍"指按户缴纳的刍稿税,岳麓书院藏秦简《金布律》的规定证明"户赋"的征收即包括刍稿——"出户赋者,自泰庶长以下,十月户出刍一石十五斤;五月户出十六钱,其欲出布者,许之"③。江陵凤凰山西汉墓出土的木牍也记载"平里户刍廿七石""稿上户刍十三石"④。假税则是国家"假民公田"所征收的土地税,实际上就是田租,只不过后者是向耕种私家田地的农民征收,而前者是向耕种公田的农民征收。所谓"假税殊名,其实一也"⑤。

汉代自武帝开始,关于赋税的减免越来越多。其中一个很重要的原因,就是受到了经学的影响。例如算赋,史载建元元年(前 140 年),武帝为赡养老人,便规定民"年八十复二算"。[注]引张晏曰:"二算,复二口之算也。"⑥建始二年(前 31 年),成帝因"皇天报应,神光并现",亦诏"减天下赋钱,算四十"。⑦ 又建武二十二年(46 年),光武帝以地震咎在君上,令"南阳勿输今年田租刍稿。……其口赋逋税而庐宅尤破坏者,勿收责"⑧;元和元年(84 年),章帝以"王者八政,以食为本",诏赐予流民公田者,"勿收租五岁,除算三年"等。再如口钱,西汉前期规定民年满三岁出口钱⑨,贡禹以征敛太重而上书元帝,要求至民年七岁再出口钱——

> 禹以为古民亡赋算口钱,起武帝征伐四夷,重赋于民,民产子三

---

① 睡虎地秦墓竹简整理小组编:《睡虎地秦墓竹简·秦律十八种》,北京:文物出版社 1978 年版,第 27 页。

② 张家山二四七号汉墓竹简整理小组编著:《张家山汉墓竹简〔二四七号墓〕》(释文修订本),北京:文物出版社 2006 年版,第 52 页。

③ 陈松长主编:《岳麓书院藏秦简(肆)》,上海:上海辞书出版社 2015 年版,第 107 页。

④ 裘锡圭:《湖北江陵凤凰山十号汉墓出土简牍考释》,载《文物》1974 年第 7 期。

⑤ 王利器撰:《盐铁论校注(定本)》卷三《园池》,北京:中华书局 1992 年版,第 172 页。

⑥ 《汉书》卷六《武帝纪》,北京:中华书局 1962 年版,第 156 页。

⑦ 《汉书》卷一〇《成帝纪》,北京:中华书局 1962 年版,第 305 页。

⑧ 《后汉书》卷一下《光武帝纪下》,北京:中华书局 1965 年版,第 74 页。

⑨ 参看拙文:《沅陵汉简〈计簿〉中的人口与"事算"新证》,载《中国社会科学报》,2021 年 12 月 22 日《争鸣》,第 10 版。

> 岁则出口钱,故民重困,至于生子辄杀,甚可悲痛。宜令儿七岁去齿
> 乃出口钱。

故"天子下其议,令民产子七岁乃出口钱,自此始"①。至于减免田租、刍
稿和假税,这方面的事例更是不胜枚举。史载永建六年(131 年),顺帝诏
免征冀州当年田租与刍稿,便特别引经说:"《易》美'损上益下',《书》称
'安民则惠'。其令冀部勿收今年田租、刍稿。"②又前引成帝诏书中说,
"先帝劝农,薄其租税";和帝时灾害频仍,"令得渔采山林池泽,不收假
税"③;殇帝根据《诗》"不畏于天,不愧于人",敕有司于水灾时"各实核所
伤害,为除田租、刍稿"④;等等。

尤其值得一提的是,在两《汉书》的记载中,甚至还有着统治阶级用
经学直接指导农田水利的事例。如董仲舒建议:"今关中俗不好种麦,是
岁失《春秋》之所重,而损生民之具也。愿陛下幸诏大司农,使关中民益
种宿麦,令毋后时。"⑤就是根据《春秋》强调使关中种麦。又《汉书》卷七
一《平当传》:"平当……以经明《禹贡》,使行河为骑都尉,领河堤。"⑥是
以《禹贡》来指导治河。章帝谕地方官说:"《月令》,孟春善相丘陵土地所
宜。今肥田尚多,未有垦辟。其悉以赋贫民,给予粮种,务尽地力,勿令游
手。"⑦这是根据《月令》而鼓励垦殖。以上事例虽然都是些零星记载,今
天看来亦殊为迂阔,但它却说明,在以经治国的思想指导下,汉代的农业
政策确曾受到经学的深刻影响。

除了以上所说,经学还在假民公田、废除苛政、劝勉农桑和赐爵等政
策上发挥了重要的指导作用,这对于缓解农民的土地问题和保证农民的

---

① 《汉书》卷七二《贡禹传》,北京:中华书局 1962 年版,第 3075、3079 页。
② 《后汉书》卷六《顺帝纪》,北京:中华书局 1965 年版,第 258 页。
③ 《后汉书》卷四《和帝纪》,北京:中华书局 1965 年版,第 185 页。
④ 《后汉书》卷四《殇帝纪》,北京:中华书局 1965 年版,第 198 页。
⑤ 《汉书》卷二四上《食货志上》,北京:中华书局 1962 年版,第 1137 页。
⑥ 《汉书》卷七一《平当传》,北京:中华书局 1962 年版,第 3050 页。
⑦ 《后汉书》卷三《章帝纪》,北京:中华书局 1965 年版,第 154 页。

生产时间等,亦不无益处。详见本书第七章"以经治国与汉代'荒政'"。

其次,汉代的工商业政策也出现了非常显著的变化。这主要表现在汉王朝用经学对其抑末政策的重新解释和改造。

所谓"抑末",就是抑制工商。这种政策在西汉中期以后,从形式到内容,都产生了深刻变化。而所以会产生变化,一个重要原因,就是很多儒生把经学引入抑末的理论之中。他们从重义轻利的角度着眼,认为抑末之所以必要,不仅是在于所谓重本即重农,更重要的还关系到重义还是重利的问题。例如在盐铁会议,文学就明确提出:

> 窃闻治人之道,防淫佚之原,广道德之端,抑末利而开仁义,毋示以利,然后教化可兴,而风俗可移也。①

并根据《公羊》学总结说:"《传》曰:'诸侯好利则大夫鄙,大夫鄙则士贪,士贪则庶人盗。'是开利孔为民罪梯也。"②因此,在这种观念的影响下,原来标榜"重农"的抑末政策就被赋予新的解释,从而产生了变化。

当然,其根本原因还是在于官僚、地主的反对。因为他们对"事末"都有着强烈愿望,而汉武帝所开始推行的抑末政策却完全垄断了工商业,根本不容他们染指。③ 所以他们便联合商贾,以经学为武器对这一政策猛烈抨击,甚至明确提出:汉武帝虽名为"抑末",推行盐铁专卖、均输、平准等政策,实际却并非抑末,而是榷利,也根本不合经义。如《盐铁论·本议》载文学之言称:

> 窃闻治人之道,防淫佚之原,广道德之端,抑末利而开仁义,毋示以利,然后教化可兴,而风俗可移也。今郡国有盐铁、酒榷、均输,与民争利。散敦厚之朴,成贪鄙之化。是以百姓就本者寡,趋末者众。夫文繁则质衰,末盛则本亏。末修则民淫,本修则民悫。民悫则财用

---

① 王利器撰:《盐铁论校注(定本)》卷一《本议》,北京:中华书局1992年版,第1页。
② 王利器撰:《盐铁论校注(定本)》卷一《本议》,北京:中华书局1992年版,第4页。
③ 参看拙文:《从西汉抑商政策看官僚地主的经商》,载《中国史研究》1991年第4期。

足,民侈则饥寒生。愿罢盐铁、酒榷、均输,所以进本退末,广利农业,便也。①

这就不能不使汉王朝要考虑对抑末政策进行调整。结果,在各种因素的作用下,最终导致了整个抑末政策的改变。首先是盐铁会议后霍光罢除了酒榷,如《汉书》卷七《昭帝纪》载:"秋七月,罢榷酤官,令民得以律占租。"②接着元帝废盐铁官与常平仓——"元帝即位,天下大水……在位诸儒多言盐铁官及北假田官、常平仓可罢,毋与民争利。上从其议,皆罢之"③。最后是彻底改变了自武帝以来的抑末政策。到东汉时,统治者已只是提出限制工商业,很少再推行像汉武帝那样的抑末政策。即使是偶有实行,也很快遭到反对而废止。如章帝一度恢复均输与食盐专卖,朱晖便强烈反对说:"王制,天子不言有无,诸侯不言多少,禄食之家不与百姓争利。今均输之法与贾贩无异,盐利归官,则下人穷怨……诚非明主所当宜行。"④到和帝时,便不得不明令宣布废止。诏曰:

> 昔孝武皇帝致诛胡、越,故权收盐铁之利,以奉师旅之费。自中兴以来,匈奴未宾,永平末年,复修征伐。先帝即位,务修力役,然犹深思远虑,安不忘危,探观旧典,复收盐铁,欲以防备不虞,宁安边境。而吏多不良,动失其便,以违上意。先帝恨之,故遗戒郡国罢盐铁之禁,纵民煮铸,入税县官如故事。其申敕刺史、二千石,奉顺圣旨,勉弘德化,布告天下,使明知朕意。⑤

这也表明,到东汉时,汉王朝已经用经学完成了对抑末政策的改造。

再次,汉代经济政策的变化还体现在禁民二业、崇俭黜奢等政策中。

---

① 王利器撰:《盐铁论校注(定本)》卷一《本议》,北京:中华书局1992年版,第1页。
② 《汉书》卷七《昭帝纪》,北京:中华书局1962年版,第224页。
③ 《汉书》卷二四上《食货志上》,北京:中华书局1962年版,第1142页。
④ 《后汉书》卷四三《朱晖传》,北京:中华书局1965年版,第1460页。
⑤ 《后汉书》卷四《和帝纪》,北京:中华书局1965年版,第167—168页。

（一）禁民二业

即禁止一人兼营两种行业,如农不得商,商不得官,官不得商,等等。这一政策实际是对于重农、抑末政策的一种补充。它的推行最早可追溯到汉高祖。史载他平定天下后,曾下令"贾人不得衣丝乘车,重租税以困辱之"①。而且,这一政策在惠、吕、文、景时期也都得到了贯彻。②《汉书》卷二四下《食货志下》云:"孝惠、高后时,为天下初定,复弛商贾之律,然市井子孙亦不得为官吏。"③一直到武帝时期,才打破了对于商贾仕宦的禁锢,如商贾巨子桑弘羊、东郭咸阳、孔仅等均身居显位。但这种做法当时便遭到朝野上下的反对。另一方面,随着越来越多的官吏经商,在景帝时已开始限制和禁止官吏经商。如景帝元年,因官吏"受财物,贱买贵买,论轻",景帝便下诏要求"廷尉与丞相更议著令"。④ 昭宣时虽略为放松,但反对"与民争利"的呼声也仍然不绝于耳。如元帝时,贡禹为御史大夫,"欲令近臣自诸曹侍中以上,家亡得私贩卖,与民争利,犯者辄免官削爵,不得仕宦"⑤。前引哀帝亦规定"贾人皆不得名田、为吏,犯者以律论"。不过,真正把禁民二业作为一项单独的经济政策来推行,并把它提到重义轻利的高度,还是在东汉前期。其具体时间虽不详,然而根据桓谭上书"夫理国之道,举本业而抑末利,是以先帝禁人二业"⑥,以及刘般所说"郡国以官禁二业,至有田者不得渔捕"⑦,也仍可以推断:这一政策的提出大致是在光武帝时,最晚到明帝时则已经被付诸实施。

汉代禁民二业政策是直接根据经学的观点制定的。如果说其重农、抑末等政策还只是用经学来完善或改造,那么这种政策则可以说完全建

① 《史记》卷三〇《平准书》,北京:中华书局 1959 年版,第 1418 页。
② 参看拙文:《从商鞅变法到西汉前期抑商政策的转变》,载《光明日报》,1985 年 2 月 13 日《史学》,第 3 版。
③ 《汉书》卷二四下《食货志下》,北京:中华书局 1962 年版,第 1153 页。
④ 《汉书》卷五《景帝纪》,北京:中华书局 1962 年版,第 140 页。
⑤ 《汉书》卷七二《贡禹传》,北京:中华书局 1962 年版,第 3077 页。
⑥ 《后汉书》卷二八上《桓谭传》,北京:中华书局 1965 年版,第 958 页。
⑦ 《后汉书》卷三九《刘般传》,北京:中华书局 1965 年版,第 1305 页。

立在经学的基础上。具体而言，就是它以经学的四民分工论作为制定和推行政策的依据。四民，即士、农、工、商；四民分工，也就是四民要各持其业。这种理论最早渊源于奴隶社会，以后到春秋时齐国管仲曾予以总结，形成了一套比较完整的理论。但是它的内容后来在百家争鸣的过程中也被吸收进了儒学，如《礼记》称"伐冰食禄之人"①不蓄鸡豚牛羊，《韩诗外传》云"千乘之君不通货财，委积之臣不操市井之利"②，《田令》曰"商者不农"③，《春秋》说大夫不夺农夫、女工之利，等等。因此，在汉代儒学被改造的过程中，其内容也被纳入经学的体系之中。如班固即解释说：

> 圣王域民，筑城郭以居之，制庐井以均之，开市肆以通之，设庠序以教之；士农工商，四民有业。学以居位曰士，开土殖谷曰农，作巧成器曰工，通财鬻货曰商。圣王量能授事，四民陈力受职，故朝亡废官，邑无敖民，地无旷土。④

再就《公羊》学而言，文献上亦有着大量记载。如何休论述说："古者有四民，一曰德能居位曰士；二曰辟土殖谷曰农；三曰巧心劳手以成器物曰工；四曰通财鬻货曰商。四民不相兼，然后财用足。"⑤至于其具体实施，则可以范迁、黄香等人的事例为代表。《后汉书》卷二七《郭丹传》：

> （范迁）及在公辅，有宅数亩，田不过一顷，复推与兄子。其妻尝谓曰："君有四子而无立锥之地，可余俸禄，以为后世业。"迁曰："吾备位大臣而蓄财求利，何以示后世！"⑥

《后汉书》卷八〇上《文苑列传上·黄香》：

① 《后汉书》卷八〇上《文苑列传上·黄香》，北京：中华书局1965年版，第2615页。
② 许维遹校释：《韩诗外传集释》卷四《第十四章》，北京：中华书局1980年版，第144页。
③ 《后汉书》卷八〇上《文苑列传上·黄香》，北京：中华书局1965年版，第2615页。
④ 《汉书》卷二四上《食货志上·序》，北京：中华书局1962年版，第1117—1118页。
⑤ （东汉）何休解诂，（唐）徐彦疏：《春秋公羊传注疏》卷一七《成公元年》，（清）阮元校刻：《十三经注疏》（附校勘记），北京：中华书局1980年版，第2289页。
⑥ 《后汉书》卷二七《郭丹传》，北京：中华书局1965年版，第941页。

> 黄香……迁魏郡太守。郡旧有内外园田,常与人分种,收谷岁数千斛。香曰:"《田令》'商者不农',《王制》'仕者不耕',伐冰食禄之人,不与百姓争利。"乃悉以赋人,课令耕种。[①]

足见,无论是理论还是实践,汉代禁民二业政策都完全建立在经学的基础上。

(二)崇俭黜奢

就是在消费生活中提倡节俭而反对奢侈。但实际上,这一政策也是从重农、抑末政策所衍生出来的。它在"独尊儒术"后同样发生了显著变化,主要就是其目的由原来仅仅是节用、足财而转变为重义轻利、维护尊卑秩序。如成帝诏禁奢侈即宣称:

> 圣王明礼制以序尊卑,异车服以章有德,虽有其财,而无其尊,不得逾制,故民兴行,上义而下利。方今世俗奢僭罔极,靡有厌足。公卿列侯亲属近臣,四方所则,未闻修身尊礼,同心忧国者也。或乃奢侈逸豫,务广第宅,治园池,多畜奴婢,被服绮縠,设钟鼓,备女乐,车服嫁娶葬埋过制。吏民慕效,浸以成俗,而欲望百姓节俭,家给人足,岂不难哉!《诗》不云乎?"赫赫师尹,民具尔瞻。"其申敕有司,以渐禁之。[②]

从有关记载看,在公卿百官中,也确有一些人曾经身体力行。如"公孙弘以宰相,布被,食不重味,为下先"[③];第五伦迁蜀郡太守,"蜀地肥饶,人吏富实,掾史家赀多至千万,皆鲜车怒马,以财货自达。伦悉简其丰赡者遣还之,更选孤贫志行之人以处曹任,于是争赇抑绝"[④];王畅拜南阳太守,"郡中豪族多以奢靡相尚,畅常布衣皮褥,车马羸败,以矫其敝"[⑤];等等。

① 《后汉书》卷八〇上《文苑列传上·黄香》,北京:中华书局1965年版,第2615页。
② 《汉书》卷一〇《成帝纪》,北京:中华书局1962年版,第324—325页。
③ 《汉书》卷二四下《食货志下》,北京:中华书局1962年版,第1160页。
④ 《后汉书》卷四一《第五伦传》,北京:中华书局1965年版,第1398页。
⑤ 《后汉书》卷五六《王龚传》,北京:中华书局1965年版,第1825页。

可见,其目的除了节俭,更重要的,还在于要借此来倡导重义,维护他们的尊卑贵贱制度。这显然是由经学的深刻影响造成的。它不但反映出在封建秩序稳固后,地主阶级从各方面对其等级制的维护,同时表明随着指导思想的转变,汉王朝的统治政策也都或多或少地要产生变化,只不过这是其中比较典型的事例而已。

最后,汉代的货币政策也受到经学的深刻影响。汉代的货币政策大致经历了两次重大转变。一次是在西汉前期,是由秦代的国家统一铸造而改为“自由放铸”。当时经济极度凋敝,一方面大乱初定,亟需恢复和发展经济;另一方面惩戒亡秦之败,统治者推行黄老政策,也不想过多干预经济。这是西汉前期之所以采取“自由放铸”政策的主要原因。《史记》卷三〇《平准书》说:

> 汉兴,接秦之敝,丈夫从军旅,老弱转粮饷,作业剧而财匮,自天子不能具均驷,而将相或乘牛车,齐民无藏盖。于是为秦钱重难用,更令民铸钱,一黄金一斤,约法省禁。而不轨逐利之民,蓄积余业以稽市物,物踊腾粜,米至石万钱,马一匹则百金。……至孝文时,荚钱益多,轻,乃更铸四铢钱,其文为“半两”,令民纵得自铸钱。故吴,诸侯也,以即山铸钱,富埒天子,其后卒以叛逆。邓通,大夫也,以铸钱财过王者。[1]

另一次是在西汉中期,又改为“集中官铸”。由于“自由放铸”造成了币制混乱,危害了经济的发展,所谓“钱益多而轻,物益少而贵”[2],因而在中元六年(前144年),景帝即开始“定铸钱伪黄金弃市律”[3]。加之武帝要加强中央集权,以及解决财政困难问题,至元鼎四年(前113年),经过三次比较大的改革后,最终采取了“集中官铸”的政策。“于是悉禁郡国毋铸

---

① 《史记》卷三〇《平准书》,北京:中华书局1959年版,第1417—1419页。
② 《史记》卷三〇《平准书》,北京:中华书局1959年版,第1425—1426页。
③ 《汉书》卷五《景帝纪》,北京:中华书局1962年版,第148页。

钱,专令上林三官铸"五铢钱。①

对于汉代这两次货币政策的调整,经学的影响主要表现在第二次转变之后。尽管在西汉前期贾谊、贾山等也曾根据经学提出应禁止民铸,但由于黄老思想仍占据主导地位,他们的主张并没有引起人们的重视。而在汉武帝"集中官铸"后,情况则明显不同。随着以经治国的推行,人们已把"官铸"还是"民铸"视为能否重本抑末、能否重义轻利的体现,甚至提出应废除钱币,而改为实物货币。贡禹就是一例。《汉书》卷七二《贡禹传》载贡禹称:

> 古者不以金钱为币,专意于农。……自五铢钱起已来七十余年,民坐盗铸钱被刑者众,富人积钱满室,犹无厌足。民心动摇,商贾求利,东西南北各用智巧,好衣美食,岁有十二之利,而不出租税。农夫父子暴露中野,不避寒暑,挃草杷土,手足胼胝,已奉谷租,又出稿税,乡部私求,不可胜供。故民弃本逐末,耕者不能半。贫民虽赐之田,犹贱卖以贾,穷则起为盗贼。何者?末利深而惑于钱也。是以奸邪不可禁,其原皆起于钱也。疾其末者绝其本,宜罢采珠玉金银铸钱之官,亡复以为币。市井勿得贩卖,除其租铢之律,租税禄赐皆以布帛及谷。使百姓壹归于农,复古道便。②

东汉时,尚书张林等和章帝也是如此。《后汉书》卷四三《朱晖传》云:

> 是时谷贵,县官经用不足,朝廷忧之。尚书张林上言:"谷所以贵,由钱贱故也。可尽封钱,一取布帛为租,以通天下之用。……"于是诏诸尚书通议。晖奏据林言不可施行,事遂寝。后陈事者复重述林前议,以为于国诚便,帝然之,有诏施行。③

更重要的是,自从钱币官铸后,无论主张"官铸"或"民铸",还是主张行钱

---

① 《汉书》卷二四下《食货志下》,北京:中华书局1962年版,第1169页。
② 《汉书》卷七二《贡禹传》,北京:中华书局1962年版,第3075—3076页。
③ 《后汉书》卷四三《朱晖传》,北京:中华书局1965年版,第1460页。

或废钱,亦不论能否实行,人们在论述中也都以经学为依据。例如盐铁会议,其双方关于货币政策的论战就是非常典型的事例。以桑弘羊来说,他为了证明"官铸"的合理性,除了引用《管子》,主要是以殷、周异礼而治和《春秋》"大一统"为据。而文学为了证明"民铸"的合理性,则强调重义轻利、禁民二业,并引用了《诗经》和《春秋》。《盐铁论·错币》:

> 大夫曰:"交币通施,民事不及,物有所并也。计本量委,民有饥者,谷有所藏也。……故人主积其食,守其用,制其有余,调其不足,禁溢羡,厄利涂,然后百姓可家给人足也。"(按:"交币通施"句,语本《管子·国蓄》)

> 文学曰:"古者,贵德而贱利,重义而轻财。……仕者不稽,田者不渔,抱关击柝,皆有常秩,不得兼利尽物。如此,则愚智同功,不相倾也。《诗》云:'彼有遗秉,此有滞穗,伊寡妇之利。'言不尽物也。"

> 大夫曰:"汤、文继衰,汉兴乘弊。一质一文,非苟易常也。俗弊更法,非务变古也,亦所以救失扶衰也。……故山泽无征,则君臣同利;刀币无禁,则奸贞并行。夫臣富则相侈,下专利则相倾也。"

> 文学曰:"古者,市朝而无刀币,各以其所有易所无,抱布贸丝而已。……汉初乘弊,而不改易,畜利变币,欲以反本,是犹以煎止燔,以火止沸也。"

> 大夫曰:"文帝之时,纵民得铸钱……吴、邓钱布天下,故有铸钱之禁。……故统一,则民不二也;币由上,则下不疑也。"

> 文学曰:"往古,币众财通而民乐。……《春秋》曰:'算不及蛮、夷则不行。'故王者外不鄣海泽以便民用,内不禁刀币以通民施。"[①]

尽管双方的论述在引用经义时还存在断章取义、为我所用的问题,但他们的论述都曾引经据典。经学的影响之大,由此亦可以概见。

汉代经济政策的上述变化,集中体现了经学对于经济的引导作用。它

---

① 王利器撰:《盐铁论校注(定本)》卷一《错币》,北京:中华书局1992年版,第56—58页。

一方面推动统治者对农业更加重视,如劝勉农桑,减轻农民负担(轻徭薄赋),保证农民有一定的土地(限田、赋民公田或假民公田、鼓励垦殖)和耕作时间(不违农时);另一方面,又促使他们从思想上鄙视工商,逐渐放弃了工商官营的政策,并放宽和默许官僚、贵族的经商。结果,这既使得其重农成效斐然,有力促进了农业的发展,同时也使得一度遭受打击的私营工商业又重新开始活跃,恢复和发展了商品经济(当然也有着商品经济发展畸形和官商结合的问题)。[①] 而且,它还标志着中国古代具有儒学特色的经济政策的确立。由于以后的封建王朝都将儒学奉为正统,莫不继承了这些政策,它们又成为中国古代传统的经济政策,对以后的经济发展也产生了深远影响。从某种意义上说,这也是中国古代经济史上的一个重要转折。

三、关于经学与汉代经济研究中的几个问题

为了避免在研究中可能出现的偏差,在探讨经学与汉代经济问题时,还要特别注意几个问题。

第一,不能过分夸大经学对汉代经济的影响。汉人还不懂唯物史观,他们在论述经济问题时,总是会把思想或观念有意无意地看作决定因素,即总是倒果为因,把经学视为经济发展的原因。这就要求在研究时不能被他们的观念所左右,而应当坚持科学的唯物史观。因为不论对汉代经济有着多么深刻的影响,经学作为意识形态,归根结底还是要由经济基础决定的。而且,经学之所以能对汉代经济的发展产生作用,恰恰也正是由于顺应了后者本身的客观要求。即由其所谓重农看,这实际就是对当时经济的一种客观反映。别的不说,仅仅由于农业在古代决定着最主要的衣食之源,所谓"衣食者民之本,稼穑者民之务"[②],这也势必要求它在生产力还相当低下的古代社会里被作为最重要的生产部门。正如恩格斯所

---

① 参看拙文:《从西汉抑商政策看官僚地主的经商》,载《中国史研究》1991 年第 4 期。
② 王利器撰:《盐铁论校注(定本)》卷一《力耕》,北京:中华书局 1992 年版,第 29 页。

说:"农业是整个古代世界的决定性的生产部门。"①经学则不过是按儒学观点把这种要求系统反映出来,如此而已。所以,我们要研究它对经济的影响,也只能就此意义上进行探讨,而不能把它过于夸大。

第二,应历史地看待经学对经济的指导作用。尽管经学对经济发展曾产生过很多消极影响,但在一定的历史时期也有着积极作用,甚至主要是积极作用,因之不能一概而论。但有的学者却主张应把它完全否定:"正统经济思想(笔者按:即经学或儒学的经济思想)是为腐朽的社会势力服务的经济思想……是一种保守的、停滞的思想,是一套僵化了的教条的集合体。"②这显然是值得商榷的。

首先,把经学的服务对象简单说成"腐朽"势力,这是对经学服务对象的严重误解。众所周知,自汉代以后,由于经学被历代王朝皆奉为信条,它的服务对象便只有一个,就是地主阶级。而地主阶级是不能简单说成"腐朽"势力的,因为它并不从来就是所谓"腐朽"势力。相反,它在历史上还曾经是一个生气勃勃、代表着先进生产关系的阶级,并且对社会进步曾做出过巨大贡献。例如战国时期,这一时期的地主阶级纷纷变法,极大地促进了社会变革和经济文化的发展,显然就不能说是"腐朽"势力。再就汉唐而言,所谓"汉唐盛世"虽然说是劳动人民的辛勤创造,但与地主阶级的励精图治也有着莫大关系。无论是"文景之治"和"光武中兴",还是"贞观之治"或"开元盛世"等,在这些局面的形成过程中,地主阶级都曾经发挥过不容忽视的作用,而很难说是什么"腐朽"势力的作为。又怎么能把地主阶级简单说成"腐朽"势力呢?

其次,完全认为经学的经济思想"保守"也不符合事实。经学的经济思想固然具有较多的保守性,并且在汉代被独尊后便多少表现出来,但也并不是没有积极作用。从历史发展的观点看,在封建制度正处于巩固、发

---

① 中共中央马克思恩格斯列宁斯大林著作编译局编:《马克思恩格斯选集》第4卷,北京:人民出版社1972年版,第145页。

② 赵靖:《中国古代经济思想史讲话》,北京:人民出版社1986年版,第314页。

展的两汉时期,它们的作用其实主要还不是消极保守,而是与经济的客观要求相适应,促进了经济的发展。即如被严厉指责的"抑末"说,其作用主要便应当肯定。尽管在客观上它也曾使得人们鄙视工商,并造成"讳言财利"的问题,但主旨却只是反对国家的工商垄断,以争得私营工商业的正常发展。前述盐铁会议后,私营工商业被逐渐开放并复兴,便足以证明。以长安地区为例,《汉书》卷九一《货殖传》称:

> 前富者既衰,自元、成讫王莽,京师富人杜陵樊嘉,茂陵挚网,平陵如氏、苴氏,长安丹王君房,豉樊少翁、王孙大卿,为天下高訾。樊嘉五千万,其余皆钜万矣。[1]

可见,即使是这种看起来应当否定的抑末理论,在汉代实际也主要是起着积极作用,更不用说其他主张了。因之也不能完全认为它们是"保守"思想,而应当历史地、全面地进行分析。

第三,要注意找出隐藏在经学背后的思想动机和目的。因为在儒学被独尊后,虽然汉代的种种活动都打着经学的招牌,但是在统治阶级内部,其各个集团、各个阶层的思想动机和目的却并不完全相同,有的甚至还截然对立。所以要进行深入研究,就不能仅仅满足于表面现象的分析,而必须找出那些不同的思想动机和目的。

例如,在关于反对"与民争利"的旗号下,它实际便有着两种不同的思想动机和目的。一种是在驱农于田亩的前提下,主张"还利于民",对国家和官吏的经商都表示反对。目的在于能减轻剥削,以稳固统治。这一主张的提出者大多是恪守经学信条、书卷气很浓的儒生,可以董仲舒、贡禹和朱晖为代表。前者曾上书武帝要求"盐铁皆归于民",同时提出"受禄之家,食禄而已,不与民争业,然后利可均布,而民可家足"[2];贡禹则向元帝建议罢"齐三服官""少府三工官"及"采珠玉金银铸钱之官",并

---

[1]《汉书》卷九一《货殖传》,北京:中华书局 1962 年版,第 3694 页。
[2]《汉书》卷二四上《食货志上》,北京:中华书局 1962 年版,第 1137 页。

"欲令近臣自诸曹侍中以上,家亡得私贩卖,与民争利"①;后者曾强烈反对章帝的盐铁官营和均输之法,认为"均输之法与贾贩无异,盐利归官,则下人穷怨"②。而另一种则借口"藏富于民",旨在取消国家的工商专营。这种主张的提出者主要是官吏和商贾,其目的是要经营工商或重操旧业,卜式、霍光与萧望之等可谓典型。例如卜式,原为大农牧主,因献财得到武帝的赏识,被任为御史大夫。他对盐铁等政策便颇有微词,曾多次要求武帝罢除盐铁、船算、均输等。《汉书》卷五八《卜式传》载:"式既在位,言郡国不便盐铁而船有算,可罢。"③又《汉书》卷二四下《食货志下》:"是岁小旱,上令百官求雨。卜式言曰:'县官当食租衣税而已,今(桑)弘羊令吏坐市列,贩物求利。亨弘羊,天乃雨。'"④再如霍光,乃是盐铁会议的幕后操纵者。⑤ 他以"与民争利"罢除酒榷后,便依仗权势在自己的家中经营酒酤:

> 及(霍)光薨后,(赵)广汉心知(宣帝)微指,发长安吏自将,与俱至光子博陆侯禹第,直突入其门,搜索私屠酤,椎破庐罂,斧斩其门关而去。⑥

而身为御史大夫的萧望之,他反对宣帝设置"常平仓",其实本身也从事于"卖买"。⑦ 可见,尽管他们表面上都反对"与民争利",但实际要求却明显不同。这里还只是一些比较典型的事例,像其他政策,如限田、抑末与禁民二业等,类似情况也都普遍存在,不一而足。

因此,要深入研究经学对汉代经济的影响,就只有找出这些被掩盖着的真实目的和动机,才能真正把握住问题的实质,也才能够得出比较正确的结论。

---

① 《汉书》卷七二《贡禹传》,北京:中华书局1962年版,第3073、3076—3077页。
② 《后汉书》卷四三《朱晖传》,北京:中华书局1965年版,第1460页。
③ 《汉书》卷五八《卜式传》,北京:中华书局1962年版,第2628页。
④ 《汉书》卷二四下《食货志下》,北京:中华书局1962年版,第1175—1176页。
⑤ 参看安作璋:《桑弘羊》,北京:中华书局1983年版,第59—63、81页。
⑥ 《汉书》卷七六《赵广汉传》,北京:中华书局1962年版,第3204页。
⑦ 《汉书》卷七八《萧望之传》,北京:中华书局1962年版,第3281页。

附论七

重评董仲舒与司马迁的义利观

董仲舒是西汉最著名的儒学大师,被时人和《汉书》称为"群儒首";而司马迁则是西汉最著名的史学大师,被时人和《汉书》称为"有良史之材"。他们的义利观独具特色,代表着两种主流看法,对全面认识西汉中期的经济运行和思想界的纷争具有重要的参考价值。但历来研究都众说纷纭,莫衷一是,仍有一些继续探讨的空间。在已有研究的基础上,本文拟就董仲舒和司马迁的义利观重新评价。谨请方家赐教。

一、董仲舒的义利观

根据胡寄窗、李泽厚等学者的归纳[1],董仲舒的核心或基本经济思想是关于义利问题的阐述。在此基础上,董仲舒对土地问题、赋役问题、奴婢问题、盐铁问题等一系列国家政策的实施都提出了自己的看法。其中多有发覆,对后世亦产生了深远影响。

(一)重义兴利的义利观

按照义利的通常解释,"义"指道义,或道德行为和规范,"利"指物质利益。孔孟儒学的一贯主张,皆义大于利,或义高于利和义重于利。如"君子喻于义,小人喻于利"[2];"仁义而已矣,何必曰利"[3]。董仲舒的义

---

[1] 胡寄窗:《中国经济思想史》中册,上海:上海人民出版社1963年版,第36页;李泽厚:《秦汉思想简议》,载《中国社会科学》1984年第2期;李普国:《论董仲舒的经济思想》,载《中国经济史研究》1986年第4期。

[2] (曹魏)何晏集解,(北宋)邢昺疏:《论语注疏》卷四《里仁》,(清)阮元校刻:《十三经注疏》(附校勘记),北京:中华书局1980年版,第2471页。

[3] (东汉)赵岐注,(北宋)孙奭疏:《孟子注疏》卷一上《梁惠王上》,(清)阮元校刻:《十三经注疏》(附校勘记),北京:中华书局1980年版,第2665页。

利观也大致如此,他在《春秋繁露》中便明确阐述了这一点:

> 天之生人也,使人生义与利。利以养其体,义以养其心。心不得义不能乐,体不得利不能安。义者心之养也,利者体之养也。体莫贵于心,故养莫重于义,义之养生人大于利。……夫人有义者,虽贫能自乐也。而大无义者,虽富莫能自存。吾以此实义之养生人,大于利而厚于财也。①

但除了义大于利的主旨,董仲舒还提出了物质利益不可或缺的主张。所谓"天之生人也,使人生义与利。利以养其体,义以养其心";"义者心之养也,利者体之养也"。这一主张应源自《荀子·大略》:"义与利者,人之所两有也。"②也是董仲舒的发挥比先秦儒学更为贴近生活的一点。董仲舒把人们对物质利益的需求提到不可或缺的高度,而不是将义利视为非此即彼的对立关系。类似言论还有不少,比如:"天常以爱利为意,以养长为事,春秋冬夏皆其用也。王者亦常以爱利天下为意,以安乐一世为事。"③"夫万民之从利也,如水之走下,不以教化隄防之,不能止也。"④甚至声称"为天下兴利"乃"圣人"职责。⑤ 这就充分说明:尽管在董仲舒看来义大于利,但物质利益也同样是天下所有人的需求。

更重要的是,董仲舒还把"兴利"完全作为褒义词使用。这对澄清"兴利"一词的涵义也多有启迪。众所周知,自司马迁在《史记·平准书》中记述"入物者补官,出货者除罪,选举陵迟,廉耻相冒,武力进用,法严令具。兴利之臣自此始也"⑥,人们通常便把"兴利"都视为一个贬义词。但

① 苏舆撰,钟哲点校:《春秋繁露义证》卷九《身之养重于义》,北京:中华书局1992年版,第263—264页。
② (清)王先谦撰,沈啸寰、王星贤点校:《荀子集解》卷一九《大略》,北京:中华书局1988年版,第502页。
③ 苏舆撰,钟哲点校:《春秋繁露义证》卷一一《王道通三》,北京:中华书局1992年版,第330页。
④《汉书》卷五六《董仲舒传》,北京:中华书局1962年版,第2503页。
⑤ 苏舆撰,钟哲点校:《春秋繁露义证》卷七《考功名》,北京:中华书局1992年版,第178页。
⑥《史记》卷三〇《平准书》,北京:中华书局1959年版,第1421页。

作为著名的《公羊》学大师,董仲舒却将"兴利"作为一个褒义词使用,这不能不让我们对"兴利"一词的涵义重新思考,包括"兴利之臣"恐怕也并非都是贬义。为寻找证据,笔者翻检了一些古籍。仅就《史记》而言,从中便可以发现:在董仲舒之前,对"兴利"一词的使用,人们往往都强调它的褒义。比如《秦始皇本纪》"诛乱除害,兴利致福"①;《平津侯主父列传》"五伯者,常佐天子兴利除害,诛暴禁邪,匡正海内,以尊天子"②;《郦生陆贾列传》"皇帝起丰沛,讨暴秦,诛强楚,为天下兴利除害,继五帝三王之业,统理中国"③。董仲舒所说"为天下兴利",亦同样如此。而在董仲舒之后,人们对"兴利"的使用则大多作为贬义。所谓"兴利之臣",就是一个例证。但司马迁说的"兴利之臣",乃指为"入物者补官,出货者除罪"的谋划官员,并没有涵盖所有"兴利"者。以桑弘羊为例,他作为"兴利之臣"曾背负着千古骂名,而司马迁的评价即予以充分肯定,所谓"民不益赋而天下用饶"④。班固也同样高度赞扬说:"运筹则桑弘羊。"⑤这就无可争辩地说明:"兴利"一词既有褒义,又有贬义,至少不能都说成贬义。所谓"兴利之臣",也应当作如是观。

(二)"宜在我者"的义利观

为了阐明自己的义利观,董仲舒曾提出了一句争议很大的名言——"夫仁人者,正其谊(义)不谋其利,明其道不计其功。"⑥依照上文其物质利益不可或缺的主张,这显然是自相矛盾的,也似乎是不可理喻的。因此,当今有不少思想家都曾试图调和这一矛盾。根据《春秋繁露》:"仁人者正其道不谋其利,修其理不急其功。"⑦李泽厚便认为这句原话要比《汉

① 《史记》卷六《秦始皇本纪》,北京:中华书局1959年版,第245页。

② 《史记》卷一一二《平津侯主父列传》,北京:中华书局1959年版,第2958页。

③ 《史记》卷九七《郦生陆贾列传》,北京:中华书局1959年版,第2698页。

④ 《史记》卷三〇《平准书》,北京:中华书局1959年版,第1442页。

⑤ 《汉书》卷五八《公孙弘卜式兒宽传·赞》,北京:中华书局1962年版,第2634页。

⑥ 《汉书》卷五六《董仲舒传》,北京:中华书局1962年版,第2524页。

⑦ 苏舆撰,钟哲点校:《春秋繁露义证》卷九《对胶西王越大夫不得为仁》,北京:中华书局1992年版,第268页。

书》的记载"高明一些"①,至少没有那么绝对。金春峰也赞同李泽厚的看法,并进一步提出:"董仲舒的时代,社会欣欣向荣,国力强大,地主阶级奋发事功,人们充满着建功立业的精神。作为这种时代精神的反映,董仲舒的指导思想,是强调功利、事功和作为的。"②但这多少是对董仲舒原话的误解。

依照训诂,"义"的一个主要义项乃指"适宜"、"合宜"或"合适"。如《礼记·中庸》曰:"义者,宜也。"孔颖达疏:"宜谓于事得宜。"③又《吕氏春秋·孝行览》:"义者宜此者也。"④《淮南子·齐俗训》:"义者,循理而行宜也;礼者,体情制文者也。义者宜也,礼者体也。"⑤又《汉书·公孙弘传》:"义者宜也。"⑥均可证明。从《春秋繁露》来看,董仲舒也正是在这种意义上来阐述义的概念的。比如:"义者,谓宜在我者。宜在我者,而后可以称义。故言义者,合我与宜,以为一言。"⑦所以只要"我"的行为适合道德规范,哪怕获取了很多、很大的物质利益,"我"的行为也必须被完全定义为"义"。用通俗的语言说,就是"君子爱财,取之有道"。

明乎此,我们也就不难看出"正其谊(义)不谋其利"的真正含义了。董仲舒所说的"仁人者",是指统治阶级的成员,即"士农工商"中的"士",并未包括农工商的成员。所谓"夫皇皇求财利常恐乏匮者,庶人之意也;

① 李泽厚:《秦汉思想简议》,载《中国社会科学》1984 年第 2 期。按:李普国也认为:"'不急其功'似乎更接近董仲舒的本来思想。"(李普国:《论董仲舒的经济思想》,载《中国经济史研究》1986 年第 4 期)
② 金春峰:《汉代思想史》,北京:中国社会科学出版社 1987 年版,第 197 页。
③ (东汉)郑玄注,(唐)孔颖达疏:《礼记正义》卷五二《中庸》,(清)阮元校刻:《十三经注疏》(附校勘记),北京:中华书局 1980 年版,第 1629 页。
④ 陈奇猷校释:《吕氏春秋校释》卷一四《孝行览·孝行》,上海:学林出版社 1984 年版,第733 页。
⑤ 刘文典撰,冯逸、乔华点校:《淮南鸿烈集解》卷一一《齐俗训》,北京:中华书局 1989 年版,第357 页。
⑥ 《汉书》卷五八《公孙弘传》,北京:中华书局 1962 年版,第 2616 页。
⑦ 苏舆撰,钟哲点校:《春秋繁露义证》卷八《仁义法》,北京:中华书局 1992 年版,第 253—254 页。

皇皇求仁义常恐不能化名者,大夫之意也"①,便充分证明了这一点。也就是说,在董仲舒看来,对每一位官员即"仁人者"的适宜身份和范围,国家都应当确定"我"的标准,并禁止在适宜身份和范围之外再谋取利益。此即"正其谊(义)不谋其利"的含义。比如丞相,按规定俸禄万石,这绝不能说成谋利,而是辅佐皇帝、为朝廷公干所应得的酬劳,恰恰是"我"的"义"的体现。但在领取万石俸禄后,如果"我"还要置办田产,还要经商,还要受贿,乃至贪赃枉法,像名相匡衡的"专地盗土",那就是毫无疑义的谋利了。② 事实也是如此。在《春秋繁露》中,董仲舒便明确提出:"孔子曰:"'君子不尽利以遗民。'《诗》云:'彼有遗秉,此有不敛穧,伊寡妇之利。'故君子仕而不稼,田则不渔。"③在著名的《贤良对策》中,他也就此论述说:

> 夫天亦有所分予,予之齿者去其角,傅其翼者两其足,是所受大者不得取小也。古之所予禄者,不食于力,不动于末,是亦受大者不得取小,与天同意者也。夫已受大,又取小,天不能足,而况人乎! 此民之所以嚣嚣苦不足也。身宠而载高位,家温而食厚禄,因乘富贵之资力,以与民争利于下,民安能如之哉。④

为了证明这个道理,他还例举鲁相公仪休说:

> 故公仪子相鲁,之其家见织帛,怒而出其妻,食于舍而茹葵,愠而拔其葵,曰:"吾已食禄,又夺园夫红女利乎!"古之贤人君子在列位者皆如是,是故下高其行而从其教,民化其廉而不贪鄙。⑤

由此可见,董仲舒说的"正其谊(义)不谋其利",就是主张统治阶级的成员都应当满足于"食禄"和奖赏,而不能再"与民争利"。因为"食禄"

---

① 《汉书》卷五六《董仲舒传》,北京:中华书局1962年版,第2521页。
② 晋文:《从西汉抑商政策看官僚地主的经商》,载《中国史研究》1991年第4期。
③ 苏舆撰,钟哲点校:《春秋繁露义证》卷八《度制》,北京:中华书局1992年版,第229页。
④ 《汉书》卷五六《董仲舒传》,北京:中华书局1962年版,第2520页。
⑤ 《汉书》卷五六《董仲舒传》,北京:中华书局1962年版,第2521页。

者已经获得了"宜在我者"的大利,还要和普通百姓争夺其赖以为生的小利,下层民众还怎么活得下去呢? 遑论朝廷的盐铁官营政策了。这完全是违反"天道"的"不义"行为。"不顺天道,谓之不义。"①故"受禄之家,食禄而已,不与民争业,然后利可均布,而民可家足。此上天之理,而亦太古之道,天子之所宜法以为制,大夫之所当循以为行也"②。并建议武帝"盐铁皆归于民"③。汉初陆贾曾言:"治国治众者,不可以图利,治产业,则教化不行,而政令不从。"④从思想源流来说,董仲舒的主张即可视为对"与民争利"问题更具学理性的阐述。

　　总之,董仲舒说的"正其谊(义)不谋其利",实际上是一种法权观念,亦即把符合统治阶级身份和地位的物质利益都纳入"义"的范畴,而将不符合其身份和地位的物质利益均视为"利"的范畴。正如李普国所说:"统治者的求利行为合乎这种要求的为义;反之,则为不义。"⑤这与董仲舒根本不讲功利或不太重视功利的认识完全是南辕北辙。恰恰相反,董仲舒是大讲特讲功利的,只不过他把物质利益的获取定义为"义"或"不义"而已。

　　(三) 一厢情愿的义利观

　　毋庸讳言,董仲舒的义利观是强词夺理的。他借助所谓"天道"——本质是"神道设教",故意混淆道德规范与物质利益的界限,完全抹杀了事物的不同性质和差异,这在认识论上是非常荒谬的。精神固然可以变为物质,物质亦可变为精神,但精神就是精神,物质就是物质,二者的属性却是根本不能互换的。董仲舒对尊卑贵贱的封建等级的辩护也是煞费苦心的。他以现有统治秩序为基础,反复强调"食禄"者应天然拥有更多、更大物质利益的权利,并硬说这就是"宜在我者",而绝非把贫富差距归

---

① 苏舆撰,钟哲点校:《春秋繁露义证》卷一七《天道施》,北京:中华书局1992年版,第472页。
② 《汉书》卷五六《董仲舒传》,北京:中华书局1962年版,第2521页。
③ 《汉书》卷二四上《食货志上》,北京:中华书局1962年版,第1137页。
④ 王利器撰:《新语校注》卷下《怀虑》,北京:中华书局1986年年版,第129页。
⑤ 李普国:《论董仲舒的经济思想》,载《中国经济史研究》1986年第4期。

咎于严重的剥削和压迫所造成的社会不公,亦即不平等制度。按照他的逻辑推论,作为最高统治者的皇帝都天然享有最多、最大和最高的物质利益,其他"食禄"者如贵族、官吏也天然享有更多、更大和更高的物质利益,而那些非"食禄"者如农民、手工工匠和小商贩就只能得到微不足道的"小利"。所以他规劝朝廷应多向普通民众灌输这种洗脑理论,让生活在贫困边缘的大多数农民都能够安于现状,在重义轻利的桎梏下不再有非分之想。针对"富者奢侈羡溢,贫者穷急愁苦"的危局,他也告诫统治阶级不要贪得无厌,"诸有大奉禄亦皆不得兼小利,与民争利业,乃天理也"。① 主张应尽量给下层民众留出一些"小利",不要把他们都逼到"民不乐生"的死路,以免重蹈亡秦之类的覆辙。如其"仇雠其民,鱼烂而亡"②"乘车者君子之位也,负担者小人之事也,此言居君子之位而为庶人之行者,其患祸必至也"③云云,诚可谓用心良苦。但大多数既得利益者都目光短浅,是绝不会有任何舍弃的;在苦难生活的重压下,普通民众也不可能都安分守己,完全认命,因而董仲舒的设想也只能是一厢情愿。

尽管如此,董仲舒的义利观仍然有着针砭现实的积极意义。西汉前中期的贵族和官僚地主的经商已成为一个相当严重的社会问题。④ 汉武帝推行告缗、盐铁、均输等官营政策,也沉重打击了私营工商业,特别是富商大贾。如"杨可告缗遍天下,中家以上大抵皆遇告。杜周治之,狱少反者。乃分遣御史廷尉正监分曹往,即治郡国缗钱,得民财物以亿计,奴婢以千万数,田大县数百顷,小县百余顷,宅亦如之。于是商贾中家以上大率破"⑤。而董仲舒的义利观,则揭露了许多贵族和官僚地主的求利现象,以及官营盐铁的弊端,对探究吏治败坏和贫民越来越多的原因作了比较深入的阐发,为维护和巩固汉王朝的统治亦可谓尽心尽力,在很大程度

① 苏舆撰,钟哲点校:《春秋繁露义证》卷八《度制》,北京:中华书局1992年版,第230页。
② 苏舆撰,钟哲点校:《春秋繁露义证》卷四《王道》,北京:中华书局1992年版,第126页。
③ 《汉书》卷五六《董仲舒传》,北京:中华书局1962年版,第2521页。
④ 晋文:《从西汉抑商政策看官僚地主的经商》,载《中国史研究》1991年第4期。
⑤ 《史记》卷三〇《平准书》,北京:中华书局1959年版,第1435页。

上曾影响了国家政策的制定。西汉中期以后,朝廷多次颁行"禁民二业"政策,甚至大幅缩减官营工商业的范围,特别是限制官吏经营工商业①,与此便有着密不可分的关系。董仲舒对"与民争利"的抨击和剖析,也引发许多人的共鸣,成为此后反对官营工商业、反对官吏经商的经典论据,并在民间长期占据道德上的制高点,在中国古代经济改革的争论中曾屡试不爽。此外,董仲舒还明确提出"圣人"要"为天下兴利",虽然颠倒了谁创造财富、谁养活天下的关系,但他公开承认物质利益是人的生存基础,统治者都有不可推卸的"兴利"义务,这比孔孟空谈"君子喻于义,小人喻于利""仁义而已矣,何必曰利"更是有很大进步的。

二、司马迁的义利观

作为著名的史学家,司马迁编撰《史记》时对历史上的经济问题曾高度重视。除了许多分散记载,他在《史记》中还专门写了三篇关于经济问题的《平准书》《河渠书》《货殖列传》,司马迁的义利观及其善因论和兴利论在上述记载中都得到了充分体现。他的义利观对后世也有重大和深远的影响。

(一) 利大于义的义利观

和董仲舒相比,司马迁的义利观又有了新的发展。他公开宣称逐利即求利与争利是人的天性,认为致富和享乐乃人的本能。如其"夫神农以前,吾不知已。至若《诗》《书》所述虞夏以来,耳目欲极声色之好,口欲穷刍豢之味,身安逸乐,而心夸矜势能之荣使"②云云。这比遮遮掩掩的物质需求观要更为直白和露骨。③ 司马迁还列举大量事实说:

> 富者,人之情性,所不学而俱欲者也。故壮士在军,攻城先登,陷阵却敌,斩将搴旗,前蒙矢石,不避汤火之难者,为重赏使也。其在闾

① 晋文:《以经治国与汉代经济》,载《江汉论坛》1992年第12期。
② 《史记》卷一二九《货殖列传》,北京:中华书局1959年版,第3253页。
③ 胡寄窗:《中国经济思想史》中册,上海:上海人民出版社1963年版,第50页。

巷少年,攻剽椎埋,劫人作奸,掘冢铸币,任侠并兼,借交报仇,篡逐幽隐,不避法禁,走死地如骛者,其实皆为财用耳。今夫赵女郑姬,设形容,揳鸣琴,揄长袂,蹑利屣,目挑心招,出不远千里,不择老少者,奔富厚也。游闲公子,饰冠剑,连车骑,亦为富贵容也。弋射渔猎,犯晨夜,冒霜雪,驰坑谷,不避猛兽之害,为得味也。博戏驰逐,斗鸡走狗,作色相矜,必争胜者,重失负也。医方诸食技术之人,焦神极能,为重糈也。吏士舞文弄法,刻章伪书,不避刀锯之诛者,没于赂遗也。农工商贾畜长,固求富益货也。①

也正是在这种观念的作用下,所以司马迁对古往以来的逐利活动都给予了高度肯定。甚至更极端地提出:"渊深而鱼生之,山深而兽往之,人富而仁义附焉。富者得势益彰,失势则客无所之,以而不乐,夷狄益甚。谚曰:'千金之子,不死于市。'此非空言也。故曰:'天下熙熙,皆为利来;天下壤壤,皆为利往。'夫千乘之王,万家之侯,百室之君,尚犹患贫,而况匹夫编户之民乎?"②即公然申明人的天性就是逐利和致富,所谓仁义亦只是"富"的附属物。这与先秦墨家多少脱离实际的"交相利"思想,道家的利己和带有一定欺骗色彩的"知足常乐"思想,法家不讲道义的"趋利避害"思想,都既有不同又有继承和发展,遑论儒家重义轻利的思想了。尽管人的逐利和致富也还要受到道德乃至法律的制约,但强调道德不能空谈、不能完全脱离物质基础却应当被充分肯定。③

既然物质财富的多寡决定着人的地位与社会关系,那么逐利致富的成功也就意味着社会地位的提高,亦即人生的成功。反之,即可谓失败,也是一种莫大的耻辱。司马迁曾不留任何颜面地嘲笑空谈仁义的贫贱者,鄙视他们"无岩处奇士之行,而长贫贱,好语仁义,亦足羞矣"④。司马

① 《史记》卷一二九《货殖列传》,北京:中华书局1959年版,第3271页。
② 《史记》卷一二九《货殖列传》,北京:中华书局1959年版,第3255—3256页。
③ 孙洪升、宋一淼:《论司马迁的经济思想》,载《思想战线》2016年第1期。
④ 《史记》卷一二九《货殖列传》,北京:中华书局1959年版,第3272页。

迁首创为"贤人所以富者"的商贾立传,也正是这种"崇势利而羞贱贫"思想的体现。① 以秦朝的乌氏倮、寡妇清为例,司马迁便高度赞扬并评论说:

> 乌氏倮畜牧,及众,斥卖,求奇缯物,间献遗戎王。戎王什倍其偿,与之畜,畜至用谷量马牛。秦始皇帝令倮比封君,以时与列臣朝请。而巴寡妇清,其先得丹穴,而擅其利数世,家亦不訾。清,寡妇也,能守其业,用财自卫,不见侵犯。秦皇帝以为贞妇而客之,为筑女怀清台。夫倮鄙人牧长,清穷乡寡妇,礼抗万乘,名显天下,岂非以富邪?②

但这种看法却显然存在很大的局限和偏颇。在私有制为基础的汉代社会里,完全以财富的多寡来判断一个人的地位高低、成功与否甚或道义的高低,这实际是一种非常危险的舆论导向。它必然会造成一切都以逐利、致富为目的的严重弊端,比如不择手段的坑蒙拐骗,比如以强凌弱的变相抢劫,从而结出道德沦丧、物欲横流的恶果。即使今天,我们强调经济建设,主张加快社会财富和个人财富的积累,让人民享受美好生活,对一切向钱看的极端导向也是要坚决反对和杜绝的。尽管司马迁也曾批评"贵诈力而贱仁义,先富有而后推让"③的现象,并对致富作了某些道义上的限制和分类,所谓"本富为上,末富次之,奸富最下",但"人富而仁义附焉"的看法却仍然是一种存在即合理的错误认识。他对社会财富的严重不均视而不见,反而将贫富分化都归因于人的能力大小。比如"贫富之道,莫之夺予,而巧者有余,拙者不足""富无经业,则货无常主,能者辐凑,不肖者瓦解"④,等等。对那些人数众多的贫者和弱者来说,即可视为判定他们必将遭受欺压和奴役的霸王逻辑。由此也不难理解:为什么连董仲舒都

① 《汉书》卷六一《司马迁传·赞》,北京:中华书局1962年版,第2738页。
② 《史记》卷一二九《货殖列传》,北京:中华书局1959年版,第3260页。
③ 《史记》卷三〇《平准书·太史公曰》,北京:中华书局1959年版,第1442页。
④ 《史记》卷一二九《货殖列传》,北京:中华书局1959年版,第3272、3255、3282页。

主张应缩小贫富差距,而司马迁的思想却明显倒退,强调应"莫之夺予"即放任自流和任其发展了。

(二)"善因""兴利"的义利观

司马迁也部分反对国家对工商业经营的干预,他在《货殖列传》开篇便征引老子说:

> 《老子》曰:"至治之极,邻国相望,鸡狗之声相闻,民各甘其食,美其服,安其俗,乐其业,至老死不相往来。"必用此为务。挽近世涂民耳目,则几无行矣。①

根据李埏的精辟解析,文中"必用此为务"句应当上读,意思是说人民的美好生活"有待于社会分工的商品生产和商品交换",从而阐发了"货殖"一词的基本含义。而"至治"则与最重要的"因之"相联系,亦即顺应人们对美好生活的追求,使他们都能"各任其能,竭其力,以得所欲"。② 概言之,司马迁是主张国家对私营工商业应放任自流的,并认为文景时期的不干涉政策是最好的工商业管理模式。所以他对五种工商业政策的优劣曾评论说:"故善者因之,其次利道之,其次教诲之,其次整齐之,最下者与之争。"③这就是名闻遐迩的善因论的由来。

有学者对司马迁的善因论作了比较全面的解读,其内容如下:

> 司马迁对经济管理的政策排列次序、区别优劣的标准是政府有为的程度如何:国家发展经济采取放任的政策是最好的,越"有为"就越有害于经济发展。"因之"的经济政策,实际上是无为而治,是最好的经济政策;"利道"则是因势利导,需要政府采取措施诱导人们从事经济活动,比放任政策显得要"有为"一些,但政府干预的强度尚不算大。而"教诲之"的做法,政府干预经济的强度又有了增

① 《史记》卷一二九《货殖列传》,北京:中华书局1959年版,第3253页。
② 李埏:《〈史记·货殖列传〉引〈老子〉疑义试析》,载《历史研究》1999年第4期。
③ 《史记》卷一二九《货殖列传》,北京:中华书局1959年版,第3253页。

强。"整齐之"则是国家进一步加强对经济活动的干预力度：对经济活动要采取强制性的措施以达到鼓励、限制、禁止的目的。"与之争"则是政府建立各种官僚机构直接从事经济活动以赢利。这是国家发展经济所采取的各种政策中，最不可取的政策。①

从市场经济理论来看，上述解读应基本可信，但也存在着某些曲解和误读。其一，"司马迁对经济管理的政策"应为"司马迁对商品经济管理的政策"，或"司马迁对工商业经济管理的政策"。毫无疑问，司马迁的善因论并不包括农业生产经济的管理。如果农业生产也要放任自流，甚至把国家的农本政策视为"整齐之"或"最下者"，这显然违背了历史事实，也曲解了司马迁的原意。以文帝时期为例，其大力重农的国家政策，比如轻徭薄赋，便被司马迁作为盛德之一而高度赞叹——"汉兴，至孝文四十有余载，德至盛也"②。为了强调国家兴修水利的重要性，他还专门撰写了《河渠书》，以作为经验、教训的总结。其二，把官营工商业视为"最不可取的政策"也是一种误解。工商官营政策自古即有，所谓"工商食官"。在文景时期也存在或多或少的官营工商业，比如"工官""齐三服官"等，比如官营农牧场和手工工场的商品买卖，司马迁并未予以否定，又怎么能将所有官营工商业都看作"最不可取的政策"呢？显而易见，所谓"最下者与之争"还有着语意模糊的特定对象，无非司马迁想让读者领悟、不愿意直说而已。

司马迁的善因论是有着特定的历史背景的。有一点非常清楚，司马迁并不完全赞成董仲舒对"与民争利"的论述。在司马迁看来，既然求利或争利就是人的天性，而且致富也是人生的成功标志，那么无论朝廷还是官员，抑或普通民众，即便逐利经营了工商业，只要能够致富，也就应当得到社会的肯定。所谓"管子修之，设轻重九府，则桓公以霸，九合诸侯，一匡天下；而管氏亦有三归，位在陪臣，富于列国之君。是以齐富强至于威、

---

① 孙洪升、宋一淼：《论司马迁的经济思想》，载《思想战线》2016 年第 1 期。
②《史记》卷一〇《孝文本纪·太史公曰》，北京：中华书局 1959 年版，第 437 页。

宣也"①,就是一个范例。值得注意的是,司马迁并没有为董仲舒单独立传,而是在《儒林列传》里简单记录了董仲舒的儒者事迹。对《汉书》补记的《贤良对策》,特别是关于限田和盐铁恢复私营等建言,都一字未提。这或许有多种原因,但从理论的自洽来看,司马迁不完全赞同董仲舒的主张应毋庸置疑。可以作为旁证的,还有桑弘羊在盐铁会议上对司马迁的引证(详见下文)。如果司马迁真的完全否定了官营工商业,否定了所有官吏的求利(包括争利),桑弘羊又怎么可能把他的言论作为自己的有利证据呢?可见事实还并非如此。为了探究其思想的真谛,就不能不说到司马迁的兴利论了。

司马迁的兴利论出自《平准书》,其全文如下:

> 自是之后,严助、朱买臣等招来东瓯,事两越,江淮之间萧然烦费矣。唐蒙、司马相如开路西南夷,凿山通道千余里,以广巴蜀,巴蜀之民罢焉。彭吴贾灭朝鲜,置沧海之郡,则燕齐之间靡然发动。及王恢设谋马邑,匈奴绝和亲,侵扰北边,兵连而不解,天下苦其劳,而干戈日滋。行者赍,居者送,中外骚扰而相奉,百姓抏弊以巧法,财赂衰耗而不赡。入物者补官,出货者除罪,选举陵迟,廉耻相冒,武力进用,法严令具。兴利之臣自此始也。②

从这段描述这样看出,司马迁说的"兴利之臣"是在武帝大规模开疆拓土后开始出现的。所言"兴利"其实既有褒义,又有贬义,还有中性表述。前揭董仲舒"为天下兴利"云云,即足以证明。问题在于,司马迁对"兴利之臣"的多数做法并没有明说好坏,而只能根据《平准书》做出大致准确的评判。

一般来说,司马迁对"募民能入奴婢得以终身复,为郎增秩,及入羊为郎,始于此"的记述,便应当被看作坏的或比较坏的"兴利"做法。这方面

①《史记》卷一二九《货殖列传》,北京:中华书局1959年版,第3255页。
②《史记》卷三〇《平准书》,北京:中华书局1959年版,第1420—1421页。

的措施还有很多,比如番系为溉田、郑当时凿直渠,"各历二三期,功未就,费亦各巨万十数";"乃以白鹿皮方尺,缘以藻缋,为皮币,直四十万""又造银锡为白金";"兵革数动,民多买复及五大夫,征发之士益鲜";"杨可告缗遍天下,中家以上大抵皆遇告";"弘羊又请令吏得入粟补官,及罪人赎罪";①等等。特别是杨可告缗,更可以说是"最下者与之争"的典型。因为就算官府或官吏经营工商业,最坏的结果也就是官商勾结、强买强卖和垄断市场,但告缗却是公开抢劫并消灭富商大贾了②,所以这种"兴利"也必定为司马迁所不齿。而统一铸币、盐铁官营和均输平准,则应当被看作好的或比较好"兴利"做法。如其"令天下非三官钱不得行,诸郡国所前铸钱皆废销之,输其铜三官。而民之铸钱益少""大农以均输调盐铁助赋,故能赡之""于是天子北至朔方,东到太山,巡海上,并北边以归。所过赏赐,用帛百余万匹,钱金以巨万计,皆取足大农"③"民不益赋而天下用饶"云云。当然,有些"兴利"措施皆好坏混杂。比如武功爵,未能直接兑现获胜军人的战功奖赏,不免缺憾,但在财政匮乏的情况下能暂时解决其不得奖赏的难题,亦可以说差强人意。④

　　总的来看,司马迁的兴利论就是主张朝廷和社会各界都可以逐利,至于能否成功或好坏,则应当看具体效果,而不能一概否定。对"兴利之臣"的评判,也是如此。做得好的,即予以肯定;做得不好的,即予以否定。在司马迁的眼里,"兴利"实际多数是一个中性词,至少不能完全等同于"权利"。这与后世均将"兴利之臣"作为贬义词还有着不同,亦与此前多将"兴利"视为褒义词有别。究其原因,则可以从两个方面考虑。一是逻辑的自洽和史学家的求实,二是汉王朝的现实需要与司马迁的忠诚。具体来说,司马迁坚决拥护汉武帝的大一统政策,支持其开疆拓土的大规模战争。但战争需要巨额军费的投入,在财政匮乏的情况下就有一个怎样

①《史记》卷三〇《平准书》,北京:中华书局 1959 年版,第 1424—1428、1435、1441 页。
② 晋文:《从西汉抑商政策看官僚地主的经商》,载《中国史研究》1991 年第 4 期。
③《史记》卷三〇《平准书》,北京:中华书局 1959 年版,第 1435、1440—1441 页。
④ 晋文:《西汉"武功爵"新探》,载《历史研究》2016 年第 2 期。

筹措军费的问题。司马迁注意到许多富商大贾不愿意为国家分忧的现象,如"富商大贾或蹛财役贫,转毂百数,废居居邑,封君皆低首仰给。冶铸煮盐,财或累万金,而不佐国家之急,黎民重困";"是时富豪皆争匿财","天子既下缗钱令而尊卜式,百姓终莫分财佐县官"。① 这使他逐渐认识到:仅仅通过个人致富还不能完全达到国家富强的目的。而国家经营工商业则可以从根本上改变这种状况,既能够使国库充裕,又能够避免对农民的大幅度加税,保持社会的安定,尽管也严重损害了商贾利益。所以司马迁才把官营工商业多视为兴利的成功,并得出了"民不益赋而天下用饶"的精辟论断。有意思的是,恰恰在"兴利"问题上司马迁曾受到后世的猛烈攻击。以苏轼为例,他把《史记》记述桑弘羊的兴利措施便视为司马迁的"大罪"之一。② 这也从反面说明对司马迁的兴利论还应当全面分析,更不能把官营工商业都视为"最下者与之争"。

三、几点结论与启迪

综上所述,我们可以从董仲舒和司马迁的义利观得出几点结论与启迪。

首先,存在决定意识。董仲舒主张重义兴利,既强调义大于利,又主张物质利益不可或缺,圣人也要"为天下兴利"。而司马迁认为利大于义,并公开宣称逐利是人的天性,所谓仁义亦只是"富"的附属物。二人的看法虽相互对立,但也都是基于现实问题有感而发的。董仲舒把符合其身份和地位的物质利益都纳入"义"的范畴,而将不符合其身份和地位的物质利益视为"利"的范畴,意在规范统治阶级获取经济利益的范围。一方面维护尊卑贵贱的等级制度,为统治阶级天然获得更多、更大的经济利益制造理论依据;另一方面又反对与民争利,告诫统治阶级不要贪得无厌,应尽量给下层民众留出一些"小利",不要把他们都逼到"民不乐生"

---

① 《史记》卷三〇《平准书》,北京:中华书局1959年版,第1425、1432、1434页。
② (北宋)苏轼:《东坡志林》卷五《论古·司马迁二大罪》,北京:中华书局1981年版,第107—108页。

的死路,以免重蹈亡秦之类的覆辙。同样,司马迁强调国家和个人均可以"兴利",对"兴利"的作用要具体分析,不能一概否定,也是要为朝廷和社会各界的求利行为提供理论依据,既要论证官营工商业和"士农工商"求利的必要与正当,又要避免对私营工商业和农民的过分剥夺,并禁止奸商和贪官污吏的牟利行为。他们的主张都从不同角度触及经济运行和社会生活的本质问题。值得注意的是,董仲舒虽然主张"盐铁皆归于民"①,但从所谓"大无义者,虽富莫能自存"来看,其中也应暗含对私营大工商业者的限制,只不过更加反对官营工商业的垄断而已。同样,司马迁虽然也指责富商大贾"财或累万金,而不佐国家之急",却并不完全赞同把他们的财富和产业都予以剥夺的政策。在这个问题上,董仲舒和司马迁的见解还是基本相同的。

其次,董仲舒的义利观是在基本否定现行经济政策的基础上提出的。他的设想虽然大多没有被汉武帝采纳,但随着主客观条件的变化,其否定官营工商业的主张却最终为朝廷所接受,成为西汉王朝的主流思想。《汉书·食货志上》"元帝即位……在位诸儒多言盐铁官及北假田官、常平仓可罢,毋与民争利。上从其议,皆罢之"②,就是一个不争的事实。而司马迁的义利观则是在基本肯定现行经济政策的基础上提出的。总体来看,他的"兴利"主张实际就是西汉中期的主流思想。尽管时过境迁,西汉王朝的官营工商业政策逐渐被朝野上下所摒弃,但任何人的求利都有其合理性的论证却明里暗里仍为大多数人信从。以罢除酒榷来说,此项"改革"乃是盐铁会议最主要的成果——始元六年(前81年)"秋七月,罢榷酤官"③。而大将军霍光的家里后来便开始经营酒酤。如《汉书·赵广汉传》记载,京兆尹赵广汉"发长安吏自将,与俱至(霍)光子博陆侯禹第,直突入其门,搜索私屠酤,椎破庐罂,斧斩其门关而去"④。又《汉书·贡禹

---

① 《汉书》卷二四上《食货志上》,北京:中华书局1962年版,第1137页。
② 《汉书》卷二四上《食货志上》,北京:中华书局1962年版,第1142页。
③ 《汉书》卷七《昭帝纪》,北京:中华书局1962年版,第224页。
④ 《汉书》卷七六《赵广汉传》,北京:中华书局1962年版,第3204页。

传》记载,御史大夫贡禹亦曾向元帝强烈要求:"欲令近臣自诸曹侍中以上,家亡得私贩卖,与民争利,犯者辄免官削爵。"①可见贵族和官僚地主经营工商业的普遍。但这恰恰是董仲舒曾坚决反对而司马迁所大声疾呼的,也充分体现了历史的客观发展并不完全以人的主观意愿为转移。从某种意义上说,正是董仲舒反对"与民争利"的主张为罢废盐铁等官营工商业制造了坚实的理论依据,而官营工商业的罢废又事与愿违地为司马迁"兴利"论的大行其道创造了更为广阔的空间。②

再次,董仲舒和司马迁的义利观在经济思想史上都有着重大的积极作用和意义,但也都存在其历史和阶级的局限。从董仲舒来看,他反对与民争利的主张揭露了许多贵族和官僚地主的求利行为,以及剥夺商贾和盐铁等官营政策的弊端,对探究吏治败坏和贫民越来越多的原因作了相当深入的阐发。这不仅为整顿吏治、减轻农民负担指明了方向,而且为汉王朝的国家治理做出了理论贡献。董仲舒还提出圣人也要"为天下兴利",其中亦暗含对官营工商业的部分肯定。但他故意混淆道德规范与物质利益的界限,完全抹杀事物的不同性质和差异,这在认识论上是非常荒谬的。他希望统治阶级放弃一部分既得利益,希望被统治阶级都安于现状,也完全是一厢情愿的。就司马迁而言,他对部分"兴利之臣"和大多数商贾的肯定,揭示了经济利益不可须臾或缺的真谛。维护和巩固大一统王朝的战争离不开官营工商业,各种商品的流通和交换也离不开商贾的买卖。司马迁的义利观既可为官营工商业的求利正名,有力支持了汉武帝的《春秋》大一统政策,也更为商贾和社会各界的求利正名,在合法合规、遵守道义的情况下,让追求富裕和美好生活逐渐成为全社会的共识。但在私有制为基础的社会里,完全以财富的多寡来判断一个人的地位高低、成功与否甚或道义的高低,实际是一种非常危险的舆论导向。司马迁对社会财富的严重不均视而不见,反而将贫富分化都归因于个人的

①《汉书》卷七二《贡禹传》,北京:中华书局 1962 年版,第 3077 页。
② 晋文:《以经治国与汉代经济》,载《江汉论坛》1992 年第 12 期。

能力大小,也是严重违背事实的。

第四,董仲舒和司马迁的义利观都对后世产生了深远影响,特别是董仲舒反对"与民争利"的主张和司马迁部分肯定"兴利之臣"的做法。前者对朝廷或官员与民争利的抨击和剖析,曾引发许多人的共鸣,成为此后反对官营工商业、反对官吏经商的经典论据,并在民间长期占据了道德上的制高点。后者对桑弘羊的称赞,所谓"民不益赋而天下用饶",也博得不少官吏和一些士绅的认同,成为此后支持官营工商业、支持官吏经商的主要论据,并在官方具有很大的权威性。在著名的盐铁会议上,文学批评说:"窃闻治人之道,防淫佚之原,广道德之端,抑末利而开仁义,毋示以利,然后教化可兴,而风俗可移也。今郡国有盐、铁、酒榷、均输,与民争利。散敦厚之朴,成贪鄙之化。"①所依据的就是董仲舒的义利观。而桑弘羊的论证,对司马迁的义利观亦直接征引说:"司马子言:'天下穰穰,皆为利往。'赵女不择丑好,郑姬不择远近,商人不媿耻辱,戎士不爱死力,士不在亲,事君不避其难,皆为利禄也。儒、墨内贪外矜,往来游说,栖栖然亦未为得也。故尊荣者,士之愿也;富贵者,士之期也。"②遑论汉代以后的更多争辩了。

---

① 王利器校注:《盐铁论校注(定本)》卷一《本议》,北京:中华书局1992年版,第1页。
② 王利器校注:《盐铁论校注(定本)》卷四《毁学》,北京:中华书局1992年版,第230—231页。

附论八

"上行"与"下效"

——对两汉"崇俭抑奢"风尚的再探讨

对于两汉时期"崇俭抑奢"社会风尚的由来,检乎正史,我们似乎很容易得出的印象是:高祖首倡其风发其端,文帝修身俭约承其绪,至于东汉中期,终于举国习染,以俭相高,蔚为风气。问题是,从这样的描述中,我们往往只能将纷繁复杂的历史演进过程归结为简单直接的"上行"与"下效"的因果关系,而无法窥见两汉时期这一社会风尚的形成,究竟经历了一个怎样的充满曲折与变数的历程? 当时社会的各个阶层,各自以何种心态与立场,自觉或不自觉地加入这一进程? 由此折射出的两汉各社会阶层的生存状态或是相关思想观念又是如何? 以下就此作些探讨,以就教于方家。

一、从自发到自觉

从立国之初至文帝前期,西汉政权曾长期面临严重的经济凋敝局面。司马迁便对此描绘说:

> 汉兴,接秦之弊,丈夫从军旅,老弱转粮饟,作业剧而财匮,自天子不能具钧驷,而将相或乘牛车,齐民无藏盖。①

所以,在惩亡秦之弊的基础上,从高祖直至吕惠文景,均主动以"崇俭抑奢"作为其基本经济决策立场,实行"以俭治国"的"休养生息"政策。这一点,无论从其客观经济前提还是主观思想逻辑来看,均十分自然且可以理解。而其中的诸多内容,实际上主要就是对统治者"俭约行政"的自身

---

① 《史记》卷三〇《平准书》,北京:中华书局1959年版,第1417页。

要求,这些要求基本可概括为"少兴作"与"薄赋敛"两大类,其主要目的则在于"毋烦民",《汉书》卷二四上《食货志上》即云:"薄赋敛,省徭役,以宽民力。然后可善治也。"①这一自发性的行政倾向,在后世即成为对统治集团"崇俭抑奢"要求的两大不变主题。至于奢侈品的过度消费、赏赐无节等后世常见的奢侈行为,在这一时期,由于物质条件与经济实力的相对欠缺,还不是十分严重。

但从文景后期开始,随着国家经济基础的逐步修复与巩固,统治者对"耳目之娱"和"声色之好"的追求,开始有了一定的物质余度和空间,亡秦穷奢极欲以致二世而亡的历史教训似乎已与现实渐行渐远。新即位的统治者又往往生来就锦衣玉食,既缺乏底层生活的经历,也无法对民间疾苦拥有必要的认识与体会。在外部客观环境和统治者自身性格、品质及经历无法保证其自发产生"崇俭抑奢"意识时,在儒家历史使命感和社会责任感的作用下,一些士人(同时也可能是官员)开始了将"崇俭抑奢"从一种单纯的自发的社会意识转而理论化系统化的工作。

在充满经学治国精神的两汉时代,学者们很早就注意到了儒家经典中支持"崇俭抑奢"观点的经学依据,比如《论语》"奢则不孙,俭则固。与其不孙,宁固""礼,与其奢也,宁俭"②以及《左传》所说"俭,德之共也;侈,恶之大也"③都经常出现在他们的谏议或论著中。到东汉时期,《易经》以及道家思想的一些内容也屡屡被作为"崇俭抑奢"的理论依据,像"富贵有极""贵满致灾""富不如贫,贵不如贱"等带有一定辩证法色彩的儒道观点被频频提及,甚至成了流行于市井里巷间的俚谚俗谣。如东汉外戚阴兴在拒绝光武帝的封赏后就曾向家人解释说:"富贵有极,人当知足,夸奢益为观听所讥。"④

---

① 《汉书》卷二四上《食货志上》,北京:中华书局1962年版,第1137页。
② 程树德撰,程俊英、蒋见元点校:《论语集释》卷一四《述而下》、卷五《八佾上》,北京:中华书局1990年版,第504、145页。
③ 杨伯峻:《春秋左传注·庄公二十四年》,北京:中华书局1990年版,第229页。
④ 《后汉书》卷三二《阴识传》,北京:中华书局1965年版,第1131页。

而对于"崇俭抑奢"问题作出比较系统论述的,则是西汉中后期的贤良文学和龚胜、谷永等人。他们将统治者能否"躬行俭约"①视为基层民众能否"归本务农"并注意蓄积的关键。因为"晋侯好俭,而民蓄聚"②,只要统治者亲为表率,"贵粟"而不"贵珠玉"③,就会"下之化上,疾于景向"④,从而出现全社会普遍"去末归本"⑤"事节财足"⑥的局面。

但直到西汉中后期,"崇俭抑奢"的倡议者们主要还是"注意上",所呼吁的主要对象还是统治阶级的上层人物,尤其是皇室以及那些占据权力高位的实际执政者,要求他们"视民不奢"⑦"帅以节俭"⑧。而对下层民众,他们并未提出过多的倡议与要求。比如,从史料的记载中,我们可以发现,文帝时期,当时社会上已经开始出现厚葬之风,但文帝在其遗诏中却只是客观地描述了这一现象,并未加以批评或是提出相应的改正要求,而仅仅是宣布他要自俭其葬而已。⑨

二、从"注意上"到"注意下"

从元帝中期开始,"崇俭抑奢"观念的理论化进程出现了一个新的动向,"俭"开始越来越多地被和"节"联系在了一起,"奢"则总是同时意味着"僭"。按照贡禹等人的解释,在"尊卑有序则上下和"⑩这个理想政治模式的大前提下,"俭"与"奢"同时具有经济、政治与道德的三重意义,"俭"即意味着每一社会成员只应消费自身所处社会等级应该消费的消费品数量与种类,只占有自身所处层级应该占有的政治权利,并遵循与之

---

① 《汉书》卷八一《孔光传》,北京:中华书局 1962 年版,第 3356 页。
② 《汉书》卷八一《匡衡传》,北京:中华书局 1962 年版,第 3335 页。
③ 《汉书》卷二四上《食货志上》,北京:中华书局 1962 年版,第 1133 页。
④ 《汉书》卷五〇《张释之传》,北京:中华书局 1962 年版,第 2308 页。
⑤ 《汉书》卷二八下《地理志下》,北京:中华书局 1962 年版,第 1654 页。
⑥ 《汉书》卷八五《谷永传》,北京:中华书局 1962 年版,第 3467 页。
⑦ 《汉书》卷四九《晁错传》,北京:中华书局 1962 年版,第 2297 页。
⑧ 《汉书》卷二四上《食货志上》,北京:中华书局 1962 年版,第 1142 页。
⑨ 《汉书》卷四《文帝纪》,北京:中华书局 1962 年版,第 132 页。
⑩ 《汉书》卷四九《爰盎传》,北京:中华书局 1962 年版,第 2271 页。

相匹配的相应阶层的道德要求。反之,经济生活上的"奢"与"不俭",则必然会引起思想道德上的"逾防",进而导致政治上的"僭"与"逾节"。① 作为一种经济学的命题,这种"崇俭抑奢"观的最大变化在于突破了以往"君行俭则民归本"的二元立论根据,主张通过实行等级消费制,限制占社会组成人口多数的劳动者的消费需求,从而从整体上降低整个社会的消费水平,进而促进生产,增加积蓄。这种在传统重农主义环境下诞生的将消费与生产、积蓄对立起来的经济理论,其本身正确、先进与否我们姑且不论,但其所带来的直接后果之一就是,按照这一理论,社会各个阶层,而不仅仅是统治阶级上层,为了建立有"序"社会这个终极目标,都具有"崇俭抑奢"的义务和责任,因而也都开始被纳入"崇俭抑奢"倡导者关注和呼吁的对象范围中。

但比较而言,该理论的强调重点似乎还是放在"奢"的最终后果也就是政治上"僭"的危害上,放任社会下层"不俭"的直接后果可能是层层级级"逾制"行为的发生,从而对整个专制政体造成自上而下的威胁与破坏。所以,较之最初面向统治上层的大力"倡俭",面向中下层民众的"戒奢"任务因此变得迫切起来。这种对象与任务变化的背后,隐藏着的是对"崇俭抑奢"更多地作为政治命题而非仅仅只是经济命题的认识上的转换。一个比较典型的事例,是武帝时的游侠郭解,在经济上十分"俭约",却最终以"奢僭"罪名被杀。在由此事引发的朝堂争议中,丞相公孙弘最终一语破的——"布衣行权"就是最大的"奢"。②

三、从号召到风尚

官方或上层人士的倡议到成为社会主流风尚之间毕竟有着很大的距离。即使如公认宽政恤民、"躬行俭节"的文帝,当时亦有官员公开"讥文

---

① 《汉书》卷二七中之上《五行志中之上》,北京:中华书局1962年版,第1386页。
② 《汉书》卷九二《游侠传·郭解》,北京:中华书局1962年版,第3704页。

帝之俭"①,武帝时公孙弘也因"布被"获虚伪之名②。即使在皇室内部,以后宫这一特定群体来看,整个西汉时代,唯一有"行事俭约"之名的是成帝许后。究其原因,其种种俭约之举,可能更多地属于发乎自然而非刻意为之。例证之一,就是许后本人甚至曾经因为成帝下诏令其"行俭"而上书自述③,反对刻意求俭。

但从东汉开始,"以俭相高"却一变而成为当时十分普遍的社会风气。这种变化的出现,一方面固然与来自上层的号召与提倡密不可分,另一方面,作为时时处处以汉"正统"继承者自居的东汉政权,"倡俭戒奢"似乎又被作为一种"故事"加以尊崇和继承,并在此过程中将它放大和意识形态化。在东汉时期,我们几乎在每一朝都可以见到以"行俭"应灾异的诏令文告。而反观西汉,以《汉书》所见,仅文帝时曾因日食下令减太仆马数④,及元帝时因关东郡国大水及"星孛于参"令"诸宫、馆希御幸者勿缮治,太仆减谷食马,水衡省肉食兽"⑤的记载各一,且这些诏令也仅仅有具体措施的采用,并未将"行俭应灾"作一自觉口号提出。

从比较现实的角度考虑,从元帝中期开始,节俭越来越多地被作为一种美德用以赞美和自我标榜,可能正反映了从这一时期开始,整个社会的奢靡之风已经日趋严重,甚至成了一种社会问题,以致引起社会成员普遍的忧虑和反感。而越是与这种末世风尚形成鲜明对照的言论与行动,越是能引起人们的关注与尊敬。"劳民易为仁",同样,乱世易为礼,在这种情况下,一些人开始有意识地将行俭作为自我标榜、博取清名的手段。其中最为成功也是对后世影响最巨者,当属王莽。如果我们考察一下史书对王莽篡位前历年"美行"的记载,就可以发现,这其中的每一种"美行",几乎都和节俭发生着或多或少的联系,而这又和他即"新"位后的极度挥

① 《后汉书》卷四八《翟酺传》,北京:中华书局 1965 年版,第 1604 页。
② 《汉书》卷五八《公孙弘传》,北京:中华书局 1962 年版,第 2620 页。
③ 《汉书》卷九七下《外戚传下·孝成许皇后》,北京:中华书局 1962 年版,第 3974—3975 页。
④ 《汉书》卷四《文帝纪》,北京:中华书局 1962 年版,第 116 页。
⑤ 《汉书》卷九《元帝纪》,北京:中华书局 1962 年版,第 280 页。

霍浪费形成了极其戏剧化的反差。

在整个东汉时期，由于两汉更替战争一开始就并未对以庄园经济为基础的东汉经济造成实质性的破坏，官僚地主豪强贵族奢侈铺张的经济条件始终存在，其穷极奢华之举因而时有出现，因此，作为一种向前政权习得的道德教条，"崇俭抑奢"被越来越多地提及，被视为关系人心教化以至国运民生的最大问题，也是预防社会危机的最重要手段。因此，后汉光武、明、章、和、安、顺、桓诸帝均颁布过诏令要求社会各阶层"务崇节俭"。如光武建武七年(31 年)即颁令：

> 世以厚葬为德，薄终为鄙，至于富者奢僭，贫者单财，法令不能禁，礼义不能止，仓卒乃知其咎。其布告天下，令知忠臣、孝子、慈兄、悌弟薄葬送终之义。[1]

安帝元初五年(118 年)亦诏曰："旧令制度，各有科品，欲令百姓务崇节约。"[2]

四、"崇俭抑奢"风尚的阶层分析

限于材料，以下仅就四个阶层分析之。

(一)皇室贵族

两汉皇室是"崇俭抑奢"风尚的最大支持者和获益者，同时却又往往是最大的破坏者。从西汉文帝的克己行俭诏，到东汉明帝、和帝的行俭应天灾诏，我们可以发现，两汉皇室对于"崇俭抑奢"的鼓吹和推动始终是使这一观念流布全社会的最重要因素之一。如前所述，无论是从促使民众"归本务农"的经济学意义，还是从防微杜渐、禁绝"逾制"的政治学意义来看，"崇俭抑奢"的出发点和根本目的都是维护现政权专制制度的稳固。从这个意义上说，"崇俭抑奢"的最终和最大的受益者都只会是皇室

---

[1]《后汉书》卷一下《光武帝纪下》，北京：中华书局 1965 年版，第 51 页。
[2]《后汉书》卷五《安帝纪》，北京：中华书局 1965 年版，第 228 页。

贵族。而且,按照贡禹等人的设计,皇室贵族也必然是占有、使用最多生产生活资料的最大和最有保障的消费者。

但封建专制制度的存在目的就是保障皇室享有绝对的、不受监督的权力,其中自然也包括不受监督的消费权力。因此,两汉时期皇室贵族的带头挥霍无度与赏赐无节的层出不穷,实际上是不足为奇的。加之东汉以后随着封建专制制度的进一步加强,"崇俭抑奢"的批评矛头悄然从指向上转为指向下,官僚与士人仅有的一点谏议与舆论监督权越发显得微乎其微了。更有许多情形下,大量的赏赐与过度消费恰恰是作为区别贵贱,不如此不足以显"尊贵","非壮丽无以重威"①的强化和必需手段出现的。而无论出于以上哪种原因,"上有好之,下必甚焉",最高统治者本身的拜物教与享乐主义行为必然会带来自上而下的群起仿效,随之引起的对"崇俭抑奢"乃至对专制制度本身的破坏与反作用,同样也是巨大的。这种由维护专制制度本身引发的历史悖论,可能也是东汉王朝始料未及的。

(二)士人

在整个西汉时期("新"朝除外),总体上看,我们很少见到当时文献中直接赞颂士人具有"俭"的美德的例子,但在东汉,在时文或是碑刻上,这样的做法已十分普遍。与此同时,这一时期,对士人节俭行为的记载,在数量上,也有了比较显著的增长。例如,《史记》与《汉书》中对传主"家无余财"或"家无担石"的记载,共有李广、尹翁归等六例,但在《后汉书》中,类似记载猛然增加到十七例,在数量上几乎是前者的三倍。这一现象出现的原因,一方面似乎可以套用顾颉刚先生"层累地造成的中国古史"的观点②,将其视为"层累地造成的美德"的结果,即时代越前,士人所谓"美德"或是"恶名"的种类越少、越固定,而时代越往后推移,我们可以见到的士人的"美名"或是"劣行"的种类越是增加。比如,在汉代,对士人

---

① 《史记》卷八《高祖本纪》,北京:中华书局 1959 年版,第 386 页。
② 顾颉刚:《古史辨》第 1 册,上海:上海古籍出版社 1982 年版,第 60 页。

的表彰往往仅限于廉、俭、忠、孝之类,而讥议也大多集中于奢、僭、"利财"等。另一方面,这一变化可能还和东汉时期一种新的选官制度的标准有关,"举孝廉"即是一例。"以廉举人"的一个最大问题,可能正在于对"廉"的标准的判断。从东汉时期经常出现的对评议对象"家无余财"的褒扬声中,我们似乎可以发现,东汉时代很有可能是以"俭"作为"廉"的主要判断依据的,尤其是对那些尚未入仕、不具备官员身份的在野知识分子来说,更是如此。廉而必俭,俭而必廉,当道德水准成为士人入仕的重要依据,"俭"又是最为明显和可见的高尚标志时,士人"行俭"或"示俭"行为的增加也就成了极易理解的社会现象了。

除了这一相对"利益决定论"的推测,在两汉时期,尤其是东汉时代,士人们往往还受到两种儒家思想的影响。首先"君子喻于义,小人喻于利"[①],孔子的这一论断直接导致了两汉时代长期盛行的义利对立观。"轻财"方能"好义","好义"则一定"轻财"。这种"轻财"一方面表现为《后汉书》中经常记载的"推财"之举,不但不接受非分之财,以保持知识分子的超然与独立性,即不以受财故"污行";另一方面,即使对合理合法收入的积聚也是不值得提倡甚至要饱受讥议的,而"散财救人"则被看作是理所当然的美德,并在很大程度上成为一种社会期望。东汉后期,党人"八厨"("厨者,言能以财救人者也")之说正反映了这一社会观念的普遍存在[②],甚至理财、言财都会被看作有辱士人清名的"贱行"。因此,在自身经济条件与社会舆论的双重限定下,士人维持一种较低水准的生活也就成为必然和可以理解的选择了。其次,中国传统知识分子在儒家思想的影响下,往往具有匡救时世的社会责任感,在儒家"向后看"的思维倾向的支配下,这种责任感却又经常表现为对现世风俗"奢僭""浇薄"的焦虑与不安。在社会不断发展进步、生产力水平持续提高的背景下,人们

---

① 程树德撰,程俊英、蒋见元点校:《论语集释》卷八《里仁下》,北京:中华书局 1990 年版,第267 页。
② 《后汉书》卷六七《党锢列传·序》,北京:中华书局 1965 年版,第 2187 页。

物质消费乃至政治权利的增加本无可厚非,但若偏偏以前代生产力不发达情况下做出的等级安排标准去衡量之,便当然会发现"奢"与"僭"比比皆是,从而发出"世风日下,人心不古"的感叹。因此,当"崇俭抑奢"思潮一旦兴起时,大多士人总是会基于对"时弊"的长期不满而宣传鼓吹之、身体力行之。

(三)官员

中国古代,包括两汉时代,官员与士人在身份上有着很大的重合之处,在朝为官员,在野为士人,这两大群体在行俭动机上因而也是比较类似的,只是其表现形式有着一定的区别。首先,前述知识分子的救世理想在其通过仕进成为官员后,就成为一种责任和义务,两汉时代的官员往往同时有着对辖区民众进行政治经济管理和风俗教化的职责,治下民风奢侈往往会被认为是官员为政的最大失败,言教与身教并重,"躬行俭约"则是官员治理地方的常见手段。如宣帝时渤海太守龚遂"见齐俗奢侈,好末技,不田作,乃躬率以俭约,劝民务农桑"①。东汉桓帝时王畅拜南阳太守,"郡中豪族多以奢靡相尚,畅常布衣皮褥,车马羸败,以矫其敝"②。

其次,较之士人,两汉时代官员的"轻财好义"观念,还经常表现在对于所获俸禄的使用与处理上。在这一时期,官员们对俸禄似乎并不具有如后世那样的私有意识,东汉《樊敏碑》上"仕不为人,禄不为己"③的赞语可能正反映了一种普遍的社会认识。史籍中记载的当时官员的俸禄开支因由种类各异——救济贫苦、济人川资、扶助公益、奖励部属……林林总总,不一而足,惟在用于自身消费方面,却以一种近乎清教主义的态度对待之,像官员"十日一炊,餐以干饭""布被瓦器"的记载俯拾皆是。许多官员采取的做法甚至是"计日受俸"——将除去每日最低生活开支外的

---

① 《汉书》卷八九《循吏传·龚遂》,北京:中华书局 1962 年版,第 3640 页。
② 《后汉书》卷五六《王龚传附子畅传》,北京:中华书局 1965 年版,第 1825 页。
③ 袁维春:《秦汉碑述》,北京:北京工艺美术出版社 1990 年版,第 583 页。

剩余部分俸禄悉数交还国库。前述桓帝时的南阳太守王畅[1]，以及灵帝时的河南尹羊陟[2]等，均有此种举动。再如《后汉书》卷二七《范迁传》记载："（范迁）妻尝谓曰：'君有四子而无立锥之地，可余俸禄，以为后世业。'迁曰：'吾备位大臣而蓄财求利，何以示后世！'"[3]在此情况下，东汉时期不少官员生活的俭朴化已近乎成为一种常态。

当然，我们并不排除这一时期史籍中对官员们"清俭自守"节行的记载有"矫俗以干名"者，但总体来看，两汉时代官员经济犯罪的比例在中国历代政权中是比较低的。这是否反映了当时官员们的"尚俭"生活在很大程度上还是发乎内心、出自真诚的？

（四）普通民众

作为农业社会中的主要生产者，两汉时代社会底层民众的总体经济倾向是自发趋于节俭的。按照晁错等人的分析，当时一夫百亩的收入所得，在除去各项基本生活开支后，几乎毫无例外地入不敷出。[4] 较低的小农经济生产水平、较高的封建剥削比率，使得当时基层民众为了维持生计，即或全年"不饥不寒"甚至"半饥半寒"的低水平生活，也要在一切可能的情况下厉行节约，努力积蓄。至于不期而至的自然灾害，则更是促使普通民众以牺牲生活消费为代价力求积聚以备不虞的重要原因之一。

尽管如此，这也并不意味普通民众对于"崇俭抑奢"的论调就会有着天然的认同与好感，"崇俭抑奢"对于底层民众的基本设想是让他们接近纯粹的生产者，远离纯粹的消费者，对于非生产性与非基本生活需要之外的消费需求，则基本应一概弃绝。但这一设想似乎并未考虑到人类对物质享受的追求与向往是不应也无法任意加以限制乃至剥夺的，"道德始终

① （清）汪文台辑：《七家后汉书》，石家庄：河北人民出版社1987年版，第50页。
② 《后汉书》卷六七《党锢列传·羊陟》，北京：中华书局1965年版，第2209页。
③ 《后汉书》卷二七《范迁传》，北京：中华书局1965年版，第941页。
④ 《汉书》卷二四上《食货志上》，北京：中华书局1962年版，第1125页。

是阶级的道德"①,"诸侯之门,而仁义存焉"②。在一个聚众饮酒都要受到限制的时代,又被迫受到界限十分模糊的"俭"与"奢"标准的时时考校,这种由统治阶级强加于被统治者的"健康的"生活方式,受到"沉默的大多数"在一切可能情况下的突破,想来也是不难理解的。③ 此外,作为普通民众中的一个特殊群体,由于"抑商""贱商"氛围下随时可能无因而至的剥夺与长期伴随的不安定感,商人们在这种突破上往往比一般民众更具主动,走得更远。

---

① 中共中央马克思恩格斯列宁斯大林著作编译局编:《马克思恩格斯选集》第 3 卷,北京:人民出版社 1972 年版,第 134 页。
② (清)郭庆藩撰,王孝鱼点校:《庄子集释》卷四中《胠箧》,北京:中华书局 2004 年版,第350 页。
③ 吕雯慧:《论中国家族教化传递模型的近代转型》,载《湖南师范大学教育科学学报》2011 年第1 期。

第五章　以经治国与汉代法律

汉代以经治国对法律也产生了很大影响。前人很早就注意及此,并以"引礼入法"和《春秋》决狱来概括。这基本是符合史实的,也把握住了它的主要特征。但就深入研究以经治国而言,却还不够。为了全面分析它的影响、作用及原因,本章拟着重论述汉王朝对于法律的基本态度及其立法精神和"《春秋》决狱"等,并就"引礼入法"的得失问题作些初步研究和探讨。

一、"宽猛并施"的基本态度

自从汉武帝"独尊儒术",汉代法律在许多方面发生了明显变化。其中一个突出表现,就是对于法律的基本态度出现了重大转变。从有关记载看,汉王朝已不再像秦代那样一味强调暴力,而是提倡"宽猛并施",把刑罚与教化相互结合起来。

汉代自武帝开始,统治者根据经学便强调对法律应"宽猛并施"。如武帝明确提出,"劝善刑暴"乃至治之道。因而一方面"兴太学,修郊祀,改正朔,定历数,协音律,作诗乐,建封禅,礼百神,绍周后,号令文章,焕焉可述"①;另一方面,又重用酷吏,极尽其严刑酷法之能事——"自郅都、杜

---

① 《汉书》卷六《武帝纪》,北京:中华书局 1962 年版,第 212 页。

周十人者,此皆以酷烈为声"①。甚至为镇压农民起义,竟颁布所谓《沉命法》。《史记》卷一二二《酷吏列传》:"群盗起不发觉,发觉而捕弗满品者,二千石以下至小吏主者皆死。"②宣帝亦公开宣称:"汉家自有制度,本以霸王道杂之。"③东汉建立后,也同样是王霸并用,宽猛相济。如章帝时,司空第五伦指出:

> 光武承王莽之余,颇以严猛为政,后代因之,遂成风化。郡国所举,类多辨职俗吏,殊未有宽博之选以应上求者也。陈留令刘豫,冠军令驷协,并以刻薄之姿,临人宰邑,专念掠杀,务为严苦,吏民愁怨,莫不疾之,而今之议者反以为能,违天心,失经义,诚不可不慎也。④

因为经学虽反对严刑峻法,但并非不要刑法,只不过有一个"德主刑辅"的先决条件而已。例如《五经》中的《尚书》,就曾提出安治"百姓"应重视刑法:"在今尔安百姓……何敬非刑?"⑤孔子也说:"刑罚不中,则民无所错手足。"⑥而且,他还明确提出宽猛相济的理论。《左传》昭公二十年载:

> 仲尼曰:"善哉!政宽则民慢,慢则纠之以猛。猛则民残,残则施之以宽。宽以济猛,猛以济宽,政是以和。"⑦

所以,尽管汉王朝宣扬德治,史籍上仍一再出现他们要求重刑的记载。

昭帝时,盐铁会议,桑弘羊便代表汉王朝公开宣称:"令者所以教民也,法者所以督奸也。令严而民慎,法设而奸禁。……是以古者作五刑,

---

① 《史记》卷一二二《酷吏列传·太史公曰》,北京:中华书局 1959 年版,第 3154 页。
② 《史记》卷一二二《酷吏列传·王温舒》,北京:中华书局 1959 年版,第 3151 页。
③ 《汉书》卷九《元帝纪》,北京:中华书局 1962 年版,第 277 页。
④ 《后汉书》卷四一《第五伦传》,北京:中华书局 1965 年版,第 1400 页。
⑤ (西汉)孔安国撰,(唐)孔颖达正义:《尚书正义》卷一九《吕刑》,(清)阮元校刻:《十三经注疏》(附校勘记),北京:中华书局 1980 年版,第 249 页。
⑥ 程树德撰,程俊英、蒋见元点校:《论语集释》卷二六《子路上》,北京:中华书局 1990 年版,第 892 页。
⑦ (西晋)杜预注,(唐)孔颖达疏:《春秋左传正义》卷四九《昭公二十年》,(清)阮元校刻:《十三经注疏》(附校勘记),北京:中华书局 1980 年版,第 2094—2095 页。

刻肌肤而民不逾矩。"①东汉初年的梁统,也上疏提出"宜重刑罚",他说:

> 闻圣帝明王,制立刑罚,故虽尧舜之盛,犹诛四凶。经曰:"天讨有
> 罪,五刑五庸哉。"又曰:"爰制百姓于刑之衷。"孔子曰:"刑罚不衷,则
> 人无所厝手足。"衷之为言,不轻不重之谓也。《春秋》之诛,不避亲戚,
> 所以防患救乱,全安众庶,岂无仁爱之恩,贵绝残贼之路也?②

马严也曾建议章帝"宜敕正百司,各责以事,州郡所举,必得其人。若不如
言,裁以法令"。并征引《左传》说:"上德以宽服民,其次莫如猛。故火烈则
人望而畏之,水懦则人狎而翫之。为政者宽以济猛,猛以济宽。"③班固
撰《汉书·刑法志》则论述说:"爱待敬而不败,德须威而久立,故制礼以崇
敬,作刑以明威也。……《书》云'天秩有礼','天讨有罪'。故圣人因天秩
而制五礼,因天讨而作五刑。"④还有,东汉后期的王符、仲长统、崔寔等,同
样都提出过重刑。尤其是王符,曾针对"德化可独任"的观点着重指出:

> 议者必将以为刑杀当不用,而德化可独任。此非变通者之论也,
> 非叔世者之言也。夫上圣不过尧、舜,而放四子,盛德不过文、武,而
> 赫斯怒。《诗》云:"君子如怒,乱庶遄沮;君子如祉,乱庶遄已。"是故
> 君子之有喜怒也,盖以止乱也。⑤

当然,以上事例,桑弘羊的说法有着浓厚的法家色彩,王符等人的主张也
有着特殊的时代背景,即所谓"叔世用重典"⑥。尽管如此,这也说明在宽

---

① 王利器撰:《盐铁论校注(定本)》卷一〇《刑德》,北京:中华书局1992年版,第565页。

② 《后汉书》卷三四《梁统传》,北京:中华书局1965年版,第1168页。

③ 《后汉书》卷二四《马援传》,北京:中华书局1965年版,第860页。

④ 《汉书》卷二三《刑法志·序》,北京:中华书局1962年版,第1079页。

⑤ (汉)王符著,(清)汪继培笺,彭铎校正:《潜夫论笺校正》卷五《衰制》,北京:中华书局1985年版,第242页。

⑥ "叔世用重典"语出《周礼》:"大司寇之职:掌建邦之三典,以佐王刑邦国、诘四方。一曰刑新国用轻典,二曰刑平国用中典,三曰刑乱国用重典。"见(东汉)郑玄注,(唐)贾公彦疏:《周礼注疏》卷三四《秋官·大司寇》,(清)阮元校刻:《十三经注疏》(附校勘记),北京:中华书局1980年版,第870页。

猛并施的基本态度下,汉代统治者对于法律的重视。

由此便不难理解:为什么汉代以经学治国,不少统治者还能以任法而著称。例如王温舒,迁为河内太守,部吏"捕郡中豪猾,相连坐千余家。上书请,大者至族,小者乃死……至流血十余里"[1]。再如沛相王吉,"专选剽悍吏,击断非法。若有生子不养,即斩其父母,合土棘埋之。凡杀人皆磔尸车上,随其罪目,宣示属县。夏月腐烂,则以绳连其骨,周遍一郡乃止,见者骇惧。视事五年,凡杀万余人。其余惨毒刺刻,不可胜数"[2]。酷吏尹赏还把任法严酷作为经验来教育后代——

> 丈夫为吏,正坐残贼免,追思其功效,则复进用矣。一坐软弱不胜任免,终身废弃无有赦时,其羞辱甚于贪污坐臧。慎毋然![3]

因而在某些"醇儒"看来,这已经完全超出了他们能够接受的范围。如元帝时,贡禹就曾愤怒地指责说:

> 武帝始临天下,尊贤用士,辟地广境数千里,自见功大威行,遂从者欲……是以天下奢侈,官乱民贫,盗贼并起,亡命者众。郡国恐伏其诛,则择便巧史书习于计簿能欺上府者,以为右职;奸轨不胜,则取勇猛能操切百姓者,以苛暴威服下者,使居大位。……故俗皆曰:"何以孝弟为?财多而光荣。何以礼义为?史书而仕宦。何以谨慎为?勇猛而临官。"[4]

宣帝时,重用"文法吏",盖宽饶也批评说:"方今圣道寖废,儒术不行,以刑余为周召,以法律为《诗书》。"[5]再就"酷吏"而言,范晔也感慨说:"汉世所谓酷能者,盖有闻也。皆以敢捍精敏,巧附文理,风行霜烈,威誉煊

---

① 《汉书》卷九〇《酷吏传·王温舒》,北京:中华书局1962年版,第3656页。
② 《后汉书》卷七七《酷吏列传·王吉》,北京:中华书局1965年版,第2501页。
③ 《汉书》卷九〇《酷吏传·尹赏》,北京:中华书局1962年版,第3675页。
④ 《汉书》卷七二《贡禹传》,北京:中华书局1962年版,第3077页。
⑤ 《汉书》卷七七《盖宽饶传》,北京:中华书局1962年版,第3247页。按:即使是所谓"名儒",其用法亦颇多严刻。如魏相、萧望之、于定国等,宋人洪迈对他们就曾经严厉指责,他说:"赵广汉之死由魏相,韩延寿之死由萧望之。魏、萧贤公卿也,忍以其私陷二材臣于死地乎? (转下页)

赫。与夫断断守道之吏,何工否之殊乎!"①显而易见,这正是汉王朝对于法律的基本态度。

然而,若过度任法,也不符合经义。因为照经义来看,法律只是辅助德治的手段,德治才是真正的治化之本。孔子就曾将德治与法治进行比较说:"道之以政,齐之以刑,民免而无耻。道之以德,齐之以礼,有耻且格。"②汉儒对此亦深谙其义。如董仲舒即特别强调其德主刑辅的理论,他说:"天道之大者在阴阳。阳为德,阴为刑;刑主杀而德主生。……王者承天意以从事,故任德教而不任刑。"③所以在盐铁会议上,贤良文学都一再反驳桑弘羊:

> 法令者,治恶之具也,而非至治之风也。是以古者明王茂其德教,而缓其刑罚也。④

> 昔秦法繁于秋荼,而网密于凝脂。然而上下相遁,奸伪萌生,有司治之,若救烂扑焦,而不能禁;非网疏而罪漏,礼义废而刑罚任也。⑤

> 圣王之治世,不离仁义。故有改制之名,无变道之实。上自黄帝,下及三王,莫不明德教,谨庠序,崇仁义,立教化。此百世不易之道也。⑥

梁统也专门解释说,自己并不是主张"严刑",而是希望能遵循"旧典"。

（接上页）杨恽坐语言怨望,而廷尉当以为大逆不道。以其时考之,乃于定国也。史称定国为廷尉,民自以不冤,岂其然乎! 宣帝治尚严,而三人者,又从而辅翼之,为可恨也。"[（南宋）洪迈:《容斋随笔》卷六《魏相萧望之》,北京:中华书局2005年版,第76页]由此也启迪我们:至少在西汉中期,所谓"德主刑辅"在很大程度上应当说是"刑主德辅"。

① 《后汉书》卷七七《酷吏列传·论》,北京:中华书局1965年版,第2502页。
② 程树德撰,程俊英、蒋见元点校:《论语集释》卷三《为政上》,北京:中华书局1990年版,第68页。
③ 《汉书》卷五六《董仲舒传》,北京:中华书局1962年版,第2502页。
④ 王利器撰:《盐铁论校注（定本）》卷九《论灾》,北京:中华书局1992年版,第558页。
⑤ 王利器撰:《盐铁论校注（定本）》卷一〇《刑德》,北京:中华书局1992年版,第565—566页。
⑥ 王利器撰:《盐铁论校注（定本）》卷五《遵道》,北京:中华书局1992年版,第292页。

班固在论述刑罚的同时也明确提出:"圣人取类以正名,而谓君为父母,明仁爱德让,王道之本也。"①至于王符,更强调指出:"法令刑赏者,乃所以治民事而致整理尔,未足以兴大化而升太平也。"②可见,汉儒是一致主张德治为治化之本,刑罚乃德化之辅的。这就决定了在宽猛之间许多统治者对"宽"都更为重视。如元帝,史载其"宽弘尽下,出于恭俭,号令温雅,有古之风烈"③;黄霸任颍川太守,"力行教化而后诛罚"④;于定国任廷尉,"其决疑平法,务在哀鳏寡,罪疑从轻,加审慎之心"⑤;魏霸"为钜鹿太守,以简朴宽恕为政"⑥;张湛"为左冯翊。在郡修典礼,设条教,政化大行"⑦;刘矩"迁雍丘令,以礼让化之"⑧;刘宽"典历三郡,温仁多恕"⑨;等等。毫无疑问,这就是汉王朝对于法律的基本态度。

二、"礼法结合"的立法精神

汉承秦制,关于法律的制定和修订问题,西汉前期主要是依据法家思想。虽然在西汉前期统治者尊崇黄老学说,已经提出刑德并用的主张,认为"先德后刑以养生","天德皇皇,非刑不行。缪(穆)缪(穆)天刑,非德必顷(倾)。刑德相养,逆顺若成"。⑩ 但是在具体措施上,当时除了废除秦的一些酷刑,基本上还是继承了秦制。如《汉书》卷二三《刑法志》云:

① 《汉书》卷二三《刑法志·序》,北京:中华书局 1962 年版,第 1079 页。
② (汉)王符著,(清)汪继培笺,彭铎校正:《潜夫论笺校正》卷八《本训》,北京:中华书局 1985 年版,第 370 页。
③ 《汉书》卷九《元帝纪》,北京:中华书局 1962 年版,第 299 页。
④ 《汉书》卷八九《循吏传·黄霸》,北京:中华书局 1962 年版,第 3631 页。
⑤ 《汉书》卷七一《于定国传》,北京:中华书局 1962 年版,第 3043 页。
⑥ 《后汉书》卷二五《魏霸传》,北京:中华书局 1965 年版,第 886 页。
⑦ 《后汉书》卷二七《张湛传》,北京:中华书局 1965 年版,第 929 页。
⑧ 《后汉书》卷七六《循吏列传·刘矩》,北京:中华书局 1965 年版,第 2476 页。
⑨ 《后汉书》卷二五《刘宽传》,北京:中华书局 1965 年版,第 887 页。
⑩ 国家文物局古文献研究室编:《马王堆帛书·十六经》,北京:文物出版社 1980 年版,第 62、69 页。

"相国萧何攈摭秦法,取其宜于时者,作律九章。"①而西汉中期以后,情况则明显改变。随着经学对于法律的介入,所谓"引礼入法",礼法结合的思想便逐渐成为汉王朝的立法依据。大致可归纳为三个方面:

(一)关于强化皇权和巩固专制主义中央集权

在这一方面,由于能否加强皇权和中央集权将直接关系着汉王朝的统治和安危,因而礼法结合的精神曾得到极为充分的体现。例如,董仲舒根据《春秋公羊传》提出:

> 《春秋》立义:天子祭天地,诸侯祭社稷,诸山川不在封内不祭。有天子在,诸侯不得专地,不得专封,不得专执天子之大夫,不得舞天子之乐,不得致天子之赋,不得适天子之贵。君亲无将,将而诛。大夫不得世,大夫不得废置君命。②

他的这些理论后来就成为制定法律的依据。以汉律有关内容说,在谋反、大逆、废令、矫制、上僭、逾制、大不敬、不道、专地盗土等罪名中,以上理论都或多或少地得到了采用,有的甚至是原文引用。如谋反,《盐铁论·晁错》称:

> 《春秋》之法,君亲无将,将而必诛。故臣罪莫重于弑君,子罪莫重于弑父。日者,淮南、衡山修文学,招四方游士,山东儒墨咸聚于江淮之间……然卒于背义不臣,使谋叛逆,诛及宗族。③

又大逆,《汉书》卷八《宣帝纪》载宣帝诏曰:

> 乃者,东织室令史张赦使魏郡豪李竟报冠阳侯霍云谋为大逆,朕以大将军故,抑而不扬,冀其自新。今大司马博陆侯霍禹与母宣成侯夫人显及从昆弟冠阳侯云、乐平侯山、诸姊妹婿度辽将军范明友、长信少府邓广汉、中郎将任胜、骑都尉赵平、长安男子冯殷等谋为大逆。

① 《汉书》卷二三《刑法志》,北京:中华书局 1962 年版,第 1096 页。
② 苏舆撰,钟哲点校:《春秋繁露义证》卷四《王道》,北京:中华书局 1992 年版,第 112—114 页。
③ 王利器撰:《盐铁论校注(定本)》卷二《晁错》,北京:中华书局 1992 年版,第 113 页。

显前又使女侍医淳于衍进药杀共哀后,谋毒太子,欲危宗庙。逆乱不道,咸伏其辜。①

再如,《通典》卷一六六载《汉律》曰:"杀母以大逆论。"②又逾制,《宋书》卷六一《武三王传》征引《汉律》说:"车服以庸,《虞书》茂典;名器慎假,《春秋》明诫。是以尚方所制,汉有严律,诸侯窃服,虽亲必罪。"③又大不敬,《汉书》卷七二《鲍宣传》载:

> 丞相孔光四时行园陵,官属以令行驰道中,宣出逢之,使吏拘止丞相掾史,没入其车马,摧辱宰相。事下御史,中丞侍御史至司隶官,欲捕从事,闭门不肯内。宣坐距闭使者,亡人臣礼,大不敬,不道,下廷尉狱。④

又"专地盗土",《汉书》卷八一《匡衡传》载,衡任丞相,封乐安侯,多占郡地四百顷,被有司所劾奏,其文云:

> 《春秋》之义,诸侯不得专地,所以壹统尊法制也。衡为三公,辅国政,领计簿,知郡实,正国界,计簿已定而背法制,专地盗土以自益。⑤

当然,以上罪名的制订并不都是因为经学的作用,但经学曾对它们产生过强烈、深刻的影响却毋庸置疑。

(二)关于维护宗法伦理关系

在这一方面,其影响最深的就是汉代的婚姻家庭制度。例如婚姻制度,汉代既有关于结婚的"议婚"(媒妁之言、父母之命)、"婚仪"(纳采、问名、纳吉、纳徵、请期、亲迎)和"婚年"等规定,又有关于离婚的"七去"

---

① 《汉书》卷八《宣帝纪》,北京:中华书局1962年版,第251页。
② (唐)杜佑撰,王文锦等点校:《通典》卷一六六《刑法四》,北京:中华书局1988年版,第4288页。
③ 《宋书》卷六一《武三王列传·义恭》,北京:中华书局1974年版,第1647—1648页。
④ 《汉书》卷七二《鲍宣传》,北京:中华书局1962年版,第3093页。
⑤ 《汉书》卷八一《匡衡传》,北京:中华书局1962年版,第3346页。

（不顺父母、无子、淫、妒、有恶疾、多言、窃盗）、"三不去"（有所取无所归、与更三年丧、前贫贱后富贵）等规定，还有关于纳妾和改嫁等的规定。而这些规定，均可以说是经学倡导的模式。① 以改嫁和离婚为例，程树德《九朝律考》卷一引董仲舒《春秋决狱》说："夫死无男，有更嫁之道也。"②又《汉书》卷八一《孔光传》载孔光廷议曰："夫妇之道，有义则合，无义则离。"③

再如家庭制度，所谓"父为子纲、夫为妻纲"也充分体现到汉代家庭的各种规定之中。一个引人注目的现象，就是对于"不孝"罪的惩治越来越重，甚至竟强调说，"《甫刑》三千，莫大不孝"④。如章帝时，齐王刘晃"及弟利侯刚与母姬更相诬告"，章帝便大加贬惩，其诏曰：

> 晃、刚衍乎至行，浊乎大伦，《甫刑》三千，莫大不孝。朕不忍置之于理，其贬晃爵为芜湖侯，削刚户三千。⑤

又《汉书》卷四四《衡山王传》载，元朔五年（前124年）秋，衡山王赐谋反，与少子刘孝"作兵车锻矢"，因太子刘爽上言其父、弟谋逆，且孝与父御婢奸，武帝遣吏治，"孝坐与王御婢奸，及……太子爽坐告父不孝，皆弃市"⑥。《汉书》卷七六《王尊传》载，尊兼任美阳令，有妇女告养子（继子）不孝，经常奸淫和打骂她，尊"取不孝子悬磔著树，使骑吏五人张弓射杀之"⑦。《汉书》卷七〇《陈汤传》载，初元二年（前47年），元帝诏列侯举"茂才"，富平侯张勃举汤。"汤待迁，父死不奔丧，司隶奏汤无循行……

① 详见本书第八章"以经治国与汉代社会生活的整合"。
② 程树德：《九朝律考》卷一《汉律考七》，北京：中华书局1963年版，第165页。
③《汉书》卷八一《孔光传》，北京：中华书局1962年版，第3355页。
④ 按：其语本（唐）李隆基注，（北宋）邢昺疏：《孝经注疏》卷六《五刑章》引孔子曰，（清）阮元校刻：《十三经注疏》（附校勘记），北京：中华书局1980年版，第2556页。
⑤《后汉书》卷一四《宗室四王三侯列传·齐武王缜》，北京：中华书局1965年版，第553—554页。
⑥《汉书》卷四四《衡山王传》，北京：中华书局1962年版，第2156页。
⑦《汉书》卷七六《王尊传》，北京：中华书局1962年版，第3227页。

231

汤下狱论。"①《汉书》卷六八《金日磾传》载,王莽时,金钦为光禄大夫,封都成侯,因不祀祖被劾奏"诬祖不孝,罪莫大焉。尤非大臣所宜","谒者召钦诣诏狱,钦自杀"。②《后汉书》卷六三《李燮传》载,甄邵为邺令,先曾出卖同学,后当迁郡守,"会母亡,邵且埋尸于马室,先受封,然后发丧"。在返任途中,恰遇河南尹李燮,燮乃使卒投车于沟中,笞捶乱下,大署帛于其背曰:"谄贵卖友,贪官埋母。"并上书"具表其状。邵遂废锢终身"③。

同时,关于惩治破坏纲常伦理关系的法令也越来越多。从具体案例来看,除了"不孝"罪,当时还有所谓"乱人伦""禽兽行""鸟兽之行"④"悖逆人伦""淫乱""奸乱""无道""乱男女之别""奸母""杀子"等罪名。例如"乱人伦"等,《汉书》卷三五《荆燕吴传》,燕王"定国与父康王姬奸,生子男一人。夺弟妻为姬。与子女三人奸"。武帝时事发,公卿皆议曰:"定国禽兽行,乱人伦。逆天道,当诛。"⑤定国遂自杀。《汉书》卷五三《景十三王传》,江都王刘建,父死未葬,召父爱美人淖姬等十人与奸,复与其妹徵臣奸,又"欲令人与禽兽交而生子,强令宫人裸而四据,与羝羊及狗交",并图谋反叛。事发觉,朝廷乃议曰,"所行无道,虽桀纣恶不至于此。天诛所不赦"⑥,建自杀。《汉书》卷三八《高五王传》,济北王终古

---

① 《汉书》卷七〇《陈汤传》,北京:中华书局1962年版,第3007页。
② 《汉书》卷六八《金日磾传》,北京:中华书局1962年版,第2965页。
③ 《后汉书》卷六三《李燮传》,北京:中华书局1965年版,第2091页。
④ 《后汉书》卷四九《仲长统传》载仲长统《昌言》曰:"今令五刑有品,轻重有数,科条有序,名实有正,非杀人逆乱鸟兽之行甚重者,皆勿杀。"李贤注曰:"鸟兽之行谓烝报也。"(北京:中华书局1965年版,第1652页)关于烝、报,《左传》桓公十六年载:"卫宣公烝于夷姜。"杜预注曰:"夷姜,宣公之庶母也。上淫曰烝。"[(西晋)杜预注,(唐)孔颖达疏:《春秋左传正义》卷七《桓公十六年》,(清)阮元校刻:《十三经注疏》(附校勘记),北京:中华书局1980年版,第1758页]又杜预《左传》宣公三年注引《汉律》说:"淫季父之妻曰报。"[(西晋)杜预注,(唐)孔颖达疏:《春秋左传正义》卷二一《宣公三年》,(清)阮元校刻:《十三经注疏》(附校勘记),北京:中华书局1980年版,第1868页]
⑤ 《汉书》卷三五《荆燕吴传》,北京:中华书局1962年版,第1903页。
⑥ 《汉书》卷五三《景十三王传·江都易王非附子建》,北京:中华书局1962年版,第2416—2417页。

"使所爱奴与八子(王国女官名,秩比六百石)及诸御婢奸,终古或参与被席,或白昼使裸伏,犬马交接"。事下丞相御史,奏终古"禽兽行,乱君臣夫妇之别,悖逆人伦,请逮捕。有诏削四县"①。《初学记》卷一二引谢承《后汉书》,宣帝时,燕、赵间有三男共娶一妻,生四子,后各求离别,争财分子。郡县不能决,上报廷尉,于是廷尉范延寿决之,"以为悖逆人伦,比之禽兽,生子属其母。以子并付母,尸三男于市,奏免郡太守、令、长等,无帅化之道"②。再如"乱男女之别",《汉书》卷九二《游侠传》,陈遵任河南太守,其弟陈级为荆州牧,二人同赴故淮阳王外家左氏家宴饮,为司直陈崇所奏免,而理由即所谓"礼不入寡妇之门,而湛酒溷肴,乱男女之别,轻辱爵位,羞污印韨,恶不可忍闻"③。又如"奸母",由于这种犯罪行为的危害性极大,汉王朝更是从快、从严、从重予以打击。《汉书》卷一五上《王子侯表第三上》载,宣帝时,乘丘侯刘外人"坐为子时与后母乱,免"④,就是一例。前引王尊对"不孝子"的严惩,更是一个显例。以后还形成惯例,成为一条惩治"奸母"的专门法令。如何休《公羊传》桓公六年注引《汉律》曰:"立子奸母,见乃得杀之。"⑤关于"杀子",《白虎通》卷五《诛伐》称:

> 父煞其子当诛何?以为"天地之性人为贵"。人皆天所生也,托父母气而生耳。王者以养长而教之,故父不得专也。⑥

具体事例则可以贾彪为代表,《后汉书》卷六七《党锢列传·贾彪》:

> (彪)补新息长。小民困贫,多不养子,彪严其制,与杀人同罪。城南有盗劫害人者,北有妇人杀子者,彪出案发,而掾吏欲引南

---

① 《汉书》卷三八《高五王传》,北京:中华书局 1962 年版,第 2001—2002 页。
② (唐)徐坚撰:《初学记》卷一二《职官部下》,北京:中华书局 2004 年版,第 311 页。
③ 《汉书》卷九二《游侠传》,北京:中华书局 1962 年版,第 3712 页。
④ 《汉书》卷一五上《王子侯表第三上》,北京:中华书局 1962 年版,第 467 页。
⑤ (东汉)何休解诂,(唐)徐彦疏:《春秋公羊传注疏》卷四《桓公六年》,(清)阮元校刻:《十三经注疏》(附校勘记),北京:中华书局 1980 年版,第 2216 页。
⑥ (清)陈立撰,吴则虞点校:《白虎通疏证》卷五《诛伐》,北京:中华书局 1994 年版,第 216 页。

> 彪怒曰:"贼寇害人,此则常理,母子相残,逆天违道。"遂驱车北行,案验其罪。①

又前引《后汉书》卷七七《酷吏传》,王吉为沛相,"若有生子不养,即斩其父母,合土棘埋之"②。尽管这似乎只是某些官吏的个人行为,但由此亦可以看出经学的影响之深。

(三) 关于推行"仁政"和减免刑罚

为了标榜仁政,以缓和矛盾,汉代自从武帝"独尊儒术",在删减律令和废除酷刑方面也表现得相当突出。如宣帝以郡国地震,诏"律令有可蠲除以安百姓,条奏"③;元帝因关东灾害,"省刑罚七十余事"④。又成帝因"律令烦多",也援引《甫刑》,下诏要求"议减死刑及可蠲除约省者"⑤;章帝拜郭躬为廷尉,其"决狱断刑,多依矜恕,乃条诸重文可从轻者四十一事奏之,事皆施行,著于令"⑥。再如和帝时,陈宠以孔子说"宽以济猛",提出应"荡涤烦苛之法",并"数议疑狱,常亲自为奏,每附经典,务从宽恕,帝辄从之,济活者甚众"⑦;安帝时,鲁恭根据《易》"君子以议狱缓死",建议"可令疑罪使详其法,大辟之科,尽冬月乃断"⑧;等等。

另外,在关于刑罚的宽严和时间上,汉王朝根据经学强调,用刑还必须同阴阳五行和四季变化等相符合。《盐铁论》卷一〇《诏圣》载文学曰:"春夏生长,圣人象而为令。秋冬杀藏,圣人则而为法。"⑨又《白虎通》卷九《五刑》:"刑所以五何? 法五行也。大辟法水之灭火,宫者法土之壅水,膑者法金之刻木,劓者法木之穿土,墨者法火之胜金。""五刑之属三

---

① 《后汉书》卷六七《党锢列传·贾彪》,北京:中华书局 1965 年版,第 2216 页。
② 《后汉书》卷七七《酷吏列传·王吉》,北京:中华书局 1965 年版,第 2501 页。
③ 《汉书》卷八《宣帝纪》,北京:中华书局 1962 年版,第 245 页。
④ 《汉书》卷九《元帝纪》,北京:中华书局 1962 年版,第 285 页。
⑤ 《汉书》卷二三《刑法志》,北京:中华书局 1962 年版,第 1103 页。
⑥ 《后汉书》卷四六《郭躬传》,北京:中华书局 1965 年版,第 1544 页。
⑦ 《后汉书》卷四六《陈宠传》,北京:中华书局 1965 年版,第 1554 页。
⑧ 《后汉书》卷二五《鲁恭传》,北京:中华书局 1965 年版,第 882 页。
⑨ 王利器撰:《盐铁论校注(定本)》卷一〇《诏圣》,北京:中华书局 1992 年版,第 595 页。

千,大辟之属二百,宫辟之属三百,腓辟之属五百,劓、墨辟之属各千。"①
如建始元年(前 32 年),因祖庙火灾和出现彗星,成帝便引《书》下诏说:
"《书》云:'惟先假王正厥事。'群公孜孜,帅先百寮,辅朕不逮。崇宽大,
长和睦,凡事恕已,毋行苛刻。"②建武五年(29 年),因旱、蝗频发,光武帝
亦明确提出并规定:"久旱伤麦,秋种未下,朕甚忧之。将残吏未胜,狱多
冤结,元元愁恨,感动天气乎? 其令中都官、三辅、郡、国出系囚,罪非犯殊
死一切勿案,见徒免为庶人。"③至于应时诛罚,史载诸葛丰被元帝所降
职,就是一个典型事例:司隶校尉"丰以春夏繫治人,在位多言其短。上徙
丰为城门校尉"④。哀帝之赦免刘立,也是如此。《汉书》卷四七《文三王
传》记载,成帝时,梁王刘立与其妹淫乱,并杀、伤八人,"哀帝建平中,立
复杀人",遣廷尉、大鸿胪执节讯。哀帝虽斥责"与背畔亡异",亦仍以冬
月已尽,"其春大赦"而不治。⑤ 至明帝时,凡重刑不于春、夏、秋季执行即
成为定制。所谓"永平旧典,诸当重论皆须冬狱,先请后刑,所以重人
命也"⑥。

除了以上所说,《周礼》所谓"八议"(议亲、议故、议贤、议能、议功、议
贵、议勤、议宾)、"五听"(辞听、色听、气听、耳听、目听)、"三宥"(弗识、
过失、遗忘)、"三赦"(幼弱、老眊、蠢愚)等,在汉代也都有一定的影响。
班固在《汉书》卷二三《刑法志》中便把这些规定记录下来。以"八议"为
例,自武帝之后,关于贵族、官吏的优待法令越来越多。甚至有些王侯犯

---

① (清)陈立撰,吴则虞点校:《白虎通疏证》卷九《五刑》,北京:中华书局 1994 年版,第 438、
439 页。
② 《汉书》卷一〇《成帝纪》,北京:中华书局 1962 年版,第 303 页。
③ 《后汉书》卷一上《光武帝纪上》,北京:中华书局 1965 年版,第 39 页。
④ 《汉书》卷七七《诸葛丰传》,北京:中华书局 1962 年版,第 3251 页。
⑤ 《汉书》卷四七《文三王传》,北京:中华书局 1962 年版,第 2218—2219 页。
⑥ 《后汉书》卷三〇下《襄楷传》,北京:中华书局 1965 年版,第 1078 页。按:关于应时诛罚,由
于其独特而鲜明的司法形式和内容,也引起了西方学者的注意。例如对"秋冬行刑"问题,美
国学者 D·布迪、C·莫里斯进行了研究,并认为这是一种法律"自然化"的表现。详请参看
[美]D. 布迪、C. 莫里斯著,朱勇译:《中华帝国的法律》,南京:江苏人民出版社 1995 年版,第
33 页。

了杀人罪、乱伦罪和通奸罪等,往往都可以宽免。如前引江都王刘建,所行淫乱可以说骇人听闻,但在没有试图谋反前,虽然其弟曾予告发,廷尉亦不予治罪。乐成王刘苌"骄淫不法",安帝以"八议"仅把他贬爵为侯,也是一例。《后汉书》卷五〇《孝明八王列传》载安帝诏曰:

> 苌有觍其面……乃敢擅损牺牲,不备苾芬。慢易大姬,不震厥教。出入颠覆,风淫于家,聘取人妻,馈遗婢妾。殴击吏人,专己凶暴。衍罪莫大,甚可耻也。朕览八辟之议,不忍致之于理。其贬苌爵为临湖侯。①

至于普通官吏,在武帝之后也增加了许多"请"和减免的规定。如高祖时"令郎中有罪耐以上,请之"②,还规定"请"的范围须在"耐"罪以上。至宣帝时,便已取消了这一限制:"吏六百石位大夫,有罪先请。"③到东汉光武帝时,则更加放宽,甚至规定"吏不满六百石,下至墨绶长、相,有罪先请"④。这显然是"议贵"思想的进一步体现。另据《汉书》卷二三《刑法志》记载,自景帝之后,"狱刑益详,近于五听、三宥之意"⑤。又宣帝规定,"自今以来,诸年八十非诬告杀伤人,它皆勿坐"⑥。成帝亦规定,"年未满七岁,贼斗杀人及犯殊死者,上请廷尉以闻,得减死"⑦。平帝还明确规定,"天下女徒已论,归家,顾山钱月三百"⑧。说明其"三宥""三赦"的思想亦有较大的影响。

总之,随着以经治国的推行,礼法结合的精神在汉代法律中得到了充

---

① 《后汉书》卷五〇《孝明八王列传·乐成王苌》,北京:中华书局1965年版,第1673页。
② 《汉书》卷一下《高帝纪下》,北京:中华书局1962年版,第63页。
③ 《汉书》卷八《宣帝纪》,北京:中华书局1962年版,第274页。
④ 《后汉书》卷一上《光武帝纪上》,北京:中华书局1965年版,第35页。按《汉书》卷一九上《百官公卿表上》:"凡吏秩……比六百石以上,皆铜印黑绶……比二百石以上,皆铜印黄绶。"(北京:中华书局1962年版,第743页)
⑤ 《汉书》卷二三《刑法志》,北京:中华书局1962年版,第1106页。
⑥ 《汉书》卷二三《刑法志》,北京:中华书局1962年版,第1106页。
⑦ 《汉书》卷二三《刑法志》,北京:中华书局1962年版,第1106页。
⑧ 《汉书》卷一二《平帝纪》,北京:中华书局1962年版,第351页。

分体现。所谓"《汉律》正多古意……尚得三代先王之遗意也"①,就是对于它的概括总结。

三、"《春秋》决狱"——引礼入法的具体操作

汉武帝"独尊儒术"后,在法律的具体运用上,统治者还把经学的有关原则直接等同于律令,采取"引经决狱"的形式。所谓"引经决狱",就是以经义来作为分析案情和认定犯罪的根据,用经义来解释和运用法律。这可以说是汉代引礼入法在诉讼、审判和司法解释上的具体操作。由于汉代"引经决狱"主要是引用《春秋公羊传》的原则,因而这种决狱形式又被称为"《春秋》决狱"。

汉代的"《春秋》决狱"发端于武帝时期。《史记》卷一二一《儒林列传》记载,吕步舒"执节决淮南狱,于诸侯擅专断,不报,以《春秋》之义正之,天子(武帝)皆以为是"②,可视为它的第一个案例。以后,在汉王朝的大力提倡下,这种决狱形式被广泛运用于法律实践之中。诸如:

> 上(武帝)方乡文学,汤决大狱,欲傅古义,乃请博士弟子治《尚书》《春秋》,补廷尉史,平亭疑法。③

> 故胶东[西]相董仲舒老病致仕,朝廷每有政议,数遣廷尉张汤亲至陋巷,问其得失。于是作《春秋决狱》二百三十二事,动以经对,言之详矣。④

> 时司徒辞讼,久者数十年,事类溷错,易为轻重,不良吏得生因缘。宠为[鲍]昱撰《词讼比》七卷,决事科条,皆以事类相从。⑤

---

① (清)沈家本:《汉律摭遗》自序,收入氏著《历代刑法考》,北京:中华书局1985年版,第1365页。
② 《史记》卷一二一《儒林列传》,北京:中华书局1959年版,第3129页。
③ 《汉书》卷五九《张汤传》,北京:中华书局1962年版,第2639页。
④ 《后汉书》卷四八《应劭传》,北京:中华书局1965年版,第1612页。
⑤ 《后汉书》卷四六《陈宠传》,北京:中华书局1965年版,第1548—1549页。

(何敞)迁汝南太守。……及举冤狱,以《春秋》义断之。是以郡中无怨声,百姓化其恩礼。[1]

(应劭)撰具《律本章句》《尚书旧事》《廷尉板令》《决事比例》《司徒都目》《五曹诏书》及《春秋断狱》凡二百五十篇。[2]

因之这种"《春秋》决狱"不仅成为汉王朝的定制,而且其原则也逐渐形成比较完整的体系。主要原则有:

(一)"君亲无将,将而必诛"

此语出自《春秋公羊传》庄公三十二年(又见于昭公元年),是对鲁国公子牙欲为叛逆而季友令其饮鸩之事的阐发。传曰:"公子牙今将尔,辞曷为与亲弒者同? 君亲无将,将而诛焉。"注云:"亲谓父母,无将如字。"[3]据颜师古对其文义的解释——"以公子牙将为杀逆而诛之,故云然也。亲谓父母也"[4],可知"亲"指父母,"将"乃"将为杀逆"之意。它的整个意思是说:凡是蓄意杀害君上、父母而谋乱的,即使并未付诸行动,也当与叛逆同罪。例如,《汉书》卷四四《淮南王传》记载,淮南王刘安谋反,胶西王刘端奏曰:

安废法度,行邪辟,有诈伪心,以乱天下,营惑百姓,背畔宗庙,妄作妖言。《春秋》曰:"臣毋将,将而诛。"安罪重于将,谋反形已定。臣端所见其书印图及它逆亡道事验明白,当伏法。[5]

又如,《后汉书》卷三二《樊鯈传》载,广陵王刘荆有罪,明帝意欲宽恕,诏樊鯈与任隗共同审理。但最终他们却"奏请诛荆",故明帝发怒,认为"诸卿以我弟故,欲诛之,即我子,卿等敢尔"。樊鯈亦当面顶撞说:

---

[1] 《后汉书》卷四三《何敞传》,北京:中华书局1965年版,第1487页。
[2] 《后汉书》卷四八《应劭传》,北京:中华书局1965年版,第1613页。
[3] (东汉)何休解诂,(唐)徐彦疏:《春秋公羊传注疏》卷九《庄公三十二年》,(清)阮元校刻:《十三经注疏》,北京:中华书局1980年版,第2242页。
[4] 《汉书》卷九九下《王莽传下》注,北京:中华书局1962年版,第4153页。
[5] 《汉书》卷四四《淮南王传》,北京:中华书局1962年版,第2152页。

天下高帝天下,非陛下之天下。《春秋》之义,"君亲无将,将而诛焉"。是以周公诛弟,季友鸩兄,经传大之。臣等以荆属托母弟,陛下留圣心,加恻隐,故敢请耳。如令陛下子,臣等专诛而已。①

因此,为了更有效地强化皇权和父权,这一原则便成为汉代"《春秋》决狱"的一个最重要的原则。

（二）"亲亲得相首匿"

所谓"首匿",据《汉书》卷八《宣帝纪》注,"凡首匿者,言为谋首而藏匿罪人"②,即首谋包庇罪犯。故"亲亲得相首匿",就是指若亲属之间隐庇犯罪,可不受法律制裁。它是根据孔子所说"父为子隐,子为父隐,直在其中矣"③演变而来的。

《通典》卷六九《礼二九》记有董仲舒《春秋决狱》一例,转录如下:

> 时有疑狱,曰:甲无子,拾道旁弃儿乙养之以为子。及乙长,有罪杀人,以状语甲。甲藏匿乙,甲当何罪? 仲舒断曰:"甲无子,振活养乙,虽非所生,谁与易之?《诗》云:'螟蛉有子,蜾蠃负之。'《春秋》之义,'父为子隐'。甲宜匿乙。"诏不当坐。④

由此看来,汉代最早提出"亲亲得相首匿"并用以决狱的是董仲舒。但实际上,这一原则在很长时间里并没有被采用。《汉书》卷一六《高惠高后文功臣表》载,临汝侯灌贤,"元朔五年,坐子伤人首匿,免"⑤,可证。又《盐铁论·周秦》,"自首匿相坐之法立,骨肉之恩废,而刑罪多矣"⑥。一直到宣帝,由于开始强调"以孝治天下",所谓"导民以孝,则天下顺",它才被明令规定下来。如宣帝诏曰:

① 《后汉书》卷三二《樊儵传》,北京:中华书局1965年版,第1123页。
② 《汉书》卷八《宣帝纪》,北京:中华书局1962年版,第251页。
③ 程树德撰,程俊英、蒋见元点校:《论语集释》卷二七《子路》,北京:中华书局1990年版,第924页。
④ （唐）杜佑撰,王文锦等点校:《通典》卷六九《礼二九》,北京:中华书局1988年版,第1911页。
⑤ 《汉书》卷一六《高惠高后文功臣表》,北京:中华书局1962年版,第549页。
⑥ 王利器撰:《盐铁论校注（定本）》卷一〇《周秦》,北京:中华书局1992年版,第585页。

> 父子之亲,夫妇之道,天性也。虽有患祸,犹蒙死而存之。诚爱结于
> 心,仁厚之至也,岂能违之哉!自今子首匿父母,妻匿夫,孙匿大父母,皆
> 勿坐。其父母匿子,夫匿妻,大父母匿孙,罪殊死,皆上请廷尉以闻。①

不过,这种首匿仅限于上述几种亲属关系,即直系亲属。并且也不是什么
犯罪都可以隐庇,它对"谋反""不道"等重罪均不适用。汉代规定:凡遇
此类案件,应另以《春秋》"大义灭亲"为据。其亲属非但不得首匿,反而
还得告发;否则,法律将严厉制裁。《汉书》卷一五下《王子侯表下》:成陵
侯刘德,"鸿嘉三年,坐弟与后母乱,共杀兄,德知不举,不道,下狱瘐
死"②。这种限制正是汉家之制"推亲亲以显尊尊"③的集中体现。

(三)"原心定罪"

所谓"原心定罪",就是在断狱时根据犯罪事实,考察犯罪者的内心
动机给予定罪。这种原则主要是由《公羊传》引申而来的。《春秋》庄公
三十二年载:"秋七月癸巳,公子牙卒。"《公羊传》解释:

> 何以不称弟?杀也。杀则曷为不言刺?为季子讳杀也。曷为为
> 季子讳杀?季子之遏恶也,不以为国狱。缘季子之心而为之讳。④

因此,董仲舒在阐发《春秋》大义时便予以发挥说:"《春秋》之听狱也,必
本其事,而原其志,志邪者不待成,首恶者罪特重,本直者其论轻。"⑤这样
一来,随着以经治国的深化,汉王朝便在法律实践中广泛采用了这一原
则,并把它的内容归结为"赦事诛意"⑥。所谓《春秋》之治狱,论心定
罪。志善而违于法者免,志恶而合于法者诛"⑦。例如,《太平御览》卷六

---

① 《汉书》卷八《宣帝纪》,北京:中华书局 1962 年版,第 251 页。
② 《汉书》卷一五下《王子侯表下》,北京:中华书局 1962 年版,第 495 页。
③ 《汉书》卷九七下《外戚传下》,北京:中华书局 1962 年版,第 4001 页。
④ (东汉)何休解诂,(唐)徐彦疏:《春秋公羊传注疏》卷九《庄公三十二年》,(清)阮元校刻:《十
 三经注疏》,北京:中华书局 1980 年版,第 2242 页。
⑤ 苏舆撰,钟哲点校:《春秋繁露义证》卷三《精华》,北京:中华书局 1992 年版,第 92 页。
⑥ 参看《后汉书》卷四八《霍谞传》,北京:中华书局 1965 年版,第 1615 页。
⑦ 王利器撰:《盐铁论校注(定本)》卷一〇《刑德》,北京:中华书局 1992 年版,第 567 页。

四〇引董仲舒《春秋决狱》：

> 甲父乙，与丙争言相斗。丙以佩刀刺乙，甲即以杖击丙，误伤乙。甲当何论？或曰"殴父也，当枭首"。议曰："臣愚以父子至亲也，闻其斗，莫不有怵怅之心，执杖而救之，非所以欲诟父也。《春秋》之义，许止父病进药于其父而卒。君子原心，赦而不诛。甲非律所谓殴父也，不当坐。"①

再如《论衡·恢国》：

> 《春秋》之义，"君亲无将，将而必诛"。广陵王荆迷于孽巫，楚王英惑于侠客。事情列见，孝明三宥，二王吞药。周诛管蔡，违斯远矣。楚外家许氏与楚王谋议，孝明曰："许氏有属于王，欲王尊贵，人情也。"圣心原之，不绳于法。②

类似事例还见于《汉书》卷八三《薛宣传》、卷七七《孙宝传》，《后汉书》卷二九《鲍昱传》、卷四六《郭躬传》，《论衡》和《风俗通义》等。

汉王朝采用的这种"原心定罪"，是与"君亲无将，将而必诛"及下文将论及的"《春秋》诛首恶"相互关连着的。其目的就是要最大限度地把人们"叛逆"的行为扼杀在未萌之中。这对于维护统治有着很大作用，但同时也为官吏任意解释法律、滥行刑罚开了方便之门。当然，从法学自身来看，这种"原心定罪"也确有一定的合理性。"志善而违于法者"，往往都属于"过失"犯罪，而"过失"犯罪在量刑上则应当从轻。《汉律》明确规定："过失杀人不坐死。"③问题只在于它没有明确的决狱标准，故往往也造成司法上的混乱。特别是"志恶而合于法者诛"，这更是所谓"思想"罪

---

① （北宋）李昉编纂，任明、朱瑞平、聂鸿音校点：《太平御览》卷六四〇《刑法部六》，石家庄：河北教育出版社1994年版，第42页。
② （东汉）王充著，张宗祥校注，郑绍昌标点：《论衡校注》卷一九《恢国》，上海：上海古籍出版社2010年版，第396页。
③ （东汉）郑玄注，（唐）贾公彦疏：《周礼注疏》卷四二《秋官·司刺》，（清）阮元校刻：《十三经注疏》（附校勘记），北京：中华书局1980年版，第880页。

的滥觞，对后世产生了极其恶劣的影响。直到近代以来，随着民主和"无罪推定"思想的传入，这种"诛意"观念才逐渐为人们所唾弃。

（四）"恶恶止其身"

又称"罪止其身"，是指在断狱时只对犯罪者惩罚，而不株连无辜。原话出自《春秋公羊传》。《春秋》昭公二十年称："夏，曹公孙会自鄸出奔宋。"《公羊传》解释：

> 畔也。畔则曷为不言其畔？为公子喜时后讳也。《春秋》为贤者讳。何贤乎公子喜时？让国也。君子之善善也长，恶恶也短。恶恶止其身，善善及子孙。贤者子孙，故君子为之讳。①

汉代经学家据此引申为"罪止其身"，从而成为汉代"引经决狱"的一条重要原则。例如，《后汉书》卷四八《杨终传》：

> 建初元年，大旱谷贵，终以为广陵、楚、淮扬、济南之狱，徙者万数，又远屯绝域，吏民怨旷，乃上疏曰："臣闻'善善及子孙，恶恶止其身'，百王常典，不易之道也。……臣窃按《春秋》水旱之变，皆应暴急，惠不下流。自永平以来，仍连大狱，有司穷考，转相牵引，掠考冤滥，家属徙边。加以北征匈奴，西开三十六国，频年服役，转输繁费。又远屯伊吾、楼兰、车师、戊己，民怀土思，怨结边域。……"②

故章帝"从之，听还徙者，悉罢边屯"。再如，《后汉书》卷三九《刘恺传》：

> 安帝初，清河相叔孙光坐臧抵罪，遂增锢二世，衅及其子。是时居延都尉范邠复犯臧罪，诏下三公、廷尉议。司徒杨震、司空陈褒、廷尉张皓议依光比。恺独以为"《春秋》之义，'善善及子孙，恶恶止其身'，所以进人于善也。《尚书》曰：'上刑挟轻，下刑挟重。'如今使臧吏禁锢子孙，以轻从重，惧及善人，非先王详刑之意也"。有诏："太

---

① （东汉）何休解诂，（唐）徐彦疏：《春秋公羊传注疏》卷二三《昭公二十年》，（清）阮元校刻：《十三经注疏》（附校勘记），北京：中华书局1980年版，第2325页。

② 《后汉书》卷四八《杨终传》，北京：中华书局1965年版，第1597页。

尉议是。"①

当然,如同"首匿"一样,"恶恶止其身"也不适用于"谋反""不道"等重罪。汉王朝明确规定:"律,大逆无道,父母妻子同产皆弃市。"②更重要的是,这种"恶恶止其身"也不可能被真正执行。因为它的提出同所谓"善善及子孙"直接相连,既然是要"善善及子孙",那么作为其反面,由于利害相关,也就不可能是"恶恶止其身"了。别的不说,汉代族刑连坐法的盛行便充分证明了这一点。正如盐铁会议上文学所言:"今以子诛父,以弟诛兄,亲戚相坐,什伍相连,若引根本之及华叶,伤小指之累四体也。如此,则以有罪反诛无罪,无罪者寡矣。"③这就决定了它在多数情况下都不可能被真正执行。

(五)"《春秋》诛首恶"

此语也出自《春秋公羊传》。《春秋》僖公二年载:"虞师、晋师灭夏阳。"《公羊传》解:

> 虞,微国也。曷为序于大国之上?使虞首恶也。曷为使虞首恶?虞受赂,假灭国者道,以取亡焉。④

这种断狱原则主要是强调从重惩罚共同犯罪中的"首恶"。就其性质而言,它与"原心定罪"中董仲舒所说的"首恶者罪特重"比较相近。但二者又有不同:"原心定罪"强调的是如何定罪,"《春秋》诛首恶"则是如何量刑。所以,汉王朝也把后者作为一个重要的断狱原则独立运用。例如,《后汉书》卷三四《梁商传》载,顺帝永和四年(139 年),考中常侍张逵等人不轨,其"辞所连染及在位大臣"。

> 商惧多侵枉,乃上疏曰:"《春秋》之义,功在元帅,罪止首恶,故

---

① 《后汉书》卷三九《刘恺传》,北京:中华书局 1965 年版,第 1308—1309 页。
② 《汉书》卷五《景帝纪》注引如淳曰,北京:中华书局 1962 年版,第 142 页。
③ 王利器撰:《盐铁论校注(定本)》卷一〇《周秦》,北京:中华书局 1992 年版,第 585 页。
④ (东汉)何休解诂,(唐)徐彦疏:《春秋公羊传注疏》卷一〇《僖公二年》,(清)阮元校刻:《十三经注疏》(附校勘记),北京:中华书局 1980 年版,第 2247—2248 页。

> 赏不僭溢,刑不淫滥,五帝、三王所以同致康乂也。窃闻考中常侍张
> 逵等,辞语多所牵及。大狱一起,无辜者众,死囚久系,纤微成大,非
> 所以顺应和气,平政成化也。宜早讫竟,以止逮捕之烦。"帝乃纳之,
> 罪止坐者。[①]

"《春秋》诛首恶"的运用,反映了汉王朝为了巩固统治,既要对图谋不轨
者施以重刑,杀一儆百;同时又希望不滥行淫威,少用刑罚。这正是汉王
朝对于法律"宽猛并施"基本态度的一个具体例证。

(六)"以功覆过"

指犯罪者若于国有功,断狱时可将功抵过,免受法律的追究。这种断
狱原则主要是针对官吏犯罪的。它也是语出《春秋公羊传》。《春秋》僖
公十七年载:"夏灭项。"《公羊传》解释说:

> 孰灭之?齐灭之。曷为不言齐灭之?为桓公讳也。《春秋》为
> 贤者讳。……桓公尝有继绝存亡之功,故君子为之讳也。[②]

例如,《汉书》卷七〇《陈汤传》记载,元帝时,西域都护甘延寿、西域副校
尉陈汤擅兴师,击灭匈奴郅支单于。石显、匡衡等认为,他们的行为实属
"矫制",且陈汤有贪污罪,当治罪。而刘向则提出:"昔齐桓公前有尊周
之功,后有灭项之罪,君子以功覆过而为之讳行事。"甘、陈应"除过勿治,
尊崇爵位,以劝有功"。元帝从之,诏"拜延寿为长水校尉,汤为射声校
尉"[③]。《后汉书》卷二四《马援传》,马援因用兵失算,为梁松所陷害,在
病死后,还被光武帝追夺其新息侯印绶。有朱勃亦上书申述说:

> 臣闻《春秋》之义,罪以功除;圣王之祀,臣有五义。若援,所谓
> 以死勤事者也。愿下公卿平援功罪,宜绝宜续,以厌海内之望。[④]

---

① 《后汉书》卷三四《梁商传》,北京:中华书局1965年版,第1176页。
② (东汉)何休解诂,(唐)徐彦疏:《春秋公羊传注疏》卷一一《僖公十七年》,(清)阮元校刻:《十
   三经注疏》(附校勘记),北京:中华书局1980年版,第2255页。
③ 《汉书》卷七〇《陈汤传》,北京:中华书局1962年版,第3016—3020页。
④ 《后汉书》卷二四《马援传》,北京:中华书局1965年版,第849页。

这种所谓"以功覆过",实际是汉代官吏在法律上的一种特权。它反映了在封建帝制巩固后,地主阶级对其等级制的维护,只不过是采用经学渗入法律的形式而已。

此外,汉代"引经决狱"还有"《春秋》之义,奸以事君,常刑不舍""《春秋》之义,妇人无专制擅恣之行""《春秋》之义,诛君之子不宜立""《春秋》为贤者讳""《春秋》王者无外""《春秋》大义灭亲""《春秋》之义,子不复仇,非子也""《甫刑》三千,莫大不孝""《书》曰:'与其杀不辜,宁失不经'""《礼》云'公族有罪,虽曰宥之,有司执宪不从'"等原则。其中有些原则在本章和其他章节已有论述,而另外一些原则多影响不大,不一一论述。

四、对汉代引礼入法若干问题的思考

汉代以经治国之所以能对法律产生如此深刻的影响,是有着历史和现实的多种原因的。从表面上看,这是汉王朝指导思想的转变在法律中的必然反映,但从当时的具体情况看,它也确实存在着接受这种影响的可能性。

其一,汉代经学是一种兼收并蓄、"霸王道杂之"的儒学体系,它含有丰富的法律思想,本身就能够对法律产生作用。这从汉代经学对先秦儒学的改造中可以清楚地看出。先秦儒学原来存在着严重缺陷,它特别强调仁义,轻视法治。这使它在诸侯纷争的战国时代曾受到冷遇,而主张暴力的法家思想则受到尊崇。但是秦王朝的二世而亡又使统治者认识到,仅仅赤裸裸地使用暴力并不能有效巩固统治。陆贾便明确指出:"秦以刑罚为巢,故有覆巢破卵之患,以李斯、赵高为杖,故有顿仆跌伤之祸,何者?所任者非也。"①所以汉初力反其弊,在政治上采取了无为而治的黄老学说,取得了很大成效。然而黄老学说实质上还是刑名之学,只不过它主张

---

① 王利器撰:《新语校注》卷上《辅政》,北京:中华书局1986年版,第51页。

清静自然,不采取极端的暴力统治。事实证明,这还不是最能满足统治者需要的思想体系。为了满足统治者的长远需要,也为了儒学地位的提高,从汉初开始,许多儒生便吸收各家学说对儒家思想进行改造,如陆贾、贾谊和董仲舒等。陆贾对儒家思想的改造是把道家的无为思想与儒学相结合,他主张治国贵在清静自然,要求统治者应"进退顺法,动作合度"①。贾谊则在重视礼治的前提下,将法家学说直接纳入了儒学,并就礼法对于巩固统治的作用和功能作了非常精辟的论述:"夫礼者禁于将然之前,而法者禁于已然之后。"②这是汉代儒学自我改造的一个重要环节,弥补了先秦儒学偏重仁义而又忽视刑罚的严重缺陷。至于董仲舒,则对儒学进行了全面改造,不仅是汲取黄老、法治、名实之学,乃至还把阴阳五行和"天人感应"论揉进了儒学。仅就法律思想而言,他在陆、贾等人的基础上进一步提出了德刑并用、德主刑辅的系统理论。例如:

> 天之道,春暖以生,夏暑以养,秋清以杀,冬寒以藏。暖暑清寒,异气而同功,皆天之所以成岁也。圣人副天之所行以为政,故以庆副暖而当春,以赏副暑而当夏,以罚副清而当秋,以刑副寒而当冬。庆赏罚刑,异事而同功,皆王者之所以成德也。③

> 阳之出也,常悬于前而任事;阴之出也,常悬于后而守空处。此见天之亲阳而疏阴,任德而不任刑也。④

这样儒学便基本完成了改造任务,开始形成比较符合统治者口味的"霸王道杂之"的经学,从而为汉代法律接受经学的主张提供了可能。

其二,汉代法律本身并不完备,为了弥补缺陷,它在"独尊儒术"的思想指导下,也能够接受经学中的法律原则。汉代法律虽然是中国古代法

---

① 王利器撰:《新语校注》卷下《思务》,北京:中华书局1986年版,第163页。

② 《汉书》卷四八《贾谊传》,北京:中华书局1962年版,第2252页。

③ 苏舆撰,钟哲点校:《春秋繁露义证》卷一三《四时之副》,北京:中华书局1992年版,第353页。

④ 苏舆撰,钟哲点校:《春秋繁露义证》卷一二《基义》,北京:中华书局1992年版,第351页。

律的渊薮,所谓"历代之律,皆以汉《九章》为宗"①,但实际上它在立法制度和司法制度上,都还很不完备。这一点,汉代法律条文的不断增多即可以证明。据《汉书》卷二三《刑法志》记载,仅仅到汉武帝时期,法律条文已由汉初的《九章》剧增到"律令凡三百五十九章,大辟四百九条,千八百八十二事,死罪决事比万三千四百七十二事"②。因此,在"独尊儒术"的既定前提下,这就为经学对法律的渗入提供了可能。一方面,原有的法律条文需要修订,重新用经学加以解释;另一方面,新的法律条文的制定也必然要受到经学的影响。如宣帝规定"亲亲得相首匿",明帝规定"诸当重论皆须冬狱,先请后论"等,就是根据经学对原有的法律条文进行修订。再如前引王尊之惩治养子(继子)奸母案,在西汉后期尚无律可循,被称为"此经所谓造狱者也"③。而到了东汉时期,则已相应制订出"立子奸母,见乃得杀之"的法令,并与王尊断案的基本精神完全吻合。可见,汉代这种法律条文的剧增,也确为经学的渗入创造了条件。

同时,作为法律条文的补充,汉代法律的不完备,又使统治者推行《春秋》决狱"并采用经学来解释法律成为可能。赵翼就曾指出:"汉初法制未备,每有大事,朝臣得援经义,以折衷是非。"④而"《春秋》决狱"则明显是运用经学的有关原则来充实当时的诉讼和审判制度。汉代与秦不同,在法律解释上也存在着一些缺陷。汉代没有规定专职法律解释人员,而是由博通法律的经学家来进行解释,然后国家再予以认可。现在看来,这种做法固然有利于统治者对法律的任意解释,但它更为经学对法律的作用提供了便利。事实也正是如此。史载西汉中期便已出现专门用经学来解释法律的"律家",如杜周、杜延年父子,所解释法律以"大杜""小杜"

---

① 《明史》卷九三《刑法志》,北京:中华书局1974年版,第2279页。
② 《汉书》卷二三《刑法志》,北京:中华书局1962年版,第1101页。
③ 《汉书》卷七六《王尊传》,北京:中华书局1962年版,第3227页。
④ (清)赵翼撰,曹光甫点校:《廿二史札记》卷二《汉时以经义断事》,上海:上海古籍出版社2011年版,第38页。

而著称。① 以后,由于法律条文的猛增,便出现了更多的著名"律家",以致到东汉后期竟有十几家之多。《晋书》卷三〇《刑法志》云:

> 汉时律令,错糅无常,后人生意,各为章句。叔孙宣、郭令卿、马融、郑玄诸儒章句十有余家。②

显而易见,在这种情况下,汉代法律也就不能不受到经学的强烈影响了。

其三,为了巩固统治,现实的政治需要也使经学对法律能够产生作用。因为经学虽讲究纲常伦理,其实质却是要处理好统治阶级与被统治阶级、统治阶级内部的关系。从汉代的实际情况看,这两大关系始终是统治者所亟需解决的。即以前者为例,早在汉武帝时期,由于统治者的沉重剥削和压迫,阶级矛盾已经是相当激化。所谓"民不堪命,起为盗贼,关东纷然,道路不通,绣衣直指之使,奋鈇钺而出"③。以后矛盾虽有所缓和,但即使是在宣称"承平"乃至盛誉"中兴"的时期里,统治阶级与被统治阶级也仍然是处在尖锐的对立之中。所以,就连以"正统史家"而自居的班固,也不得不承认:

> 考自昭、宣、元、成、哀、平六世之间,断狱殊死,率岁千余口而一人,耐罪上至右止,三倍有余。……今郡国被刑而死者岁以万数,天下狱二千余所;其怨死者多少相覆,狱不减一人,此和气所以未洽者也。④

再从后者来看,统治阶级的内部秩序也不断受到破坏。如前所述,这时的王国问题虽已被基本解决,但有些诸侯王仍在图谋叛乱,而且地方上的强宗豪右也是一股强大的割据势力,都成为中央王朝推行统一政令的严重障碍。如何处理这些矛盾,迫在眉睫。由于经学主张德刑并用,强调尊

---

① 参看程树德:《九朝律考》卷一《汉律考八》,北京:中华书局 1963 年版,第 181 页。
② 《晋书》卷三〇《刑法志》,北京:中华书局 1974 年版,第 923 页。
③ 《全后汉文》卷七三蔡邕《难夏育请伐鲜卑议》,(清)严可均编:《全上古三代秦汉三国六朝文》,北京:中华书局 1958 年版,第 870 页。
④ 《汉书》卷二三《刑法志》,北京:中华书局 1962 年版,第 1108—1109 页。

君、大一统,这就使得汉王朝在经学的原则下能够推行恩威并重的统治政策,比较有效地解决这些问题。

于是,在与现实政治相结合之后,经学也与法律密切结合起来。一则统治者极力强调"君亲无将,将而必诛",《春秋》"王者无外",《春秋》"大义灭亲",对人民反抗和内部的不轨者严厉镇压,如制定"见知故纵、监临部主之法",作"沉命法""左官律""阿党、附益之法""尚方律""六条问事"①,等等。一则他们又大肆宣扬"《春秋》诛首恶""恶恶止其身",推行所谓"德化"的"轻刑"政策,如"蠲免律令""宽恕为政""矜老""怜幼""请博士弟士治《尚书》《春秋》,补廷尉史,平亭疑法""原心定罪""亲亲得相首匿""《春秋》为亲者讳""以功覆过",等等。所以,在当时便出现了儒家思想法律化的特殊现象。这也是"《春秋》决狱"从此特别盛行的一个根本原因。

汉代以经治国对法律的深刻影响,突出表现了儒家思想"可与守成"的社会功效。它在很大程度上已经实现了孔子所说的"宽猛相济",并使得统治者开始完备暴力和怀柔这两种统治手法,即所谓以仁义教化之,以刑罚而整齐之。这种恩威并重的统治政策,不仅相当有效地稳定了当时的社会秩序,而且标志着汉代地主阶级在政治上已经趋于成熟。

当然,经学对汉代法律的作用也存在着一些问题,主要是"《春秋》决狱"。一者"《春秋》决狱"强调"原心定罪",具有很大的随意性,它为统治者特别是酷吏任意解释法律、滥杀无辜提供了便利。所谓"奸吏因缘为市,所欲活则傅生议,所欲陷则予死比"②。正如章太炎所说:

> 上者得以重秘其术,使民难窥,下者得以因缘为市。然后弃表埠之明,而从缪游之荡。悲夫!③

再者,"《春秋》决狱"提倡"亲亲得相首匿",公开主张"相隐",这为在亲

---

① 参看程树德:《九朝律考》卷一《汉律考》,北京:中华书局1963年版,第19—133页。
② 《汉书》卷二三《刑法志》,北京:中华书局1962年版,第1101页。
③ 章炳麟:《检论·原法》,载《章氏丛书》,民国六年(1917年)浙江图书馆刻本。

属之间包庇犯罪开了一个非常恶劣的先例,对后世乃至今天都产生了极其深远的影响。三者,"《春秋》决狱"多是断章取义,没有固定界说,往往造成同罪并不同罚的混乱。例如"杀人者死",高祖入关时曾以"约法三章"规定下来,班固在《汉书》卷二三《刑法志》中亦征引《荀子》说:"杀人者死,伤人者刑,是百王之所同也。"①然而由于"《春秋》决狱",后来却规定:"父不受诛,子复仇可也。"②结果在东汉时期便宣布,对杀死父仇者可免死,并形成所谓《轻侮法》——

> 建初中,有人侮辱人父者,而其子杀之,肃宗(章帝)贳其死刑而降宥之,自后因以为比。是时遂定其议,以为《轻侮法》。③

尽管如此,我们也不能把这些问题过分夸大。因为总的来看,它对巩固汉王朝统治的作用还是主要的,同时那些弊端在大多数剥削阶级的法律中也都是普遍存在而无法避免的。

综上所述,在"独尊儒术"的思想指导下,由于经学、法律和现实政治等各种因素的作用,汉代以经治国对法律曾产生了深刻影响。这是汉代法律的一个鲜明特点。中国古代法律被称为"中华法系",就"引礼入法"而言,即创始于《汉律》。它不仅对维护统治起了很大作用,而且标志着汉代地主阶级在政治上已经趋于成熟。研究汉代历史,尤其是汉代法制史,这是一个值得注意的课题。

① 《汉书》卷二三《刑法志》,北京:中华书局1962年版,第1111页。
② (东汉)何休解诂,(唐)徐彦疏:《春秋公羊传注疏》卷二五《定公四年》,(清)阮元校刻:《十三经注疏》(附校勘记),北京:中华书局1980年版,第2337页。
③ 参看《后汉书》卷四四《张敏传》,北京:中华书局1965年版,第1502—1503页。

附论九

汉代赦制略论

赦,或称赦免、赦宥,在中国古代是指君主或皇帝通过颁布诏令,对罪犯免予或减轻处罚的制度。赦在初期往往限于对一些事实不清及过失犯罪案件的处理,如《周易·解卦·象传》中即有"君子以赦过宥罪"的记载,《尚书·吕刑》亦称"五刑之疑有赦,五罚之疑有赦"①。赦的应用也很少见诸记载。然而至两汉时期,由于种种现实需求以及特定的思想背景,赦的使用频率、名目和范围都大大增加,不仅走上了经常化、制度化的轨道,而且形成了一些自身的特点。

与前代相比,两汉时期赦免手段的应用显得异常频繁。仅以大赦为例,据传世文献记载,先秦及秦时有明确记载的大赦不过秦二世二年冬一例(岳麓书院藏秦简已证实秦或秦国曾颁布过多次赦令),而汉代大赦的数量则出现了空前的增长(详见文末附表)。不仅如此,赦免在汉代还逐步形成了一定的制度和仪式,如卫宏《汉旧仪》记载:

> 日食,即日下赦曰制。诏御史,其赦天下自殊死以下。及吏不奉法,乘公就私,凌暴百姓,行权相放,治不平正,处官不良,细民不通,下失其职,俗不孝弟,不务于本,衣服无度,出入无时,众强胜寡,盗贼滋彰,丞相以闻。②

又如:"践阼、改元、立皇后、太子,赦天下。每赦,自殊死以下及谋反、大逆不道、诸不当得赦者皆赦除之。命下丞相、御史复奏,可分遣丞相、御史乘传驾行郡国,解囚徒,布诏书。郡国各分遣吏传厩车马行属县,解囚徒。"

---

① (西汉)孔安国撰,(唐)孔颖达正义:《尚书正义》卷一九《吕刑》,(清)阮元校刻:《十三经注疏》(附校勘记),北京:中华书局1980年版,第249页。

② (清)孙星衍:《汉官六种》卷二《补遗》,北京:中华书局1990年版,第40页。

因此,清人沈家本便认为:"观于此二条,汉代之赦已著为常典矣。"①

一、两汉赦制兴盛的思想根源

从思想层面看,强烈而主动的历史意识是造成两汉时期赦免兴盛的一个根本原因。这一时期思想领域的一个重要特点,是对历史教训的自觉反省和对"故事"成例的异常尊崇。一方面,秦朝二世而亡的深刻教训,使得统治者自汉初一直对有秦一代"专任刑罚""赭衣塞路,囹圄成市",以致"天下愁怨,溃而叛之"②前车之鉴保持着高度警惕。因而在他们看来,要想达到约法省刑的目的,多行赦宥便成了最为便捷有效的手段。另一方面,由于两汉时代对所谓"故事"的过多依从,也使得高祖九次大赦之后,将赦免之法逐步奉为定例。紧随其后的吕后及文景诸帝,秉承黄老"无为而治"的思想,刑不厌轻,罚不患薄,遵行成法,时颁赦令。及至武帝时期,两汉社会在意识形态领域又出现了一个重大变化,即首创性地将儒家经学教义作为指导思想和各项活动的依据和准绳。在统治手法上,经学较之其他学派一向也更为注重"德治"和"仁政",即使经过董仲舒的改造,揉入更多的"法治"观点后,实际也还是"德主刑辅","任德教而不任刑"③。如东汉殇帝延平元年(106 年),邓太后在其诏书中即声称:"深惟至治之本,道化在前,刑罚在后。"④实际上,自春秋以降,行赦用宥早已被视为修德行仁的必然之举。例如,《史记》卷四一《越王句践世家》记载,庄生为营救范蠡之子,借天象变化劝说楚王"为德",楚王在应允"寡人将行之"后的具体行动就是计划大赦天下。从某种意义上说,赦免在汉代的大行其道,也就是建立在经学对所谓"德治"的标榜以及"赦即修德"的共识上的。至于经学中的一些具体看法和观点,则更是推波助

① (清)沈家本:《历代刑法考》,北京:中华书局 1985 年版,第 747 页。
② 《汉书》卷二三《刑法志》,北京:中华书局 1962 年版,第 1096 页。
③ 《汉书》卷五六《董仲舒传》,北京:中华书局 1962 年版,第 2502 页。
④ 《后汉书》卷四《殇帝纪》,北京:中华书局 1965 年版,第 197 页。

澜,直接为赦的运用提供了理论上的支持。

首先,经学灾异观的作用。两汉经学在结合阴阳五行思想的基础上,将天命、人事及介乎其间的"阴阳之气"视为一个和谐有序的整体。在经学看来,灾异之所以出现,乃是因为其人事上出现了过失,导致"阴阳不调,五行失序"①,从而天降灾变,以表示对天子的"谴告"。而种种人事过失中,极为重要的一项就是用刑不当,即如董仲舒所称:

> 刑罚不中,则生邪气,邪气积于下,怨恶畜于上,上下不和,则阴阳缪戾而妖孽生矣,此灾异所缘而起也。②

因此,宽刑常赦,很自然地就成了从根源上预防灾异发生的必要举措。事实也正如此。西汉中期以后,统治者即往往将灾异的出现归结于刑狱的过失,并将行赦出囚视为禳灾的首要之举。例如,对建武五年(25年)所发生旱灾的原因,光武帝解释说:"将残吏未胜,狱多冤结,元元愁恨,感动天气乎?"因而所提出的对策亦是"令中都官、三辅、郡、国出系囚,罪非犯殊死一切勿案,见徒免为庶人,务进柔良,退贪酷,各正厥事焉"③。

其次,经学人才观对赦的使用的促进。两汉经学非常强调得人与选贤的重要性,认为"圣王之功在于得人",人才兴盛与否直接关系到国运的兴衰。如东汉和帝曾明确提出:"选举良才,为政之本。"④但更为重要的是,两汉经学继承了儒学典籍中辩证的人才观思想,屡屡援引《论语》所载"赦小过举贤才","无求备于一人"之义,劝谏统治者"记善忘过,容忍臣子,勿责以备"。⑤ 如西汉李寻即上书哀帝,希望其"诏书进贤良,赦小过,无求备,以博聚英俊"⑥。东汉朱勃也在奏书中提出,"臣闻王德圣

---

① 《汉书》卷九《元帝纪》,北京:中华书局1962年版,第295页。
② 《汉书》卷五六《董仲舒传》,北京:中华书局1962年版,第2500页。
③ 《后汉书》卷一上《光武帝纪上》,北京:中华书局1965年版,第39页。
④ 《后汉书》卷四《和帝纪》,北京:中华书局1965年版,第176页。
⑤ 《汉书》卷八六《王嘉传》,北京:中华书局1962年版,第3491页。
⑥ 《汉书》卷七五《李寻传》,北京:中华书局1962年版,第3190页。

政,不忘人之功,采其一美,不求备于众"①,并以之立论,辩白马援之冤。而两汉统治者也确实依照这一观点,本着"为国惜贤"的目的,屡次运用赦免手段,免去了众多人才的牢狱之厄乃至杀身之祸。两汉时代的一些名臣,如张苍、韩安国、袁盎、师丹、寒朗、朱穆、庞参、种暠等,其历史上均有遇赦的纪录,其中庞参等人甚至有数次被赦经历。

最后,"《春秋》决狱"若干原则对赦免行为的促进。汉代"以经治国"原则在司法过程中的重要体现之一是"《春秋》决狱",即"引礼入法",将《春秋》经传中的一些道德准则引申为断狱标准。其中关于《春秋》"诛首恶""罪止其身"等规定,都从不同角度支持了对赦免手段的运用。以东汉灵帝光和二年(179 年)对党人的赦免为例,其原因之一就是灵帝接受了上禄长和海的上言——"党人锢及五族,既乖典训。"②而"臣不讨贼,非臣也;子不复仇,非子也"③等原则,则在实际上造成了对复仇案件的多行宽贷。如《后汉书》卷一一《刘玄刘盆子列传》载,刘恭为报更始帝被杀之仇而"报杀谢禄,自系狱",光武帝对其处置即是"赦不诛"。④ 东汉章帝建初(76—83 年)中,"有人侮辱人父者,而其子杀之,肃宗贳其死刑而降宥之"⑤,并且"自后因以为比",逐步形成《轻侮法》,对血亲复仇者施行宽宥。

总体而论,经学治国原则的确立及其具体施行,也是导致汉代用赦远较前代为多的思想根源。

二、两汉赦制兴盛的现实原因

如果一个社会的政治制度并非具有不可替代的现实作用,无法为维

① 《后汉书》卷二四《马援传》,北京:中华书局 1965 年版,第 846 页。
② 《后汉书》卷六七《党锢列传·序》,北京:中华书局 1965 年版,第 2189 页。
③ (东汉)何休解诂,(唐)徐彦疏:《春秋公羊传注疏》卷三《隐公十年》,(清)阮元校刻:《十三经注疏》(附校勘记),北京:中华书局 1980 年版,第 2210 页。
④ 《后汉书》卷一一《刘盆子传》,北京:中华书局 1965 年版,第 486 页。
⑤ 《后汉书》卷四四《张敏传》,北京:中华书局 1965 年版,第 1502 页。

护现实统治服务的话,也就丧失了存在的依据,遑论兴盛与发达了。赦制之于两汉的兴盛,除了思想意识方面的原因,也是与其具有的各种社会功用分不开的。实际上,自春秋各国陆续颁布成文法,"刑无等级"思想日益勃兴以来,赦免即已成为现实斗争的工具,发挥着规避法律约束,维护统治阶级特权的功能。进入两汉时期,统治者除了继承这一做法,不断"为亲贵故"动用赦免手段,还在政治生活和斗争实践中,愈来愈多地发现和使用着新的赦免功能,从而为赦免在两汉的兴盛提供了深厚的现实基础。

——进行政治军事斗争,争夺和巩固政权。从总体上看,两汉保持了较长时期安定和平的政治局面,但是由各种矛盾引发的大大小小的战争也仍然是不绝如缕。汉代统治者越来越多地认识到,赦免作为一种重要的政治手段,有着纯军事手段所无法取代的作用。即如战事爆发之初,颁布大赦及专赦,就可以一方面减少内部矛盾,团结己方民众,"获得民力";另一方面也具有涣散瓦解敌方斗志,达到不战而屈人之兵,以最小代价取得胜利的目的。如吴楚七国之乱爆发后,为争取支持以平定叛乱,景帝即宣布"大赦天下"①。再如建武六年(30年),隗嚣据天水陇西等地反叛时,光武帝亦迅速颁诏:

> 惟天水、陇西、安定、北地吏人为隗嚣所诖误者,又三辅遭难赤眉,有犯法不道者,自殊死以下,皆赦除之。②

由于地方割据叛乱中大多数人都属于被裹胁的民众,加之农民及少数民族起义的自发性、分散性和妥协性,因而赦免这一手段往往颇有成效。即令是收效不大,在进入军事讨伐阶段时,适时用赦也可以起到分化离间、各个击破的作用。史载光武帝征讨延岑时,"岑等闻帝至,皆自髡剔,负鈇锧,将其众请罪,帝且赦之,使鲂转降诸聚落,县中平定,诏乃悉以岑等还

---

① 《汉书》卷五《景帝纪》,北京:中华书局1962年版,第142页。
② 《后汉书》卷一下《光武帝纪下》,北京:中华书局1965年版,第48页。

鲂诛之"①,就是一个显例。至于军事行动基本胜利,局面大体控制时,颁令行赦,则可以起到安定人心、消除隐患的作用。如高祖之所以赦免田横,正出于其"后恐为乱"②的考虑。可以毫不夸张说,历次战后之大赦也都有此等意味。此外,赦免的另一种军事意义还在于可以将被赦囚徒罪人补充兵力之不足,如高祖之击黥布,武帝之伐南粤、大宛等均有赦囚而令之从军的记载。

——调节疏通封建司法过程的需要。两汉政治虽以宽缓著称,但即使在公论宽政恤民的文帝时期,仍不免有"陛下法太明,赏太轻,罚太重"③之讥。至武帝时更创设《腹诽》《沉命》等法,禁网之严密,吏治之惨急,几胜秦时。在这种情况下,赦的运用亦往往可以对过于苛刻的刑罚以及由此所造成的民怨起补救消弭的作用。武帝时连连大赦,仅盗铸一项,史载"自造白金五铢钱后五岁,赦吏民之坐盗铸金钱死者数十万人……赦自出者百余万人"④。这对于司法弛严尺度的调节,对于避免汉王朝的重蹈覆辙,都不能不说起了明显作用。同时,对于司法过程中不断出现的矛盾,赦免也不失为一种有效的疏导方法。例如,《汉书》卷五《景帝纪》曾记录了这样一则案例:"襄平侯嘉子恢说不孝,谋反,欲以杀嘉。"⑤以常法论,谋反者父母妻子同理皆应弃市,但该案若依此处理,则恢说欲以杀父的动机即得以实现,将有违于孝道准则。因之景帝亲自颁诏加以变通——"其赦嘉为襄平侯,及妻子当坐者复故爵,论恢说及妻子如法"。又如,在对"矫制无害"情况的处理中,既要维护法律的权威,又要充分体恤矫制者维护统治阶级整体利益的动机,于是施行赦免就成了经常采用的折中办法。孙家洲等先生对此有比较详细的论

① 《后汉书》卷三三《冯鲂传》,北京:中华书局 1965 年版,第 1148 页。
② 《史记》卷九四《田儋列传》,北京:中华书局 1959 年版,第 2647 页。
③ 《史记》卷一○二《冯唐列传》,北京:中华书局 1959 年版,第 2759 页。
④ 《史记》卷三○《平准书》,北京:中华书局 1959 年版,第 1433 页。
⑤ 《汉书》卷五《景帝纪》,北京:中华书局 1962 年版,第 142 页。

述①,此不赘述。

——协调君臣关系,保证谏议制度的正常运转。进谏廷议是封建王朝议政治事的基本形式之一,但由于进谏时机、君主与臣民各自性格等诸多因素的影响,朝堂之上君臣之间所酿成冲突的情况屡见不鲜。这时就需要一种有效的缓冲机制,尽快平息争端,使正常的谏争得以为继。而赦免的特点之一,即在于它承认被赦者对于皇帝的冒犯却又免除了其必须接受的惩处。这种做法看起来似乎矛盾,但它却可以既维护皇帝的颜面与威严,显示出法外施恩的大度,又可以免除犯颜进谏者的囹圄之灾,给了君臣双方回旋的余地。否则,一些惯于"文死谏"的官员早已瘐死狱中多次,而暴怒之后的君主即便心生悔意也无如之何了。

——汉王朝与少数民族进行人才争夺的手段。两汉时期,中央王朝与南越、匈奴等少数民族屡有冲突,长期隔阂对峙,造成汉代一种独特的人才流动现象,即汉朝臣民一旦获罪便往往"不北走胡即南走越耳"②,利用中央王朝对这些地区控制力的不足以图自保。特别是这些叛逃者都对汉王朝的内政非常熟悉,一旦为异族招揽延用,他们对中央王朝便往往会造成格外严重的危害。例如,汉初韩王信的降入匈奴,很快带来了"白登之围"的严峻后果。像这种"为渊驱鱼,为丛驱雀""忌壮士以资敌国"③的现象,显然是汉王朝绝不愿意看到的。于是,为避免和减少以上现象的产生,汉王朝便加大了"多赦护才"的力度,频频以赦免形式对获罪臣民网开一面。久而久之,匈奴等少数民族甚至也学会了利用这一策略与汉王朝进行人才的争夺。

三、两汉赦制的特点与影响

两汉颁行赦令的时间,一般都选在春夏时节。这是因为当时的"顺时

---

① 孙家洲、李宜春:《西汉矫制考论》,载《中国史研究》1998 年第 1 期。
② 《史记》卷一〇〇《季布栾布列传》,北京:中华书局 1959 年版,第 2729 页。
③ 《史记》卷一〇〇《季布栾布列传》,北京:中华书局 1959 年版,第 2729 页。

气"之说"把自然界的秩序当作历法加以制度化……天子每年按季节发布政令和教令"①,此时行赦,可帮助行气,有利于生长。就赦制的类型而言,如果按施行范围分,则基本可以分为大赦和专赦,前者是指对全国囚犯刑徒罪人的赦免,后者是指对某地某一人群或某个人的赦免;而如果按行赦动机分,则有立储、灾异、祥瑞、即位和改元等。这些名目繁多、等次不一的赦免,归纳起来,具有两个显著特点:

一是赦的最大特点在于它的专擅性。汉代是大一统的中央集权王朝,皇帝掌握着法律制定和执行的最高权力,即所谓"前主所是著为律,后主所是疏为令"②。因此,与刑罚相对应的赦免之权也只能是掌握在皇帝一人手中,而任何臣民擅自施赦的行为都将被视为对皇权的极大侵犯。如文帝时大臣张苍、冯敬等人奏称淮南王刘长的罪状,其中一条就是"赦免罪人,死罪十八人,城旦舂以下五十八人"③。贾谊在上疏中也将"赦死罪"作为各诸侯王图谋不轨,"虑亡不帝制而天子自为者"④的佐证之一。

二是由赦的专擅性所导致的随意性。赦与不赦,赦的因由,赦的范围乃至赦的效力,往往都取决于皇帝个人的看法,甚或一时的喜怒爱憎。如高祖仅因"贤高能自立然诺",便"使泄公赦之"⑤,免除了贯高的谋反大罪。武帝因为"望气者言长安狱中有天子气",便"遣使者分条中都官诏狱系者,亡轻重一切皆杀之"⑥,又因廷尉丙吉的一句话而大赦天下。此外,但凡立储、立后、即位、改元、祝捷、献祭、大丧、巡狩、祥瑞、灾异、迁都、劝农……无一不可作为行赦的理由。而赦的范围既可以是一人一地直至天下大赦,却又可以特别将某些乃至某个人排除于赦免之外。例如建宁四年(171 年)春,灵帝宣布大赦即规定唯党人不赦,而中平元年(184

① [日]户川芳郎著,姜镇庆译,李德龙校:《古代中国的思想》,北京:北京大学出版社 1994 年版,第 62 页。
② 《汉书》卷六〇《杜周传》,北京:中华书局 1962 年版,第 2659 页。
③ 《汉书》卷四四《淮南王传》,北京:中华书局 1962 年版,第 2141 页。
④ 《汉书》卷四八《贾谊传》,北京:中华书局 1962 年版,第 2234 页。
⑤ 《汉书》卷三二《张耳陈余传》,北京:中华书局 1962 年版,第 1842 页。
⑥ 《汉书》卷七四《丙吉传》,北京:中华书局 1962 年版,第 3142 页。

年),大赦天下党人却又唯张角不赦。① 更有甚者,即使业已赦免,事后又可以种种理由宣布取消赦令。如元帝永光三年(前41年),男子忠等发长陵傅夫人冢,已更大赦,而元帝却诏称"此朕不当所得赦也",于是"穷治,尽伏辜"②。

再从赦的时间分布看,赦的频发期一般都在王朝建立之初及其末期,即沈家本所谓"大抵盛时赦少,乱时赦多"③。如文帝在位二十三年大小仅六赦,高祖在位十二年便有十四赦,灵帝在位二十二年仅大赦便有二十次,几乎无年不赦,而中平元年更是一年两赦。值得注意的是,汉代赦制这一特点也是后世王朝赦制的基本特点。究其原因,开国之初主要是各项法律制度尚待恢复和健全,同时也是要获得民众认同,瓦解敌对势力的残余和一些潜在的威胁,以巩固新政权的统治。至于王朝末期多赦,则主要是由于当时一般刑罚滋多,吏治败坏,农民起义屡有发生,剿不胜剿,故而统治者都试图凭借多行赦宥达到缓和矛盾、笼络民心、挽救政局的目的。当然,在王朝末期,由于种种原因,往往也是灾异和祥瑞报告的多发期,统治者逢灾必赦,逢祥必宥,客观上也增加了用赦。

两汉赦制的兴盛,虽然也有缓和社会矛盾、调节司法、保护人才等积极作用,但总体上它对当时社会的影响是弊大于利。

首先,频繁的赦免直至后来形成定制,并未达到统治者所宣称的"亦欲与士大夫同心自新"④的目的,反而在一定程度上助长了犯法者的侥幸心理,为司法腐败的滋生提供了温床。许多事实表明,无原则的赦免往往并未能使被赦者幡然悔过,弃恶从善;相反,却导致其变本加厉,愈发骄恣。文帝时,淮南厉王刘长"骄蹇,数不奉法",先后多次遇赦,却始终未有悔改之意,而是"归国益恣,骄不闻过",最终因谋反死于被徙途中。其

---

① 《后汉书》卷六七《党锢列传·序》,北京:中华书局1965年版,第2189页。
② 《汉书》卷九七下《外戚传下》,北京:中华书局1962年版,第3996页。
③ (清)沈家本:《历代刑法考》,北京:中华书局1985年版,第587页。
④ 《后汉书》卷三《章帝纪》,北京:中华书局1965年版,第150页。

子淮南王刘安谋反遇赦,庆幸之余也是"为反谋益甚"①。同时,由于赦免制度的存在,触犯律法者往往心存侥幸,事发后不是主动归案,而是"亡命逃伏",冀获赦宥;一旦入狱,则四处请托,设法将案件审判延至秋后,以待来春大赦,从而也为奸吏徇私弄法大开了方便之门。

其次,过多的赦免严重损害了法律的权威。汉代民风剽悍,不忌刑罪,即使在京城也是"奸滑浸多,闾里少年群辈杀吏,受赇报仇,相与探丸为弹,得赤丸者斫武吏,得黑丸者斫文吏,白者主治丧,城中薄暮尘起,剽劫行者,死伤横道,桴鼓不绝"②。这种现象的发生与赦免盛行、法律权威的缺失不无关系。史载郭解"少时阴贼,慨不快意,身所杀甚众,以躯借交报仇,藏命作奸剽攻,休乃铸钱掘冢,固不可胜数",却"适有天幸,窘急常得脱,若遇赦"③,甚至等到命案惊动了文帝,亦因为"解所杀皆在赦前"而犯难。结果,"众庶荣其名迹,觊而慕之,虽其陷于刑辟,自与杀身成名,若季路,仇牧,死而不悔也"④。可以说,正是由于过度的宽赦,才使得两汉时期动辄仇杀、悍戾尚武的民风弥漫一时。

最后,法律权威的缺失,司法体系的软弱,又导致对"人治"的愈发倚重,酷吏政治的兴起。两汉王朝一方面出于各种原因大肆行赦,另一方面也对此所造成的社会秩序的紊乱感到不安。法治的无力导致对人治的倚重,两汉皇帝对酷吏的依赖因此增强,尤其是那些性格峻严、勇武自任的皇帝更是把任用酷吏视为消灭异己、维护统治的要诀。就其被任用者来说,因为认识到"丈夫为吏,正坐残贼免,追思其功效,则复进用矣,一坐软弱不胜任免,终身废弃无有赦时"⑤,所以"上所欲挤者,因而陷之,上所欲释者,久系待问而微见其冤状"⑥。同时,由于他们大多奉行申韩之术,且

---

① 《汉书》卷四四《淮南王传》,北京:中华书局1962年版,第2148页。

② 《汉书》卷九○《酷吏传·尹赏》,北京:中华书局1962年版,第3673页。

③ 《史记》卷一二四《游侠列传·郭解》,北京:中华书局1959年版,第3185页。

④ 《汉书》卷九二《游侠传·序》,北京:中华书局1962年版,第3698页。

⑤ 《汉书》卷九○《酷吏传·尹赏》,北京:中华书局1962年版,第3675页。

⑥ 《史记》卷一二二《酷吏列传·杜周》,北京:中华书局1959年版,第3153页。

接近底层,对司法软弱、罪犯屡屡因赦得脱带来的危害有着更为直接和深刻的感受,因而其行事断狱往往以杀伐为先,以免罪犯得赦,重新作恶。如西汉尹赏上任伊始,便收捕"长安中轻薄少年恶子,无市籍商贩作务,而鲜衣凶服被铠扞持刀兵者"①数百人,尽数埋入深坑,覆以大石,全部处死。而东汉周纡甚至每每将朝廷赦令扣压,"先遣使属县尽决刑罪,乃出诏书"②。虽然除恶务尽,却未免失之酷暴,这不能不说是赦制盛行所带来的一种独特的反作用。

附表　两汉皇帝大赦次数表

西汉	高帝	惠帝	吕后	文帝	景帝	武帝	昭帝	宣帝	元帝	成帝	哀帝	平帝	
	9	1	3	4	6	18	7	11	10	9	4	4	
东汉	光武	明帝	章帝	和帝	殇帝	安帝	少帝	顺帝	冲帝	质帝	桓帝	灵帝	少帝	献帝
	10	3	3	5	1	8	1	8	0	2	14	20	2	11

---

① 《汉书》卷九〇《酷吏传·尹赏》,北京:中华书局1962年版,第3673页。
② 《后汉书》卷七七《酷吏列传·周纡》,北京:中华书局1965年版,第2494页。

附论十

身死还是苟活

——试论东汉肉刑存废之议

汉文帝废肉刑是汉代刑罚制度的一次重大改革。就其缺陷而言,肉刑的废除造成了刑罚的轻重失衡,至东汉更引发多次肉刑存废之议。在前人已有研究的基础上①,下文拟就这一问题再作一些探讨。

一、西汉废肉刑及其宫刑的暂存与重启

西汉肉刑之废始于文帝。《汉书》卷二三《刑法志》载文帝十三年(前167年)诏曰:

> 今法有肉刑三,而奸不止,其咎安在? 非乃朕德之薄,而教不明与! 吾甚自愧。故夫训道不纯而愚民陷焉。诗曰:"恺弟君子,民之父母。"今人有过,教未施而刑已加焉,或欲改行为善,而道亡繇至,朕甚怜之。夫刑至断支体,刻肌肤,终身不息,何其刑之痛而不德也!

---

① 最先对东汉肉刑存废之议问题作了全面、整体记述的是刘公任,他认为要用历史的眼光去看待肉刑存废之议,在重大的刑罚制度改革中,争论是必经阶段(刘公任:《汉魏晋之肉刑论战》,载《人文月刊》1937 年第 8 卷第 2 期)。杨鸿烈将肉刑从汉初的兴复问题出发进行了梳理和归纳,并以肉刑存废之议中的重要人物为主线作了探讨(杨鸿烈:《中国法律思想史》,上海:上海书店出版社 1984 年版)。范家伟在以主要人物为线索将相关史料进行整理的基础上,提出东汉末年肉刑存废之议不断,是因为汉末法家思想的复兴(范家伟:《复肉刑议与汉魏思想之转变》,载《中国史研究》1996 年第 1 期)。武树臣从刑罚制度的角度分析肉刑存废之议,认为其意义重大。肉刑存废之议虽然影响深远,但最后并未落实,是由于根深蒂固的"德主刑辅"思想(武树臣:《中国法律思想史》,北京:法律出版社 2004 年版)。薛菁将东汉肉刑存废之议放入魏晋法制史的视野中进行研究,对本文从宏观角度理解这一问题有很大帮助(薛菁:《魏晋南北朝刑法体制研究》,福州:福建人民出版社 2006 年版)。曾辉则对肉刑之议中主张恢复方的人物进行群体分析,探讨争论发生以及恢复肉刑失败的原因,认为古代具有令肉刑之议存活的"思想土壤",因而才造成了肉刑之议在后世频出的现象(曾辉:《肉刑存废之争论——以东汉末期主张恢复之人的生活视角分析》,载《沧桑》2011 年第 5 期)。

岂称为民父母之意哉？其除肉刑，有以易之；及令罪人各以轻重，不亡逃，有年而免。具为令。①

文帝废肉刑最重要的铺垫是法律思想的转变与完善。汉承秦制，但秦的严酷刑罚相对汉初稳定社会的治国目的已不合时宜，因此汉初的法律思想亟待转圜。史载陆贾便提出"文武并用，长久之术"的主张，并强调"怀德者众归之，恃刑者民畏之，归之则充其侧，畏之则去其域"②的慎刑思想。

陆贾的"文武并用"与"慎刑"思想，源于孔子。早在春秋后期，孔子就提出了德主刑辅的理论："道之以政，齐之以刑，民免而无耻。道之以德，齐之以礼，有耻且格。"③从孔子到陆贾，可知儒家"德主刑辅"的法律思想被汉初思想家继承。这对统治者的立法思想曾产生直接而重要的影响力④，成为汉文帝废肉刑的理论铺垫。

在此次刑罚改革中，另一个重要元素是笞刑的替代刑作用。笞刑是一种古老的刑罚，史料记载常用于训诫和审讯。及至汉初，笞刑在某些情况下可作替代刑使用，即所谓"以笞易刑"⑤。如张家山汉简《二年律令·具律》：

其有赎罪以下、及老小不当刑、刑尽者，皆笞百。(91)⑥

由此知"赎罪以下、及老小不当刑、刑尽者"，可"以笞易刑"。此证汉初笞刑已部分作替代刑施行。而笞刑作为替代刑的特殊用法，对文帝有直接影响。

---

① 《汉书》卷二三《刑法志》，北京：中华书局 1962 年版，第 1098 页。
② 王利器撰：《新语校注》卷下《至德》，北京：中华书局 1986 年版，第 117 页。
③ 程树德撰，程俊英、蒋见元点校：《论语集释》卷三《为政上》，北京：中华书局 1990 年版，第 68 页。
④ 晋文：《以经治国与汉代社会》，广州：广州出版社 2001 年版，第 150—151 页。
⑤ 参见韩树峰：《汉魏法律与社会——以简牍、文书为中心的考察》，北京：社会科学文献出版社 2011 年版，第 27 页。
⑥ 彭浩、陈伟、[日]工藤元男主编：《二年律令与奏谳书——张家山二四七号汉墓出土法律文献释读》，上海：上海古籍出版社 2007 年版，第 127 页。

在文帝的指令下,丞相张苍和御史大夫冯敬遂奏言"除肉刑以易之"。继而定律曰:"诸当完者,完为城旦舂;当黥者,髡钳为城旦舂;当劓者,笞三百;当斩左止者,笞五百;当斩右止,及杀人先自告,及吏坐受赇枉法,守县官财物而即盗之,已论命复有笞罪者,皆弃市。"①至此,黥刑变为髡钳,当劓、当斩左止者都以不同数量的笞刑所替代,当斩右止者弃市。结合废肉刑的具体内容,可推知此诏中的"肉刑三",指黥刑、劓刑和刖刑,未提宫刑。

那么是否汉初宫刑已不存在? 答案为否。据张家山汉简《二年律令·具律》规定:

> 赎死,金二斤八两。赎城旦舂、鬼薪白粲,金一斤八两。赎斩、府(腐),金一斤四两。赎劓、黥,金一斤。赎耐,金十二两。赎罢(迁),金八两。有罪当府(腐)者,移内官,内官府(腐)之。(119)②

可知汉初确有宫刑亦即"腐刑"的存在,《汉书》卷五《景帝纪》注引如淳曰:"腐,宫刑也。丈夫割势,不能复生子,如腐木不生实。"③

值得注意的是,法史学家沈家本与程树德皆论汉文帝除肉刑同除宫刑有先后顺序:

> 考《晁错传》除去阴刑,注:张晏曰,宫刑也。沈氏《刑制分考》云,文帝除肉刑在十三年,错对策在十五年,肉刑不用,除去阴刑,分为二事,似文帝之除肉刑与除宫刑非一时之事。此说极确。盖必宫刑已废,故曰肉刑三耳。④

即文帝确曾废除宫刑,但除肉刑与除宫刑有先后顺序,所以其诏中谓"法有肉刑三"。在肉刑被废除后,也仍有"宫刑",惟此宫刑非彼宫刑,不能与废

---

① 《汉书》卷二三《刑法志》,北京:中华书局 1962 年版,第 1099 页。
② 彭浩、陈伟、[日]工藤元男主编:《二年律令与奏谳书——张家山二四七号汉墓出土法律文献释读》,上海:上海古籍出版社 2007 年版,第 140 页。
③ 《汉书》卷五《景帝纪》,北京:中华书局 1962 年版,第 147 页。
④ 程树德:《九朝律考》卷一《汉律考二》,北京:中华书局 2003 年版,第 40 页。

除肉刑之前的宫刑等同视之。学者陶安亦赞成宫刑"名同实异"的观点,认为西汉宫刑拥有两层次涵义,其中"第二个层次的宫刑",是指临时性地允许死罪罪犯选择宫刑以避免死刑,即"以宫易死"①。至于宫刑到底于何时废除,史籍并没有明确记载,故"名同实异"的宫刑此时应仍旧存在。

不过,由于文帝废肉刑后,受刑致死的人数不减反增,如斩右止者弃市,受笞刑者往往笞未毕即毙命等。"是后,外有轻刑之名,内实杀人。"②故景帝中元四年(前146年)秋,为了减少死亡,宫刑又重新启用。《汉书》卷五《景帝纪》载:四年"秋,赦徒作阳陵者死罪;欲腐者,许之"③。但此宫刑与文帝刑罚改革之前的宫刑不同。景帝重新施用的宫刑,仍为"以宫易死",而不是正式刑罚。司马迁受宫刑代死,就是一个特别典型的例子。所谓"诟莫大于宫刑"④。张贺受宫刑代死也是如此,如《汉书》卷五九《张汤传》载:"初,(张)安世兄贺幸于卫太子,太子败,宾客皆诛,安世为贺上书,得下蚕室。"⑤可见自景帝开始,死罪也的确是可以宫刑替代的。正如程树德所言:"终汉之世,时以宫刑代死罪,皆沿景帝定制也。"⑥

简言之,汉初确有宫刑,文帝时虽废肉刑,宫刑仍以另一种方式存留。而后景帝所恢复施用的宫刑,旨在"代死罪",亦即替代刑,是一种特殊刑罚方式,并不计入法定的常规刑罚。因此,景帝对宫刑的重启,不可视为从法定刑罚的层面恢复肉刑。

二、东汉肉刑种类、地位及性质

东汉肉刑犹存。见于史书记载的,便至少有黥刑、刖刑和宫刑。

---

① [德]陶安:《殊死考》,张中秋编:《中华法系国际学术研讨会文集》,北京:中国政法大学出版社2007年版,第155页。
② 《汉书》卷二三《刑法志》,北京:中华书局1962年版,第1099页。
③ 《汉书》卷五《景帝纪》,北京:中华书局1962年版,第147页。
④ 《汉书》卷六二《司马迁传》,北京:中华书局1962年版,第2727页。
⑤ 《汉书》卷五九《张汤传》,北京:中华书局1962年版,第2651页。
⑥ 程树德:《九朝律考》卷一《汉律考二》,北京:中华书局2003年版,第40页。

（一）黥刑

《后汉书》卷四三《朱穆传》载,太学生刘陶等替朱穆诉冤时上言:

> 臣愿黥首系趾,代穆校作。
>
> 李贤注曰:"黥首谓凿额涅墨也。"①

又《后汉书》卷二《明帝纪》载明帝中元二年(57年)诏:

> 天下亡命殊死以下,听得赎论:……右趾至髡钳城旦舂十匹。
>
> 李贤注曰:"右趾谓刖其右足,次刖左足,次劓,次黥,次髡钳为城旦舂。"②

分析这两则引文,都发现有类似赎刑、代刑的词语出现。在第一条引文中有"代穆",而第二条引文中则出现了"赎论"。足可说明,黥刑在东汉时期虽然确切存在,但其性质已涤故更新,变为减免罪罚的赎刑。

（二）刖刑

《后汉书》卷四六《陈宠传》载:

> 帝敬纳宠言,每事务于宽厚。其后遂诏有司,绝钻钻诸惨酷之科。
>
> 李贤注曰:"钻,膑刑,谓钻去其膑骨也。"③

此为东汉膑刑最直接的记载。借用沈家本观点,今文《尚书》中肉刑作"膑、宫、劓、割头、庶剠"④。其中"膑"与"刖"同义,膑刑即刖刑。由此即可推断,东汉时期确有刖刑,此为东汉肉刑仍存另一例证。

（三）宫刑

此刑亦继续沿用至东汉,现据《后汉书》记载列表如下:

---

① 《后汉书》卷四三《朱晖传附朱穆传》,北京:中华书局1965年版,第1471—1472页。
② 《后汉书》卷二《明帝纪》,北京:中华书局1965年版,第98页。
③ 《后汉书》卷四六《陈宠传》,北京:中华书局1965年版,第1549—1550页。
④ (清)沈家本:《历代刑法考》卷六《刑法分考五》,北京:中华书局1985年版,第158页。

东汉宫刑使用情况表

在位皇帝	时间	相关记载	出处
光武帝	建武二十八年（52年）十月	诏死罪系囚皆一切募下蚕室，其女子宫。李注："蚕室，宫刑狱名。"	《光武帝纪下》，第80页
光武帝	建武三十一年（55年）九月	诏令死罪系囚皆一切募下蚕室，其女子宫。	《光武帝纪下》，第81页
明帝	永平八年（65年）十月	其大逆无道殊死者，一切募下蚕室。	《明帝纪》，第111页
章帝	建初七年（82年）九月	及犯殊死，一切募下蚕室；其女子宫。	《章帝纪》，第143页
章帝	元和元年（84年）八月	其犯殊死，一切募下蚕室；其女子宫。	《章帝纪》，第147页
章帝	章和元年（87年）九月	犯殊死者，一切募下蚕室；其女子宫。	《章帝纪》，第158页
和帝	永元八年（96年）八月	其犯大逆，募下蚕室；其女子宫。	《和帝纪》，第182页

从上表可以看出，光武、明、章、和四帝有关宫刑的几次诏令中，都有"募下蚕室"的话语。而此处的"募"，与前揭西汉景帝所说的"死罪欲腐者"的"欲"同义。陶广峰据此指证，犯死罪之人，若为自愿，均可以请受"宫刑"来代替死刑，以求活命。[①] 此亦证明，东汉时期的诸多宫刑，乃"以宫易死"，是死刑的替代刑。而"女子宫"的记录，亦证明东汉宫刑施用于妇女。所谓"男子割势，妇人幽闭"[②]。

东汉时期亦有再废宫刑之举。《后汉书》卷四六《陈忠传》载，安帝时，大臣陈忠便上书请求废除宫刑。他认为制定刑罚时要注意追求法律的宽和、审慎。当初，其父陈宠曾奏请废除汉律中超出《甫刑》的条款，但

---

① 陶广峰：《汉魏晋宫刑存废析》，载《法学研究》1997年第3期。
② （西汉）孔安国撰，（唐）孔颖达正义：《尚书正义》卷一九《周书·吕刑》，（清）阮元校刻：《十三经注疏》（附校勘记），北京：中华书局1980年版，第249页。

未能实现。而此次陈忠依陈宠之意,上书二十三条建议,结果是:

> 又上除蚕室刑;解臧吏三世禁锢;狂易杀人,得减重论;母子兄弟相代死,听,赦所代者。事皆施行。①

之后,东汉时期再无连续的关于施行宫刑的记载,由此可知安帝再废宫刑之举为实。②

总之,东汉时期的肉刑地位继续下降。肉刑已不属于法定的刑罚体系,其性质可定义为"替代刑",与西汉前期未改革前的肉刑有天渊之别。

三、东汉肉刑存废之议的过程

汉文帝废肉刑后,肉刑便被从法定刑罚中勾除。但其缺陷是刑罚体系轻重失衡,故如何恰当地量刑,成为朝野上下高度关注的问题。大体说来,东汉肉刑存废之议有两次比较大的争论。

(一) 东汉初年肉刑存废之议

东汉初年,战乱、饥馑、瘟疫接连而至,社会动荡,此时有关恢复肉刑的议论兴起。建武十四年(38 年),光武帝令众卿讨论是否应恢复肉刑之事。其中,光禄勋杜林便奏言反对恢复肉刑。《后汉书》卷二七《杜林传》:

> 十四年,群臣上言:"古者肉刑严重,则人畏法令;今宪律轻薄,故奸轨不胜。宜增科禁,以防其源。"诏下公卿。林奏曰:"夫人情挫辱,则义节之风损;法防繁多,则苟免之行兴。孔子曰:'导之以政,齐之以刑,民免而无耻。导之以德,齐之以礼,有耻且格。'古之明王,深识远虑,动居其厚,不务多辟,周之五刑,不过三千。大汉初兴,详览失得,故破矩为圆,斫雕为朴,蠲除苛政,更立疏网,海内欢欣,人怀宽

---

① 《后汉书》卷四六《陈宠传附陈忠传》,北京:中华书局1965年版,第1556页。
② 按:目力所及,至南北朝时期的北朝,宫刑重见于史载。西魏文帝大统十三年(547 年)二月诏:"自今应宫刑者,直没官,勿刑。"(《北史》卷五《魏本纪》,北京:中华书局1974年版,第180页)此后,直到隋文帝下诏正式废除宫刑,除了法外之刑,宫刑作为一种刑罚才从历史的长河里消失。

德。及至其后,渐以滋章,吹毛索疵,诋欺无限。果桃菜茹之馈,集以成臧,小事无妨于义,以为大戮,故国无廉士,家无完行。至于法不能禁,令不能止,上下相遁,为敝弥深。臣愚以为宜如旧制,不合翻移。”①

杜林以孔子“德主刑辅”为依据,强调大汉中兴,用德教感化民众已得到很大成效,“海内欢欣,人怀宽德”。而且严刑峻法也“为敝弥深”,反而会带来更大的动乱,故不可恢复肉刑。而太中大夫梁统的看法则截然相反,他两次上疏说:

> 臣闻立君之道,仁义为主,仁者爱人,义者政理,爱人以除残为务,政理以去乱为心。刑罚在衷,无取于轻,是以五帝有流、殛、放、杀之诛,三王有大辟、刻肌之法。②

> 闻圣帝明王,制立刑罚,故虽尧舜之盛,犹诛四凶。经曰:“天讨有罪,五刑五庸哉。”又曰:“爰制百姓于刑之衷。”孔子曰:“刑罚不衷,则人无所厝手足。”衷之为言,不轻不重之谓也。《春秋》之诛,不避亲戚,所以防患救乱,全安众庶,岂无仁爱之恩,贵绝残贼之路也?③

简言之,梁统呼吁恢复肉刑、加重刑罚,认为“刑轻之作,反生大患;惠加奸轨,而害及良善也”④。与之相反,杜林则倡导治世要用德教而非刑罚。从理论形态来看,这两种意见均有道理,但就东汉初年的政局而言,杜林的主张却应当更切合实际,得到了大多数人的支持。所以“事下三公、廷尉,议者以为隆刑峻法,非明王急务,施行日久,岂一朝所厘。统今所定,不宜开可”⑤。光武帝也最终认可了杜林的想法,未复肉刑。

---

① 《后汉书》卷二七《杜林传》,北京:中华书局1965年版,第937—938页。
② 《后汉书》卷三四《梁统传》,北京:中华书局1965年版,第1166页。
③ 《后汉书》卷三四《梁统传》,北京:中华书局1965年版,第1168页。
④ 《后汉书》卷三四《梁统传》,北京:中华书局1965年版,第1169页。
⑤ 《后汉书》卷三四《梁统传》,北京:中华书局1965年版,第1168页。

（二）东汉末年肉刑存废之议

东汉末年，关于肉刑存废的议论再次兴起，争论不休。且议论时间长、次数多，延续到曹魏年间，议复肉刑之人辈出。详见下表：

汉末魏初肉刑存废之议表

时间	恢复肉刑方	不复肉刑方	结果	出处
汉末	崔寔、陈纪		无所用矣	《晋书·刑法志》，第 921 页
魏武帝匡辅汉室	荀彧	孔融	卒不改焉	《晋书·刑法志》，第 922 页
魏国既建	陈群、钟繇	王修	遂寝不行	《晋书·刑法志》，第 922 页
魏明帝年间（226—239 年）	钟繇	王朗	帝以吴蜀未平，又寝	《晋书·刑法志》，第 923 页
正始之间（240—249 年）	李胜	夏侯玄	卒不能决	《晋书·刑法志》，第 926 页

在这一时期，接连的灾荒、疾疫和战乱造成人口大量减少，史载"诸将封未有满千户者"①，可见其人口的稀缺。于是有关恢复肉刑的议论再度激烈。一部分人认为，复肉刑一方面可以减少死刑犯数量，保存人口数量；另一方面，受刑罪犯仍具有劳动能力，不妨碍恢复生产。

认为肉刑可以恢复的，有荀悦、崔寔②、仲长统、陈群、钟繇等人；而持反对意见的，则有孔融、王朗、夏侯玄等人。主张恢复肉刑方持以下观点：

（1）肉刑自古有之，恢复肉刑可以在一定程度上减少死刑，达到息民、增殖人口的效果。其代表人物为荀悦和钟繇。如荀悦《申鉴》卷二《时事》云：

> 肉刑古也，或曰："复之乎？"曰："古者人民盛焉，今也至寡。整众以威，抚寡以宽，道也。复刑，非务必也。生刑而极死者，复之可也。

_____

① 《三国志》卷八《魏书·张绣传》，北京：中华书局 1982 年版，第 262—263 页。
② 杨鸿烈认为，汉末献帝时期崔寔的讨论应归入东汉末年而非曹魏时期（杨鸿烈：《中国法律思想史》，上海：上海书店出版社 1984 年版）。本文从之。

自古肉刑之除也,斩右趾者死也;惟复肉刑,是谓生死而息民。"①

钟繇对此附议,曰:

> 使如孝景之令,其当弃市,欲斩右趾者许之。其黥、劓、左趾、宫刑者,自如孝文,易以髡、笞。能有奸者,率年二十至四五十,虽斩其足,犹任生育。今天下人少于孝文之世,下计所全,岁三千人。张苍除肉刑,所杀岁以万计。臣欲复肉刑,岁生三千人。②

在荀悦和钟繇看来,当时社会混乱,百姓长期处于一种朝不保夕的生活状态。而刑罚中仍为"斩右趾者死",过多的死刑会造成人口更多减少。所以应恢复肉刑以代死,有"岁生三千人"之效。需要指出的是,钟繇并不是要求全面恢复肉刑,而是要求恢复景帝时"当弃市,欲斩右趾者许之"的做法,至于黥刑、劓刑则仍按《除肉刑诏》,易以髡钳或笞刑。

(2)肉刑损肌肤、残面容、割肢体,能起到一定的威慑作用,以此达到增强治安、减少犯罪的成效。其代表人物为陈群,例如:

> 臣父(陈)纪以为汉除肉刑而增加笞,本兴仁恻而死者更众,所谓名轻而实重者也。名轻则易犯,实重则伤民。《书》曰:"惟敬五刑,以成三德。"《易》著劓、刖、灭趾之法,所以辅政助教,惩恶息杀也。且杀人偿死,合于古制;至于伤人,或残毁其体而裁翦毛发,非其理也。若用古刑,使淫者下蚕室,盗者刖其足,则永无淫放穿窬之奸矣。③

"古刑"即肉刑。他认为,当下的刑罚名轻实重,既不能防止犯罪,又伤及百姓,应恢复肉刑。一可从根本上消灭犯人重新犯罪的能力;二可"以儆效尤",产生恫吓、威慑作用,预防新的犯罪。

---

① (东汉)荀悦撰,(明)黄省曾注:《申鉴》卷二《时事》,上海:上海古籍出版社 1990 年版,第 13—14 页。
② 《三国志》卷一三《魏书·钟繇传》,北京:中华书局 1982 年版,第 397 页。
③ 《三国志》卷二二《魏书·陈群传》,北京:中华书局 1982 年版,第 634 页。

简言之,其核心思想乃"以刑止刑"。这种思想在社会发展的某些特殊时期确有其合理之处,但从长远来看却无法从泉源上使社会安宁。肉刑在损毁罪犯躯壳的同时,还永久剥夺了人的正常生活权利。[1] 大量事实证明:造成"终身伤害"的肉刑,也根本不可能使天下太平。这是许多人都反对恢复肉刑的一个主要原因。正如沈家本所说:"刖足艰于行,身即不能为盗,而可为盗之谋首,又岂刖足之所能禁?"[2]

(3)肉刑的重新启用能堵住刑罚体系中的明显漏洞,改变刑罚轻重失当的一时之弊。其代表人物有崔寔和仲长统,如《后汉书》卷五二《崔寔传》载:

> 文帝虽除肉刑,当劓者笞三百,当斩左趾者笞五百,当斩右趾者弃市。右趾者既殒其命,笞挞者往往至死,虽有轻刑之名,其实杀也。当此之时,民皆思复肉刑。[3]

在崔寔之后,仲长统也批评了当时的刑罚体系,倡导恢复肉刑:"杀之则甚重,髡之则甚轻。不制中刑以称其罪,则法令安得不参差,杀生安得不过谬乎?"[4]崔寔与仲长统都认为应恢复肉刑。其主要依据是,肉刑被废除以后,缺少中间刑罚,刑罚体系未尽周密。死刑与髡钳、笞刑间,缺少过渡的刑罚,即所谓"杀之则过重、髡之则太轻",量刑欠妥。而恢复肉刑可以填补轻刑与重刑间的空缺,使刑罚体系更趋于完善。

总之,主张恢复肉刑者看重人的肉身生命以及人口增殖带来的价值,故批驳汉文帝的改革是"重人支体而轻人躯命也"[5]。他们注重刑罚的威

---

[1] 滋贺秀三认为,肉刑在本质上与放逐具有相似的目的,都为排斥罪人于社会群体之外。肉刑在损毁肉身身体的同时,还在精神层面将受刑人归为无用于社会的罪人行列,剥夺了罪人之后正常生活的权利。参见刘俊文:《日本学者研究中国史论著选译》(八),北京:中华书局1992年版,第17页。

[2] (清)沈家本:《历代刑法考》卷六《刑法分考五》,北京:中华书局1985年版,第180页。

[3] 《后汉书》卷五二《崔骃传附崔寔传》,北京:中华书局1965年版,第1729页。

[4] 《后汉书》卷四九《仲长统传》,北京:中华书局1965年版,第1652页。

[5] 《三国志》卷二二《魏书·陈群传》,北京:中华书局1982年版,第634页。

慑作用,故要求恢复残忍的肉刑以正纲纪。

当然,在主张恢复肉刑方大声呼吁的同时,也有一批朝臣极力予以反对。其主要观点如下:

(1)肉刑一旦施用就伤害终身,受刑人即便清夜扪心,也再无改过迁善之路可回。因此,制定刑罚应从劝导罪犯能改过自新、弃恶择善的角度出发。

这一观点的代表人物主要有孔融和夏侯玄。孔融对恢复肉刑便坚决反对说:

> 且被刑之人,虑不念生,志在思死,类多趋恶,莫复归正。……虽忠如鬻拳,信如卞和,智如孙膑,冤如巷伯,才如史迁,达如子政,一罹刀锯,没世不齿。[1]

孔融还在文中列举了楚鬻拳、孙膑、司马迁等人"一罹刀锯,没世不齿"的悲惨境况,以说明肉刑是生理和心理的双重伤害。之后,夏侯玄对此附议,也认为肉刑百无一用,恢复肉刑足不可取:

> 夫死刑者,杀妖逆也,伤人者不改,斯亦妖逆之类也,如其可改,此则无取于肉刑也。[2]

孔融与夏侯玄都注重刑罚所具有的教化作用的渗透,强调刑罚的教育属性。因此,他们都反对以刑止刑的做法,呼吁通过感化、教育的手段,使民众树立犯罪则腼颜于人世的观念。以此从源头上减少犯罪,使社会弊绝风清。

(2)肉刑残酷,吴蜀未平,不利于招徕远人。如王朗认为,肉刑太过于残酷,不可复行。且肉刑被废已久,如果恢复,那么天下人会认为统治者过于残忍,不利于招徕人才。

---

[1]《后汉书》卷七〇《孔融传》,北京:中华书局 1965 年版,第 2266—2267 页。

[2](唐)杜佑撰,王文锦等点校:《通典》卷一六八《刑六·肉刑议》,北京:中华书局 1988 年版,第 4335 页。

前世仁者,不忍肉刑之惨酷,是以废而不用。不用已来,历年数百。今复行之,恐所减之文未彰于万民之目,而肉刑之问已宣于寇雠之耳,非所以来远人也。①

王朗的看法亦不无道理。

概言之,主张恢复肉刑之人小觑了肉刑的永存性创伤,这会让犯罪之人难以反躬自省,弊多利少。更重要的是,这严重忽略了刑罚的教化作用,仅仅盲目地"以刑止刑",也不能使天下清宁。所以王朗等人都强调刑罚的教化作用,坚决反对剑树刀山一般的残忍肉刑。这切中了刑罚应向文明、轻缓方向迈进的趋势②,更为清醒和明智。东汉末年肉刑存废之议,虽"时论者多欲复肉刑"③,但恢复肉刑的提议一直不被采纳,原因亦在于此。

四、东汉肉刑存废之议的意义

东汉肉刑存废之议,虽未实际施行于法律实践中,但对后世亦大有裨益,应予以肯定。

(一)深化了儒家思想对中国古代法律的渗透

肉刑议存、议废两方虽各执一词,但都体现了儒家的"德主刑辅"思想。例如,曹魏征西将军夏侯玄便与河南尹李胜辩论说:

暴之取死,此自然也。伤人不改,纵暴滋多,杀之可也。伤人而能改悔,则岂须肉刑而后止哉?杀以除暴,自然理也。断截之政,末俗之所云耳。④

夏侯玄强调"改悔",并将刖刑等肉刑视为"末俗"所言的"断截之政"。所

---

① 《三国志》卷一三《魏书·钟繇传》,北京:中华书局 1982 年版,第 398 页。
② 参见黄华生:《论刑罚轻缓化》,北京:中国经济出版社 2005 年版,第 91 页。
③ 《后汉书》卷七〇《孔融传》,北京:中华书局 1965 年版,第 2266 页。
④ (唐)杜佑撰,王文锦等点校:《通典》卷一六八《刑六·肉刑议》,北京:中华书局 1988 年版,第 4337 页。

谓"改悔",即"改过自新",亦即汉文帝废肉刑的最终目的。而前揭文帝废肉刑的重要因素之一,就是儒学一以贯之的"德主刑辅"思想。由此可见,反对复肉刑的夏侯玄以教化为先,认为在德教无法产生效用后,才需施行严苛的刑罚。

有趣的是,希望恢复肉刑者,看似严刑峻法、以刑止刑,却也闪现着德主刑辅的法律思想。崔寔所说就是一例,比如:

> 盖为国之法,有似理身,平则致养,疾则攻焉。夫刑罚者,治乱之药石也;德教者,兴平之梁肉也。夫以德教除残,是以梁肉理疾也;以刑罚理平,是以药石供养也。①

崔寔以治病比喻治国。平时注重养生,生病再用药石。所以治世应德教先行,在出现大问题时,才需辅以刑罚,二者不可偏废。可见崔寔虽主张恢复肉刑,与倡导德教的夏侯玄意见相悖,但其言论深层中却蕴含着"教化为先、刑罚为后"的思想,亦即德主刑辅。前揭李胜也说:"且肉刑之作,乃自上古。《书》载'五刑有服',又曰'天讨有罪,而五刑五用哉'。割劓之属也。《周官》之制,亦著五刑。历三代,经至治,周公行之,孔子不议也。……夫杀之与刑,皆非天地自然之理,不得已而用之也。"②

总之,德主刑辅的儒家法律思想,引导着中国古代刑罚从残忍严酷走上了缓和规范之道,推动了五刑系统由"黥、劓、刖、宫、大辟"向"笞、杖、徒、流、死"的转变。而东汉肉刑存废之议,在延续"教化为先、刑罚为后"儒家法律思想的基础上,还持续不断地对中国古代法律进行渗透③,以此促进了后世对刑罚改革的进一步思考。

(二) 因时而变成为当时政治家和思想家的共识

从几次论辩来看,反对恢复肉刑者显然都坚持"因时而变"的处世哲

---

① 《后汉书》卷五二《崔寔传》,北京:中华书局 1965 年版,第 1728 页。
② (唐)杜佑撰,王文锦等点校:《通典》卷一六八《刑六·肉刑议》,北京:中华书局 1988 年版,第 4336 页。
③ 参见薛菁:《汉末魏晋复肉刑之议论析》,载《东南学术》2004 年第 3 期。

学。如孔融陈词："故明德之君,远度深惟,弃短就长,不苟革其政者也。"①即认为建制时须扬长避短,若不合时宜则不可恢复。肉刑虽然自古有之,但在东汉末年群雄并起,百姓流离的社会现实下,盲目地恢复肉刑、遵循古制实不可取,应审时度势,因时而变。

与之相反,主张恢复肉刑则坚持要效法先王之制,恢复古刑。如荀悦提出:

> 肉刑古也,或曰："复之乎?"曰："古者人民盛焉,今也至寡。整众以威,抚寡以宽,道也。"②

此论虽具有浓重的"法先王"色彩,但其间却也体现着因时而变之道。"法先王"者认为,当下的刑罚体系,并没有达到稳定社会、增殖人口的效果,亟待完善与改变。于是才将眼光转向了古时的圣王时代,呼吁恢复肉刑。也就是说,主张恢复肉刑者,看似尊崇先王之道,是守旧和复古,实际却与"因时而变"的思想不谋而合。③

在东汉肉刑存废之议中同时存在"法先王"与"因时而变"观念的不断碰撞,对后世多有启迪,并间接导致了后代肉刑之议的赓续。西晋发生的肉刑之议便是一个特别典型的例子。

西晋武帝太康十年(289 年),廷尉刘颂多次上表,希望恢复肉刑:"臣窃以为议者拘孝文之小仁,而轻违圣王之典刑,未详之甚,莫过于此。"④又说:

> 上准古制,随宜业作,虽已刑残,不为虚弃,而所患都塞,又生育繁阜之道自若也。⑤

---

① 《后汉书》卷七〇《孔融传》,北京:中华书局 1965 年版,第 2267 页。
② (东汉)荀悦撰,(明)黄省曾注:《申鉴》卷二《时事》,上海:上海古籍出版社 1990 年版,第 13 页。
③ 参见晋文:《汉代的古今观及其理论的构建》,载《南京大学学报(哲学·人文科学·社会科学)》2001 年第 6 期。
④ 《晋书》卷三〇《刑法志》,北京:中华书局 1974 年版,第 931 页。
⑤ 《晋书》卷三〇《刑法志》,北京:中华书局 1974 年版,第 932 页。

即认为废肉刑后刑罚体系中存在的一连串问题,都源于文帝"轻违圣王之典刑"。引文中"合古制""效圣典"被多次提及,说明刘颂深受"法先王"观念的影响,由此欲恢复肉刑。

然而,当时的西晋实际已"罪积狱繁"①,此时提出恢复肉刑却无疑是迂阔之论。刘颂未能体察当时的实际情况,盲目地将尧舜禹、文武周公时代的律法奉为圭臬,违背了"因时而变"之道。因此,即便其言之凿凿,最终肉刑也仍未能恢复。

总之,东汉肉刑存废之议,使因时而变成为政治家和思想家的共识,对后世亦多有启迪。

（三）促进了中国古代刑罚体系的完善

肉刑的废除造成了刑罚的轻重失衡,由此引发了东汉时期激烈的肉刑存废之议。其间,议论双方从罚罪与量刑的关系,刑罚体系的完善,刑罚的目的、作用效果等方面出发,进行了多次讨论。不论是主张恢复者,还是反对恢复者,都试图探索一种介于轻刑与死刑间的刑罚,建立力度适中、弊病较少的刑罚体系。这些持久激烈的讨论,便不断刺激着新的刑罚体系的构建。②

曹魏时期,《新律》制定。《新律》首次将劳役刑以法定的形式,在刑罚体系中完整地替代肉刑,从而达到了完善刑罚制度的效果。《新律》可说是对汉文帝刑罚改革后,自东汉初年开始,特别是在东汉末年至曹魏时期频繁的肉刑存废之议的阶段性成果。③

此后,北魏又将流刑列入了法定刑罚,并为后世代代相沿。此举弥补了废肉刑后刑罚体系的漏洞,填补了生刑至死刑间缺少中间刑的空白,使刑罚体系中长久以来的缺陷进一步完善。

至隋唐时期,关于肉刑的讨论更确立了以笞、杖、徒、流、死为主要形

---

① 《晋书》卷三〇《刑法志》,北京:中华书局1974年版,第933页。

② 参见薛菁:《汉末魏晋复肉刑之议论析》,载《东南学术》2004年第3期。

③ 参见张建国:《中国法系的形成与发达》,北京:北京大学出版社1997年版,第181页。

式的"五刑"制度,中国古代刑罚体系趋向健全。而隋唐肉刑之议的发生,可追溯到东汉肉刑之议中"因时而变"的思想渊源。

五代以后,肉刑在某种程度上得到了一些恢复。比如黥刑又成为一种附加刑,宫刑也常以特殊形式存在。直到清朝末年,沈家本始提出应完全废除肉刑。主要认为恢复肉刑即恢复重刑,无效无德,仍强调以德教为主。这是中国古代最后一次有关恢复肉刑的议论,最终使黥刑在清末修律时废止。其主张亦处处体现了儒学的"德主刑辅"和"教化为先"思想。

纵观东汉肉刑存废之议,虽未有实际结果,但其影响深远。它承上启下,深化了儒家思想对中国古代法律的渗透,使因时而变更成为当时政治家和思想家的共识。而"因时而变"又启迪着后世的肉刑之争,并间接导致了后世虽论及恢复肉刑,但肉刑却基本未从法定刑罚中重启的历史结果。

总之,东汉肉刑存废之议的参与者们,都试图填补生刑与死刑中的空缺,提出了一些颇具思想史意义的主张。在身死还是苟活的选择中,也无形间促进了中国古代刑罚体系的完善,推动着刑罚向文明、轻缓的方向迈进。

第六章　以经治国与汉代教育

　　由于"独尊儒术"本身就是汉王朝的文教政策,故汉代以经治国对教育的影响更为直接和深刻。从大量记载看,在以经治国的政策指导下,经学作为官方文化,不仅成为汉代教育的主要内容,而且推动了学校教育的迅速发展。班固曾云,"孝武初立,卓然罢黜百家,表章《六经》……兴太学"①,"立学校官"②。"自此以来,公卿大夫士吏彬彬多文学之士矣。"③它既为巩固汉王朝的统治有效地发挥了教育功能,同时也存在着一些不容忽视的问题。

一、经学被奉为正统文化,成为学校教育的主要内容

　　汉代自武帝"独尊儒术",教育便受到经学的巨大影响。这突出表现在:经学不仅被奉为统治阶级的正统思想,而且作为官方文化,已成为衡量知识分子的唯一标准。翻开史籍,特别是《史记》《汉书》和《后汉书》,我们就会发现:在西汉中期以后,除了经学,各种学说均被视为异端,儒生

① 《汉书》卷六《武帝纪》,北京:中华书局 1962 年版,第 212 页。
② 《汉书》卷八九《循吏传·文翁》,北京:中华书局 1962 年版,第 3626 页。
③ 《汉书》卷八八《儒林传·序》,北京:中华书局 1962 年版,第 3596 页。

完全成了知识分子的代名词。例如,董仲舒的《贤良对策》,就公开把百家之学指为"邪辟之说",并提出:

> 臣愚以为诸不在六艺之科孔子之术者,皆绝其道,勿使并进。邪辟之说灭息,然后统纪可一而法度可明,民知所从矣。[①]

又匡衡上书说:

> 臣闻《六经》者,圣人所以统天地之心,著善恶之归,明吉凶之分,通人道之正,使不悖于其本性者也。故审《六艺》之指,则人天之理可得而和,草木昆虫可得而育,此永永不易之道也。及《论语》《孝经》,圣人言行之要,宜究其意。[②]

史载贡禹上言元帝,亦声称其"四海之内,天下之君,微孔子之言亡所折中"[③]。再如成帝时,东平王刘宇上疏求诸子及《史记》,朝中也以《五经》乃"圣人所制,万事靡不毕载"的理由而拒绝。《汉书》卷八〇《宣元六王传》:

> (宇)来朝,上疏求诸子及《太史公书》,上以问大将军王凤。对曰:"臣闻诸侯朝聘,考文章,正法度,非礼不言。今东平王幸得来朝,不思制节谨度,以防危失,而求诸书,非朝聘之义也。诸子书或反经术,非圣人,或明鬼神,信物怪;《太史公书》有战国纵横权谲之谋,汉兴之初谋臣奇策,天官灾异,地形阸塞;皆不宜在诸侯王。不可予。不许之词宜曰:'《五经》圣人所制,万事靡不毕载。王审乐道,傅相皆儒者,旦夕讲诵,足以正身虞意。夫小辩破义,小道不通,致远恐泥,皆不足以留意。诸益于经术者,不爱于王。'"对奏,天子如凤言,遂不与。[④]

---

① 《汉书》卷五六《董仲舒传》,北京:中华书局 1962 年版,第 2523 页。
② 《汉书》卷八一《匡衡传》,北京:中华书局 1962 年版,第 3343 页。
③ 《汉书》卷七二《贡禹传》,北京:中华书局 1962 年版,第 3078 页。
④ 《汉书》卷八〇《宣元六王传·东平思王宇》,北京:中华书局 1962 年版,第 3324—3325 页。

当然,这里面还有着更深层的政治原因,所谓"诸子书或反经术,非圣人,或明鬼神,信怪物;《太史公书》有战国纵横权谲之谋,汉兴之初谋臣奇策,天官灾异,地形阨塞",但这仍足以说明汉王朝是把经学与文化等量齐观的。

因此,这也决定了汉代的统治者必然要以通经为己任。仅就其皇帝和皇后而言,文献上就有着昭帝、宣帝、元帝、成帝、哀帝、光武帝、明帝、章帝、和帝、安帝、顺帝、桓帝、灵帝、上官太后、王太后、赵太后、马太后、邓太后和梁太后等通经的记载。而且,对皇帝而言,这甚至是必须具备的最基本的条件。如霍光之立宣帝,作为最主要的依据,就是宣帝对经学的通习:

> 孝武皇帝曾孙病已,有诏掖庭养视,至今年十八,师受《诗》《论语》《孝经》,操行节俭,慈仁爱人,可以嗣孝昭皇帝后,奉承祖宗,子万姓。①

成帝之立哀帝,也是一个显例。《汉书》卷一一《哀帝纪》载,成帝因无子而准备选立藩王为嗣。其人选一个是他的幼弟中山王,一个是他的侄子定陶王,即哀帝。而作为才能的考核,成帝主要也是检查他们的通经,然后才立为皇太子。

> 元延四年入朝,(定陶王)尽从傅、相、中尉。时成帝少弟中山孝王亦来朝,独从傅。上怪之,以问定陶王,对曰:"令,诸侯王朝,得从其国二千石。傅、相、中尉皆国二千石,故尽从之。"上令诵《诗》,通习,能说。他日问中山王:"独从傅在何法令?"不能对。令诵《尚书》,又废。……成帝由此以为不能,而贤定陶王,数称其材。②

至于群臣,其事例更多。《汉书》卷八三《薛宣传》载,薛宣"经术浅",任丞

---

① 《汉书》卷八《宣帝纪》,北京:中华书局1962年版,第238页。
② 《汉书》卷一一《哀帝纪》,北京:中华书局1962年版,第333页。

相为成帝所轻视①,就是一例。又邓禹,"有子十三人,各使守一艺"②。明帝时,"自皇太子、诸王侯及功臣子弟莫不受经"③。所以,皮锡瑞在《经学历史》中指出:"汉治近古……盖其时公卿大夫士吏未有不通一艺者也。"④

特别值得一提的是,随着以经治国的推行,人们在观念上也越来越把各家学说视为经学的附庸。其哲学、政治学自不待言,而文学、史学、艺术、法学、经济学和教育学等也是如此。如文学,郑玄论《诗》即宣称:

> 诗者,志之所之也。在心为志,发言为诗。……先王以是经夫妇,成孝敬,厚人伦,美教化,移风俗。⑤

再如史学,班固也把"综其行事,傍贯《五经》,上下洽通,为《春秋》考纪、表、志、传"⑥作为撰写《汉书》的宗旨。甚至在所谓"谶纬"中,竟囊括了当时的各门学科。钟肇鹏先生就曾指出:"谶纬是包罗万象的神学体系。其中既有大量的神学迷信内容,也有天文、历象、地理、历史、礼仪制度、文字训诂等各种学科。"⑦更不用说,汉代一些著名的思想家、法学家、文学家、史学家、艺术家、科学家、医学家等,几乎毫无例外地同时又都以儒者而立身。比如:王充以思辨著称,曾"受业太学,师事扶风班彪"⑧;陈宠以决狱昭彰,"而兼通经书"⑨;扬雄以辞赋传世,"非圣哲之书不好"⑩;班昭

---

① 《汉书》卷八三《薛宣传》,北京:中华书局1962年版,第3393页。

② 《后汉书》卷一六《邓禹传》,北京:中华书局1965年版,第605页。

③ 《后汉书》卷二《明帝纪》注引袁宏《后汉纪》,北京:中华书局1965年版,第113页。

④ (清)皮锡瑞著,周予同注释:《经学历史·经学极盛时代》,北京:中华书局1959年版,第103页。

⑤ (西汉)毛亨传,(东汉)郑玄笺,(唐)孔颖达疏:《毛诗正义》卷一《国风·周南·关雎》,(清)阮元校刻:《十三经注疏》(附校勘记),北京:中华书局1980年版,第269—270页。

⑥ 《后汉书》卷四〇《班彪传附班固》,北京:中华书局1965年版,第1334页。

⑦ 钟肇鹏:《谶纬论略》,沈阳:辽宁教育出版社1991年版,第204页。

⑧ 《后汉书》卷四九《王充传》,北京:中华书局1965年版,第1629页。

⑨ 《后汉书》卷四六《陈宠传》,北京:中华书局1965年版,第1555页。

⑩ 《汉书》卷八七上《扬雄传》,北京:中华书局1962年版,第3514页。

以续史显名,授经皇后诸贵人,"号曰大家"①;京房以音律见长,"治《易》""其说长于灾变"②;张衡以"机巧"留芳,"通《五经》,贯六艺"③,华佗以医术彪炳,曾"游学徐土,兼通数经"④。可见,在当时经学已排斥各家学说,成为正宗之学,而儒生也完全成了知识分子的代名词。

于是,这又决定了作为传授知识、延续文化的教育(尤其是学校教育)的内容也主要是经学。汉代的学校教育有官学与私学之分,但无论官学还是私学,除个别特殊情况(如明算)外,其教学内容一般都是儒家的经典和经说。即以官学来说,汉代有中央太学、地方郡国学两个系统。太学里设《五经》博士,郡国学设文学、经师、《孝经》师、文学校官、学官祭酒与《五经》百石卒史等,而主要职责就是传授关于儒经的学问。如博士,汉武帝时设七人,宣帝时增为十二人,元帝时又增为十五人,东汉则定为"《五经》十四博士"⑤。他们分别教授《施氏易》《孟氏易》《梁丘易》《京氏易》《欧阳书》《大夏侯书》《小夏侯书》《齐诗》《鲁诗》《韩诗》《大戴礼》《小戴礼》《严氏春秋》与《颜氏春秋》,完全是传授经学。所以成帝诏选博士,即声称:

> 古之立太学,将以传先王之业,流化于天下也。儒林之官,四海渊原,宜皆明于古今,温故知新,通达国体,故谓之博士。⑥

东汉朱浮也说:"博士之官,为天下宗师,使孔圣之言传而不绝。"⑦再如文学等,在汉代即指经学。《汉书》卷七一《隽不疑传》载:隽不疑"治《春秋》,为郡文学"⑧。又《汉书》卷八八《儒林传》:"元帝好儒……郡国

① 《后汉书》卷八四《列女传·曹世叔妻》,北京:中华书局1965年版,第2785页。
② 《汉书》卷七五《京房传》,北京:中华书局1962年版,第3160页。
③ 《后汉书》卷五九《张衡传》,北京:中华书局1965年版,第1897页。
④ 《后汉书》卷八二下《方术列传下·华佗》,北京:中华书局1965年版,第2736页。
⑤ 参看《汉书》卷一九《百官公卿表》《后汉书》志二四、二五、二六、二七、二八《百官志》。
⑥ 《汉书》卷一〇《成帝纪》,北京:中华书局1962年版,第313页。
⑦ 《后汉书》卷三三《朱浮传》,北京:中华书局1965年版,第1144页。
⑧ 《汉书》卷七一《隽不疑传》,北京:中华书局1962年版,第3035页。

置《五经》百石卒史。"①《后汉书》卷二五《刘宽传》：宽"每行县……辄引学官祭酒及处士诸生执经对讲"②。《后汉书》志二七《百官四》：司隶校尉所属假佐二十五人，"《孝经》师主监试经"③。这些都是例证。

私学同样如此。汉代私学固然也有传授其他学说的，如律学、天文、历算、黄老之学等，但大多还是传授经学。汉代私学和太学相当的，就是由一些经学大师创办的"精庐"或"精舍"。它们的教学内容一般都是经学，例如：

> 承宫……少孤，年八岁为人牧豕。乡里徐子盛者，以《春秋经》授诸生数百人，宫过息庐下，乐其业，因就听经，遂请留门下。④

> 包咸……少为诸生，受业长安，师事博士右师细君，习《鲁诗》《论语》。王莽末，去归乡里，于东海界……立精舍讲授。⑤

> 刘淑……少学明《五经》，遂隐居，立精舍讲授，诸生常数百人。⑥

> 檀敷……少为诸生，家贫而志清，不受乡里施惠。举孝廉，连辟公府，皆不就。立精舍教授，远方至者常数百人。⑦

汉代私学中还有所谓"小学"。这种"小学"按程度可以分为两个阶段：第一阶段称为"蒙学"，主要是学习识字；而第二阶段即开始研习经学，并主要是学习《孝经》和《论语》。《汉书》卷七《昭帝纪》载，昭帝即声称自己曾"修古帝王之事，通保傅，传《孝经》《论语》《尚书》"⑧。又《汉书》卷七一《疏广传》载，元帝为太子，"年十二，通《论语》《孝经》"⑨。还有，邓皇后十二岁通《论语》等，梁皇后九岁诵《论语》，治《韩诗》，顺帝入小学，诵《孝经》章

---

① 《汉书》卷八八《儒林传·序》，北京：中华书局1962年版，第3596页。
② 《后汉书》卷二五《刘宽传》，北京：中华书局1965年版，第887页。
③ 《后汉书》志二七《百官四》，北京：中华书局1965年版，第3614页。
④ 《后汉书》卷二七《承宫传》，北京：中华书局1965年版，第944页。
⑤ 《后汉书》卷七九下《儒林列传下·包咸》，北京：中华书局1965年版，第2570页。
⑥ 《后汉书》卷六七《党锢列传·刘淑》，北京：中华书局1965年版，第2190页。
⑦ 《后汉书》卷六七《党锢列传·檀敷》，北京：中华书局1965年版，第2215页。
⑧ 《汉书》卷七《昭帝纪》，北京：中华书局1962年版，第223页。
⑨ 《汉书》卷七一《疏广传》，北京：中华书局1962年版，第3039页。

句,范升九岁能通《论语》《孝经》,马续七岁通《论语》,荀爽年十二,能通《春秋》《论语》,等等。故崔寔《四民月令》规定:十一月,"研冰。命幼童读《孝经》《论语》"①。近人王国维也总结说:"以后世之制明之,小学诸书(即《仓颉》之类)者,汉小学之科目,《论语》《孝经》者,汉中学之科目,而六艺则大学之科目也。"②足见,汉代的私学也主要是传授经学。

二、积极推动学校教育的发展

汉代以经治国对学校教育的发展更产生了巨大影响。汉代的学校教育,特别是官学的发展,与汉王朝的"独尊儒术"政策基本上是同步进行。从某种意义上说,汉代"独尊儒术"政策的确立,本身就是从创办太学开始的。如武帝诏议置博士弟子,史载丞相公孙弘等人言:

> 闻三代之道,乡里有教,夏曰校,殷曰序,周曰庠。其劝善也,显之朝廷;其惩恶也,加之刑罚。故教化之行也,建首善自京师始,由内及外。今陛下昭至德,开大明,配天地,本人伦,劝学脩礼,崇化厉贤,以风四方,太平之原也。古者政教未洽,不备其礼,请因旧官而兴焉。为博士官置弟子五十人,复其身。太常择民年十八已上,仪状端正者,补博士弟子。郡国县道邑有好文学,敬长上,肃政教,顺乡里,出入不悖所闻者,令相长丞上属所二千石,二千石谨察可者,当与计偕,诣太常,得受业如弟子。③

因为学校教育的发展与否,将直接关系着经学及其治国的兴衰,所以为推动经学的发展,以培养懂得经术的知识分子,汉王朝便大力兴办学校。

(一)太学

汉代太学是研究和传授《五经》的最高学府,始建于武帝元朔五年

---

① 《北堂书钞》卷一〇四《砚》,四库全书本,第 510 页。
② 王国维:《观堂集林》卷四《汉魏博士考》,北京:中华书局 1959 年版,第 179 页。
③ 《史记》卷一二一《儒林列传·序》,北京:中华书局 1959 年版,第 3119 页。

（前124年）。其规模最初很小，仅有博士弟子五十人。但不久，由于统治者的重视，它的规模便不断扩大。《汉书》卷八八《儒林传·序》：

> 昭帝时举贤良文学，增博士弟子员满百人，宣帝末增倍之。元帝好儒，能通一经者皆复。数年，以用度不足，更为设员千人，郡国置《五经》百石卒史。成帝末，或言孔子布衣养徒三千人，今天子太学弟子少，于是增弟子员三千人。①

东汉时，太学继续发展。光武帝定都洛阳后，便重建太学。《后汉书》卷一上《光武帝纪上》注引陆机《洛阳记》曰："太学在洛阳城故开阳门外，去宫八里，讲堂长十丈，广三丈。"②一时间，各地学子纷纷来太学就读，从而形成"诸生横巷"③的盛况。明帝即位后，其尊师重教，太学的发展即更加兴盛。在永平二年（59年），明帝还曾亲临太学行礼和讲经，"飨射礼毕，帝正坐自讲，诸儒执经问难于前，冠带缙绅之人，圜桥门而观听者盖亿万计"④。以后太学的发展虽然曾有所停顿，教育质量也大为下降，但经过顺帝、梁太后和许多儒生的努力，太学仍然为世人所看重。《后汉书》卷七九上《儒林列传上·序》：

> 自安帝览政，薄于艺文，博士依席不讲，朋徒相视怠散，学舍颓敝，鞠为园蔬，牧儿荛竖，至于薪刈其下。顺帝感翟酺之言，乃更修黉宇，凡所造构二百四十房，千八百五十室。试明经下第补弟子，增甲乙之科员各十人，除郡国耆儒皆补郎、舍人。⑤

至桓帝时，太学生竟多达三万余人。⑥ 太学发展得如此之快，既说明了统治者对于太学的重视，也反映了经学的兴盛。

---

① 《汉书》卷八八《儒林传·序》，北京：中华书局1962年版，第3596页。
② 《后汉书》卷一上《光武帝纪上》，北京：中华书局1965年版，第40页。
③ 《后汉书》卷四八《翟酺传》，北京：中华书局1965年版，第1606页。
④ 《后汉书》卷七九上《儒林列传上·序》，北京：中华书局1965年版，第2545—2546页。
⑤ 《后汉书》卷七九上《儒林列传上·序》，北京：中华书局1965年版，第2547页。
⑥ 《后汉书》卷七九上《儒林列传上·序》，北京：中华书局1965年版，第2547页。

随着以经治国的深化,到西汉末年还设立了与太学相配套的"辟雍"和"明堂",以作为习礼、传礼和推行教化的场所。所谓"辟雍"和"明堂",据《礼记·王制》记载,相传皆先秦时期的贵族学校,也是贵族们行礼、祭祀的场所。汉代最早提出"宜兴辟雍"的是成帝时的刘向。在刘向和一些大臣的奏请下,成帝曾准备在长安城南建立辟雍,但由于刘向和成帝相继去世,此事遂被搁置。至平帝时,王莽秉政,为了更加体现出倡导教化,便指派刘歆等人修建辟雍。东汉因之,主要是配合太学,传习礼仪。《后汉书》卷四《和帝纪》载,永平二年(59 年)三月,明帝"临辟雍,初行大射礼";十月"幸辟雍,初行养老礼"①等。关于明堂,则早在武帝时期便已建立,但当时主要是用于祭天和祭祖。把明堂真正作为宣扬教化的场所,并具有一定的学校性质,还是在王莽时期。如居摄元年(6 年)正月,"行大射礼于明堂,养三老五更,成礼而去"②。东汉建立后,也同样继承了这一做法。《后汉书》卷一下《光武帝纪下》:"是岁(中元元年),初起明堂、灵台、辟雍,及北郊兆域。"③

东汉时期,朝廷还在中央办起了三所宫邸学。一所是明帝永平九年(66 年)为樊氏、郭氏、阴氏、马氏四姓外戚子弟创办的"四姓小侯学",《后汉书》卷二《明帝纪》载:

> 是岁,大有年。为四姓小侯开立学校,置《五经》师。[注]引袁宏《后汉纪》曰:"永平中崇尚儒学,自皇太子、诸王侯及功臣子弟,莫不受经。又为外戚樊氏、郭氏、阴氏、马氏诸子弟立学,号'四姓小侯',置《五经》师。"④

① 《后汉书》卷四《和帝纪》,北京:中华书局 1965 年版,第 102 页。
② 《汉书》卷九九上《王莽传上》,北京:中华书局 1962 年版,第 4082 页。
③ 《后汉书》卷一下《光武帝纪下》,北京:中华书局 1965 年版,第 84 页。
④ 《后汉书》卷二《明帝纪》,北京:中华书局 1965 年版,第 113 页。按:关于"小侯"的含义,前人主要有两种看法。一种是主张小侯并非列侯,乃是一种惯称;一种则认为小侯即是列侯,惟年龄幼小而已。其实不然。小侯应是一种不同于列侯,只授予外戚子弟,并主要是为了显示其荣耀的特殊爵位,也就是一种特殊的外戚恩泽侯。详见拙文:《东汉小侯考》,载《南都学坛》1993 年第 2 期。

该校的师资和设备都特别优越,著名的《尚书》大师张酺就曾在这所学校里执教。后来招生对象扩大,凡贵族子弟不分姓氏均可入学,匈奴也曾经派遣子弟到这所学校留学。另一所是安帝永初四年(110年)邓太后创办的宫闱学校,如其"诏中官近臣于东观受读经传,以教授宫人,左右习诵,朝夕济济"①云云。这所学校的特点是专门以"宫人"特别是宫女为教育对象。还有一所是安帝元初六年(119年)邓太后为宗室及邓氏子女创办的贵胄学校。"六年,太后诏征和帝弟济北、河间王子男女年五岁以上四十余人,又邓氏近亲子孙三十余人,并为开邸第,教学经书,躬自监试。"②这些宫邸学的教育内容一律是经学,它们的创办更说明了汉王朝对于学校教育的重视。

(二) 郡国学

大约与创建太学同时,汉王朝在地方上普遍兴办了郡国学校。汉代郡国学校的设立创始于蜀郡文翁。据《汉书》卷八九《循吏传》记载,景帝末年,文翁担任蜀郡守,就曾"修起学官于成都市中,招下县子弟以为学官弟子"③。虽然这所学校当时仅仅限于蜀郡,其渊源也受到了秦代学校的影响④,但它却标志着汉代传授经学的新型地方学校的建立。因此,到汉武帝时,为了更加促进经学的传播和发展,他下令仿效蜀郡,"天下郡国皆立学校官"⑤。以后各地皆立学校,见诸史籍记载的,有武帝时隽不疑任郡文学,昭帝时韩延寿为郡文学,宣帝时盖宽饶为郡文学,韩延寿为颍川太守,"令文学校官诸生皮弁执俎豆为吏民行丧嫁娶礼",调任东郡后又"修治学官"⑥,元帝时"郡国置《五经》百石卒史"⑦,成帝时何武为扬州刺

① 《后汉书》卷一〇上《皇后纪上·和熹邓皇后》,北京:中华书局1965年版,第424页。
② 《后汉书》卷一〇上《皇后纪上·和熹邓皇后》,北京:中华书局1965年版,第428页。
③ 《汉书》卷八九《循吏传·文翁》,北京:中华书局1962年版,第3626页。
④ 参看拙文:《秦代学校浅说》,载《山东师大学报(哲学社会科学版)》1985年第2期。
⑤ 《汉书》卷八九《循吏传·文翁》,北京:中华书局1962年版,第3626页。
⑥ 《汉书》卷七六《韩延寿传》,北京:中华书局1962年版,第3211页。
⑦ 《汉书》卷八八《儒林传·序》,北京:中华书局1962年版,第3596页。

史,"行部必先即学官见诸生,试其诵论,问以得失"①,等等。至平帝时便制定了系统的郡国学校制度。共分学、校、庠、序四级——"郡国曰学,县、道、邑、侯国曰校。校、学置经师一人。乡曰庠,聚曰序。序、庠置《孝经》师一人"②。大致相当于中学和小学性质。

东汉建立伊始,郡国学校便得到了恢复。如建武二年(26 年),卫飒迁贵阳太守,"飒下车,修庠序之教,设婚姻之礼。期年间,邦俗从化"③;建武三年(27 年),寇恂任汝南太守,"乃修乡校,教生徒,聘能为《左氏春秋》者,亲授学焉"④;建武四年(28 年),伏恭拜为博士,迁常山太守,"敦修学校,教授不辍,由是北州多为伏氏学"⑤等。明帝时期是汉代教育的极盛时期,地方学校亦受到重视。永平二年(59 年),明帝亲率群臣于辟雍行大射之礼,郡、县、道则祀周公、孔子于学校。这是我国古代学校祭孔的最早记载。章帝以后,郡国学校的发展更加普遍,乃至所谓"南夷北狄"地区也都设立了学校。例如:

> 光武中兴,锡光为交阯,任延守九真,于是教其耕稼,制为冠履,初设媒娉,始知姻娶,建立学校,导之礼义。⑥

再如,"栾巴……迁桂杨太守。以郡处南垂,不闲典训,为吏人定婚姻丧纪之礼,兴立学校,以奖进之"⑦;"北匈奴入辽东……(辽东太守陈禅)于学行礼,为说道义以感化之"⑧;等等。所以,班固在《东都赋》中便盛赞东汉"学校如林,庠序盈门"。

---

① 《汉书》卷八六《何武传》,北京:中华书局 1962 年版,第 3483 页。
② 《汉书》卷一二《平帝纪》,北京:中华书局 1962 年版,第 355 页。
③ 《后汉书》卷七六《循吏列传·卫飒》,北京:中华书局 1965 年版,第 2459 页。
④ 《后汉书》卷一六《寇恂传》,北京:中华书局 1965 年版,第 624 页。
⑤ 《后汉书》卷七九下《儒林列传下·伏恭》,北京:中华书局 1965 年版,第 2571 页。
⑥ 《后汉书》卷八六《南蛮西南夷列传·序》,北京:中华书局 1965 年版,第 2836 页。按:交阯在今越南北部,九真在今越南河内以南。
⑦ 《后汉书》卷五七《栾巴传》,北京:中华书局 1965 年版,第 1841 页。
⑧ 《后汉书》卷五一《陈禅传》,北京:中华书局 1965 年版,第 1685 页。

（三）私学

随着官学的迅速发展，汉代的私人教学也更加繁荣起来。汉代私学中的学生有"及门弟子"与"著录弟子"之分。"及门弟子"是指在名师身边直接听讲受业的学生，"著录弟子"则是在名师门下著其名，不必亲自受业。后者实际上即后世所谓"拜门"的开始。私学在西汉时已经相当发达。一些著名的经学大师都有着弟子数百人，有的竟有上千人之多。《汉书》卷八八《儒林传》记载，《诗》学大师申公归鲁，弟子自远方而至者即千余人。至于睦孟、公孙文、赣道与龚胜等，他们也都有弟子数百人。

及至东汉，由于统治者的倡导，私学更为兴盛。许多名师门下都有数百、数千乃至不下万人的学生。诸如：

> 牟长……自为博士及在河内，诸生讲学者常有千余人，著录前后万人。①
>
> 丁恭……习《公羊严氏春秋》。……诸生自远方至者，著录数千人。②
>
> 夏恭……习《韩诗》《孟氏易》，讲授门徒常千余人。③
>
> 楼望……教授不倦，世称儒宗，诸生著录九千余人。④
>
> 魏应……经明行修，弟子自远方至，著录数千人。⑤

因此，范晔撰写《后汉书·儒林列传》，便十分感慨说：

> 自光武中年以后，干戈稍戢，专事经学，自是其风世笃焉。其服儒衣，称先王，游庠序，聚横塾者，盖布之于邦域矣。若乃经生所处，不远万里之路，精庐暂建，赢粮动有千百，其耆名高义开门受徒者，编

---

① 《后汉书》卷七九上《儒林列传上·牟长》，北京：中华书局1965年版，第2557页。
② 《后汉书》卷七九下《儒林列传下·丁恭》，北京：中华书局1965年版，第2578页。
③ 《后汉书》卷八〇上《文苑列传上·夏恭》，北京：中华书局1965年版，第2610页。
④ 《后汉书》卷七九下《儒林列传下·楼望》，北京：中华书局1965年版，第2580页。
⑤ 《后汉书》卷七九下《儒林列传下·魏应》，北京：中华书局1965年版，第2571页。

牒不下万人。[1]

这也从一个侧面反映了汉王朝对于学校教育的重视。

三、大力推行通经入仕的政策

为了把经术的学习和传授提到最重要的地位,汉王朝还将通经与仕宦结合起来,推行通经入仕的政策。《史记》卷一二一《儒林列传》称:

> 及窦太后崩,武安侯田蚡为丞相,绌黄老、刑名百家之言,延文学儒者数百人,而公孙弘以《春秋》白衣为天子三公,封以平津侯。天下之学士靡然乡风矣。[2]

在具体操作上,汉代学校是规定凡能精通一经,皆可以入仕(当然也有着名额限制)。如太学,汉武帝初置博士弟子员,即规定:"一岁皆辄试,能通一艺以上,补文学掌故缺;其高弟可以为郎中者,太常籍奏。"[3]从有关记载看,在西汉后期有许多儒生都是由此而授官的。《西汉会要》卷四四《选举上》:

> 何武、王嘉、马宫、翟方进皆以射策甲科为郎。房凤以射策乙科为太史掌故。匡衡射策甲科,以不应令除为太常掌故,调补平原文学。儿宽诣博士受业,以射策为掌故,以功次补廷尉文学卒史。[4]

以后,关于博士弟子的结业规定虽屡有更改,但是通经入仕的基本原则却一直未变。[5]另据《汉书》卷五九《张汤传》记载,"汤决大狱,欲傅古义,乃请博士弟子治《尚书》《春秋》,补廷尉史,平亭疑法"[6]。博士弟子还可

① 《后汉书》卷七九下《儒林列传下·论》,北京:中华书局1965年版,第2588页。
② 《史记》卷一二一《儒林列传·序》,北京:中华书局1959年版,第3118页。
③ 《史记》卷一二一《儒林列传·序》,北京:中华书局1959年版,第3119页。
④ (南宋)徐天麟撰:《西汉会要》卷四四《选举上》,上海:上海人民出版社1977年版,第514页。
⑤ 参看(南宋)马端临撰:《文献通考》卷四〇《学校一》,北京:中华书局2011年版。
⑥ 《汉书》卷五九《张汤传》,北京:中华书局1962年版,第2639页。

以被某些官府直接选用。

同样,汉代的郡国学校也是通经入仕。一方面,在太学设立后,汉代郡国学校本身便负有向太学输送优秀学生的职责,这些学生可以通过考试的途径入仕。正如马端临所说:

> 武帝既兴学校,则令郡国县官谨察可者,与计偕,诣太常受业如弟子,则郡县皆有以应诏,而博士弟子始为国家选举之公法也。[1]

兒宽即是一例。《汉书》卷五八《兒宽传》载,兒宽"以郡国选诣博士,受业孔安国。……以射策为掌故"[2]。另一方面,由于汉代中央和地方官府均可以自行辟除掾属,郡国学校的学生也可以通过辟除入仕。王尊的事例就是如此。《汉书》卷七六《王尊传》载,尊"事师郡文学官,治《尚书》《论语》,略通大义……召署守属治狱,为郡决曹史"[3]。再如:

> 杨仁……拜什邡令。宽惠为政,劝课掾史弟子,悉令就学。其有通明经术者,显之右署,或贡之朝。[4]

> (任延)既之武威……造立校官,自掾史子孙,皆令诣学受业,复其徭役。章句既通,悉显拔荣进之。[5]

前引《栾巴传》亦曰,栾巴兴学,"虽干吏卑末,皆课令习读,程试殿最,随能升授"。

更能说明问题的是,为了鼓励学者,每当官学出现衰落,汉代最高统治者也总是大力重视选举,以保证经学与禄利的结合。例如,在东汉安帝时,邓太后临朝听制,因学校荒废便着力重视察举:

> 及邓后称制,学者颇懈。时樊准、徐防并陈敦学之宜,又言儒职

① 参看(南宋)马端临撰:《文献通考》卷四六《学校考七》,北京:中华书局 2011 年版,第 1335 页。
②《汉书》卷五八《兒宽传》,北京:中华书局 1962 年版,第 2628 页。
③《汉书》卷七六《王尊传》,北京:中华书局 1962 年版,第 3227 页。
④《后汉书》卷七九下《儒林列传下·杨仁》,北京:中华书局 1965 年版,第 2574 页。
⑤《后汉书》卷七六《循吏列传·任延》,北京:中华书局 1965 年版,第 2463 页。

多非其人,于是制诏公卿妙简其选,三署郎能通经术者,皆得察举。①
可见,汉代官学完全是通经入仕。

汉代的私学也不例外。汉代选官有明经一科,这一科目实际上就主
要是给私学弟子提供入仕条件的。诸如:

> 眭弘……从嬴公受《春秋》,以明经为议郎。②
>
> 韦贤……兼通《礼》《尚书》,以《诗》教授,号称邹鲁大儒。……
> 少子玄成,复以明经历位至丞相。③
>
> 张玄……少习《颜氏春秋》,兼通数家法。建武初,举明经,补弘
> 农文学。④
>
> 戴凭……习《京氏易》。年十六,郡举明经,征试博士,拜郎中。⑤
>
> 董均……习《庆氏礼》。事大鸿胪王临。元始中,举明经,迁廪
> 牺令。⑥

东汉顺帝时,还规定明经下第者可以补博士弟子——"阳嘉元年……以太
学新成,试明经下第者补弟子"⑦。而且,除了这种明经科,汉代选官的其
他科目,如贤良方正、茂才、文学、孝廉、征聘和辟除等,也都是私学弟子仕
宦的途径。特别是孝廉科,从西汉郡国岁举孝廉各一人,到东汉时每年率
二十万口举一人,在汉代选官制度中更占有着举足轻重的地位。可以说,
有许多名士都是通过举孝廉才登上政治舞台的,如赵广汉、朱博、薛宣、王
嘉、张敞、黄霸、京房、师丹、平当、魏霸、韦彪、郑弘、周章、张霸、桓奂、第五
伦、徐防、胡广、应劭、袁安、陈禅、杜根、张衡、左雄、李固、杜乔、陈蕃、李
膺、范滂、荀彧、皇甫嵩、朱隽、袁术等,尽管其中有些人也并非出自私学。

---

① 《后汉书》卷七九上《儒林列传上·序》,北京:中华书局1965年版,第2546—2547页。
② 《汉书》卷七五《眭弘传》,北京:中华书局1962年版,第3153页。
③ 《汉书》卷七三《韦贤传》,北京:中华书局1962年版,第3107页。
④ 《后汉书》卷七九下《儒林列传下·张玄》,北京:中华书局1965年版,第2581页。
⑤ 《后汉书》卷七九上《儒林列传上·戴凭》,北京:中华书局1965年版,第2553页。
⑥ 《后汉书》卷七九下《儒林列传下·董均》,北京:中华书局1965年版,第2576页。
⑦ 《后汉书》卷六《顺帝纪》,北京:中华书局1965年版,第260页。

故徐天麟便总结说："汉世诸科,虽以贤良方正为至重,而得人之盛,则莫如孝廉。"①可见,无论官学或私学,只要能够通经,一般都有着入仕机会。所以,在当时就流传着"遗子黄金满籯,不如一经"②的谚语,也有着"禄利之路"③"士病不明经术;经术苟明,其取青紫如俯拾地芥耳"④等感慨之论。《后汉书》卷三七《桓荣传》还借用桓荣族人之口说出了通经入仕对于人们的强烈震撼——

> 荣初遭仓卒,与族人桓元卿同饥厄,而荣讲诵不息。元卿嗤荣曰:"但自苦气力,何时复施用乎?"荣笑不应。及为太常,元卿叹曰:"我农家子,岂意学之为利乃若是哉!"⑤

这实际就是汉代"书中自有黄金屋""书中有女颜如玉"⑥的绝妙注解。汉代这种通经入仕不仅有力刺激了经学的发展,而且也极大推动了学校教育的发展。所谓"在上者欲持一术以耸动天下,未有不导以禄利而翕然从之者"⑦,对此即一语道破!

四、教育功能的发挥及问题

汉代以经学为主体的教育为巩固汉王朝的统治曾发挥了重要作用。可以毫不夸张地说,汉代以经治国的基本国策之所以能够顺利推行,汉王朝的统治之所以没有出现特别暴虐的现象,而且往往能够转危为安,与此

---

① (南宋)徐天麟撰:《东汉会要》卷二六《选举上》,上海:上海古籍出版社1978年版,第391页。
② 《汉书》卷七三《韦贤传》,北京:中华书局1962年版,第3107页。
③ 《汉书》卷八八《儒林传·赞》,北京:中华书局1962年版,第3620页。
④ 《汉书》卷七五《夏侯胜传》,北京:中华书局1962年版,第3159页。
⑤ 《后汉书》卷三七《桓荣传》,北京:中华书局1965年版,第1252页。
⑥ (北宋)赵恒《真宗皇帝劝学文》称:"富家不用买良田,书中自有千钟粟。安居不用架高堂,书中自有黄金屋。出门莫恨无人随,书中车马多如簇。娶妻莫恨无良媒,书中有女颜如玉。男儿欲遂平生志,《六经》勤向窗前读。"[(北宋)黄庭坚:《古文真宝》前集卷一《劝学文》,四库全书文渊阁本]
⑦ (清)皮锡瑞著,周予同注释:《经学历史·经学极盛时代》,北京:中华书局1959年版,第131页。

即有着直接关系。

第一,它培养了大批儒生,为贯彻统治者的"独尊儒术"从根本上作了保证。因为随着通经之士的大批涌现,很多儒生都被汉王朝所任用。一方面汉王朝强调以经治国,所任用的儒生必须精通经术,并能够身体力行;另一方面,对于被任用的儒生来说,经学乃是他们的安身立命之本,为了实现自己的理想和抱负,也必然要把经学运用到其施政纲领之中。以丞相而言,西汉中、后期时任丞相者有十八人,其中便少有不为儒宗而勉行经术者。如匡衡,成帝即位初任丞相,"上疏戒妃匹,劝经学威仪之则"①;翟方进,成帝晚年任相,"以儒雅缘饰法律,号为通明相"②;孔光,哀帝时为相,曾执掌枢密十余年,"上有所问,据经法以心所安而对"③。故《汉书》卷八一《匡张孔马传·赞》曰:

> 自孝武兴学,公孙弘以儒相,其后蔡义、韦贤、玄成、匡衡、张禹、翟方进、孔光、平当、马官及当子晏咸以儒宗居宰相位,服儒衣冠,传先王语,其蕴藉可也。④

东汉丞相率行经术者更多,乃至所谓三公竟几无例外。如伏湛,光武帝时任大司徒,"奏行乡饮酒礼"⑤;鲍昱,章帝时为司徒,为了消除旱灾,提出应平反冤狱,"一切还诸徙家属,蠲除禁锢,兴灭继绝,死生获所"⑥;杨震,安帝时为司徒,后任太尉,曾以内宠骄横,征引《诗》《书》和《春秋》"言妇人不得与于政事也",又言诏封故朝阳侯刘护再从兄环袭护爵"不合经义"⑦等;李固,冲帝、质帝时任太尉,曾多次要求大将军梁冀"察周、霍之

① 《汉书》卷八一《匡衡传》,北京:中华书局1962年版,第3341页。
② 《汉书》卷八四《翟方进传》,北京:中华书局1962年版,第3421页。
③ 《汉书》卷八一《孔光传》,北京:中华书局1962年版,第3353页。
④ 《汉书》卷八一《匡张孔马传·赞》,北京:中华书局1962年版,第3366页。
⑤ 《后汉书》卷二六《伏湛传》,北京:中华书局1965年版,第895页。
⑥ 《后汉书》卷二九《鲍昱传》,北京:中华书局1965年版,第1022页。
⑦ 《后汉书》卷五四《杨震传》,北京:中华书局1965年版,第1762页。

立文、宣,戒邓、阎之利幼弱"①,立帝宜择年长有德者;黄琼,桓帝时为司空,迁司徒,转太尉,"举奏州郡素行贪污至死徙者十余人"②,等等。丞相尚且如此,普通官吏就更不用说了。所谓以《禹贡》治河、以《洪范》察变、以《春秋》决狱、以《诗》为谏③,就是特别典型的事例。因此,这也就从根本上保证了对于"独尊儒术"政策的贯彻和推行。

第二,汉代教育对于传播儒家思想,推行其所谓"教化"起了主要作用。如前所述,汉王朝之所以要振兴教育,其目的就是要"独尊儒术",以贯彻以经治国的基本国策,来维护统治。孟子曾云:

> 设为庠序学校以教之。庠者,养也。校者,教也。序者,射也。夏曰校,殷曰序,周曰庠,学则三代共之。皆所以明人伦也。人伦明于上,小民亲于下,有王者起,必来取法,是为王者师也。④

对于发展教育之与推行教化的作用,可以说作了非常精辟的论述。但孟子的说法还带有很大的理想成分,汉代学校则完全实践了他的主张,并且在思想上更加明确和具体。例如设立太学,董仲舒便明确提出

> 夫不素养士而欲求贤,譬犹不琢玉而求文采也。故养士之大者,莫大乎太学;太学者,贤士之所关也,教化之本原也。……臣愿陛下兴太学,置明师,以养天下之士,数考问以尽其材,则英俊宜可得矣。⑤

而武帝诏立太学,也公开要求说:

> 盖闻导民以礼,风之以乐。婚姻者,居室之大伦也。今礼废乐

---

① 《后汉书》卷六三《李固传》,北京:中华书局1965年版,第2083页。
② 《后汉书》卷六一《黄琼传》,北京:中华书局1965年版,第2036页。
③ 参看(清)赵翼撰,曹光甫点校:《廿二史札记》卷二《汉时以经义断事》,上海:上海古籍出版社2011年版。
④ (清)焦循撰,沈文倬点校:《孟子正义》卷一〇《滕文公上》,北京:中华书局1987年版,第343—347页。
⑤ 《汉书》卷五六《董仲舒传》,北京:中华书局1962年版,第2512页。

崩,朕甚愍焉。……其令礼官劝学,讲议洽闻兴礼,以为天下先。太常议,与博士弟子,崇乡里之化,以广贤材焉。①

因此,在这种思想的指导下,汉代各类学校都把培养懂得经术的人才和奖进礼乐、灌输伦理道德作为自己的主要职责。《后汉书》卷七九上《儒林列传上》载,质帝本初元年(146 年),梁太后便下诏规定:"大将军下至六百石,悉遣子就学,每岁辄于乡射月一飨会之,以此为常。"李贤注引《汉官仪》曰:"春三月,秋九月,习乡射礼,礼生皆使太学学生。"②又王莽时,刘昆"教授弟子恒五百余人。每春秋飨射,常备列典仪,以素木瓠叶为俎豆,桑弧蒿矢,以射'菟首'。每有行礼,县宰辄率吏属而观之"③。

其中特别是地方官学,对此更是不遗余力,乃至已完全成为其宣传儒学、推广教化的机构。例如:

> 延寿为吏,上礼义,好古教化,所至必聘其贤士,以礼待用,广谋议,纳谏争;举行丧让财,表孝弟有行;修治学官,春秋乡射,陈钟鼓管弦,盛升降揖让。④

> (建武)六年,迁丹阳太守。……忠以丹阳越俗不好学,嫁娶礼仪,衰于中国,乃为起学校,习礼容,春秋乡饮,选用明经,郡中向慕之。⑤

> (秦彭)迁山阳太守。以礼训人,不任刑罚;崇好儒雅,敦明庠序。每春秋飨射,辄修升降揖让之仪。乃为人设四诫,以定六亲长幼

---

① 《史记》卷一二一《儒林列传·序》,北京:中华书局 1959 年版,第 3118—3119 页。

② 《后汉书》卷七九上《儒林列传上》,北京:中华书局 1965 年版,第 2547 页。

③ 《后汉书》卷七九上《儒林列传上·刘昆》,北京:中华书局 1965 年版,第 2550 页。

④ 《汉书》卷七六《韩延寿传》,北京:中华书局 1962 年版,第 3211 页。按:关于"乡饮"和"乡射"的意义,《礼记·乡饮酒义》曰:"乡饮酒之义:主人拜迎宾于庠门之外,入三揖而后至阶,三让而后升,所以致尊让也。""乡饮酒之礼,六十者坐,五十者立侍,以听政役,所以明尊长也。……合诸乡射,教之乡饮酒之礼,而孝弟之行立矣。"又《礼记·射义》解:"乡饮酒之礼者,所以明长幼之序也。"[(清)孙希旦撰,沈啸寰、王星贤点校:《礼记集解》卷五九《乡饮酒义》、卷六〇《射义》,北京:中华书局 1989 年版,第 1424、1428、1438 页]

⑤ 《后汉书》卷二一《李忠传》,北京:中华书局 1965 年版,第 756 页。

之礼。有遵奉教化者,擢为乡三老,常以八月致酒肉以劝勉之。①

（鲍德）为南阳太守。……时郡学久废,德乃修起横舍,备俎豆黻冕,行礼奏乐。又尊飨国老,宴会诸儒,百姓观者,莫不劝服。②

（刘梁）除北新城长。……乃更大作讲舍,延聚生徒数百人,朝夕自往劝戒,身执经卷,试策殿最,儒化大行。③

因此,这不仅使得其所谓教化被大为推广,同时也使得经学中的纲常伦理观念广为传播。汉代自武帝之后所以会出现众多"循吏"、忠臣、孝子和贞妇,原因即在于此。

当然,从实质上说,汉代教育的这种作用不过是地主阶级借以维护统治的一种"牧师"的职能而已。列宁就曾经指出:

所有一切压迫阶级,为了维持自己的统治,都需要有两种社会职能:一种是刽子手的职能,另一种是牧师的职能。刽子手镇压被压迫者的反抗和暴动。牧师安慰被压迫者……从而使他们忍受这种统治,使他们放弃革命行动,冲淡他们的革命热情,破坏他们的革命决心。④

尽管如此,这也比秦代一任刑法,"杀人之父,孤人之子,断人之足,黥人之首"⑤的状况,要更易于为人民接受。况且,它也并不仅仅是"欺骗",在统治比较清明时期,还有着安抚民心、稳定社会的功效。史载王莽代汉后,"人心思汉",即说明这种政策对维护统治确实有多种作用。如冯衍说廉丹曰:"海内溃乱,人怀汉德。"⑥班彪答隗嚣说:"百姓讴吟,思仰汉

---

① 《后汉书》卷七六《循吏列传·秦彭》,北京:中华书局 1965 年版,第 2467 页。

② 《后汉书》卷二九《鲍德传》,北京:中华书局 1965 年版,第 1023 页。

③ 《后汉书》卷八〇下《文苑列传下·刘梁》,北京:中华书局 1965 年版,第 2639 页。

④ 中共中央马克思、恩格斯、列宁、斯大林著作编译局编译:《列宁全集》第 21 卷,北京:人民出版社 1985 年版,第 208 页。

⑤ 《史记》卷八九《张耳陈余列传》,北京:中华书局 1959 年版,第 2574 页。

⑥ 《后汉书》卷二八上《冯衍传》,北京:中华书局 1965 年版,第 963 页。

德。"①冯异说光武称:"天下同苦王氏,思汉久矣。"②邳肜亦谓"吏民歌吟思汉久矣",甚至认为"自上古以来,亦未有感物动民其如此者也"。③ 故赵翼总结说:"是时人心思汉,举天下不谋而同。"又说:其"继体守文之君,不能有高、武英气,然皆小心谨畏,故多蒙业而安。两汉之衰,但有庸主而无暴君,亦家风使然也"④。这显然就是汉王朝的统治没有出现特别暴虐现象的一个主要原因。

第三,从教育制度本身来看,汉代学校在中国古代教育史上占有着重要地位。根据以上论述,在统治者的极力倡导和重视下,汉代自武帝之后,在中央和地方建立了一整套比较完整的学校体系。这套学校体系,既有相当于大学的太学,又有相当于中学的学、校,还有大致相当于小学的庠、序,在汉代实可谓前所未有。它不仅弥补了秦代学校的严重缺陷,更有效地发挥了它的教育功能,也为后世王朝的学校制度奠定了基础。即以秦代学校为例说,秦代不设太学,也没有类似庠、序的小学,仅在郡县设有一种规模很小的"学室"——"非史子殹(也),毋敢学学室"⑤。若以此和汉代相比,则显然相去甚远。再从后世来看,由于仍然是"独尊儒术",或主要是尊崇儒学,历代统治者也都基本继承了汉代的学校制度。例如魏晋时期,除晋代曾新设"国子学"(实际也有东汉四姓小侯学的渊源)外,这一时期的学校便完全继承了汉代,乃至其名称亦相差无几。如中央官学均称为"太学",地方官学或称为"学官",或曰"文学""学校""庠序",等等。此外,汉代学校注重学生自修,重视对优秀少年的特殊培养,最早开始接受女子入学等,这些都值得称道。因与本章关系不大,故不再

① 《后汉书》卷四○上《班彪传》,北京:中华书局1965年版,第1323页。
② 《后汉书》卷一七《冯异传》,北京:中华书局1965年版,第640页。
③ 《后汉书》卷二一《邳肜传》,北京:中华书局1965年版,第758页。
④ (清)赵翼撰,曹光甫点校:《廿二史札记》卷二《汉诏多惧词》,上海:上海古籍出版社2011年版,第38、66页。
⑤ 睡虎地秦墓竹简整理小组编:《睡虎地秦墓竹简·内史杂》,北京:文物出版社1978年版,第106—107页。

赘述。

当然,由于经学的影响和制约,汉代教育也存在一些比较严重的问题。

首先,汉代的教育是畸型发展。汉代学校虽然很大程度上为统治者发挥了教育功能,也对文化事业的发展起了一定作用,但它并不是对于科学文化的全面发展,而是"罢黜百家",主要传授和研究经学而已。由于其目的即在于"独尊儒术",因而它必然要将经学与文化等同看待,也必然要对经学外的各种学说压抑和排斥。前述东汉后期,灵帝立"鸿都门学",遭强烈反对,就是一个显例。《后汉书》卷六〇下《蔡邕传》载:

> 初,帝好学,自造《皇羲篇》五十章,因引诸生能为文赋者。本颇以经学相招,后诸为尺牍及工书鸟篆者,皆加引召,遂至数十人。①

又《后汉书》卷八《灵帝纪》注曰:

> 鸿都,门名也,于内置学。时其中诸生,皆敕州、郡、三公举召能为尺牍辞赋及工书鸟篆者相课试,至千人焉。②

据此可知,所谓"鸿都门学",实际上是一所艺术学院,然而却遭到猛烈的攻击。当时的名儒蔡邕,就曾数次对灵帝指责说:

> 夫书画辞赋,才之小者,匡国理政,未有其能。……今并以小文超取选举,开请托之门,违明王之典,众心不厌,莫之敢言。臣愿陛下忍而绝之。③

尚书阳球、光禄大夫杨赐等人也曾上书表示反对。尽管灵帝始终都没有屈从压力,但许多儒生也仍然对鸿都门学采取鄙视的态度,其"出为刺史、太守,入为尚书、侍中,乃有封侯赐爵者,士君子皆耻与为列焉"④。可见,

---

① 《后汉书》卷六〇下《蔡邕传》,北京:中华书局 1965 年版,第 1991—1992 页。
② 《后汉书》卷八《灵帝纪》注,北京:中华书局 1965 年版,第 341 页。
③ 《后汉书》卷六〇下《蔡邕传》,北京:中华书局 1965 年版,第 1996—1999 页。
④ 《后汉书》卷六〇下《蔡邕传》,北京:中华书局 1965 年版,第 1998 页。

汉代学校,特别是官学,是不允许任何经学外的东西染指的。

汉代教育的畸型发展后果非常严重。一方面,它使得统治者的人才选拔受到明显限制,造成了缺乏各种专门人才的后果。汉代如此之多地征用儒生,统治者仍频繁下诏征求"异等"之士,就足以说明这个问题。[①] 另一方面,它也使得各种科学文化知识受到压抑,造成很多科学发明和发现由于得不到重视和传播而被埋没。这种后果是更为严重的。如果说,那种人才匮乏还只是影响到汉王朝的统治基础,那么这种对于科学文化的压抑,则直接关系着整个社会的进步和发展。事实也正是如此。东汉灵帝时,宦官毕岚已经发明了一种名为"翻车渴乌"的新型水车[②],就因为得不到重视和传播(当时仅作为洒水车使用),而在三国时期由工匠马均又再次"发明"。可见其后果之严重。从某种意义上说,这也是中国封建社会长期延续的一个重要原因。

其次,汉代教育出现了很多弊端。主要有两个突出问题:

一个是教学与实际的严重脱离。这是由于汉代经学极为繁琐,"说五字之文,至于二三万言"[③],为了通经入仕,学者皆埋头苦读而造成的。这一弊病在西汉中期就已经暴露,当时其"精通秀颖之士不游于学,游于学者率章句之儒也"[④]。到了东汉,问题则更为严重。许多儒生被任用后,由于只知经书,往往不能胜任实际工作。例如樊英,顺帝征聘奉若神明,实际他却不谙时务,乃至"无奇谟深策,谈者以为失望"[⑤]。所以范晔曾评论说:

> 汉世之所谓名士者,其风流可知矣。虽弛张趣舍,时有未纯,于

① 参看(南宋)徐天麟撰:《西汉会要》卷四四《选举上》,上海:上海人民出版社1977年版,第509—518页;《东汉会要》卷二七《选举下》,上海:上海古籍出版社1978年版,第401—412页。
② 《后汉书》卷七八《宦者列传·张让》,北京:中华书局1965年版,第2537页。
③ 《汉书》卷三〇《艺文志》,北京:中华书局1962年版,第1723页。
④ (唐)杜佑撰,王文锦等点校:《通典》卷一七《选举五》,北京:中华书局1988年版,第416页。
⑤ 《后汉书》卷八二上《方术列传上·樊英》,北京:中华书局1965年版,第2724页。

刻情修容,依倚道艺,以就其声价,非所能通物方,弘时务也。及征樊英、杨厚,朝廷若待神明,至竟无它异。英名最高,毁最甚。李固、朱穆等以为处士纯盗虚名,无益于用,故其所以然也。①

这说明汉代教育确实存在着学用脱离的问题,它培养的多是不问时事、于事无补的书呆子。

汉代教育出现的另一个弊病是助长了东汉地方割据势力的发展。汉代自"独尊儒术",在地主阶级中便产生了一种以经学起家、累世公卿的儒宗地主,如孔氏、伏氏、韦氏、平氏、桓氏、杨氏、袁氏等。这种儒宗地主借助于通经入仕,既成为经学世家,累世控制着汉王朝的中央和地方大权,同时又垄断文化教育,把持着汉王朝的选举大权。因此,为了寻求出路,很多儒生便投靠到这些儒宗地主的门下,成为他们的门生故吏。其结果是,儒宗地主传授经学给这些儒生,并选举他们入仕,他们则奉献一切以报答前者,因"私恩"②而结成为一种特殊关系。这种关系具有强烈的依附性,实际就是一种在皇帝、血亲之外的君臣父子关系。正如赵翼所说:

> 是时郡吏之于太守,本有君臣名分。为掾吏者,往往周旋于死生患难之间。如李固被戮,弟子郭亮负斧锧上书,请收固尸。杜乔被戮,故掾杨匡守护其尸不去,由是皆显名。第五种为卫相,善门下掾孙斌。种以劾宦官单超兄子匡,坐徙朔方。朔方太守董援,乃超外孙也。斌知种往必被害,乃追及种于途,格杀送吏,与种俱逃,以脱其祸。太原守刘瓆,以考杀小黄门赵津下狱死,王允为郡吏,送瓆丧还平原,终三年乃归。公孙瓒为郡吏,太守刘君坐事徙日南,瓒身送之,自祭父墓曰:"昔为人子,今为人臣。送守日南,恐不得归,便当长

---

① 《后汉书》卷八二上《方术列传上·论》,北京:中华书局1965年版,第2724—2725页。
② 东汉时,凡门生故吏被其举主察举或辟除,一般皆通称"私恩"。《后汉书》卷三六《张霸传》载张陵对梁不疑说:"明府不以陵不肖,误见擢序,今申公宪,以报私恩。"(北京:中华书局1965年版,第1244页)可证。

辞。"乃再拜而去。此尽力于所事,以著其忠义者也。①

吕思勉先生也说:

> 汉制:三公得自置吏,刺史得置从事,二千石得辟功曹、掾史,为所辟置,即同家臣,故其风义尤笃。……事长事君,本同一理,故时弟子之于师,亦恭敬备至。为之服丧送葬,或奔丧去官。危难之际,亦或冒险送葬,经纪其家。冤抑之余,或代为申理。皆自君臣之义推之也。②

然而这种关系的结成,必然要形成与中央王朝的离心力,助长地方割据势力的发展。如汝南袁氏,即因为其"树恩四世,门生故吏遍于天下"③,而成为当世著称的儒宗地主,并最终形成东汉末年最大的一个地方割据势力。所以,这也不能不说是汉代教育的一个严重弊端。

---

① (清)赵翼撰,曹光甫点校:《廿二史札记》卷五《东汉尚名节》,上海:上海古籍出版社 2011 年版,第 88—89 页。
② 吕思勉:《秦汉史》,上海:上海古籍出版社 1983 年版,第 524、527 页。
③ 《三国志》卷六《魏书·袁绍传》,北京:中华书局 1959 年版,第 190 页。

附论十一

汉代太学浅说

中国古代的官学制度源远流长。据文献记载,早在殷周时期,统治者便已建立了名目众多的学校,所谓"设为庠序学校以教之"①。汉代太学的设立则可以说是它的奠基和迅速发展时期。

一、太学的建立与发展

太学始立于汉武帝元朔五年(前124年)。在此之前,由于政治、经济与文化等诸多原因,西汉王朝对学校教育并不重视。及至武帝时期,随着经济的繁荣、政治的统一和中央集权的加强,在思想领域开始确立了"独尊儒术"的政策。为了切实贯彻这一政策,当时即迫切需要培养地主阶级的新型知识分子。因此,在董仲舒、公孙弘等人的多次建议下,武帝于元朔五年诏"太常其议予博士弟子"②,定员五十人,同时在长安修筑校舍,标志着太学的正式建立,也标志着中国古代第一所官办大学的诞生。先秦时期虽然有所谓"庠序""辟雍"和"明堂"等,但这些都不过是贵族们习礼、祭祀、宣扬政教的场所,还不能算作传授知识和研究学问的高等学府。故严格说来,自汉武帝设立太学,我国才开始出现具有比较完备形态的大学。

汉武帝以后,由于朝廷的不断重视,太学得到了迅速发展。《汉书》卷八八《儒林传》载:

> 昭帝时举贤良文学,增博士弟子员满百人,宣帝末增倍之。元帝

---

① (清)焦循撰,沈文倬点校:《孟子正义》卷一〇《滕文公上》,北京:中华书局1987年版,第343页。
② 《汉书》卷六《武帝纪》,北京:中华书局1962年版,第172页。

好儒,能通一经者皆复。数年,以用度不足,更为设员千人,郡国置《五经》百石卒史。成帝末年,或言孔子布衣养徒三千人,今天子太学弟子少,于是增弟子员三千人。①

平帝时,王莽辅政,于元始四年(4 年)为太学扩建校舍,规模巨大。史称"筑舍万区"②,能容生员万人。这是中国历史上大规模修建大学校舍的开始。

东汉建武五年(29 年),光武帝新建太学于洛阳。《后汉书》卷一上《光武帝纪上》注引陆机《洛阳记》曰:"太学在洛阳城故开阳门外,去宫八里,讲堂长十长,广三丈。"③各地学子也纷纷来太学就读。至明帝时,其尊师重教,以太学为核心的学校教育便更为发达。永平二年(59 年),明帝曾亲临太学行礼和讲经。"飨射礼毕,帝正坐自讲,诸儒执经问难于前,冠带缙绅之人,圜桥门而观听者盖亿万计。"④明帝还大力发展教育,袁宏《后汉纪》曰:"永平中,崇尚儒术学,自皇太子诸王侯及功臣子弟莫不受经。"⑤又"期门、羽林之士,悉令通《孝经》章句,匈奴亦遣子入学"。故史家赞叹说:"济济乎,洋洋乎,盛于永平矣!"⑥

东汉和帝以后,随着外戚、宦官的交替擅权,政治腐败,教育亦逐渐荒废。至安帝时,"博士倚席不讲,朋徒相视怠散,学舍颓敝,鞠为园蔬,牧儿荛竖,至于薪刈其下"⑦。面对这种凄凉的景象,樊准曾上疏予以批评,顺帝时左雄、翟酺也要求重新修缮校舍。结果为顺帝所采纳,于永建六年(131 年)乃扩建校舍二百四十房,共一千八百五十室。同时扩大生源,除太常选择与郡国选送外,又增加了公卿子弟及明经下第两种,且增加了太

---

① 《汉书》卷八八《儒林传·序》,北京:中华书局 1962 年版,
② 《汉书》卷九九上《王莽传上》,北京:中华书局 1962 年版,第 3596 页。
③ 《后汉书》卷一上《光武帝纪上》,北京:中华书局 1965 年版,第 40 页。
④ 《后汉书》卷七九上《儒林列传上·序》,北京:中华书局 1965 年版,第 2545—2546 页。
⑤ (东晋)袁宏撰:《后汉纪》卷一四《孝和皇帝纪下》,张烈点校:《两汉纪》下册,北京:中华书局 2002 年版,第 286—287 页。
⑥ 《后汉书》卷七九上《儒林列传上·序》,北京:中华书局 1965 年版,第 2546 页
⑦ 《后汉书》卷七九上《儒林列传上·序》,北京:中华书局 1965 年版,第 2547 页。

学生的俸禄。这样一来,太学的发展便逐渐恢复。至质帝本初元年(146年),梁太后又下诏要求大将军以下至六百石皆遣子入学。因此,太学生曾激增到三万余人。尽管其中有不少官宦子弟实则只是挂名,并形成"章句渐疏,而多以浮华相尚"①的不良风气,但这样规模的大学教育,在1800多年前的中外教育史上仍然是绝无仅有的。

桓灵时期,由于代表皇权的宦官集团在统治上已极其黑暗,许多太学生便支持一些"名士"和外戚反对宦官的专权。他们借助舆论,以"清议"的形式公开抨击宦官集团的腐败,因而招致了宦官的嫉恨。后者一方面将一些名士和太学生指为"党人",两次发动所谓"党锢",逮捕了许多党人。例如第二次党锢,被逮捕的太学生便多达千余人。"熹平元年……宦官讽司隶校尉段颎捕系太学诸生千余人。"②另一方面,为了培养听命于宦官集团的知识分子,他们又支持灵帝创办了"鸿都门学",以与太学相抗衡。这使得太学的地位不断下降,同时学风也深受影响,以致于"诸博士试甲乙科,争第高下,更相告讼,亦有私行金货,定兰台漆书经字,以合其私文"③者。因此,在蔡邕等人的建议下,灵帝便于熹平四年(175年)诏诸儒正定《五经》,刊于石碑,为古文、篆、隶三体书法以相参验,树之学门,作为学者的准则。这就是历史上著名的"三体石经"。尽管如此,太学的发展仍然是江河日下。至东汉末年,由于战乱频仍,太学便基本停止了教学。

二、"五经博士"与教学

汉代太学的教师均称为"博士",即"五经博士"。始设于建元五年(前136年)。在此之前,博士原为通古今、备咨询的顾问官员。自太学设立后,始成为专职学官,掌经学传授,同时亦参与政事议论或奉使以及巡

---

① 《后汉书》卷七九上《儒林列传上·序》,北京:中华书局1965年版,第2547页。
② 《后汉书》卷八《灵帝纪》,北京:中华书局1965年版,第333页。
③ (南宋)马端临撰:《文献通考》卷四〇《学校一》,北京:中华书局2011年版,第1191页。

视地方政教之类。① 为了协调教学和管理,在五经博士中还设有一位"首席"博士,西汉时名曰博士仆射,东汉时改名为博士祭酒。而各门专经博士的人数与设置,则屡有变更和增加。汉武帝时设有七人,宣帝时增为十二人,元帝时增为十五人,平帝时又增为三十人,至东汉初年,光武帝乃定为十四人。他们分别教授《施氏易》《孟氏易》《梁丘易》《京氏易》《欧阳书》《大夏侯书》《小夏侯书》《齐诗》《鲁诗》《韩诗》《大戴礼》《小戴礼》《严氏春秋》与《颜氏春秋》,史称"五经十四博士"。

关于博士的人选,西汉时是用征拜或荐举的方法,以名流充任,不用考试;东汉则要通过考试,甚至还要出具所谓"保举状"。故《文献通考·学校一》曰:

> 按西京博士,但以名流为之,无选试之法。中兴以来,始试而后用,盖欲其为人之师范,则不容不先试其能否也。②

至于选用标准,西汉在成帝阳朔二年(前23年)规定,须"明于古今,温故知新,通达国体"③。而东汉按照"保举状"的规定,不但要精通《易》《书》《孝经》《论语》等,有渊博的知识,隐居乐道,不求闻达,身无恶疾,还要不与所谓"妖恶交通",不受王侯赏赐,行经四科(即敦厚、质朴、逊让与节俭),学业足任博士的职责等。④ 此外,还规定年龄必须在五十以上。杨仁就是一例。《后汉书》卷七九下《儒林列传下》:

> 杨仁……静居教授。仕郡为功曹,举孝廉,除郎。太常上仁经中博士,仁自以年未五十,不应旧科,上府让选。⑤

总之,汉代的博士均应做到为人师表,在某一门经学上具有专长。当然也

---

① 王国维:《观堂集林》卷四《汉魏博士考》,北京:中华书局1959年版,第200—205页。
② (南宋)马端临撰:《文献通考》卷四十《学校考一》,北京:中华书局2011年版,第1184页。
③ 《汉书》卷一〇《成帝纪》,北京:中华书局1962年版,第313页。
④ 见(唐)杜佑撰,王文锦等点校:《通典》卷一三《选举一》,北京:中华书局1988年版,第319页。
⑤ 《后汉书》卷七九下《儒林列传下·杨仁》,北京:中华书局1965年版,第2574页。

有选择不严、徒有其名的。安帝时,杨震为太尉,因"博士选举,多不以实"①,即特别慎重地举荐杨伦等人为博士。

汉代博士的俸禄大致与县令、县长相当,博士仆射或祭酒为六百石,博士最早是四百石,宣帝时增为比六百石。另外,在太学中还有专供博士住宿的校舍,即"博士舍"。表面上看,汉代博士的收入并不很高,但实际上博士往往都有兼职,如博士给事中、博士光禄大夫、博士太中大夫、博士谏大夫等。仅就官秩较低的谏大夫而言,其俸禄即至少是比八百石。而且博士代表着经学研究的最高水平,能选为博士也是一种极大的荣誉。更何况,"博士秩卑而职重",不仅可以参加议政,还可以奉使出巡等,这在当时也颇为世人所看重。再从升迁看,据王国维考证,汉代博士一般都升迁较快,且往往越级升迁。他们有的被直接擢升九卿或太子太傅,有的被拜为光禄大夫、太子少傅、左中郎将、侍中和尚书,还有的任为郡国守相、诸侯王太傅、部刺史、州牧、县令等。这些都充分说明,汉代博士实有着很高的社会地位。"盖清要之官,非同秩之文吏比矣。"②

太学的教学内容就是经学。从上文列举的五经十四博士看,均属于今文经学,古文经学则只在民间传授。汉代经学有今文与古文之分。其区别原在于文字上的不同,前者是用汉代通行的隶书抄写,后者是用先秦时期的籀书抄写,因时代不同,故有"今文"与"古文"之称。而主要区别还在于今文经讲究"微言大义",古文经则强调"训诂",偏重于史实的解释。③ 由于今文经学可以随心所欲地解释《五经》,便于其政治说教,这就使它比古文经学更受汉王朝的青睐,始终被立为学官。尽管为争得官学地位,古文经学也曾多次与今文经学斗争,并在历史上产生了深远影响,但其最终也没有被立为博士,仅允许公开传授。这一方面说明博士的设

① 《后汉书》卷五四《杨震传》,北京:中华书局1965年版,第1760页。
② 王国维:《观堂集林》卷四《汉魏博士考》,北京:中华书局1959年版,第213—217页。
③ 参看周予同:《经今古文学》,载《周予同经学史论著选集》,上海:上海人民出版社1983年版,第1—3、28页。

置和变动并不是单纯的学术问题,另一方面也说明汉代太学实际就是传授今文经学的大学。

汉代的经学传授须遵守一定的师、弟子关系,此谓守"师法"和守"家法"。"师法者,溯其源;家法者,衍其流也。"先有师法,然后才有家法。例如:"《易》有施、孟、梁丘之学,是师法;施家有张、彭之学,孟有翟、孟、白之学,梁丘有士孙、邓、衡之学,是家法。"[1]经师传经,如不严守其师法或家法,非但不能任为博士,即令当上博士,一旦发现也要被赶出太学。西汉孟喜就是一例,《汉书》卷八八《儒林传》载:

> 喜好自称誉,得《易》家候阴阳灾变书,诈言师田生且死时,枕喜膝,独传喜,诸儒以此耀之。同门梁丘贺疏通证明之,曰:"田生绝于施雠手中,时喜归东海,安得此事?"……博士缺,众人荐喜。上闻喜改师法,遂不用喜。[2]

一般来说,西汉主要重师法,东汉则重家法。这种各以师法、家法的传授,对儒经的专门研究,确曾起了很大的促进作用。但由于各立门户,互相攻讦,乃至"说五字之文,至于二三万言"[3],又造成章句极为繁琐的现象,大大增加了学习负担。所谓"经有数家,家有数说,章句多者或乃百余万言,学徒劳而少功,后生疑而莫正"[4]。更重要的是,它成为束缚思想的一种手段,培养出大批于事无补的"章句小儒"。所以,就连统治者自己,如王莽、刘秀等,也都提出要删减章句。但由于章句之学与仕途已紧密结合起来,形成一种强大的惯性,故往往都收效甚微。

当然,在强调师法和家法的同时,汉代太学也积极倡导学术研究和争论。从有关记载看,这种学术活动相当活跃和自由,既可以不受身份、地点的限制讨论某一专经,又可以讨论各种专经与学派,对太学的发展和学

---

[1] (清)皮锡瑞:《经学历史》,台北:台北艺文印书馆 1987 年版,第 139 页。
[2] 《汉书》卷八八《儒林传·孟喜》,北京:中华书局 1962 年版,第 3599 页。
[3] 《汉书》卷三〇《艺文志》,北京:中华书局 1962 年版,第 1723 页。
[4] 《后汉书》卷三五《郑玄传》,北京:中华书局 1965 年版,第 1213 页。

风都产生了很大影响。如元帝时讨论《梁丘易》,少府五鹿充宗恃宠而善辩,名儒朱云即"抗首而请,音动左右。……连拄五鹿君,故诸儒为之语曰:'五鹿嶽嶽,朱云折其角。'由是为博士"①。光武帝时,"车驾幸太学,会诸博士论难于前,荣被服儒衣,温恭有蕴籍,辩明经义,每以礼让相猒,不以辞长胜人,儒者莫之及"②。再如,宣帝时的石渠阁会议、章帝时的白虎观会议,在讨论中也都有博士参加。和帝时,鲁丕还曾明确提出关于说经问难的学术规范。他说:

> 臣闻说经者,传先师之言,非从己出,不得相让;相让则道不明,若规矩权衡之不可枉也。难者必明其据,说者务立其义,浮华无用之言不陈于前,故精思不劳而道术愈章。法异者,各令自说师法,博观其义。③

从某种意义上说,汉代博士的说经、诘难与争论已成为太学教学的基本形式。它不仅有力地促进了经学研究,而且培养了太学的论辩精神,为提高教学水平和造就高素质的人才奠定了坚实基础。

汉代太学还采用了一种新的教学模式,就是既通过大班上课,也采取以高足弟子传授低年级学生的方法。这主要是由于学生太多而教师和课堂太少。尽管太学里也有长可十长、宽可三长的讲堂,数百人可以同时听讲,但随着学生的激增,也仍然无法满足教学的需要。所以,若"一师能教数千百人,必由高足弟子传授"④。同时,也正因为不能进行较多的课堂教学,太学博士都注重学生的自修,并允许向校外的经学大师请教。如王充在受业太学时,便"师事扶风班彪"⑤。这种培养方式以后为书院教学所继承,成为中国古代教育的一个优良传统。

---

① 《汉书》卷六七《朱云传》,北京:中华书局 1962 年版,第 2913—2914 页。
② 《后汉书》卷三七《桓荣传》,北京:中华书局 1965 年版,第 1250 页。
③ 《后汉书》卷二五《鲁丕传》,北京:中华书局 1965 年版,第 884 页。
④ (清)皮锡瑞:《经学历史》,台北:台北艺文印书馆 1987 年版,第 134 页。
⑤ 《后汉书》卷四九《王充传》,北京:中华书局 1965 年版,第 1629 页。

三、"博士弟子"与"诸生"

西汉太学生称为"博士弟子"或简称"弟子",东汉则称为"诸生"或"太学生"。太学刚建立时,弟子员仅规定五十人。他们由太常选择"年十八以上,仪状端正"的官宦子弟充当,而从郡国选送的"好文学,敬长上,肃政教,顺乡里,出入不悖"的地主子弟,虽不受名额限制,亦可在太学中"受业如弟子",但只能算作一种旁听生。[①] 且待遇上前者皆有官禄,并享有免役的优待,后者则费用自给,故太学中也往往有一些比较贫穷的学生。

太学生的学习是比较松散的。其学业主要是靠自修。除正课之外,还可以随兴趣研究其他专经。东汉后期更鼓励学生成为通才,通经越多做官越大,故许多学生都兼通数经。还有些太学生在课外研究自然科学,如张衡、崔瑗就是研究天文学、数学而成为大科学家的。《学记》所描写的"藏焉修焉,息焉游焉"[②]的学习生活,虽不免理想与夸张,但也可借作汉代太学生的一个写照。

太学生亦有不守家法的。他们厌恶章句,而潜心研究各家经说,并自由地发表见解。王充就是一个显例。他"受业太学,师事扶风班彪,好博览而不守章句"[③],最终成为一个学问精深的大家。这本来是一种非常好的学风,但汉代统治者对此却极力压制。史载和帝便明令规定:"不依先师,义有相伐者,皆正以为非。"[④]由此可见,汉王朝之所以创建和重视太学,不过是要为其统治培养驯服工具而已。

正因为太学生主要依靠自修,所以太学特别重视用考试来督促和检查他们的学业。汉代太学没有规定肄业的年限,只要能通过考试,即可毕

---

① 《史记》卷一二一《儒林列传·序》,北京:中华书局 1959 年版,第 3119 页。
② (东汉)郑玄注,(唐)孔颖达疏:《礼记正义》卷三六《学记》,(清)阮元校刻:《十三经注疏》(附校勘记),北京:中华书局 1980 年版,第 1522 页。
③ 《后汉书》卷四九《王充传》,北京:中华书局 1965 年版,第 1629 页。
④ 《后汉书》卷四四《徐防传》,北京:中华书局 1965 年版,第 1501 页。

业,并按成绩高低来授予官职。西汉是一年考试一次,即所谓"岁试"。方法为"设科射策"。"设科"就是设为甲乙两科,以区别学习程度的高低与授官的不同;"射策"则类似于抽签考试。这是汉代太学在考试方法上的一大创举。当时规定:在考试中,凡能"通一艺以上,补文学掌故缺;其高第可以为郎中……其不事学若下材,及不能通一艺,辄罢之"①。即奖惩与仕宦是紧密结合的。这种考试方法到王莽时稍有变动,改为甲乙丙三科。东汉初年又恢复二科。质帝时,则规定不再分科,岁试只取高第。至桓帝即位后,改为取"高第十五人、上第十六人为郎中,中第十七人为太子舍人,下第十七人为王家郎"②。但不久又改为每两年一考,不再限制名额,仅根据其通经多少来授予不同官职。且已经授官的亦可应试,及格即授予更高官职,不及格的还可以再考。这种考试制度的变化,反映出当时经学已向通材方面发展,打破了师法、家法的限制。

由于校舍较大,太学生一般均住在校内,有些也住在校外。同学之间可以互相质疑问难,发表自己的见解。如章帝时,孔僖、崔骃为同学,因批评吴王夫差乃"画龙不成反为狗",涉及汉武帝,被邻房同学梁郁听到后,即告发他们是"诽谤先帝"。然则经孔僖上书辩白,不但被无罪获释,反而还任命他为兰台令史。③ 可见其议论是比较自由的。太学生中也有不少趣闻。如贾逵好多问,身高"八尺"多,诸儒便为之语曰:"问事不休贾长头。"④庾乘因善讲,且很谦虚,每坐必居学堂下处,故诸生、博士皆就其所相问,乃至"学中以下坐为贵"⑤。显然,其学习生活也颇有一些令人向往的情趣。

汉代太学生很重同学情谊,有的甚至以妻、子相托或以身相托。如张堪以妻子托朱晖,在张堪去世后,朱晖"闻其妻子贫困,乃自往候视,厚赈

---

① 《汉书》卷八八《儒林传·序》,北京:中华书局1962年版,第3594页。
② (南宋)马端临撰:《文献通考》卷四〇《学校一》,北京:中华书局2011年版,第1191页。
③ 《后汉书》卷七九上《儒林列传上·孔僖》,北京:中华书局1965年版,第2560—2561页。
④ 《后汉书》卷三六《贾逵传》,北京:中华书局1965年版,第1235页。
⑤ 《后汉书》卷六八《郭林宗传》,北京:中华书局1965年版,第2229页。

赡之"①。又陈平子以死托范式,二人虽从未谋面,而陈平子死后,范式立即"营护平子妻儿,身自送丧于临湘"②;王子居病重,以身托于申屠幡,后者也同样"躬推辇车,送丧归乡里"③;等等。这在当时的历史条件下确实是难能可贵的。

太学生还进行过多次政治运动。《汉书》卷七二《鲍宣传》载,哀帝时,鲍宣因阻止丞相官属行于驰道,并拒闭朝廷使者,下廷尉狱。为营救他,博士弟子济南王咸举幡太学下,集同学千余人拦路请愿,又守阙上书,终使鲍宣被免死。这是我国历史上大规模学生运动的最早记载。在光武帝时期,也有太学生为欧阳歙求情而上书请愿的事例。特别是东汉后期的"清议",其影响更是深远。虽然曾遭到"党锢"的严厉镇压,太学生被捕的有一千余人,但他们并没有屈服。太学生的这种砥砺名节、不畏强暴的斗争,揭开了中国学生运动的辉煌篇章,并逐渐发展成为一个优良的光荣传统。

四、几点结论与启迪

通过对汉代太学的粗略考察,我们可以得出如下几点认识和启迪。

首先,就重视教育而言,特别是发展高等教育,这很大程度上是一种政府行为。从汉代太学的发展即可以清楚看出:汉王朝的重视与否乃是决定其盛衰的一个根本原因。例如,在西汉后期和东汉前期,由于统治者的重视和投入,太学的发展即非常迅猛。特别是永平时期,明帝把教育视为立国之本,太学的发展更是欣欣向荣。所谓"博士议郎,一人开门,徒众百数。化自圣躬,流及蛮荒,匈奴遣伊秩訾王大车且渠来入就学。……是以议者每称盛时,咸言永平"④。而在东汉后期,特别是桓灵时期,由于统

① 《后汉书》卷四三《朱晖传》,北京:中华书局1965年版,第1459页。
② 《后汉书》卷八一《范式传》,北京:中华书局1965年版,第2678页。
③ 《后汉书》卷五三《申屠幡传》,北京:中华书局1965年版,第1751页。
④ 《后汉书》卷三二《樊准传》,北京:中华书局1965年版,第1126页。

治腐败,忽视教育,太学的发展则完全停顿,甚至于严重荒废。这就充分说明了一个事实:高等教育的发展,往往都离不开国家的重视与投入。古代是这样,今天也不例外。当然,今天的情况与汉代已完全不同,国家不能也没有必要包办所有大学。但国家把主要精力和财力集中起来,争取办好一部分重点大学,这仍是比较切实而又可行的方法。

其次,自从汉武帝"独尊儒术",统治者始终把通经入仕与太学的发展紧密结合,实行"劝以官禄"的政策,这是确保太学的教育方向不至于偏离的一个主要原因。如前所述,汉王朝之所以要创办太学,其目的就是要培养懂得经术的知识分子,以贯彻"独尊儒术"的政策和措施。故太学设立伊始,汉武帝明确规定:凡能精通一经,均可以毕业为官。如"何武、王嘉、马宫、翟方进皆以射策甲科为郎。房凤以射策乙科为太史掌故。匡衡射策甲科,以不应令除为太常掌故"①等。以后,关于博士弟子的结业规定虽屡有更改,但通经入仕的基本原则却一直未变。② 汉代这种通经入仕不仅有力刺激了经学的兴盛,为坚持太学的教育方向和贯彻"独尊儒术"从根本上做了保证,而且也极大地推动了太学与其他学校的发展。正如班固所言:

> 自武帝立《五经》博士,开弟子员,设科射策,劝以官禄,迄于元始,百有余年,传业者寝盛,支叶蕃滋,一经说至百余万言,大师众至千余人,盖禄利之路然也。③

再次,汉代太学一般都坚持严格的毕业标准,并有着名额限制,这对于形成竞争机制和确保教育质量起了很大作用。表面上看,汉代太学的毕业规定就是"能通一艺"而已。但实际上,要真正能精通一经,并通过考试,在当时还相当困难。以翟方进为例,史载他"经博士受《春秋》。积十余

---

① (南宋)徐天麟撰:《西汉会要》卷四四《选举上》,上海:上海人民出版社1977年版,第514页。
② 参看拙文:《以经治国与汉代用人》,载《齐鲁学刊》1994年第6期。
③ 《汉书》卷八八《儒林传·赞》,北京:中华书局1962年版,第3620页。

年,经学明习,徒众日广",才"以射策甲科为郎"。①究其原因,这一方面是由于章句繁琐,动辄几十万字,甚至上百万言,因而要读通一经往往都时间很长。所谓"幼童而守一艺,白首而后能言"②。另一方面,由于官职毕竟有限,每年的毕业名额很少,太学生即使已经读通一经,也很难通过考试。这种情况在西汉中期还不太明显,到西汉后期便逐渐表现出来。东汉则更为突出。例如桓帝时期,太学生已多达三万余人,而每年包括高、上、中、下四等却只取六十五人。所以桓帝也无可奈何,最后不得不取消名额限制。

正因为太学坚持严格的毕业标准,所以太学生一般都具有强烈的竞争意识。为了通过考试,他们大多发奋苦读,甚至于不问世事,有的还推迟婚期。如兒宽,"以郡国选诣博士,受业孔安国。贫无资用,尝为弟子都养。时行赁作,带经而鉏,休息辄读诵"③。鲁恭年"十五,与母及(弟)丕俱居太学,习《鲁诗》,闭户讲诵,绝人间事"④。戴封送师丧到东海,"父母以封当还,豫为娶妻。封暂过拜亲,不宿而去,还京师卒业"⑤。尽管他们的做法有些并不可取,而且还存在着教学与实际脱离的严重弊端,但坚持这种严格的毕业标准,以及由此所产生的竞争意识和苦读精神,对确保太学的毕业生都能够精通一经仍然是具有积极作用的,对当今如何提高大学生的教育质量也有着一定的借鉴意义。

最后,汉代太学的畸形发展也值得我们深思。主要可归纳为两个方面:一是教学内容的偏颇。汉代太学虽然很大程度上为统治者发挥了教育功能,对文化事业的发展也起了比较明显的作用,但它并不是对于科学文化的全面发展,而是"罢黜百家",仅仅传授和研究经学而已。这使得汉王朝的人才选拔受到了很大限制,曾造成缺乏各种专门人才的严重后

---

① 《汉书》卷八四《翟方进传》,北京:中华书局 1962 年版,第 3411 页。
② 《汉书》卷三〇《艺文志》,北京:中华书局 1962 年版,第 1723 页。
③ 《汉书》卷五八《兒宽传》,北京:中华书局 1962 年版,第 2628 页。
④ 《后汉书》卷二五《鲁恭传》,北京:中华书局 1965 年版,第 873 页。
⑤ 《后汉书》卷八一《独行列传·戴封》,北京:中华书局 1965 年版,第 2683 页。

果。在太学和其他学校培养大批儒生的同时,史载"公卿大夫士吏彬彬多文学之士矣"①,统治者仍频频下诏征求"异等"之士,便足以说明这个问题。二是忽视师资的扩大和发展。如前所述,在汉王朝的重视下,太学曾迅速发展。但值得注意的是,在弟子员不断扩大的同时,博士的设置却几乎没有增加,这显然是不能适应太学的迅速发展的。特别是东汉时期,太学已成为万人大学,博士却仅有十四人,这就更不能满足正常的教学需要了。尽管为弥补师资的匮乏,当时曾采取以高足弟子助教的方法,而且注重太学生的自修,也允许向校外名师求教,但这些毕竟只能作为教学的补充,而不能代替正常教学。从某种意义上说,东汉太学的教育质量之所以会出现滑坡,并出现"儒者竞论浮丽",乃至"争第高下,更相告讼"等弊端,与此即有着直接关系。

---

① 《汉书》卷八八《儒林传·序》,北京:中华书局 1962 年版,第 3596 页。

附论十二

汉代私学浅说

教育是文化的一个重要组成部分,也是人类文明发展的显著标志。我国古代的学校教育源远流长。据文献记载,早在殷周时期,统治者便已建立了名目众多的学校,所谓"设为庠序学校以教之"①。汉代则可以说是它的全面发展和奠基时期。

汉代学校有官学和私学两大体系。官学是在汉武帝时期才发展起来,而私学从一开始就很发达。即便在汉武帝兴太学、"天下郡国皆立学校官"②之后,私学也远比官学繁荣。其中既有教育儿童的"小学",又有相当于太学培养高层次人才的"精舍"或"精庐"③,而且遍布全国,规模宏大。究其原因,这一方面是私学有着自春秋以来悠久的历史传统,另一方面也是官学的名额有限,地方官学多有名无实,且缺少蒙学这一教学环节。因而无论其数量还是影响,汉代私学都远远超过了官学。

一、"精舍"或"精庐"

汉代私学教学层次最高的,就是由一些学有所长的名家创办的"精舍"或"精庐"。在这些"精舍"或"精庐"中的学生,有"及门弟子"和"著录弟子"两种。及门弟子是指亲身听讲受业的学生,而著录弟子则仅在名师门下著其名,不必真正受业,这实际上就是后世所谓"拜门"的开始。西汉时,跟随名师学习的弟子经常有数百人,多则上千人。《汉书》卷八八《儒林传》记载,《诗》学大师申公自彭城归鲁,从远方前来受业的学生

---

① (清)焦循撰,沈文倬点校:《孟子正义》卷一〇《滕文公上》,北京:中华书局1987年版,第343页。
② 《汉书》卷八九《循吏传·文翁》,北京:中华书局1962年版,第3626页。
③ 参看拙文:《汉代太学浅说》,载《山东师大学报(人文社会科学版)》2001年第6期。

便有千余人。至于睦孟、公孙文、赣遂和龚胜等，其弟子也均有数百人之多。到了东汉，随着经学的发展更加繁荣，私学也更加兴盛，弟子千人、万人的比比皆是。比如："夏恭……习《韩诗》《孟氏易》，讲授门徒常千余人。"①牟长"习《欧阳尚书》……自为博士及在河内，诸生讲学者常有千余人，著录前后万人"②。张兴"习《梁丘易》以教授……弟子自远至者，著录且万人，为梁丘家宗"③。丁恭"习《公羊严氏春秋》……诸生自远方至者，著录数千人，当世称为大儒"④。"蔡玄……学通《五经》，门徒常千人，其著录者万六千人。"⑤故范晔曾赞扬说：

> 自光武中年以后，干戈稍戢，专事经学，自是其风世笃焉。其服儒衣，称先王，游庠序，聚横塾者，盖布之于邦域矣。若乃经生所处，不远万里之路，经庐暂建，赢粮动有千百，其耆名高义开门受徒者，编牒不下万人。⑥

汉代私学如此发达，是因为有着极为广泛的师资来源。主要可归纳为五个方面。其一，经学大师因退出政界办学的。如《公羊》大师董仲舒，景帝时本为博士，因上书谏诤，为武帝所不用，"及去位归居"，便"以修学著书为事"。⑦又《后汉书》卷七九上《儒林列传上》记载，杨伦习《古文尚书》，因"前后三征，皆以直谏不合"，亦"闭门教授，自绝人事"。⑧其二，名儒一面做官一面传授的。如《汉书》卷七三《韦贤传》记载，韦贤"兼通《礼》《尚书》，以《诗》教授，号称邹鲁大儒。征为博士，给事中，进授昭帝《诗》，稍迁光禄大夫詹事，至大鸿胪"⑨。又《后汉书》卷七九下《儒林

---

① 《后汉书》卷八〇上《文苑列传上·夏恭》，北京：中华书局1965年版，第2610页。
② 《后汉书》卷七九上《儒林列传上·牟长》，北京：中华书局1965年版，第2557页。
③ 《后汉书》卷七九上《儒林列传上·张兴》，北京：中华书局1965年版，第2552—2553页。
④ 《后汉书》卷七九下《儒林列传下·丁恭》，北京：中华书局1965年版，第2578页。
⑤ 《后汉书》卷七九下《儒林列传下·蔡玄》，北京：中华书局1965年版，第2588页。
⑥ 《后汉书》卷七九下《儒林列传下·蔡玄》，北京：中华书局1965年版，第2588页。
⑦ 《汉书》卷五六《董仲舒传》，北京：中华书局1962年版，第2525页。
⑧ 《后汉书》卷七九上《儒林列传上·杨伦》，北京：中华书局1965年版，第2565页。
⑨ 《汉书》卷七三《韦贤传》，北京：中华书局1962年版，第3107页。

列传下》记载,魏应习《鲁诗》,"建初四年,拜五官中郎将,诏入授千乘王伉。应经明行修,弟子自远方至,著录数千人"①。其三,一面求学一面又讲学的。如《汉书》卷八四《翟方进传》,翟方进"经博士受《春秋》,积十余年,经学明习,徒众日广,诸儒称之"②;《后汉书》卷三六《张霸传》,张霸"就长水校尉樊儵受《严氏公羊春秋》,遂博览《五经》。诸生孙林、刘固、段著等慕之,各市宅其旁,以就学焉"③。其四,从师学成后回乡授业的。这方面的事例,以程曾、王充和任安等较为典型。如程曾"受业长安,习《严氏春秋》,积十余年,还家讲授。会稽顾奉等数百人常居门下"④。其五,在政治动乱中隐居教学的。如杨宝"习《欧阳尚书》。哀、平之世,隐居教授"⑤;新莽政乱时,刘茂弃官,避世弘农山中教授;东汉党锢事起,郭林宗闭门教授,弟子以千数;等等。

总之,汉代私学之所以蓬勃发展,就是因为有着广泛的师资来源。因之也昭示我们:要促进教育事业的兴旺发达,一条最主要的途径,就是必须大力发展和加强师范教育。当然,从更深层次的历史背景来看,汉代经学大师皆乐于办学还有着多方面的政治原因。一则通过办学,他们可以在很大程度上控制文化教育,由于通经是与仕宦紧密结合的,因而也就基本控制了选官即政治大权。二则通过办学,他们更可以提高社会声誉,并扩大他们的政治势力和影响。如汝南袁氏,其"树恩四世,门生故吏遍于天下"⑥,便有着极大的政治势力和影响。所以也无怪乎,他们对办学要趋之若鹜了。

由于学生太多,私学中的教学方法一般是让高足弟子去传授低年级学生。《汉书》卷五六《董仲舒传》载,董仲舒使"弟子传以久次相受业,或

① 《后汉书》卷七九下《儒林列传下·魏应》,北京:中华书局 1965 年版,第 2571 页。
② 《汉书》卷八四《翟方进传》,北京:中华书局 1962 年版,第 3411 页。
③ 《后汉书》卷三六《张霸传》,北京:中华书局 1965 年版,第 1241 页。
④ 《后汉书》卷七九下《儒林列传下·程曾》,北京:中华书局 1965 年版,第 2581 页。
⑤ 《后汉书》卷五四《杨震传》,北京:中华书局 1965 年版,第 1759 页。
⑥ 《三国志》卷六《魏书·袁绍传》,北京:中华书局 1959 年版,第 190 页。

莫见其面"①。又《后汉书》卷三五《郑玄传》云,马融"门徒四百余人,升堂进者五十余生。……玄在门下,三年不得见,乃使高业弟子传授于玄"②。至于授课方式,则主要是说经讲书。这也是太学与后世私塾讲学的基本方式。其著名的讲学者,西汉时有匡衡和张禹。前者因擅长讲《诗》,被人们称赞为"匡鼎"——"无说《诗》,匡鼎来,匡说《诗》,解人颐"③。后者因善讲《论语》,则有"欲为《论》,念张文"④的美誉。至东汉时,其名家更是层出不穷,数不胜数。所谓"殿中无双丁孝公"⑤,"解经不穷戴侍中"⑥,"说经锵锵杨子行"⑦,"《五经》复兴鲁叔陵"⑧,便均为时人所称道。同时,弟子向老师执经问难,名师、大儒之间的互相辩论,也是私学的一种普遍风气。张玄就是一例。其"少习《颜氏春秋》,兼通数家法……方其讲问,乃不食终日。及有难者,辄为张数家之说,令择从所安。诸儒皆伏其多通,著录千余人"。又云:"时右扶风琅邪徐业,亦大儒也,闻玄诸生,试引见之,与语,大惊曰:'今日相遭,真解矇矣!'遂请上堂,难问极日。"⑨

汉代私学的教学内容主要是经学,其中又多半是古文经学。因为从事私人教学的,大多为古文经大师,如刘歆、桓谭、郑兴、郑众、贾逵、张衡、马融等。古文经学讲究名物训诂,注重考证,虽也有繁琐的流弊,但比今文经学专讲微言大义切合实际。同时,在反对谶纬迷信这一点上,也比今文经学进步。如光武帝大谈谶纬,桓谭便公开表示反对,不仅直言"臣不读谶",而且"极言谶之非经"⑩。这些都对汉代的学风起了比较好的作

① 《汉书》卷五六《董仲舒传》,北京:中华书局1962年版,第2495页。
② 《后汉书》卷三五《郑玄传》,北京:中华书局1965年版,第1207页。
③ 《汉书》卷八一《匡衡传》,北京:中华书局1962年版,第3331页。
④ 《汉书》卷八一《张禹传》,北京:中华书局1962年版,第3352页。
⑤ 《后汉书》卷三七《丁鸿传》,北京:中华书局1965年版,第1264页。
⑥ 《后汉书》卷七九上《儒林列传上·戴凭》,北京:中华书局1965年版,第2554页。
⑦ 《后汉书》卷七九上《儒林列传上·杨政》,北京:中华书局1965年版,第2551—2552页。
⑧ 《后汉书》卷二五《鲁丕传》,北京:中华书局1965年版,第883页。
⑨ 《后汉书》卷七九下《儒林列传下·张玄》,北京:中华书局1965年版,第2581页。
⑩ 《后汉书》卷二八上《桓谭传》,北京:中华书局1965年版,第961页。

用。古文经学训诂考据的治经方法,后世称之为"汉学",对于清代乾嘉学派的形成和近代考据学、文字学的产生,都有着很大影响。

私学的教学并不限于儒经,像黄老、律学、天文、星历、图纬等,也是它的重要内容。如严君平卜筮,"得百钱足自养,则闭肆下帘而授《老子》"①;杨厚修黄老,"教授门生,上名录者三千余人"②;郭躬习《小杜律》,"讲授徒众常数百人"③。还有钟皓世善刑律,教授门徒千余人;卓茂事博士江生,习《诗》《礼》及历算;廖扶习《韩诗》《欧阳春秋》,尤明天文、谶纬、风角、推步之术,教授常数百人;董扶精通图谶,弟子自远方而至;樊英善风角、星算,以图纬教授;唐檀习《京氏易》《韩诗》《颜氏春秋》,尤好灾异星占,教授常数百余人;等等。

汉代私学亦没有规定肄业年限。和官学一样,只要能够通经,其弟子便可以毕业,并走上仕途。从有关记载看,汉代选官有"明经"一科,这主要就是给私学弟子提供入仕条件的。如《汉书》卷七五《眭弘传》载:"眭弘……从嬴公受《春秋》,以明经为议郎。"④《汉书》卷七三《韦贤传·韦玄成》:韦玄成家世通《诗》,"以明经历位至丞相"⑤。《后汉书》卷七九上《儒林列传上》:"戴凭……习《京氏易》,年十六,郡举明经,征试博士,拜郎中。"⑥《后汉书》卷七九下《儒林列传下》:"张玄……少习《颜氏春秋》,兼通数家法。建武初,举明经,补弘农文学。"⑦《后汉书》卷三《章帝纪》载,元和二年(85年),章帝还根据人口具体规定了郡国上明经的人数:"令郡国上明经者,口十万以上五人,不满十万三人。"⑧《后汉书》卷六《顺帝纪》载,至阳嘉元年(132年)时,又规定明经下第者可以补博士弟

① 《汉书》卷七二《王吉传》,北京:中华书局1962年版,第3056页。
② 《后汉书》卷三〇上《杨厚传》,北京:中华书局1965年版,第1050页。
③ 《后汉书》卷四六《郭躬传》,北京:中华书局1965年版,第1543页。
④ 《汉书》卷七五《眭弘传》,北京:中华书局1962年版,第3153页。
⑤ 《汉书》卷七三《韦贤传》,北京:中华书局1962年版,第3107页。
⑥ 《后汉书》卷七九上《儒林列传上·戴凭》,北京:中华书局1965年版,第2553页。
⑦ 《后汉书》卷七九下《儒林列传下·张玄》,北京:中华书局1965年版,第2581页。
⑧ 《后汉书》卷三《章帝纪》,北京:中华书局1965年版,第152页。

子——"以太学新成,试明经下第者补弟子"①。而且,除了这种明经科,汉代选官的其他科目,如贤良方正、茂才、文学、孝廉、征聘和辟除等,也都是私学弟子仕宦的途径。特别是孝廉科,从西汉郡国岁举孝廉各一人,到东汉时每年率二十万口举一人,在汉代选官制度中更占有着重要地位。"汉世诸科,虽以贤良方正为至重,而得人之盛,则莫如孝廉。"②可见,无论私学或官学,只要能够通经,一般都有着入仕机会。所以,在当时才流传着"遗子黄金满籯,不如一经"③的谚语,也有着"禄利之路"④"士病不明经术;经术苟明,其取青紫如俯拾地芥耳"⑤等感慨之论。这是汉代学校教育得以蓬勃发展的一个最主要的原因。

关于师生关系,私学是特别讲究师道尊严的。这表现在弟子不仅对师长恭敬守礼,而且更要忠实地遵守师法和家法。先有师法,然后才有家法。

> 师法者,溯其源;家法者,衍其流也。师法、家法所以分者:如《易》有施、孟、梁丘之学,是师法;施家有张、彭之学,孟有翟、孟、白之学,梁丘有士孙、邓、衡之学,是家法。家法从师法分出,而施、孟、梁丘之师法又从田王孙一师分出者也。⑥

一般来说,西汉主要重师法,东汉则主要重家法,对儒经的专门研究和传播曾起了很大的促进作用。但由于各立门户,互相攻讦,乃至"说五字之文,至于二三万言"⑦,又造成章句极为繁琐的现象,并成为一种束缚思想的手段。

---

① 《后汉书》卷六《顺帝纪》,北京:中华书局1965年版,第260页。
② (南宋)徐天麟撰:《东汉会要》卷二六《选举上》,上海:上海古籍出版社1978年版,第391页。
③ 《汉书》卷七三《韦贤传》,北京:中华书局1962年版,第3107页。
④ 《汉书》卷八八《儒林传·赞》,北京:中华书局1962年版,第3620页。
⑤ 《汉书》卷七五《夏侯胜传》,北京:中华书局1962年版,第3159页。
⑥ (清)皮锡瑞著,周予同注释:《经学历史·经学极盛时代》,北京:中华书局1959年版,第136页。
⑦ 《汉书》卷三〇《艺文志》,北京:中华书局1962年版,第1723页。

当然,汉代私学的师生关系也是非常亲密的。《后汉书》卷八〇上《文苑列传上》便记载了名儒边韶与弟子的一段趣闻——

> 边韶字孝先,陈留浚仪人也。以文章知名,教授数百人。韶口辩,曾昼日假卧,弟子私嘲之曰:"边孝先,腹便便。懒读书,但欲眠。"韶潜闻之,应时对曰:"边为姓,孝为字。腹便便,《五经》笥。但欲眠,思经事。"①

可见其师生关系的融洽。老师对学生的生活亦予以关怀。如赵典博通《七经》,弟子自远方至,"每得赏赐,辄分与诸生之贫者"②。李恂隐居教授,结草为庐,更与学生一起织席以自给。而老师如果犯罪,许多学生都上书鸣冤,有的竟请求代死。如名儒欧阳歙下狱,弟子千余人守阙求情,其中礼震即自系上书,以求代死。虞诩获罪,门生百余人举幡,扣头流血为之申诉。又郑弘"髡头负鈇锧",诣阙上章,为其师焦贶讼罪;杨政"肉袒,以箭贯耳,抱(范)升子潜伏道傍"③,拦驾为其师范升申冤等。特别感人的是,名儒吴章为王莽所害后,云敞"时为大司徒掾,自劾吴章弟子,收抱章尸归,棺敛葬之"④,为京师人士所称道。

在师长去世后,学生又往往自动行服,甚至不远千里前往奔丧。如扬雄死后,弟子侯芭为师起坟,丧服三年;桓荣师事朱普,普卒,荣奔丧九江,负土成坟;荀淑死后,弟子李膺自表师丧;乐恢自杀,弟子缞绖挽者数百人。有的弟子甚至于弃官服丧。如延笃"以师丧弃官奔赴"⑤,孔昱、刘焉等亦以师丧去官。尤其郑玄死后,弟子缞绖会葬者有千余人之多,儒生皆引以为荣。至于任末为师奔丧,死于途中,却仍然遗嘱"必致我尸于师门"⑥,其情更是感人。

---

① 《后汉书》卷八〇上《文苑列传上·边韶》,北京:中华书局1965年版,第2623页。
② 《后汉书》卷二七《赵典传》,北京:中华书局1965年版,第948页。
③ 《后汉书》卷七九上《儒林列传上·杨政》,北京:中华书局1965年版,第2552页。
④ 《汉书》卷六七《云敞传》,北京:中华书局1962年版,第2927—2928页。
⑤ 《后汉书》卷六四《延笃传》,北京:中华书局1965年版,第2103页。
⑥ 《后汉书》卷七九下《儒林列传下·任末》,北京:中华书局1965年版,第2572页。

诚然,汉代私学这种深厚的师生之谊是与笃守师法、家法一致的,并且由于利害相关,其中也蕴涵着浓厚的"私恩"情结,具有强烈的依附性。但从教育的自身规律来看,这种亲密的师生关系还是应该肯定的。

二、"小学"

汉代私学中的"小学",多称为"学馆""书馆"或"书舍",教师称为"书师"。一般可分为两个阶段:第一阶段为蒙学,主要是学习字书,目的在于识字;第二阶段则主要学习《孝经》和《论语》,旨在接受伦理道德的教育。

汉代蒙学在私学中占有重要地位。其具体情况,以王充《论衡·自纪》中的记载较详。在书馆学习的儿童约有百人,主要是学习识字——

> 建武三年,充生。……六岁教书,恭愿仁顺,礼敬具备,矜庄寂寥,有巨人之志。父未尝笞,母未尝非,闾里未尝让。八岁,出于书馆,书馆小童百人以上,皆以过失袒谪,或以书丑得鞭。①

但汉代究竟什么时候始有"小学",史无明文。一般皆认为始于西汉末年,恐怕不确。《史记》卷九三《卢绾列传》便明确记载:"卢绾者,丰人也,与高祖同里。卢绾亲与高祖太上皇相爱,及生男,高祖、卢绾同日生,里中持羊酒贺两家。及高祖、卢绾壮,俱学书,又相爱也。"②张家山汉简《史律》称:"试史学童以十五篇,能风(讽)书五千字以上,乃得为史。"(476)③《文献通考·选举考》亦云:"汉兴,萧何草律曰:太史试学童,能讽书九千字以上,乃得为史。"④又《汉书》卷七六《王尊传》载,宣帝时,尊"少孤,归诸父,使牧羊泽中。尊窃学问,能史书。年十三,求为狱小

---

① (东汉)王充著,张宗祥校注,郑绍昌标点:《论衡校注》卷三〇《自纪》,上海:上海古籍出版社2010年版,第574—575页。
② 《史记》卷九三《韩信卢绾列传》,北京:中华书局1959年版,第2637页。
③ 张家山二四七号汉墓竹简整理小组编著:《张家山汉墓竹简〔二四七号墓〕》(释文修订本),北京:文物出版社2006年版,第80页。
④ (南宋)马端临撰:《文献通考》卷三五《选举考》,北京:中华书局2011年版,第1017页。

吏"①。《汉书》卷八五《杜邺传》云:"初,邺从张吉(其父乃宣帝时京兆尹张敞,曾从齐师受《苍颉篇》)学,吉子竦又幼孤,从邺学问,亦著于世,尤长小学。"②师古注曰:"小学,谓文字之学也。《周礼》'八岁入小学,保氏教国子以六书',故因名云。"可见,像这种蒙学性质的"小学"实际上始终存在,只不过到了西汉末年才正式出现"小学"的名称而已。如《汉书》卷一二《平帝纪》载,元始五年(5年),"征天下通知逸经、古记、天文、历算、钟律、小学、《史篇》、方术、《五经》《论语》《孝经》《尔雅》教授者,在所为驾一封轺传,遣诣京师"③。又《东观汉记》卷一《光武帝纪》载,刘秀"年九岁而南顿君卒,随其叔父在萧,入小学"④。

当然,由于汉代家学发达,蒙学的教学也并不都由"学馆""书馆"或"书舍"承担。如东汉邓皇后,史载她"六岁能《史书》,十二通《诗》《论语》。诸兄每读经传,辄下意难问。家人号曰'诸生'"⑤,显然就是在家中接受的启蒙教育。班昭也是一例,所谓"赖母师之典训。年十有四,执箕帚于曹氏"⑥。还有翟酺、杨震、杨赐、桓郁、桓典、甄普、甄承等,也大多如此。

蒙学主要是学"史书"。初学者均必须从中学会识字和书法。由于帝王后妃的条件特别优越,这方面的记载便留下很多。如皇后能识字、书写的,有上官皇后、许皇后、赵皇后、马皇后、窦皇后、阴皇后、邓皇后和梁皇后等。其中窦皇后和邓皇后尤为出众,她们皆"年六岁能书"⑦。而帝王之中,则有安帝十岁"好学《史书》"⑧、乐成靖王(刘党)"善《史书》,喜正文字"⑨等记载。

---

① 《汉书》卷七六《王尊传》,北京:中华书局1962年版,第3226页。

② 《汉书》卷八五《杜邺传》,北京:中华书局1962年版,第3479页。

③ 《汉书》卷一二《平帝纪》,北京:中华书局1962年版,第359页。

④ (东汉)刘珍等撰,吴树平校注:《东观汉记校注》卷一《世祖光武皇纪》,北京:中华书局2008年版,第2页。

⑤ 《后汉书》卷一〇上《皇后纪上·和熹邓皇后》,北京:中华书局1965年版,第418页。

⑥ 《后汉书》卷八四《列女传·曹世叔妻》,北京:中华书局1965年版,第2786页。

⑦ 《后汉书》卷一〇上《皇后纪上·章德窦皇后》,北京:中华书局1965年版,第415页。

⑧ 《后汉书》卷五《安帝纪》,北京:中华书局1965年版,第203页。

⑨ 《后汉书》卷五〇《孝明八王列传·乐成靖王党》,北京:中华书局1965年版,第1672页。

字书最早是四字一句,创始于《史籀篇》,相传为周宣王时太史籀所作。秦代的《苍颉篇》《爰历篇》《博学篇》,取材大都选自《史籀篇》。如《汉书》卷三〇《艺文志》云:

> 《史籀篇》者,周时史官教学童书也,与孔氏壁中古文异体。《苍颉》七章者,秦丞相李斯所作也;《爰历》六章者,车府令赵高所作也;《博学》七章者,太史令胡母敬所作也:文字多取《史籀篇》,而篆体复颇异,所谓秦篆者也。①

到西汉初年,《史籀篇》已经失传,民间书师便综合秦代字书编写成一部新的《苍颉篇》。以六十字为一章,共有五十五章。汉武帝时,司马相如又作《凡将篇》,且字数超过前者。以后,元帝时有史游作《急就篇》,成帝时李长作《元尚篇》。平帝时,因《苍颉篇》的重复字太多,王莽乃使扬雄作《训纂篇》,并续于《苍颉篇》之后,共八十九章。后来班固又对《训纂篇》增补了十三章,既没有重复字,六艺群书亦大致完备。至和帝时,贾鲂又作《滂喜篇》二十一章(一说为三十四章,即班固所作仍归于《训纂篇》八十九章)。《滂喜篇》与《训纂篇》《苍颉篇》合言之,就是后人所谓"三苍",共有一百二十三章,七千三百八十字。到许慎作《说文解字》,即达到九千三百五十三字。汉代常用字增长的如此之快,充分说明了汉代文化的繁荣与进步。正如柳诒徵先生所说:

> 汉代小学,随时增益。其初教小学之书,仅三千余字,后以次增至九千余字。司马相如、扬雄、班固、贾鲂、许慎等所增之字,或出采辑,或出创造,未可断定,然四百年间,人民通用之字,增至六千五十有奇,文化之进步可想矣。②

汉代蒙学使用的字书,大致有两种体裁。一种是便于记诵的,如《苍颉》《急就》之类;一种是详于解说的,如《尔雅》《说文解字》等。《苍颉

---

① 《汉书》卷三〇《艺文志》,北京:中华书局 1962 年版,第 1721 页。

② 柳诒徵:《中国文化史》,南京:南京钟山书局 1935 年版,第 408 页。

篇》四字一句,《凡将篇》七字一句,《急就篇》则兼有四字、七字与三字。所以清人段玉裁总结说:

> 自《苍颉》至《彦均》章皆六十字,凡十五句,皆四言。许引"幼子承诏"、郭注尔雅引"考妣延年"是也。《凡将》七言,如《蜀都赋》注引"黄润纤美宜制禅"、《艺文类聚》引"钟磬竽笙筑坎侯"是也。《急就》今尚存,前多三言,后多七言。①

一般来说,"后世蒙学读本,以三字、四字或七字为句,皆源于汉"②。

　　汉代"史书"多已失传,除了考古所发现的零散简牍,目前尚存的仅有史游的《急就篇》。该书通篇押韵,没有重复字,内容则包括姓氏名物、衣食住行、医药卫生、音乐艺术、飞禽走兽以及官制人事等等方面的常用字,不仅表明了文字的发展,而且也反映了当时的社会生活,具有极高的史料价值。《急就篇》流传很广,是汉唐时期的主要识字教材(现存《急就篇》的注者就有为《汉书》作注的颜师古),后来的《百家姓》乃至各种字书都可以说是它的继承和发展。

　　汉代"小学"虽以识字、写字为主,同时也学习算术。《汉书》卷二一上《律历志上》云:

> 数者,一、十、百、千、万也。所以算数事物,顺性命之理也。……纪于一,协于十,长于百,大于千,衍于万,其法在算术。宣于天下,小学是则。③

故汉人多通算术。如西汉桑弘羊"以心计,年十三侍中"④,耿寿昌"善为

① (东汉)许慎撰,(清)段玉裁注:《说文解字注》卷一五上,上海:上海古籍出版社1988年版,第761页。按:"彦均"为《滂喜篇》最后二字,故文中代指《滂喜》,而"滂喜"则为《训纂篇》最后二字,故贾鲂遂以此为名。
② 柳诒徵:《中国文化史》,南京:南京钟山书局1935年版,第408页。
③ 《汉书》卷二一上《律历志上》,北京:中华书局1962年版,第956页。
④ 《史记》卷三〇《平准书》,北京:中华书局1959年版,第1428页。

算"①,东汉郑玄"通《九章算术》"②等,此皆见诸史传。

儿童在学完字书后,再进一步就是要学习《孝经》和《论语》。这一阶段一般仍属"小学",实际则相当于中学阶段。诚如王国维所言:

> 以后世之制明之,小学诸书者,汉小学之科目,《论语》《孝经》者,汉中学之科目,而六艺则大学之科目也。③

以皇帝和皇后为例,昭帝便声称自己曾"修古帝王之事,通保傅,传《孝经》《论语》《尚书》"④。霍光亦奏议曰:"孝武皇帝曾孙病已,有诏掖庭养视,至今年十八,师受《诗》《论语》《孝经》。"⑤又《汉书》卷七一《疏广传》载,元帝为太子,"年十二,通《论语》《孝经》"⑥。还有,东汉邓皇后十二岁通《诗经》《论语》,梁皇后"九岁能诵《论语》,治《韩诗》"⑦,顺帝入小学,诵《孝经》章句,等等。至于官吏和普通人,其学习更是如此。《后汉书》卷三六《范升传》载,范升"九岁通《论语》《孝经》"⑧,《后汉书》卷二四《马援传》载,马续"七岁能通《论语》"⑨,以及《后汉书》卷六二《荀爽传》载,爽"年十二,能通《春秋》《论语》"⑩,就是几个特别典型的事例。所以崔寔撰《四民月令》,关于"小学"亦规定:十一月,"研水冰。命幼童读《孝经》《论语》"⑪。

当然,这一阶段的学习也并不限于《孝经》和《论语》,如前揭昭帝、宣帝、邓皇后、梁皇后和荀爽便分别学过《尚书》《诗经》或《春秋》,《论衡·

---

① 《汉书》卷二四上《食货志上》,北京:中华书局1962年版,第1141页。
② 《后汉书》卷三五《郑玄传》,北京:中华书局1965年版,第1207页。
③ 王国维:《观堂集林》卷四《汉魏博士考》,北京:中华书局1959年版,第179页。
④ 《汉书》卷七《昭帝纪》,北京:中华书局1962年版,第223页。
⑤ 《汉书》卷八《宣帝纪》,北京:中华书局1962年版,第238页。
⑥ 《汉书》卷七一《疏广传》,北京:中华书局1962年版,第3039页。
⑦ 《后汉书》卷一〇下《皇后纪下·顺烈梁皇后》,北京:中华书局1965年版,第438页。
⑧ 《后汉书》卷三六《范升传》,北京:中华书局1965年版,第1226页。
⑨ 《后汉书》卷二四《马援传》,北京:中华书局1965年版,第862页。
⑩ 《后汉书》卷六二《荀爽传》,北京:中华书局1965年版,第2050页。
⑪ 《北堂书钞》卷一〇四《砚》,四库全书本,第889—510页。

自纪》也记载王充"手书既成,辞师受《论语》《尚书》,日讽千字"。但最主要的必读课程,还是诵读《孝经》和《论语》。因为除了《孝经》和《论语》,在这一阶段究竟还能否诵读其他儒家经典,主要都取决于学习者的能力。也就是说,尽管有些人曾学习了更深的课程,像《尚书》《诗经》或《春秋》等,但这只能归因于他们的天资聪慧,却并意味他们所学就是必读内容。这就好比今天有些学生特别聪明往往需要跳级学习一样。所以王国维明确断定:"汉人受书次第,首小学,次《孝经》《论语》,次一经,此事甚明。"①

至于其学校的名称,通常还多称"小学"。《东观汉记》卷三:"(顺帝)始入小学,诵《孝经》章句。"②就是一例。从学习要求来看,则主要是能够熟练地诵读《孝经》《论语》等,而并不要求完全理解或深入研习。这从前揭王充所说"手书既成,辞师受《论语》《尚书》,日讽千字"便可以得到印证。史载刘秀在"天凤中,乃之长安,受《尚书》,略通大意"③,邴原"十一而丧父,家贫,早孤。邻有书舍,原……遂就书。一冬之间,诵《孝经》《论语》"④,也同样可以证明。这种学习要求是完全符合当时教育的发展规律的。它不仅巩固了蒙学阶段集中识字的成果,而且也为以后的专经研读奠定了坚实的基础。

当然,从更深层次的目的来看,《孝经》和《论语》之所以能成为这一阶段的必读教材,除内容浅显且便于诵读外,主要还是因为可以有效地进行青少年的伦理道德教育。如东汉所谓"人识君臣父子之纲,家知违邪归正之路"⑤,便显然与许多人从小诵读《孝经》和《论语》有关。

① 王国维:《观堂集林》卷四《汉魏博士考》,北京:中华书局1959年版,第181页。
② (东汉)刘珍等撰,吴树平校注:《东观汉记校注》卷三《敬宗孝顺皇帝》,北京:中华书局2008年版,第111页。
③ 《后汉书》卷一上《光武帝纪上》,北京:中华书局1965年版,第1页。
④ 《三国志》卷一一《魏书·邴原传》,北京:中华书局1959年版,第351页。
⑤ 《后汉书》卷七九下《儒林列传下·论》,北京:中华书局1965年版,第2589页。

三、几点认识与启迪

通过对汉代私学的粗略考察,我们可以得出如下几点认识和启迪。

首先,汉代私学在传承文化、培养人才方面发挥了举足轻重的作用。西汉前期,由于官学尚未普遍建立,私学实际上承担了几乎全部教育任务。当时不仅儒学,而且黄老、刑名、律历、纵横和杂家等都办学授徒。如儒学在鲁的传授,"至于汉二百余年不绝""诸生以时习礼"①;伏生以《尚书》"教于齐、鲁之间,齐学者由此颇能言《尚书》,山东大师亡不涉《尚书》以教"②。而黄老、刑名等等学派的传授,则有"乐臣公学黄帝、老子,……教盖公。盖公教于齐高密、胶西,为曹相国师"③、晁错"学申商刑名于轵张恢生所,与雒阳宋孟及刘带同师"④、田蚡"学《盘盂》诸书"⑤、主父偃"学长短纵横术"⑥等记载。西汉中期以后,官学虽普遍建立,并得到很大发展,但私学作为官学的重要补充,仍然发挥着不可替代的教育功能。且不说私学的数量和学生远远超过了官学,就是仅从蒙学来看,由于官学几乎全无蒙学,私学的作用也不容低估。更不用说,和太学相比,私学"精舍""精庐"所培养的大批人才了。尤其在汉武帝"独尊儒术"后,私学还承担着传播经学以外其他学派的任务,对中国传统文化的传承做出了独特贡献。

其次,汉代私学既为官学提供了取之不竭的生源,同时又培养了大批儒生,为贯彻统治者的"独尊儒术"做出了重要贡献。因为随着通经之士的大批涌现,许多私学培养的儒生都被汉王朝任用。而无论是官学培养还是私学培养,对于被任用的儒生来说,经学都是他们的安身立命之本,

① 《史记》卷四七《孔子世家》,北京:中华书局1959年版,第1945、1947页。
② 《汉书》卷八八《儒林传·伏生》,北京:中华书局1962年版,第3603页。
③ 《史记》卷八〇《乐毅列传》,北京:中华书局1959年版,第2436页。
④ 《汉书》卷四九《晁错传》,北京:中华书局1962年版,第2276页。
⑤ 《汉书》卷五二《田蚡传》,北京:中华书局1962年版,第2377—2378页。注引孟康曰:"孔甲《盘盂》二十六篇,杂家书,兼儒墨名法者也。"
⑥ 《汉书》卷六四上《主父偃传》,北京:中华书局1962年版,第2798页。

所以要实现自己的理想和抱负,他们便都把经学运用到其施政纲领之中。以丞相为例,西汉中、后期共有十八位丞相,其中便多为儒宗而勉行经术者。如匡衡,成帝即位初任丞相,"上疏戒妃匹,劝经学威仪之则"①;翟方进,成帝晚年任相,"以儒雅缘饰法律,号为通明相"②;孔光,哀帝时为相,"上有所问,据经法以心所安而对"③。故《汉书》卷八一《匡张孔马传·赞》曰:"自孝武兴学,公孙弘以儒相,其后蔡义、韦贤、玄成、匡衡、张禹、翟方进、孔光、平当、马宫及当子晏咸以儒宗居宰相位,服儒衣冠,传先王语,其蕴藉可也。"④东汉丞相率行经术者更多,乃至所谓三公竟毫无例外。如《后汉书》卷二六《伏湛传》载,光武帝时伏湛任大司徒,"奏行乡饮酒礼"⑤;卷二九《鲍昱传》载,章帝时鲍昱为司徒,为消除旱灾,提出应"一切还诸徙家属,蠲除禁锢,兴灭继绝,死生获所"⑥;卷五四《杨震传》载,安帝时杨震为司徒,后任太尉,以内宠骄横而征引《诗》《书》和《春秋》,"言妇人不得与于政事也"⑦。丞相尚且如此,普通官吏就更不用说了。所谓以《禹贡》治河、以《洪范》察变、以《春秋》决狱、以《诗》为谏⑧,就是特别典型的事例。因此,这也就从根本上保证了对于"独尊儒术"政策的贯彻和推行。

再次,汉代私学对于传播儒家思想,推行其所谓"教化"起了重要作用。孟子曾云:"设为庠序学校以教之。庠者,养也。校者,教也。序者,射也。夏曰校,殷曰序,周曰庠,学则三代共之,皆所以明人伦也。人伦明

---

① 《汉书》卷八一《匡衡传》,北京:中华书局 1962 年版,第 3341 页。
② 《汉书》卷八四《翟方进传》,北京:中华书局 1962 年版,第 3421 页。
③ 《汉书》卷八一《孔光传》,北京:中华书局 1962 年版,第 3353 页。
④ 《汉书》卷八一《匡张孔马传·赞》,北京:中华书局 1962 年版,第 3366 页。
⑤ 《后汉书》卷二六《伏湛传》,北京:中华书局 1965 年版,第 895 页。
⑥ 《后汉书》卷二九《鲍昱传》,北京:中华书局 1965 年版,第 1022 页。
⑦ 《后汉书》卷五四《杨震传》,北京:中华书局 1965 年版,第 1761 页。
⑧ 参看(清)赵翼撰,曹光甫点校:《廿二史札记》卷二《汉时以经义断事》,上海:上海古籍出版社 2011 年版,第 38—39 页。

于上,小民亲于下,有王者起,必来取法,是为王者师也。"①对于发展教育之与推行教化的作用,可以说作了非常精辟的论述。但孟子的说法还带有很大的理想成分,汉代私学和官学则完全实践了他的主张,并且在思想上更加明确和具体。如武帝诏立太学,便公开宣称:

> 盖闻导民以礼,风之以乐。婚姻者,居室之大伦也。今礼废乐崩,朕甚愍焉。……其令礼官劝学,讲议洽闻兴礼,以为天下先。太常议,与博士弟子,崇乡里之化,以广贤材焉。②

因此,汉代各类学校也都把奖进礼乐、灌输伦理道德作为自己的主要职责。《后汉书》卷九七上《儒林列传上》载,刘昆"教授弟子恒五百余人。每春秋飨射,常备列典仪,以素木瓠叶为俎豆,桑弧蒿矢,以射'菟首'。每有行礼,县宰辄率吏属而观之"③。就是一例。从某种意义上说,汉代自武帝之后所以会出现众多"循吏"、忠臣、孝子和贞妇,原因即在于此。

当然,从实质上说,这种"教化"作用不过是地主阶级借以维护统治的一种"牧师"的职能而已。但这也比秦代一任刑法,"杀人之父,孤人之子,断人之足,黥人之首"④的状况,要更易于为人民接受。况且,它也并不仅仅是"欺骗",在统治比较清明时期,还有着安抚民心、稳定社会的功效。史载王莽代汉后,"人心思汉"⑤,便说明这种"教化"对维护统治确实有多种作用。

最后,汉代私学积累了丰富的教学经验,诸如"史书"编撰、识字与道德培养相结合、"小学"注重诵读和专经研习等,在秦汉教育史上都占有

---

① (清)焦循撰,沈文倬点校:《孟子正义》卷一〇《滕文公上》,北京:中华书局1987年版,第343—347页。

② 《史记》卷一二一《儒林列传·序》,北京:中华书局1959年版,第3118—3119页。

③ 《后汉书》卷七九上《儒林列传上·刘昆》,北京:中华书局1965年版,第2550页。

④ 《史记》卷八九《张耳陈余列传》,北京:中华书局1959年版,第2574页。

⑤ 参看(清)赵翼撰,曹光甫点校:《廿二史札记》卷三《王莽时起兵者皆称汉后》,上海:上海古籍出版社2011年版,第66页。

重要的地位。其中有些做法,作为成功经验还曾被太学采用①,并为后世所继承。

当然,汉代私学也存在一些问题。除缺乏必要的规章制度和经费外②,主要表现在两个方面:

一个是教学与实际的严重脱离。这是由于汉代经学极为繁琐,"说五字之文,至于二三万言",为了通经入仕,许多儒生皆埋头苦读而造成的。这一弊病在西汉中期就已经暴露,当时其"精通秀颖之士不游于学,游于学者率章句之儒也"③。到了东汉,问题则更为严重。许多儒生被任用后,由于只知经书,往往不能胜任实际工作。例如樊英,顺帝征聘奉若神明,实际他却不谙时务,乃至"无奇谟深策,谈者以为失望"④。所以范晔便评论说:

> 汉世之所谓名士者,其风流可知矣。虽弛张趣舍,时有未纯,于刻情修容,依倚道艺,以就其声价,非所能通物方,弘时务也。及征樊英、杨厚,朝廷若待神明,至竟无它异。英名最高,毁最甚。李固、朱穆等以为处士纯盗虚名,无益于用,故其所以然也。然而后进希之以成名,世主礼之以得众,原其无用亦所以为用,则其有用或归于无用矣。⑤

这说明汉代教育确实存在着学用脱离的问题,培养了许多于事无补的书呆子。

另一个是助长了地方割据势力的发展。汉代自"独尊儒术",在地主阶级中便产生了一种以经学起家、累世公卿的儒宗地主,如孔氏、伏氏、韦氏、平氏、桓氏、杨氏、袁氏等。这种儒宗地主借助于通经入仕,既成为经

---

① 参看拙文:《汉代太学浅说》,载《山东师大学报(人文社会科学版)》2001 年第 6 期。
② 参看毛礼锐、沈灌群主编:《中国教育通史》第 2 卷,山东:山东教育出版社 1986 年版,第 126—127 页。
③ (唐)杜佑撰,王文锦等点校:《通典》卷一七《选举》,北京:中华书局 1988 年版,第 416 页。
④ 《后汉书》卷八二上《方术列传上·论》,北京:中华书局 1965 年版,第 2724 页。
⑤ 《后汉书》卷八二上《方术列传上·论》,北京:中华书局 1965 年版,第 2724—2725 页。

学世家,累世控制着汉王朝的中央和地方大权,同时又垄断文化教育,把持着汉王朝的选举大权。因此,为了寻求出路,很多儒生便投靠到这些儒宗地主的门下,成为他们的门生故吏。其结果是,儒宗地主传授经学给这些儒生,并选举他们入仕,他们则奉献一切以报答前者,因"私恩"而结成为一种特殊关系。这种关系具有强烈的依附性,实际就是一种在皇帝、血亲之外的君臣父子关系。正如吕思勉先生所说:"汉制:三公得自置吏,刺史得置从事,二千石得辟功曹、掾史,为所辟置,即同家臣,故其风义尤笃。""事长事君,本同一理,故时弟子之于师,亦恭敬备至。……皆自君臣之义推之也。"①这就必然要形成与中央王朝的离心力,而助长地方割据势力的发展。

① 吕思勉:《秦汉史》,上海:上海古籍出版社 1983 年版,第 524、527 页。

第七章　以经治国与汉代"荒政"

所谓"荒政",乃是古代史家对我国历代王朝为救济灾荒所采取的各种措施的统称。在史书记载上,它一般被列于"食货"与"民政"等类中,属于经济史的研究范围;用社会学的理论解释,则可以视为我国古代的一种社会保障制度。

随着"独尊儒术"统治政策的确立,以及汉代以经治国的发展,经学在关于"荒政"的理论和具体实施方面产生了很大影响。

一、促使汉王朝更加重视"荒政"

历代王朝之所以实施"荒政",原因在于要减轻灾害所造成的损失,并尽快恢复人民的正常生活与生产,以稳定社会和统治。从有关记载看,由于我国自秦汉以来始终是一个地域辽阔的大国,各地气候有着很大差异,加之其生产力的水平低,难以有效抵御自然灾害的侵袭,更或有着许多人为因素,因而各种灾害曾频频发生。仅就汉武帝时期而言,据不完全统计,其在位五十四年间,造成损害的水灾、雪灾、火灾、旱灾、大风、蝗灾、螟灾、疾疫与地震等灾害就有着三十六次之多。[1] 这些灾害轻则造成财

---

[1] 见《汉书》卷六《武帝纪》、《汉书》卷二七《五行志》,北京:中华书局1962年版。

产损失,重则造成人、畜的大量伤亡,并导致生产停顿乃至急剧下降、人民流离失所和社会矛盾激化等问题。以西汉后期为例,当时所爆发的农民起义,几乎都与灾害的发生有着直接或间接的关系。①因此,要缓和矛盾以安定社会,历代统治者都不能不重视"荒政",必然要采取措施力求救济灾荒。

我国历史上的"荒政"源远流长。据《周礼·地官·大司徒》记载,早在西周时期,统治者即已制定出相当完备的"荒政"制度。如所谓"以荒政十有二聚万民:一曰散利,二曰薄征,三曰缓刑,四曰弛力,五曰舍禁,六曰去几(讥察),七曰眚(省)礼,八曰杀哀,九曰蕃乐,十曰多昏(婚),十有一曰索鬼神,十有二曰除盗贼"②。尽管其内容实不足凭信,但说明统治者在当时已开始重视"荒政",并曾采取了某些措施。就汉代情况而言,所最早实施的"荒政",乃是在刘邦被封为汉王的第二年(前205年)。这一年,由于战乱和各种灾害,史载"关中大饥,米斛万钱,人相食",于是高祖"令民就食蜀汉"③。以后,在统治者的重视下,"荒政"即成为汉王朝的定制,甚至还有着某些法律保障。如建武六年(30年)光武帝诏曰:"往岁水旱蝗虫为灾,谷价腾跃,人用困乏。……其命郡国有谷者,给禀高年、鳏、寡、孤、独及笃癃、无家属贫不能自存者,如《律》。"④但值得注意的是,"荒政"自高祖后虽成为定制,在两汉四百年间,统治者对它的重视程度却明显不同。事实上,他们真正对"荒政"的更加重视,只是在西汉中期以后。以西汉为例说,据徐天麟《西汉会要》卷五五《食货六》所辑,西汉前后共赈济灾荒计三十七次,其前期仅有八次,而此后则多达二十九次。可见对"荒政"的更加重视,也确是在西汉中期以后。究其原因,这固然是发生了更多的自然灾害,客观上就必须赈济。但是也应当看到:在"独

① 详请参看安作璋:《秦汉农民战争史料汇编》,北京:中华书局1982年版,第139—149页。
② (东汉)郑玄注,(唐)贾公彦疏:《周礼注疏》卷一〇《地官·大司徒》,(清)阮元校刻:《十三经注疏(附校勘记)》,北京:中华书局1980年版,第706页。
③《汉书》卷一上《高帝纪上》,北京:中华书局1962年版,第38页。
④《后汉书》卷一上《光武帝纪上》,北京:中华书局1965年版,第47页。

尊儒术"后,统治者的思想转变,特别是由此对"荒政"所产生的新认识,同样曾起了重要作用。这主要表现在三个方面:

首先,随着经学独尊地位的确立,汉王朝已不再把"荒政"仅仅是作为一种社会救济措施,而是根据经学中的"灾异"学说,把它视为能否继续统治的关键所在。

所谓灾异说,简言之,就是汉代十分盛行的一种天人感应论。其内容主要是讲天变灾害与为政之间的关系,即认为人间的一切皆上天有意安排,而人间的统治者,尤其皇帝的举止一旦有了过失,上天便遣以灾异,以表示惩诫。灾异说的形成很早,如《尚书·洪范》云"天乃锡禹洪范九畴,彝伦攸叙"①;《周易·系辞上》"天垂象,见吉凶,圣人象之"②,均可以说是它的渊薮。汉代最早论述灾异说的是汉初的陆贾,他在《新语》卷下《明诫》中明确提出:

> 恶政生于恶气,恶气生于灾异。蝮虫之类,随气而生。虹蜺之属,因政而见。治道失于下,则天文度于上。恶政流于民,则虫灾生于地。圣君智则知随变而改,缘类而试。③

以后韩婴也认为:"国无道则飘风厉疾,暴雨折木……国多不祥,群生不寿,而五谷不登。"④贾谊亦有过类似论述。到董仲舒时总结、发挥,并将阴阳五行学说也与之结合起来,便形成了一整套系统的灾异理论。如所谓"国家将有失道之败,而天乃先出灾害以谴告之,不知自省,又出怪异以警惧之,尚不知变,而伤败乃至"⑤。甚至竟把一切天灾都完全附会于

① (西汉)孔安国撰,(唐)孔颖达正义:《尚书正义》卷一二《洪范》,(清)阮元校刻:《十三经注疏》(附校勘记),北京:中华书局1980年版,第187页。
② (曹魏)王弼、(东晋)韩康伯注,(唐)孔颖达疏:《周易正义》卷七《系辞上》,(清)阮元校刻:《十三经注疏》(附校勘记),北京:中华书局1980年版,第82页。
③ 王利器撰:《新语校注》卷下《明诫》,北京:中华书局1986年版,第155页。
④ (西汉)韩婴撰,许维遹校释:《韩诗外传集释》卷二《第三十章》,北京:中华书局1980年版,第74页。
⑤ 《汉书》卷五六《董仲舒传》,北京:中华书局1962年版,第2498页。

人事。①

灾异说在西汉前期还很少影响政治。但到了西汉中期,由于儒学的独尊,便作为经学的重要内容被统治者采纳,并奉为信条。因此,对汉王朝来说,诸如水、旱等灾害,照其理论解释,也就不再是仅仅表明了自然的暴虐,而是"上天"一种有意识的谴告。质言之,就是在告诫他们应采取措施来补救过失。当然,他们所采取的种种措施即"荒政",也就不再是一种单纯的救济活动,而是一种知"异"而"变"、"惧"而后"改"的"应天"之举。事实正是如此。汉代自武帝开始,凡发生灾害,其诏书中均大谈已知过而变,就足以证明。如《汉书》卷八《宣帝纪》载本始四年(前110年)诏:

> 盖灾异者,天地之戒也。朕承洪业,奉宗庙,托于士民之上,未能和群生。乃者地震北海、琅邪,坏祖宗庙,朕甚惧焉。丞相、御史其与列侯、中二千石博问经学之士,有以应变,辅朕之不逮,毋有所讳。②

《后汉书》卷七《桓帝纪》载建和三年(140年)诏:

> 盖闻天生蒸民,不能相理,为之立君,使司牧之。君道得于下,则休祥著于上;庶事失于序,则咎征见乎象。间者,日食毁缺,阳光晦暗,朕祇惧潜思,匪遑启处。传不云乎:"日食修德,月食修刑。"③

这自然就使得汉王朝对"荒政"的实施更加重视了。

其次,在西汉中期以后,由于经学把君臣关系与宗法伦理已紧密结合起来,以皇帝为代表的汉王朝也必须对"荒政"更加重视。因为在这种新的理论构造中,国、家被融合成一体,君臣关系也就等同于父子关系。如严助即以此对武帝说:"臣事君,犹子事父母也。"④又苏武说:"臣事君,犹

---

① 详请参看《汉书》卷二七《五行志》与《后汉书》志一三、一四、一五、一六、一七、一八、一九《五行志》,北京:中华书局1962年版。
② 《汉书》卷八《宣帝纪》,北京:中华书局1962年版,第245页。
③ 《后汉书》卷七《桓帝纪》,北京:中华书局1965年版,第293页。
④ 《汉书》卷六四上《严助传》,北京:中华书局1962年版,第2790页。

子事父也,子为父死亡所恨。"①班固也说:"臣之于君,犹子之于父。"②所以,当这种观念被确立后,从"父母"应尽的义务说,也势必要求以皇帝为代表的汉王朝把"荒政"放到重要地位。

当然,经学的这种伦理构造主旨是在于将"孝""忠"统一,以维护专制统治。③ 而且,在君、臣的权利与义务上,前者也主要是享有权利。但既然他们被说成天下万民的"父母",那么考虑到"父慈母爱",所谓"贤父之于子也,慈惠以生之,教诲以成之"④,在众多"子"民遭受灾害时,也就不能不负有抚恤、赈济的义务。否则,就很难自圆其说。事实也说明了这一点。史载永光二年(前42年),元帝因连年灾荒,便在诏书中表示:

> 间者连年不收,四方咸困。元元之民,劳于耕耘,又亡成功,困于饥谨,亡以相救。朕为民父母,德不能覆,而有其刑,甚自伤焉。⑤

又永熹元年(145年),梁太后以连年大旱也下诏说:"朕以不德,托母天下,布政不明,每失厥中。自春涉夏,大旱炎赫……"⑥尤其是,每当朝廷昏庸、政治腐败,导致灾荒更为严重时,一些统治集团中的有识之士也总是依据这种理论向皇帝提出批评,甚至于强烈抨击。如元帝时,贡禹为谏大夫,因灾荒频仍,而朝廷腐败,就严厉质问说:

> 今民大饥而死,死又不葬,为犬猪食。人至相食,而厩马食粟,苦其大肥,气盛怒至,乃日步作之。王者受命于天,为民父母,固当若此乎! 天不见邪?⑦

---

① 《汉书》卷五四《苏武传》,北京:中华书局1962年版,第2464页。
② (清)陈立撰,吴则虞点校:《白虎通疏证》卷一一《丧服》,北京:中华书局1994年版,第504页。
③ 参看拙文:《论〈春秋〉〈诗〉〈孝经〉〈礼〉在汉代政治地位的转移》,载《山东师大学报(社会科学版)》1992年第3期。
④ (西汉)刘向撰,向宗鲁校证:《说苑校证》卷三《建本》,北京:中华书局1987年版,第58页。
⑤ 《汉书》卷九《元帝纪》,北京:中华书局1962年版,第290页。
⑥ 《后汉书》卷六《质帝纪》,北京:中华书局1965年版,第278页。
⑦ 《汉书》卷七二《贡禹传》,北京:中华书局1962年版,第3070页。

哀帝时地震、日蚀，名儒鲍宣也上书说：

> 陛下父事天，母事地，子养黎民，即位已来，父亏明，母震动，子讹言相惊恐。今日蚀于三始，诚可畏惧。小民正月朔日尚恐毁败器物，何况于日亏乎！[①]

类似批评还可以见于刘向、谷永、王符与仲长统等很多人的论述中。这就更足以说明，在那种所谓"父子"关系的解释下，统治者也确实承担着义务。只不过他们总是片面地强调权利，并越来越讳言、曲解乃至推脱这种义务而已。

第三，在儒学被独尊后，随着经学对"仁政"的极力倡导并得到采纳，汉王朝也需要对"荒政"更加重视。具体又可以分为两个方面：

一者，就所谓"仁政"而言，其内容除了要限制土地兼并、减免刑罚、轻徭薄赋与推广教化外，主要即体现在赈济灾害、优抚贫弱与矜恤病残上。如文帝被赞为"仁"君，就是由于他有着"令诸侯无入贡。驰山泽。减诸服御狗马。损郎吏员。发仓庾以振贫民"[②]；"去诸苑以赋农夫，出帛十万余匹以振贫民"[③]等举措。又邓太后执政时，"遭水潦，东州饥荒"，其"垂恩元元，冠盖交路，菲薄衣食，躬率群下，损膳解骖，以赡黎苗"，也同样被称为"德政"。[④] 可见"荒政"也确是仁政的一项主要内容。因此，要推行仁政并使它多少能产生作用，统治者就势必要重视"荒政"，甚至会大力实施。

再者，从效果上看，实施这种"荒政"也是最能体现出仁政的一条主要途径。很明显，如果在灾荒时统治者能提供救济，即使是很微薄的救济，由于多少缓解了饥寒交迫，所谓"寒者利裋褐而饥者甘糟糠……劳民

---

① 《汉书》卷七二《鲍宣传》，北京：中华书局 1962 年版，第 3091 页。

② 《史记》卷一〇《孝文本纪》，北京：中华书局 1959 年版，第 432 页。又"令诸侯毋入贡，弛山泽，减诸服御狗马。损郎吏员。发仓庾以振贫民"（《汉书》卷四《文帝纪》，北京：中华书局 1962 年版，第 131 页）。

③ 《汉书》卷五一《贾山传》，北京：中华书局 1962 年版，第 2335 页。

④ 《后汉书》卷一〇上《皇后纪上·和熹邓皇后》，北京：中华书局 1965 年版，第 426 页。

之易为仁也"①,那也会收到缓和社会矛盾、稳定社会的功效,同时可以获取勤政爱民、推行教化的美名。汉代统治者也当然会明白其中的奥妙。他们反复告诫各级官吏应重视"荒政",无疑就在言词之外表明了这种用心。更能说明问题的是,即使某些官吏在实施"荒政"时,采取了"矫制""专命"等非常方式,汉王朝一般也不予追究;相反,他们往往会受到嘉奖。如《汉书》卷五〇《汲黯传》:

> 河内失火,烧千余家,上使黯往视之。还报曰:"家人失火,屋比延烧,不足忧。臣过河内,河内贫人伤水旱万余家,或父子相食,臣谨以便宜,持节发河内仓粟以振贫民。请归节,伏矫制罪。"上贤而释之,迁为荥阳令。②

《后汉书》卷三九《刘平传》:

> 是时州郡灾旱,百姓穷荒,[王]望行部,道见饥者,裸行草食,五百余人,愍然哀之,因以便宜出所在布粟,给其禀粮,为作褐衣。事毕上言……赦而不罪。③

《后汉书》卷七六《循吏列传·第五访》:

> 迁张掖太守。岁饥,粟石数千,访乃开仓赈给以救其敝。吏惧谴,争欲上言。访曰:"若上须报,是弃民也。太守乐以一身救百姓!"遂出谷赋人。顺帝玺书嘉之。④

毫无疑问,这就是因为他们的行为并不会对统治秩序构成多大威胁,而只会宣扬仁政,更有利于汉王朝的统治。所以他们一般才不会受到追究,且往往也敢于采用那些非常方式。可见,就是从获得仁政的功效考虑,汉王

---

① (西汉)贾谊撰,阎振益、钟夏校注:《新书校注》卷一《过秦下》,北京:中华书局2000年版,第14页。
② 《汉书》卷五〇《汲黯传》,北京:中华书局1962年版,第2316页。
③ 《后汉书》卷三九《刘平传》,北京:中华书局1965年版,第1297页。
④ 《后汉书》卷七六《循吏列传·第五访》,北京:中华书局1965年版,第2475页。

朝也需要更加重视"荒政"。

总之,"荒政"在当时之所以更受到重视,一个重要原因,就是在经学的作用下,它已经不再被仅仅视为一种单纯救济,而是有了新的认识,被放到了更重要的地位。这正是汉代以经治国所带来的新变化。

二、推动汉王朝采取更多的"荒政"措施

在汉武帝"独尊儒术"后,经学对于"荒政"的具体实施也有着强烈的影响。它不仅促使汉王朝不断地调整政策,而且对于举行各种禳灾活动,实施赈济与组织生产自救等,也都曾起到显著的指导作用。以下即分别论述之。

(一) 促使汉王朝对政策进行调整

这主要表现在:汉代自武帝之后,每遇灾害发生,统治者都根据经学不断地调整政策。一般是最高统治者按惯例先下诏罪己,并谴责朝臣与地方官吏。目的则在于向上天谢罪,以昭示其接受谴告。如初元二年(前47年),元帝以连年灾害下诏说:

> 盖闻贤圣在位,阴阳和,风雨时,日月光,星辰静,黎庶康宁,考终厥命。今朕恭承天地,托于公侯之上,明不能烛,德不能绥,灾异并臻,连年不息。[1]

又建武五年(29年),光武帝诏曰:"久旱伤麦,秋种未下,朕甚忧之。将残吏未胜,狱多冤结,元元愁恨,感动天气乎?"[2]故清人皮锡瑞曾指出:"其时人主方崇经术,重儒臣,故遇日食地震,必下诏罪己,或责免三公。"[3]

在表示"谢罪"后,为了能调整好政策,统治者即公开向社会的各个阶层寻求对策。其方法大致有四种。一是向各级官吏征求对策。如成帝

---

[1] 《汉书》卷九《元帝纪》,北京:中华书局1962年版,第281页。
[2] 《后汉书》卷一上《光武帝纪上》,北京:中华书局1965年版,第39页。
[3] (清)皮锡瑞著,周予同注释:《经学历史·经学极盛时代》,北京:中华书局1959年版,第106页。

时,以皇宫中地震,诏公卿各思其过失,"明白陈之"①;安帝时,以"变异并见",诏"百僚及郡国吏人,有道术明习灾异阴阳之度璇机之数者,各使指变以闻"。②二是举贤良方正之士,向他们寻求方略。如和帝时,因水旱违度,"令三公、中二千石、二千石、内郡守相举贤良方正能直言极谏之士……遣诣公车,朕将悉听焉"③。三是由公卿百官向通经博学之士听取意见。如本始四年(前110年),郡国四十九地震,宣帝诏曰:"丞相、御史其与列侯、中二千石博问经学之士,有以应变,辅朕之不逮。"④四是遣使者"循行天下",通过了解民情来寻找对策。史载成帝时,平当"使行流民幽州……言勃海盐池可且勿禁,以救民急"⑤,就是一例。应该说,这些做法都多少达到了集思广益的目的,对"荒政"的实施也无疑是有利的。

另一方面,当灾害发生时,汉王朝又反复强调应选用贤才,而退斥奸佞。因为照经学解释:灾害之所以发生,一个主要原因,即在于统治者的用人不当。如所谓"昔鲁僖遇旱,以六事自让,躬节俭,闭女谒,放谗佞者十三人,诛税民受货者九人,退舍南郊,天立大雨。今亦宜顾省政事……明敕近臣,使遵法度,如有不移,示以好恶"⑥。所以自武帝之后,凡遇有灾害,汉王朝皆下诏广求贤才,并罢免一些佞臣,这几乎已成为惯例。以西汉为例,赵翼就曾指出:

> 其时人君亦多遇灾而惧,如成帝以灾异用翟方进言,遂出宠臣张放于外,赐萧望之爵,登用周堪为谏大夫。又因何武言,擢用辛庆忌。哀帝亦因灾异用鲍宣言,召用彭宣、孔光、何武,而罢孙宠、息夫躬等。⑦

---

① 《汉书》卷一〇《成帝纪》,北京:中华书局1962年版,第307页。
② 《后汉书》卷五《安帝纪》,北京:中华书局1965年版,第210页。
③ 《后汉书》卷四《和帝纪》,北京:中华书局1965年版,第178页。
④ 《汉书》卷八《宣帝纪》,北京:中华书局1962年版,第245页。
⑤ 《汉书》卷七一《平当传》,北京:中华书局1962年版,第3050页。
⑥ 《后汉书》卷六一《黄琼传》载黄琼语,北京:中华书局1965年版,第2034页。按:其语本《春秋·考异邮》。
⑦ (清)赵翼撰,曹光甫点校:《廿二史札记》卷二《汉儒言灾异》,上海:上海古籍出版社2011年版,第34—35页。按:此节叙事尚有误植(详见王树民《廿二史札记校正》)。惟其人、其事虽误,于本文立论亦无抵牾,故仍可参证。

另据《后汉书三国志补表三十种》统计,东汉三公竟有三十多人因灾异被罢免。至于地方官吏,更是比比皆是。《汉书》卷八六《何武传》载,武"为清河太守,数岁,坐郡中被灾害什四以上免"①,就是一例。这虽然看起来颇为荒唐,其实却有着非常合理的一面,即看到了用人在灾害中的作用。也就是说,汉王朝已经认识到了人祸之与天灾的内在联系。正如孙中山先生所说:

> 官吏贪污和疫病、粮食缺乏、洪水横流等等自然灾害间的关系,可能不是明显的,但是它很实在,确有因果关系。②

而且,这实际也是一种汉代具有经学色彩的、官吏流通的特殊机制。③ 问题只在于它的解释带有很大的随意性,且运行中也往往是良莠不分,因而使不少人都成了推脱责任的替罪羊,并使它又更多地成为一种政治斗争的工具。

此外,为表示改过,汉王朝还推出一些削减费用、废除"苛政"的措施。就前者而言,其措施主要有削减朝廷开支、减少宫廷费用、停建劳民工程、罢废某些机构和免除一些征调等。显然是意在节省一部分开支,以便用于救灾,同时也是要给灾民多少减轻一些负担。如初元五年(前44年),元帝便引《诗》下诏说:

> 乃者关东连遭灾害,饥寒疾疫,夭不终命。《诗》不云乎?"凡民有丧,匍匐救之。"其令太官毋日杀,所具各减半。乘舆秣马,无乏正事而已。罢角抵、上林宫馆希御幸者、齐三服官、北假田官、盐铁官、常平仓。④

《后汉书》卷六《顺帝纪》载,顺帝为表示"修政",还专门下诏封还进献的

① 《汉书》卷八六《何武传》,北京:中华书局1962年版,第3484页。
② 广东省社会科学院历史研究所、中国社会科学院近代史研究所中华民国史研究室、中山大学历史系孙中山研究室编:《孙中山全集》第1卷,北京:中华书局1981年版,第89页。
③ 参看拙文:《以经治国与汉代用人》,载《齐鲁学刊》1994年第6期。
④ 《汉书》卷九《元帝纪》,北京:中华书局1962年版,第285页。

珍珠。诏云:"海内颇有灾异,朝廷修政,太官减膳,珍玩不御。而贵阳太守文礱,不惟竭忠,宣畅本朝,而远献大珠,以求幸媚,今封以还之。"①其他皇帝与太后也都曾不同程度地削减费用。而废除苛政,则是要改良统治,减少一些残民之举。主要有举冤狱、废酷刑、禁繁苛、删减律令和大赦天下等。例如:

> 乃者火灾降于祖庙,有星孛于东方,始正而亏,咎孰大焉!《书》云:"惟先假王正厥事。"群公孜孜,帅先百僚,辅朕不逮。崇宽大,长和睦,凡事恕己,毋行苛刻。其大赦天下,使得自新。②
>
> 建初元年,大旱谷贵,(杨)终以为广陵、楚、淮阳、济南之狱,徙者万数,又远屯绝域,吏民怨旷,乃上疏[请还徙者]……帝从之。③
>
> (永元六年)秋七月,京师旱。诏中都官徒各除半刑,谪其未竟,五月以下皆免遣。丁巳,幸洛阳寺,录囚徒,举冤狱。④

此类记载还有很多,这里不再繁引。由此可见,在经学的理论指导下,汉王朝也把削减费用、废除苛政作为调整政策、实施"荒政"的重要内容。其影响之深,于此亦可见一斑。

(二) 倡导各种求神禳灾活动

汉代自武帝之后,为了消灾祈福,统治者还根据经学进行了很多求神禳灾活动。仅见于文献记载的,便既有祭祀天地者,又有祭祀日月星辰、山川四方者,还有祭祀百神如风伯、雨师、雷公、龙神与河伯等。而且,它们的具体名称往往也都有经学的依据,并得到了经学的倡导。如《白虎通》卷二《五祀》:"《礼》曰:'天子祭天地,诸侯祭山川,卿大夫祭五祀,士祭其祖。'"又《礼记·祭法》云:"山林川谷丘陵能出云、为风雨、见怪物,

---

① 《后汉书》卷六《顺帝纪》,北京:中华书局1965年版,第256页。
② 《汉书》卷一〇《成帝纪》,北京:中华书局1962年版,第303页。
③ 《后汉书》卷四八《杨终传》,北京:中华书局1965年版,第1597—1598页。
④ 《后汉书》卷四《和帝纪》,北京:中华书局1965年版,第179页。按:此事又见于《后汉书》卷三五《张奋传》,称"和帝召太尉、司徒幸洛阳狱,录囚徒,收洛阳令陈歆,即大雨三日"(北京:中华书局1965年版,第1199页)云云。

皆曰神。有天下者祭百神。"这就为汉王朝的各种祭祀提供了理论依据。

汉代的求神禳灾活动大多集中在造成灾害最大的水灾与旱灾上。其方法就是所谓旱灾行"雩"礼,水灾而"攻社"。如《后汉书》志五《礼仪中》记载:

> 其旱也,公卿官长以次行雩礼求雨。闭诸阳,衣皂,兴土龙,立土人舞僮二佾,七日一变如故事。反拘朱索(萦)社,伐朱鼓。①

具体事例则可以成帝的止雨和顺帝的求雨为代表。前者曾于水灾时,"命诸官止雨,朱绳反萦社,击鼓攻之"②;后者乃于大旱时,"敕郡国二千石各祷名山岳渎,遣大夫、谒者诣嵩高、首阳山,并祠河、洛请雨。……雩"③。

用这种方式来消除灾害,当然是一种非常愚昧的迷信行为,也不会真正起到禳灾的作用。但是从当时的社会心理分析:在科学认识水平不高且生产力低的汉代,由于人们尚不能有效抵御自然界的暴虐,同时又绝不愿就此绝望,这对于稳定民心、从精神上寻求力量还是具有一定作用的。至少在心理上会得到某些安慰与希望。尤其这些活动都是由官方主持的,它一方面代表国家向全社会表明了对于灾害的重视;另一方面,它也多少表明了对于民众的关心,并为那些无望的灾民提供了一线战胜灾害的希望——尽管这是一种不成其办法的办法。这就更使人们在心理上会获得某些安慰,不但可以减轻一些精神上的压力,还可以重新燃起求生的欲望。成帝时,王尊的事例就十分典型。《汉书》卷七六《王尊传》载:

> 久之,河水盛溢,泛浸瓠子金堤,老弱奔走,恐水大决为害。尊躬率吏民,投沉白马,祀水神河伯。尊亲执圭璧,使巫策祝,请以身填金堤……及水盛堤坏,吏民皆奔走,唯一主簿泣在尊旁,立不动。而水波稍却迴还。吏民嘉壮尊之勇节。④

---

① 《后汉书》志五《礼仪中》,北京:中华书局1965年版,第3117页。
② 《后汉书》志五《礼仪中》注引《汉旧仪》,北京:中华书局1965年版,第3120页。
③ 《后汉书》卷六《顺帝纪》,北京:中华书局1965年版,第259页。
④ 《汉书》卷七六《王尊传》,北京:中华书局1962年版,第3237页。

显而易见,这场水灾之所以最后能被战胜,一个根本原因,即在于王尊通过祷神和自己的表率行为,便民心得以安定,然后吏民共同来抗御水灾。正如成帝对其嘉奖所说:"太守身当水冲,履咫尺之难,不避危殆,以安众心,吏民复还就作,水不为灾。"①所以,对这些禳灾活动,我们固然应当指出它们的虚妄、无知和愚昧,但是也应当进行具体分析,看到它们在抗灾中还具有一定的精神作用,而不能都简单地斥之为迷信。

(三)推动汉王朝采取更多的赈灾措施

汉代从武帝开始,由于经学的强烈影响,统治者对灾民也采取了更多的赈济措施。主要可归纳为六个方面。一是为了使灾民能暂时渡过难关,向他们提供紧急救济。一般是开仓赈粮,出帛赐民。如元帝在水灾、地震后,"诏吏虚仓廪,开府库振救,赐寒者衣"②;和帝时,"秋稼为旱蝗所伤"③,"遣使者分行贫民,举实流冗,开仓赈禀三十余郡"④。二是考虑到在受灾地区往往难以对灾民赈济,将灾民迁移到一些未受灾的地区救济。据《史记》卷三〇《平准书》记载,元朔四年(前125年),武帝为救济山东灾民,即采用此举:

> 其明年,山东被水灾,民多饥乏,于是天子遣使者虚郡国仓廥以振贫民。犹不足,又募豪富人相贷假。尚不能相救,乃徙贫民于关以西,及充朔方以南新秦中,七十余万口,衣食皆仰给县官。⑤

三是对受灾的死难者进行丧葬救济,给予棺木或安葬费,并对染病、受伤的灾民提供一定的医药费或治疗。如《汉书》卷一二《平帝纪》载,王莽于旱、蝗灾发后规定,"民疾疫者,舍空邸第,为置医药。赐死者一家六尸以上葬钱五千,四尸以上三千,二尸以上二千"⑥。四是减免受灾地区一定

---

① 《汉书》卷七六《王尊传》,北京:中华书局1962年版,第3238页。
② 《汉书》卷九《元帝纪》,北京:中华书局1962年版,第283页。
③ 《后汉书》卷四《和帝纪》,北京:中华书局1965年版,第174页。
④ 《后汉书》卷四《和帝纪》,北京:中华书局1965年版,第176页。
⑤ 《史记》卷三〇《平准书》,北京:中华书局1959年版,第1425页。
⑥ 《汉书》卷一二《平帝纪》,北京:中华书局1962年版,第353页。

时期的赋税与徭役,以减轻灾民的负担。一般是减免当年的赋役。如始元六年(前81年),昭帝因大旱下诏"减漕三百万石"①;永建六年(131年),顺帝以冀州水灾,"令冀部勿收今年田租、刍稿"②等。五是为调动全社会救灾,并减轻国家负担,提倡和奖励义赈。如元狩三年(前120年),武帝诏"举吏民能假贷贫民者以名闻";元鼎二年(前115年),诏"吏民有振救饥民免其厄者,具举以闻"。③又永始二年(前15年),成帝亦因此对义赈下诏奖募,其规定云:

> 吏民以义收食贫民、入谷物助县官振赡者,已赐直,其百万以上,加赐爵右更,欲为吏补三百石,其吏也迁二等。三十万以上,赐爵五大夫,吏亦迁二等,民补郎。十万以上,家无出租赋三岁。万钱以上,一年。④

六是放宽对灾民的户籍控制,允许他们流亡就食,并规定其流亡地官府应给予一定的生活接济。如所谓"饥民得流就食江淮间,欲留,留处"⑤;民"避水它郡国,在所冗食之"⑥。

总之,为了使灾民能渡过灾荒,在经学的指导和推动下,汉王朝曾采取了许多赈济措施。这在当时已经形成了比较完备的制度。在正常情况下,为了能够稳定社会、更有利地维护统治,汉王朝还必须保证灾民的最低生存条件。正如马克思和恩格斯曾精辟指出:

> 为了有可能压迫一个阶级,就必须保证这个阶级至少有能够维持它的奴隶般的生存的条件。⑦

---

① 《汉书》卷七《昭帝纪》,北京:中华书局1962年版,第228页。
② 《后汉书》卷六《顺帝纪》,北京:中华书局1965年版,第258页。
③ 《汉书》卷六《武帝纪》,北京:中华书局1962年版,第177、182页。
④ 《汉书》卷一〇《成帝纪》,北京:中华书局1962年版,第321页。按:"右更"为第十四等爵,"五大夫"为第九等爵。
⑤ 《汉书》卷二四下《食货志下》,北京:中华书局1962年版,第1172页。
⑥ 《汉书》卷一〇《成帝纪》,北京:中华书局1962年版,第311页。
⑦ 中共中央马克思恩格斯列宁斯大林著作编译局编:《马克思恩格斯选集》第1卷,北京:人民出版社1972年版,第263页。

故尽管有时也不免会出现种种问题,如"民田有灾害,吏不肯除,收趣其租,以故重困"①等,但以上措施一般也都可以得到贯彻与实施。前引武帝大规模的迁民,便足以证明。如《史记》卷三〇《平准书》称:"数岁,假予产业,使者分部护之,冠盖相望。其费以亿计,不可胜数。于是县官大空。"②再如前引汲黯、王望和第五访的事例,也可谓明证。足见,在正常情况下,其措施也都得到了贯彻与实施,对救灾还是发挥了较大作用的。

　　但是另一方面,我们又必须看到:由于封建剥削制度和经济条件的制约,汉王朝也确实未能真正解决灾民的生活问题。一则其赈济标准规定很低,本身就难以来保障灾民的生活。以赈粮为例说,除在大灾之时对所有灾民才赈予某些口粮外,一般都是规定:赐"鳏、寡、孤、独、笃癃、贫无家属不能自存者粟,人三斛"③。这自然是不能真正保障灾民的口粮的。二则这些赈济措施的实施,还首先要取决于汉王朝的财政状况。倘若其财政状况较好,则它们尚可以得到实施;而如果是相反,那么统治者便不可能以牺牲自身利益来保障赈济,故只能是减少或象征性地赈济。据历史记载,在东汉后期曾出现"三空之厄",所谓"田野空,朝廷空,仓库空"。④ 在这种情况下,它们还究竟能否被真正实施也就可想而知了。三则出于剥削阶级的本性,不少官吏除了官僚主义、草菅人命,在放赈时还往往会大量剋扣和贪污,以中饱私囊,这已经成为一种司空见惯、不可救药的痼疾。更严重的是,每当其统治极为腐败时,那些措施的种种规定也确实是流于形式,成了一种骗局。仍以东汉后期说,由于中央王朝已极为腐朽和地方割据势力的膨胀,在当时便有着"州郡记,如霹雳;得诏书,但挂璧"⑤的俚语。那么,这又怎么可能保证其措施的实施呢?故另一方面

---

① 《汉书》卷七一《于定国传》,北京:中华书局 1962 年版,第 3043 页。

② 《史记》卷三〇《平准书》,北京:中华书局 1959 年版,第 1425 页。

③ 《后汉书》卷二《明帝纪》,北京:中华书局 1965 年版,第 115 页。按:西汉赈济口粮尚无比较统一的规定,东汉时则似已形成"人三斛"的惯例。参看《后汉书》各《帝纪》。

④ 见《后汉书》卷六六《陈蕃传》,北京:中华书局 1965 年版,第 2162 页。

⑤ 《全后汉文》卷四六崔寔《政论》,(清)严可均编:《全上古三代秦汉三国六朝文》,北京:中华书局 1958 年版,第 727 页。

说,它们也必然是残缺、低效和名不副实的。汉代每每在大灾之后皆予以赈济,却仍然出现大批饥民、流民与死难者,就从反面说明了这一点。

(四) 推进汉王朝组织生产自救活动

不言而喻,无论在灾后怎样对灾民赈济,对国家和灾民来说,都只能是一种暂时性的应急措施。而更重要的,则在于尽快帮助灾民恢复生产,重建家园,亦即生产自救。汉代统治者对这一点也有着清醒的认识。特别是鉴于在灾后所形成的流民问题还有其更严重的后果,如导致封建国家的财政枯竭,破坏所构筑的统治秩序等,这就更使他们要把组织生产自救作为解决流民问题的一条主要途径。因此,在力求驱民于田亩的既定方针下,他们又基于"《洪范》八政,以食为首"之论①,强调应采取措施来组织灾民进行生产自救。主要采取了以下措施:

其一,由于灾民在受灾后往往丧失了大部分的家产,没有足够的生产资料农作,汉王朝一般都尽量向他们提供土地,即假民公田,并贷给灾民一些粮种。据《西汉会要》辑录,西汉自武帝建元元年(前 140 年)至平帝元始二年(2 年),像这种诏令便有着十二道之多。又据安作璋先生辑录,东汉自永平九年(66 年)至永元十六年(104 年),在三十八年中,此类诏令竟同样有着十二道之多。② 例如:《汉书》卷七《昭帝纪》,始元二年(前85 年)三月,"遣使者振贷贫民毋种、食者";元凤三年(前 78 年),"罢中牟苑赋贫民"。③《汉书》卷九《元帝纪》,初元元年(前 48 年),"以三辅、太常、郡国公田及苑可省者振业贫民,赀不满千钱者赋贷种、食"④;《后汉书》卷四《和帝纪》,永元十六年,"诏贫民有田业而以匮乏不能自农者,贷种粮"⑤;《后汉书》卷五《安帝纪》,永初元年(107 年),"二月丙午,以广

① 按:此类征引在武帝后多有所见,而目的就是要说明和强调其重农的必要性。参看《汉书》《后汉书》各《帝纪》。
② 安作璋:《秦汉农民战争史料汇编》,北京:中华书局 1982 年版,第 251—253 页。
③《汉书》卷七《昭帝纪》,北京:中华书局 1962 年版,第 220、229 页。
④《汉书》卷九《元帝纪》,北京:中华书局 1962 年版,第 279 页。
⑤《后汉书》卷四《和帝纪》,北京:中华书局 1965 年版,第 192 页。

成游猎地及被灾郡国公田假与贫民"①;等等。

其二,汉王朝又大力招抚流亡,鼓励流亡的灾民或回到原籍务农,或在其流亡郡国著籍后从事耕作。方法主要有三种。一是对流民愿回原籍者提供一定的食宿和医药便利,并给他们提供土地,贷予粮种和食物。如地节三年(前67年),宣帝诏"流民还归者,假公田,贷种、食"②;建初元年(76年),章帝诏兖、豫、徐三州"流人欲归本者,郡县其实禀,令足还到,听过止官亭③;永元十五年(103年),和帝诏"流民欲还归本而无粮食者,过所实禀之,疾病加致医药"④等。二是给愿留在流亡郡国的灾民登记户籍,并赐予田宅和贷给生产资料。例如关于著籍,史载成帝就明确规定:"流民欲入关,辄籍内。"⑤东汉则形成为固定制度,一般是对愿留在流亡郡国者赐民爵一级。从有关统计看,东汉自光武帝至顺帝曾前后颁布过此类诏令计十六次。⑥ 至于赐、假田宅,贷予粮种和农具等,其事例更多。如平帝置安民县,便规定"募徙贫民……赐田宅什器,假与犁、牛、种、食"⑦。又章帝也曾"令郡国募人无田欲徙它界就肥饶者,恣听之。到在所,赐给公田,为雇耕佣,赁种饷,贳与田器"⑧,等等。三是对恢复农作的流民减免赋役和欠贷。如和帝令"贫民受贷种粮及田租、刍稿,皆勿收责"⑨。

其三,要求并鼓励郡国官吏招抚流亡和劝勉农桑。这主要表现在汉王朝把组织生产自救作为其吏治的首要内容,并对有突出成效者予以表彰。《汉书》卷一○《成帝纪》载,阳朔四年(前21年),成帝为劝勉农桑,

---

① 《后汉书》卷五《安帝纪》,北京:中华书局1965年版,第206页。
② 《汉书》卷八《宣帝纪》,北京:中华书局1962年版,第249页。
③ 《后汉书》卷三《章帝纪》,北京:中华书局1965年版,第132页。
④ 《后汉书》卷四《和帝纪》,北京:中华书局1965年版,第191页。
⑤ 《汉书》卷一○《成帝纪》,北京:中华书局1962年版,第318页。
⑥ 安作璋:《秦汉农民战争史料汇编》,北京:中华书局1982年版,第303页"编者按"。
⑦ 《汉书》卷一二《平帝纪》,北京:中华书局1962年版,第353页。
⑧ 《后汉书》卷三《章帝纪》,北京:中华书局1965年版,第145页。
⑨ 《后汉书》卷四《和帝纪》,北京:中华书局1965年版,第193页。

便下诏郡国说：

> 方东作时，其令二千石勉劝农桑，出入阡陌，致劳来之。《书》不云乎？"服田力啬，乃亦有秋。"其勖之哉！①

同时为了保证其政策的贯彻与实施，朝廷还经常派遣使者到郡国劝农、考课或组织生产。如史书上即有武帝"遣谒者劝有水灾郡种宿麦"②，宣帝命蔡癸"以好农使劝郡国"③，成帝遣使者"举奏刺史二千石劳俫有意者"④，和帝"遣三府掾分行四州，贫民无以耕者，为雇犁牛直"⑤等记载。另外，对郡国以下的地方官吏的劝农，汉王朝也要求州郡应经常督促和考课。《后汉书》卷五《安帝纪》载：永初"三年……诏长吏案行在所，皆令种宿麦蔬食，务尽地力，其贫者给种饷"⑥。至于在表彰方面，则可以宣帝对王成的嘉奖为代表。《汉书》卷八九《循吏传·王成》：

> 王成……为胶东相，治甚有声。宣帝最先褒之，地节三年下诏曰："盖闻有功不赏，有罪不诛，虽唐虞不能以化天下。今胶东相成，劳来不怠，流民自占八万余口，治有异等之效。其赐成爵关内侯，秩中二千石。"⑦

由此可见，为了组织生产自救，汉王朝在经学的指导下也采取了多种措施。这无疑是值得肯定的。它不仅已具有救灾必须与扶贫相结合的初步认识，将单纯的生活接济向扶持灾民恢复生产、重建家园转变，同时还将救灾扶贫、劝勉农桑与推广教化结合起来，因而对于稳定民心、减灾、抗灾和经济的恢复都有着积极作用。

诚然，由于剥削制度所致，不少官吏也往往会借此舞弊。他们或"欲

---

① 《汉书》卷一〇《成帝纪》，北京：中华书局 1962 年版，第 314 页。
② 《汉书》卷六《武帝纪》，北京：中华书局 1962 年版，第 177 页。
③ 《汉书》卷二四上《食货志上》，北京：中华书局 1962 年版，第 1141 页。
④ 《汉书》卷七一《平当传》，北京：中华书局 1962 年版，第 3050 页。
⑤ 《后汉书》卷四《和帝纪》，北京：中华书局 1965 年版，第 192 页。
⑥ 《后汉书》卷五《安帝纪》，北京：中华书局 1965 年版，第 212—213 页。
⑦ 《汉书》卷八九《循吏传·王成》，北京：中华书局 1962 年版，第 3627 页。

获丰穰虚饰之誉,遂覆蔽灾害,多张垦田,不揣流亡,竞增户口"①;或强占公田、苑囿,致"公家有鄣假之名,而利归权家"②;乃至"郡国上贫民,以衣履釜鬶为赀,而豪右得其饶利"③。但总的来看,由于汉王朝的积极鼓励,这些措施一般也都得到了贯彻,并发挥了较大作用。仅就两《汉书》的记载而言,除前引王成外,我们还可以找到很多这方面的事例。诸如:

> 陈立……徙为天水太守,劝民农桑为天下最,赐金四十斤。④
>
> 李忠……迁丹阳太守。乃为起学校,习礼容,春秋乡饮,选用明经,郡中向慕之。垦田增多,三岁间,流民占著者五万余口。⑤
>
> (杨仁)拜什邡令,宽惠为政……垦田千余顷。⑥
>
> (张禹)迁下邳相。……劝率吏民,假与种粮,亲自勉劳,遂大收谷实。邻郡贫者归之千余户……后岁至垦千余顷,民用温给。⑦

可见其措施也确有明显的积极作用,是应当肯定的。

三、历史作用与局限

通过对经学与汉代"荒政"的粗略考察,可以得出如下几点认识:

首先,在以经治国的思想指导下,汉代"荒政"已逐渐形成为一套系统严密、内容相当广泛的社会保障制度。这不仅充分体现出了经学的深刻影响,而且更反映出汉王朝对"荒政"的重视。因之在正常情况下,它也必然要发挥出救灾、减灾的应有功效,对稳定社会、维护统治也有着显著作用。以昭宣时期为例说,由于武帝时期的多年用兵和严重的自然灾

---

① 《后汉书》卷四《殇帝纪》,北京:中华书局 1965 年版,第 198 页。
② 王利器撰:《盐铁论校注(定本)》卷三《园池》,北京:中华书局 1992 年版,第 172 页。
③ 《后汉书》卷四《和帝纪》,北京:中华书局 1965 年版,第 175 页。
④ 《汉书》卷九五《西南夷传》,北京:中华书局 1962 年版,第 3845 页。
⑤ 《后汉书》卷二一《李忠传》,北京:中华书局 1965 年版,第 756 页。
⑥ 《后汉书》卷七九下《儒林列传下·杨仁》,北京:中华书局 1965 年版,第 2574 页。
⑦ 《后汉书》卷四四《张禹传》,北京:中华书局 1965 年版,第 1497—1498 页。

害,至昭帝即位时,其社会经济已严重凋敝——"海内虚耗,户口减半"①。
而昭宣时期,在经学的指导和推动下,汉王朝与民休息,大力实施"荒
政",这种局面则很快扭转。史称:"至昭帝时,流民稍还,田野益辟,颇有
畜积。宣帝即位,用吏多选贤良,百姓安土,岁数丰穰,谷至石五钱。"②再
有,在光武帝至质帝时期,据笔者统计,其前后一百二十年间,曾发生各种
灾害计一百六十余次③,造成灾荒频仍。但是从有关记载来看,由于大力
实施了"荒政",也仍有着一些经济恢复、社会得到重新稳定的事例。如
所谓"天下安平,人无徭役,岁比登稔,百姓殷富,粟斛三十,牛羊被野"④;
"齐民岁增,辟土世广"⑤;"天下复平,岁还丰穰"⑥;等等。尽管其中也不
免会有着溢美之辞,但在此时期那些灾害并没有造成特别严重的后果,人
民的生活还可以勉强维持,却是比较可信的事实。足见"荒政"还是发挥
了明显作用的。从某种意义上说,这也就是汉代统治每每出现危机却能
够重又稳固的一个重要原因。

其次,研究汉代具有经学特色的"荒政",也启迪人们对经学特别是
"灾异"学说重新认识。从以上论述即可以看出:在汉代"荒政"的实施过
程中,无论是汉王朝的指导思想,还是它的各项措施,灾异说都扮演了主
要角色,并且其作用也主要是积极的。但长期以来,由于种种因素,我们
却往往把它简单地视为一种神学,除了大批"君权神授",并一概斥之为
"骗局",至多也不过是肯定还有着限制皇权的一面,这显然是片面的。
因为就实质而言,灾异学说虽然具有鲜明的神学特征,理论推导也派生出
某些重民思想,却并非可以理解成天命论,或民本主义,而只能视为一种

① 《汉书》卷七《昭帝纪》,北京:中华书局 1962 年版,第 233 页。
② 《汉书》卷二四上《食货志上》,北京:中华书局 1962 年版,第 1141 页。
③ 见《后汉书》志一三、一四、一五、一六、一七、一八、一九《五行志》与《后汉书》各《帝纪》。
④ 《后汉书》卷二《明帝纪》,北京:中华书局 1965 年版,第 115 页。
⑤ 见《后汉书》卷四《和帝纪》范晔之"论",北京:中华书局 1965 年版,第 195 页。
⑥ 《后汉书》卷一〇上《皇后纪上·和熹邓皇后》,北京:中华书局 1965 年版,第 425 页。

英雄史观。① 当然,从灾异说的理论框架看,它的所谓天、民对君的制约功能,即灾异既是天对君的"谴告",又是民对君的"愁恨"体现,也似乎就是其理论的核心。可是它断然申明,不论天的谴告或是民的愁恨,都始终要取决于君的作为,即说明君对前者的制约才是灾异说的真谛,也才是它借以提出政治主张的基础。如其君之有"失",民则"愁恨感天""天乃先出灾害以谴告之;不知自省,又出怪异以警惧之"云云。因此,若透过那种对君的制约的表象分析,就不难看出:实际上,它恰恰是主张君对天、民才有着制约关系。也就是说,君的作为才是决定他能否得到天命与民心的关键;而天的谴告和民怨,则不过是君的为政已出现过失、当亟予改良的被动"感应",如此而已。这不正是一种曲折的英雄史观吗? 故如果将灾异说简单地视为神学,则不仅失之偏颇,也把问题简单化了。

其实,在汉代历史上,有许多统治者的主张,往往也并不因为援引了灾异说即一定错误,反之则一定正确。武帝时,黄河决口,田蚡以私利反对修堤,就是一个显例。《史记》卷二九《河渠书》载:

> 元光之中,而河决于瓠子,东南注钜野,通于淮、泗。于是天子使汲黯、郑当时兴人徒塞之,辄复坏。是时武安侯田蚡为丞相,其奉邑食鄃。鄃居河北,河决而南则鄃无水灾,邑收多。蚡言于上曰:"江河之决皆天事,未易以人力为强塞,塞之未必应天。"②

王凤之包庇杨肜,也是一个很典型的事例。《汉书》卷八二《王商传》载:

> 初,大将军(王)凤连昏杨肜为琅邪太守,其郡有灾害十四,已

---

① 在这一问题上,目前主要有两种观点:一种强调天的支配地位,主张灾异说应是一种"天命"论;一种则强调民的制约功能,认为它反映了"民本"思想。实则二说不是夸大天的作用,就是颠倒了经学的君、民关系,都忽略了它的实质乃在于要发挥君的主动性。也就是说,其错把天、民的被动地位置于君的主动地位上了。如贾谊称:"受天之福者,天不攻焉;被天之灾,则亦毋怨天矣,行自为取之也。"[(西汉)贾谊撰,阎振益、钟夏校注:《新书校注》卷九《大政》,北京:中华书局 2000 年版,第 339 页]谷永亦云:"王者必先自绝,然后天绝之。"(《汉书》卷八五《谷永传》,北京:中华书局 1962 年版,第 3461 页)故二说皆不足为凭。
② 《史记》卷二九《河渠书》,北京:中华书局 1959 年版,第 1409 页。

上。商部属按问,凤以晓商曰:"灾异天事,非人力所为。彤素善吏,宜以为后。"①

显然,在这里我们就不能仅凭对灾异的否定而肯定田蚡和王凤的徇私。可见对灾异说还应当全面、历史地分析。皮锡瑞就曾经特别告诫说:

汉有一种天人之学而齐学尤盛。《伏传》五行,《齐诗》五际,《公羊春秋》多言灾异,皆齐学也。《易》有象数占验,《礼》有明堂阴阳,不尽齐学,而其旨略同。当时儒者以为人主至尊,无所畏惮,借天象以示儆,庶使其君有失德者犹知恐惧修省。此《春秋》以元统天、以天统君之义,亦《易》神道设教之旨。汉儒藉此以匡正其主。……不得以今人之所见轻议古人也。②

他的话虽存在曲意回护"灾异"说的问题,但是他指出"不得以今人之所见轻议古人也",这却是值得深思的。

应当说明的是,近来学术界已越来越多地重新评价灾异说的功过,并认为它不但有着宣扬君权神授、维护专制皇权的一面,同时还有着限制皇权、改良统治的一面。这当然是正确的,但还不够。因为自汉武帝肇端后,它实际上已逐渐被运用到汉王朝的各项政策之中,乃至其事例竟随处可见。仅就"荒政"而言,它显然在其中制约着汉代的政治、经济、法律、民政、祭祀等政策和制度。因而要准确、全面地评价灾异说的功过,还必须进行更深入的研究,以还给它应有的历史地位。

第三,从"荒政"在汉代不同时期的效果看,尽管经学的倡导曾起到推波助澜的作用,但是最终决定其成效高低的,还是当时社会的经济发展水平,即农民的生产、生活状况与封建国家的财政收入和储备。因为根据经济学原理,"荒政"作为一种社会保障制度,其实质乃是一种由国家所

---

① 《汉书》卷八二《王商传》,北京:中华书局 1962 年版,第 3371 页。
② (清)皮锡瑞著,周予同注释:《经学历史·经学极盛时代》,北京:中华书局 1959 年版,第 106 页。

进行的社会财富的再分配。所以如果农民的生产、生活状况低下,或长期徘徊于比较艰难的境地,则将直接影响封建国家的财政收入,甚至会导致其收入大幅度的减少和储备的涸竭。那么在这种情况下,即使朝廷试图以"荒政"来救济灾荒,也势必会力不从心。事实也正是如此。汉代每当经济出现重大波动,农民生产、生活状况长期遭到破坏时,如武帝后期、西汉后期、东汉初期与后期,统治者的"荒政"便往往成效不大。因此,这又势必会导致生产继续下降,国家财政与储备进一步匮乏,对灾荒更加无力赈济,而灾害更多、更大地发生的恶性循环。例如在成帝时期,这种现象即一再出现。据史书记载,成帝自即位后,在建始元年(前32年)至永始二年(前15年)的十七八年间,曾发生大风、水灾、旱灾、火灾、疾疫、地震等灾害二十次之多。成帝虽多次下诏赈济,但结果还是出现了各地"比年不登"的严重局面;致使汉王朝无力有效救灾,不得不推出重赏"吏民以义收食贫民、入谷物助县官振赡"的措施,然而对灾民、流民的急剧增多仍难以处置。如永始二年,谷永便悲愤地指出:"(今)百姓财竭力尽,愁恨感天,灾异娄降,饥馑仍臻。流散冗食,馁死于道,以百万数。公家无一年之畜,百姓无旬日之储,上下俱匮,无以相救。"[1]可见,其"荒政"究竟能否取得成效,或取得多大成效,最主要的原因还在于经济状况的好坏。因之也昭示人们:要真正保障和提高社会救济水平,从根本上说,就是要大力发展生产力,提高整个社会的经济水平,这样才能为社会救济奠定坚实的物质基础。

不过,在指出经济乃是决定其成效的关键的同时,也必须看到:统治者的腐败与否也是其中不容忽视的因素。如上所述,尽管在统治比较清明时期同样都有着经济状况很糟的局面,也存在着官吏的徇私舞弊,但是总的来说,由于统治者的励精图治,"荒政"的运行机制并没有完全失灵。而且,随着经济状况的改善,它的功能还可以不断恢复和提高。如前述昭宣时期、东汉前期的"荒政"成效便足以证明。而在其统治腐败时期,由

---

[1]《汉书》卷八五《谷永传》,北京:中华书局1962年版,第3462页。

于统治者已昏庸、腐朽,国家机器也不再有效运转,"荒政"的运行机制则总是遭到严重破坏,乃至完全失灵。更严重的是,这种情况也总是与那种"殚尽府库""万民匮竭""天下饥馑",亦即社会经济的极度凋敝的局面相伴生,因而使"荒政"的功能始终都无法再得到恢复。桓灵时期就是这样一个例证。所谓"桓灵之世,其甚者也。自公卿大夫、州牧郡守,王事不恤……非欲忧国恤民、谋道讲德也,徒营己治私、求势逐利而已"①。甚至于"宁见朽贯千万,而不忍赐人一钱;宁积粟腐仓,而不忍贷人一斗"②。结果在全国形成了无数灾民和流民,加之连年疾疫,最终便导致了黄巾大起义。足见,在汉代"荒政"的实施过程中,统治者的腐败与否也是制约它的功效的一个重要因素。尽管这已经不是经学所能解决的问题,但它却雄辩地说明了一个事实:在封建剥削制度下,由于统治者的必然腐朽,任何严密、有效的社会保障制度,其最终都将运行失灵,只不过时间的长短而已!

---

① (魏)徐干撰,孙启治解诂:《中论解诂·谴交第十二》,北京:中华书局 2014 年版,第 231—232 页

② (汉)王符著,(清)汪继培笺,彭铎校正:《潜夫论笺校正》卷三《忠贵》,北京:中华书局 1985 年版,第 113 页。

附论十三

两汉时期的赋民公田及实质

赋民公田是两汉王朝将国家的"公田"赋予贫民的一项救急措施。从两汉王朝多次赋民公田的记载来看,这种措施应是人民遭受严重灾害和战乱后国家对人民的救济策略,将土地或皇家苑囿赋予失去土地的流民,使劳动力与土地重新结合,缓解灾后社会动荡问题。从西汉初年到东汉,赋民公田从临时性的振济措施演变为朝廷向人民施行"恩惠",一方面体现了统治阶级标榜"爱民""惠民"的治国理念,另一方面也表明这是一种不改变豪强地主现有土地占有状况的改良方案。

一、赋民公田与汉代救灾思想

两汉王朝以农立国,农业在国家经济政策中占据主导地位。当时影响农业发展的主要因素有土地和劳动力,将二者予以结合是农业生产得以维持的前提。从史料记载来看,两汉时期施行赋民公田的策略,一般都在国家遭受重大水旱灾害后。因为人民脱离土地,流离失所,社会动荡不安,所以国家就需要将人民和土地重新结合。而赋民公田,则以开放公田的方式让失地或缺地的农民与土地重新结合起来,既可以缓和矛盾,又可以恢复生产,还可以体现"仁政"。班固所说"理民之道,地著为本"[1]便一针见血指出了古代国家治理的根本。

值得注意的是,两汉的赋民公田和救灾思想曾受到经学的强烈影响。汉王朝的各项救灾措施,亦即"荒政",都基本或完全征引经学为依据,特别是在汉武帝"独尊儒术"之后。而且在经学中也的确有关于荒政的大量论述,如《周礼·地官·大司徒》称:

---

[1] 《汉书》卷二四上《食货志上》,北京:中华书局 1962 年版,第 1119 页。

> 以荒政十有二聚万民：一曰散利，二曰薄征，三曰缓刑，四曰驰力，五曰舍禁，六曰去几（讥察），七曰眚（省）礼，八曰杀哀，九曰蕃乐，十曰多昏（婚），十有一曰索鬼神，十有二曰除盗贼。①

其中便具体指明了荒政的十二种做法，包括在灾荒之年要尽可能给人民让利，要减轻各种赋税、宽缓刑罚、免除部分劳役、开放山泽、免征关市税收、简化各种礼仪，节省丧葬的费用，不举办乐舞娱乐活动、鼓励百姓减少婚嫁的礼节，并拜祭鬼神和清除盗贼。这可以说已基本包括汉代荒政的各种措施。更重要的是，孔孟所说的"仁政"，也大多是指救济百姓的荒政。所谓"乐岁终身饱，凶年免于死亡"②，即成为人们孜孜以求的理想社会和治世明君的判断标准。汉代经学也不例外，许多大儒都将救灾安民视为最大的仁政，从各个方面来论证荒政的必要性和措施。乃至把灾害的发生看作皇帝能否得到"天命"的体现，并把实施荒政视为朝廷必须改过自新才能继续统治的天大事情。史载董仲舒便特别强调说：

> 臣谨案《春秋》之中，视前世已行之事，以观天人相与之际，甚可畏也。国家将有失道之败，而天乃先出灾害以谴告之，不知自省，又出怪异以警惧之，尚不知变，而伤败乃至。以此见天心之仁爱人君而欲止其乱也。③

这不能不使汉朝的大多数君臣对荒政的实施都高度重视。如其"盖灾异者，天地之戒也"④"今数遭变异，谷价数倍，忧惶昼夜，不安坐卧"⑤云云。而赋民公田以解决贫民的土地问题，就是汉代荒政的一项特别重要的措施。

---

① （东汉）郑玄注，（唐）贾公彦疏：《周礼注疏》卷一〇《地官·大司徒》，（清）阮元校刻：《十三经注疏》（附校勘记），北京：中华书局 1980 年版，第 706 页。
② （东汉）赵岐注，（北宋）孙奭疏：《孟子注疏》卷一下《梁惠王章句上》，（清）阮元校刻：《十三经注疏》（附校勘记），北京：中华书局 1980 年版，第 2671 页。
③ 《汉书》卷五六《董仲舒传》，北京：中华书局 1962 年版，第 2498 页。
④ 《汉书》卷八《宣帝纪》，北京：中华书局 1962 年版，第 245 页。
⑤ 《后汉书》卷一〇上《皇后纪上·明德马皇后》，北京：中华书局 1965 年版，第 412 页。

　　具体来说,在大规模的战争和连续的灾异之后,人民流离失所,国家动荡不安,朝廷为了将脱离土地的人民重新固定在土地之上,通常便颁布诏令,将国家的公田赋予贫民,同时给予粮种、耕牛等。如武帝建元二年(前139年),"罢苑马,以赐贫民"①;昭帝元凤三年(前78年),"罢中牟苑赋贫民"②;宣帝时"相胜之奏夺王射陂草田以赋贫民,奏可"③;哀帝时连年地震,民失其业,"太皇太后诏外家王氏田非冢茔,皆以赋贫民"④等。据《汉书·地理志下》记载,平帝时期有"提封田一万万四千五百一十三万六千四百五顷,其一万万二百五十二万八千八百八十九顷,邑居道路,山川林泽,群不可垦;其三千二百二十九万九百四十七顷,可垦不垦;定垦田八百二十七万五百三十六顷"⑤。国家仍旧占有大量"可垦不垦田"的土地⑥,以及相当一部分公田。东汉建立之初,因长期战乱导致人口锐减,有大片荒芜的土地成为可供国家支配的"公田"。朝廷除了将一部分公田赐予功臣贵族,主要即用于"赋民",以吸引和安置流民。

　　由于天灾人祸,并借鉴了西汉后期和王莽改制的教训,东汉时期的赋民公田比西汉更为频繁。如建武十六年(40年),光武帝派遣使者到郡国纠察群盗,"徙其魁帅于它郡,赋田受稟,使安生业"⑦。章帝元和三年(86年)二月诏告常山、魏郡、清河、钜鹿、平原、东平郡太守、国相曰:"《月令》,孟春善相丘陵土地所宜。今肥田尚多,未有垦辟。其悉以赋贫民,给与粮种,务尽地力,勿令游手。"⑧有的时候,连皇家园林、苑池等也都被用来作为救济贫民的公田,如建初元年(76年)"秋七月辛亥,诏以上林池籞

----

① 《汉书》卷六《武帝纪》,北京:中华书局1962年版,第157页。
② 《汉书》卷七《昭帝纪》,北京:中华书局1962年版,第229页。
③ 《汉书》卷六三《武五子传》,北京:中华书局1962年版,第2761页。
④ 《汉书》卷一一《哀帝纪》,北京:中华书局1962年版,第338页。
⑤ 《汉书》卷二八下《地理志下》,北京:中华书局1962年版,第1640页。
⑥ 张梦晗:《从新出简牍看西汉后期南京的农业经济》,《中国农史》2020年第6期。
⑦ 《后汉书》卷一下《光武帝纪下》,北京:中华书局1965年版,第67页。
⑧ 《后汉书》卷三《章帝纪》,北京:中华书局1965年版,第154页。

田赋与贫人"①。据初步统计,从明帝永平九年(66 年)至安帝永初三年(109 年)的 44 年时间里,共颁布假民公田和赋民公田的诏令达 20 多次,其中赋民公田的次数达 12 次。②

除将公田"赋予贫民"之外,东汉王朝还实施"赐民公田"的措施。如元和元年(84 年)二月甲戌,章帝诏曰:"王者八政,以食为本,故古者急耕稼之业,致耒耜之勤,节用储蓄,以备凶灾,是以岁虽不登而人无饥色。自牛疫已来,谷食连少,良由吏教未至,刺史、二千石不以为负。其令郡国募人无田欲徙它界就肥饶者,恣听之。到在所,赐给公田,为雇耕佣,赁种饷,贳与田器,勿收租五岁,除算三年。其后欲还本乡者,勿禁。"③鉴于"赐民"与"赋民"的名称不同,高敏先生认为"赋民公田"与"赐民公田"还有着明显区别:

> 汉代史籍中,明明把"赐民公田"之事单独列出,如《汉书·武帝纪》建元元年七月的"罢苑马,以赐贫民",即以养马之苑赐贫民;……《后汉书·明帝纪》永平九年四月的"诏郡国以公田赐贫人各有差";同书《章帝纪》元和元年二月的给徙民"赐给公田"等等事实,都以公田"赐贫民"之证。这种"赐公田",才属于把公田的所有权给与贫民。既然"赋民公田"与"赐民公田"并列,则"赋"贫民以公田之不同于"赐"贫民以公田乃是很明显的。④

而杨静婉女史则提出异议。她将前后《汉书》中关于"赋民公田"和"赐民公田"的记载列举出来对比,认为其实质应当相同:

> 凡是给与迁徙到边郡及诸陵者公田时,则用"赐",而给与一般贫民土地时,则多用"赋"。前者所以用"赐"而不用"赋",可能是国家对他们迁徙到条件较差的边郡或诸陵行为的鼓励、嘉奖。因为

---

① 《后汉书》卷三《章帝纪》,北京:中华书局 1965 年版,第 134 页。
② 林兴龙:《汉代社会救济问题研究》,厦门:厦门大学出版社 2017 年版,第 100 页。
③ 《后汉书》卷三《章帝纪》,北京:中华书局 1965 年版,第 145 页。
④ 高敏:《论汉代"假民公田"制的两种类型》,载《求索》1985 年第 1 期。

"赐"虽然是给与之意,但不同于一般的给与,还带有赏赐、褒奖之意。"赋"则不同,只是给与,没有赏赐、鼓励之意。①

又说:"简言之,凡属于抚恤性质的把公田永远交与贫民耕种时,多用'赋',而带有赏赐、鼓励兼安抚性质的把公田永远交与贫民时,则多用'赐'。即是说'赋民公田'与'赐民公田'都是把公田永远给与贫民,只是给与时强调的角度不同而已。"②张荣芳先生也将"赋民公田"与"赐民公田"放在一起讨论,认为"赋民公田"和"赐民公田"都是一种救灾的措施,在给贫民给予公田的同时还顺便提供种子、耕牛和田器,并且"勿收租五岁,除算三年。其后欲还本乡者,勿禁"③,说明被赋予公田的贫民身份是较为自由的,他们都是国家的自耕农。④ 黄今言先生也同样主张:"赋民公田"和"赐民公田"是一样的。"无地、少地贫民被'赐'、'赋'土地后,虽然要交纳'三十税一'的田租,但他们获得了土地所有权,由无地贫民变成了自耕农或半自耕农。"⑤综合来看,我们赞同"赋民公田"和"赐民公田"相同的看法。

需要说明的是,赋予贫民的公田数量并不确定,政府把公田分给贫民,其目的是"尽地利",缓和阶级矛盾。贫民得到这些土地之后,就获得了土地所有权。但此类"赋民公田"的诏令中,都没有说明其田地的数量。颜师古说:"计口而给其田宅。"⑥究竟应赋予多少土地给贫民,当根据具体情况而定。

---

① 杨静婉:《关于汉代"假民公田"与"赋民公田"的几个问题——与高敏先生商榷》,载《湘潭大学学报(社会科学版)》1987 年第 2 期。
② 杨静婉:《关于汉代"假民公田"与"赋民公田"的几个问题——与高敏先生商榷》,载《湘潭大学学报(社会科学版)》1987 年第 2 期。
③《后汉书》卷三《章帝纪》,北京:中华书局 1965 年版,第 145 页。
④ 张荣芳:《论两汉的"公田"》,载《中山大学学报(社会科学版)》1985 年第 1 期。
⑤ 黄今言:《汉代"贫富失度"与"调均贫富"论略》,载《安作璋先生史学研究六十周年纪念文集》,济南:齐鲁书社 2007 年版,第 270 页。
⑥ 张荣芳:《论两汉的"公田"》,载《中山大学学报(社会科学版)》1985 年第 1 期。

二、赋民公田与假民公田的异同

"假民公田"是国家对贫民的另一项救济措施,即官府把公田长期租赁给无地或少地的贫民。农民获得土地后,负责耕种,并向国家缴纳假税,这些农民实际上又恢复了自耕农的身份,只不过采用租赁公田的方式而已。从渊源来说,假民公田基本类似于授田。① 据龙岗秦简记载,秦统一全国前后便开始有了假民公田的例证。② 汉代假民公田的事例更多,如宣帝地节三年(前67年)春三月诏曰:"鳏寡孤独高年贫困之民,朕所怜也。前下诏假公田,贷种、食。"冬十月诏曰:"流民还归者,假公田,贷种、食,且勿算事。"③到东汉中后期,假民公田已作为一项较为完善的政策被逐渐推广。如安帝永初元年(107年)二月,"以广成游猎地及被灾郡国公田假与贫民"④;永初三年(109年)三月,"诏以鸿池假与贫民"⑤。据不完全统计,从明帝永平九年(66年)至安帝永初三年(109年)的44年间,共颁布假民公田的诏令达20多次⑥,应该说政策的力度还是不小的。

"假民公田"与"赋民公田"从本质来看具有相似性,都是国家振济贫民的重要措施。国家将公田"赋"予贫民或者"假"予贫民后,收取一定数量的地税。《盐铁论·园池》载:"先帝之开苑囿、池篽,可赋归之于民,县官租税而已。假税殊名,其实一也。"⑦将公田赋予农民,归农民所有,国家向获得公田的农民收取地税,假税的名称虽然不同,但税率是一样的。但从土地所有权来看,赋民公田和假民公田是有区别的。国家将公田"赋

---

① 裴锡圭:《从出土文字数据看秦和西汉时代官有农田的经营》,载《裴锡圭学术文集》第5卷,上海:复旦大学出版社2012年版,第240页;晋文:《张家山汉简中的田制等问题》,载《山东师范大学学报(人文社会科学版)》2019年第4期。
② 晋文:《龙岗秦简中的"行田""假田"等问题》,载《文史》2020年第2辑。
③《汉书》卷八《宣帝纪》,北京:中华书局1962年版,第248—249页。
④《后汉书》卷五《安帝纪》,北京:中华书局1965年版,第206页。
⑤《后汉书》卷五《安帝纪》,北京:中华书局1965年版,第212页。
⑥ 黄天华:《中国财政制度史》,上海:上海人民出版社2017年版,第341页。
⑦ 王利器撰:《盐铁论校注(定本)》卷三《园池》,北京:中华书局1992年版,第172页。

予"或者"赐予"贫民后,贫民便拥有了土地的所有权,成为自耕农,而假民公田是国家将公田借给贫民,贫民对公田只有使用权,没有所有权,实际上这些贫民最后在形式上成为国家的佃农。正如黄今言先生所说:"假民田对公田不具备所有权,一般不得买卖,而'赋民公田'和'赐民公田'则不然,当国家对贫民'赋'、'赐'公田之后,就意味着贫民获得了土地所有权。也就是说,公田便转化成为私有了。"①但对这种区别还不宜过分夸大。在拥有长期或永久使用权后,这些租佃的公田在实质上便等同赋民公田或赐民公田了。所谓"分田劫假",便意味着土地使用权的分割与转让,亦即农民向转租假田的地主交纳"见税什五"的地租,而地主却向国家缴纳"三十税一"的地税。在这种情况下,使用权和所有权其实是没有本质区别的。史载王莽便斥责说:"汉氏减轻田租,三十而税一,常有更赋,罢癃咸出,而豪民侵陵,分田劫假,厥名三十,实什税五也。"师古注曰:"分田,谓贫者无田而取富人田耕种,共分其所收也。假亦谓贫人赁富人之田也。劫者,富人劫夺其税,侵欺之也。"②文学亦批评说:"今县官之多张苑囿,公田池泽,公家有鄣假之名,而利归权家。"③而"权家"即指官僚地主。

三、赋民公田的实施效果与评价

两汉实施赋民公田和假民公田的政策取得了积极效果。一是增加了国家的财政收入。国家不仅将散布于各地的公田赐予或假予贫民,也将皇家园林、陂池苑囿假予贫民耕种,失去土地的农民得以再次与土地结合,成为国家的纳税人。这些公田分别由大司农和少府主管,收取的田租可以增加国家财政收入,缓解财政危机。二是解决了破产农民无地可耕的问题。一些流亡的农民得到安置,假予土地的同时还暂时

① 黄今言:《秦汉赋役制度研究》,南昌:江西教育出版社 1988 年版,第 125 页。
② 《汉书》卷二四上《食货志上》,北京:中华书局 1962 年版,第 1143—1144 页。
③ 王利器撰:《盐铁论校注(定本)》卷三《园池》,北京:中华书局 1992 年版,第 172 页。

免除或减轻农民的租税,使贫民得以休养生息,安心生产。三是缓解了社会矛盾问题。农民在失去土地后,往往会流离失所,成为流民和亡命。他们聚集成"匪",啸聚山林,严重危害了人民和社会秩序。将这些流民安置于土地之上,使他们安心于农业生产,也可以在一定程度上减轻社会矛盾。

当然,由于封建剥削制度和经济条件的制约,两汉王朝并未能真正解决灾民的土地和生活问题。这突出表现在西汉晚期和东汉后期。早在元帝时,贡禹便明确指出:"贫民虽赐之田,尤贱卖以贾,穷则起为盗贼。"①可见其作用之小。哀帝时,鲍宣更上书描述了百姓的"七亡"和"七死"。他痛心疾首说:

> 凡民有七亡:阴阳不和,水旱为灾,一亡也;县官重责更赋租税,二亡也;贪吏并公,受取不已,三亡也;豪强大姓蚕食亡厌,四亡也;苛吏徭役,失农桑时,五亡也;部落鼓鸣,男女遮列,六亡也;盗贼劫略,取民财物,七亡也。七亡尚可,又有七死:酷吏殴杀,一死也;治狱深刻,二死也;冤陷亡辜,三死也;盗贼横发,四死也;怨雠相残,五死也;岁恶饥饿,六死也;时气疾疫,七死也。民有七亡而无一得,欲望国安,诚难;民有七死而无一生,欲望刑措,诚难。②

可谓惨不忍睹。另据《后汉书》卷六六《陈蕃传》记载,东汉后期曾出现"三空之厄",所谓"田野空,朝廷空,仓库空"。③ 在这种情况下,赋民公田能否真正发挥效用亦可想而知。就既得利益的统治者而言,他们更不可能牺牲自身利益来保障贫民生活,故而只能是减少或象征性地赈济贫民。更严重的是,由于小农经济的脆弱性以及落后生产力的限制,赋予贫民的土地最终仍不免被豪强大族兼并的命运,农民仅仅成为土地上的耕种者,而失去对土地的所有权或使用权。前揭"分田劫假",便充分证明豪强、

---

① 《汉书》卷七二《贡禹传》,北京:中华书局1962年版,第3075页。
② 《汉书》卷七二《鲍宣传》,北京:中华书局1962年版,第3088页。
③ 《后汉书》卷六六《陈蕃传》,北京:中华书局1965年版,第2162页。

势家通过强占贫民使用的公田以收取高额地租的普遍,农民的生活反而更加得不到保障。因此,无论是赋民公田或赐民公田,还是假民公田,实际也都是国家救急性的改良措施,是两汉王朝在不改变现有土地制度的基础上缓解社会问题和重置农业劳动力的做法。

第八章　以经治国与汉代社会生活的整合

汉武帝"独尊儒术"后,汉人的社会生活也被纳入经学的轨道之中。无论是衣食住行,还是婚姻家庭,抑或丧葬祭祀、复仇报恩、谦让之风与艺术生活等,以经治国都产生了极强的整合作用。它一方面发挥了巩固汉王朝地主阶级统治的功能,另一方面对形成中华民族共同的生活方式亦起到了促进作用。

一、衣食住行

根据唯物史观的基本原理,人们的衣、食、住、行乃是其生存所必须具备的最基本的条件。马克思、恩格斯曾明确指出:"人们为了能够创造历史,必须能够生活。但是为了生活,首先就需要衣、食、住以及其他东西。"[①]"汉人"当然也不例外。在以经治国的思想指导下,汉代统治者也必然要借助经学来满足他们的这一需要。如昭帝时,盐铁会议,贤良即公开宣称:"宫室舆马,衣服器械,丧祭食饮,声色玩好,人情之所不能已也。

---

① 中共中央马克思恩格斯列宁斯大林著作编译局编:《马克思恩格斯选集》第 1 卷,北京:人民出版社 1972 年版,第 32 页。

故圣人为之制度以防之。"①这就不能不使人们的衣、食、住、行具有经学的浓厚色彩。

先就"衣"说。自从汉武帝"独尊儒术"后,它便受到经学的制约与影响。这表现在汉儒都根据经学强调衣着服饰不是小事,而是一件关系着其统治能否得到"上天"承认的大事。如董仲舒论述说:

> 王者必受命而后王。王者必改正朔,易服色,制礼乐,一统于天下,所以明易姓,非继仁,通以己受之于天也。②

又兒宽等人说:"帝王必改正朔,易服色,所以明受命于天也。"③班固也说:"王者始起,改正朔,易服色,殊徽号,异器械,别衣服。"④同时他们认为,衣着还直接反映着尊卑等级,若尊卑有序,则服制亦应有别——"圣人所以制衣服何?以为絺绤蔽形,表德劝善,别尊卑也"⑤。如盐铁会议,贤良就批评当时服制无别说:

> 夫罗纨文绣者,人君后妃之服也。茧绸缣练者,婚姻之嘉饰也。是以文缯薄织不粥于市。今富者缛绣罗纨,中者素绨冰锦。常民而被后妃之服,亵人而居婚姻之饰。⑥

汉代的最高统治者也对这一问题十分重视,史载成帝、马太后、明帝、邓太后、桓帝与献帝等人都曾下诏要求人们遵守服制。在具体衣着上,东汉王朝更依照经学制定了冠服制度。据荀绰《晋百官表注》记载,东汉官吏的服饰皆以经学为准。又袁宏《后汉纪》云:"(永平)二年春正月……至是

---

① 王利器撰:《盐铁论校注(定本)》卷六《散不足》,北京:中华书局1992年版,第349页。
② 苏舆撰,钟哲点校:《春秋繁露义证》卷七《三代改制质文》,北京:中华书局1992年版,第185页。又《汉书》卷五六《董仲舒传》载董仲舒《贤良对策》说:"臣闻制度文采玄黄之饰,所以明尊卑,异贵贱,而劝有德也。故《春秋》受命所先制者,改正朔,易服色,所以应天也。"(北京:中华书局1962年版,第2510页)
③ 《汉书》卷二一《律历志》,北京:中华书局1962年版,第975页。
④ (清)陈立撰,吴则虞点校:《白虎通疏证》卷八《三正》,北京:中华书局1994年版,第360页。
⑤ (清)陈立撰,吴则虞点校:《白虎通疏证》卷九《衣裳》,北京:中华书局1994年版,第432页。
⑥ 王利器撰:《盐铁论校注(定本)》卷六《散不足》,北京:中华书局1992年版,第350页。

天子(明帝)依《周官》《礼记》,制度冠冕、衣裳、珮玉、乘舆,拟古式矣。"①

再以"食"方面看,汉儒在饮食上一般都主张节俭,反对铺张。他们基于经学,认为民间那种"淆旅重叠""众物杂味"的大摆宴席,不仅是造成当前食物不足的原因,也根本不符合崇俭黜奢的古代礼制,所以主张应恢复以往"乡人饮酒,老者重豆,少者立食,一酱一肉,旅饮而已"②的饮食制度。目的当然还是要维护尊卑贵贱的等级制度。如东汉荀爽对此便明确指出:"今臣僭君服,下食上珍,所谓害于而家,凶于而国者也。"③就统治者而言,他们为此也曾采取过一些措施。一个突出事例,就是在食物上强调所谓"时节"问题,即根据《论语》所载"不时不食",强调所吃食物应适合其生长时节。如元帝时,召信臣任少府,以太官于温室中"冬生葱韭菜茹""此皆不时之物"④而奏请罢止;安帝时,邓太后临朝称制,以"供荐新味,多非其节",下诏凡进献食物当"须时乃上"⑤;等等。另外要特别提到的是,为了表示养老、弘扬孝道,汉人还根据经学提倡要尽量给老人吃粥食肉。如《后汉书》卷五《安帝纪》载安帝诏曰:

> 《月令》"仲秋养衰老,授几杖,行糜粥"。方今案比之时,郡县多不奉行。虽有糜粥,糠粃相半,长吏怠事,莫有躬亲,甚违诏书养老之意。其务崇仁恕,赈护寡独,称朕意焉。⑥

再有,从出土的汉画像石、画像砖、帛画及壁画中常见的宴饮图来看,其形式亦与《礼记·曲礼》"凡进食之礼,左肴,右胾,食居人之左,羹居人之右,脍炙处外,醯酱处内"⑦完全相似。说明汉代的宴饮形式也曾受到经

① (东晋)袁宏撰:《后汉纪》卷九《孝明皇帝纪上》,张烈点校:《两汉纪》下册,北京:中华书局2002年版,第165页。
② 王利器撰:《盐铁论校注(定本)》卷六《散不足》,北京:中华书局1992年版,第351页。
③《后汉书》卷六二《荀爽传》,北京:中华书局1965年版,第2056页。
④《汉书》卷八九《循吏传·召信臣》,北京:中华书局1962年版,第3642—3643页。
⑤《后汉书》卷一○上《皇后纪上·和熹邓皇后》,北京:中华书局1965年版,第425页。
⑥《后汉书》卷五《安帝纪》,北京:中华书局1965年版,第227页。
⑦ (东汉)郑玄注,(唐)孔颖达疏:《礼记正义》卷二《曲礼上》,(清)阮元校刻:《十三经注疏》(附校勘记),北京:中华书局1980年版,第1241—1242页。

学的影响。

在住的方面，同样也受到了经学的影响。不过资料较少，除了成帝、王太后、明帝等禁奢侈的诏书及纬书，所能看到的，就只有武帝时东方朔，昭帝时贤良文学，宣帝时王吉，元帝时翼奉、贡禹，成帝时刘向，东汉后期王符、仲长统等人的零星论述。而且，其论述也主要是以经学对当时的宫室过制进行抨击，如王符《潜夫论》卷三《浮侈》说：

> 《易》美"节以制度，不伤财，不害民"；《七月诗》大小教之，终而复始。……今京师贵戚，衣服、饮食、车舆、文饰、庐舍，皆过王制，僭上甚矣。①

至于在"行"的方面，更是受到经学的影响。史称王莽奏为"男女异路之制"②，就显然是由《礼记·曲礼》"男女不杂坐，不同椸枷，不同巾栉，不亲授"③发展而来。又据《白虎通》记载，汉人乘车尚必须遵守其"车教之道"，而这种"车教之道"实际也是经学所规定的。所谓"居车中，不内顾也。仰则观天，俯则察地，前闻和鸾之声，旁见四方之远，此车教之道。《论语》曰'升车必正立，执绥，车中不内顾'"④。不过，为了维护尊卑等级制度，经学的影响主要还是集中在交通工具上。例如反对车舆过制，用经义附会和制定车舆制度等。详见《后汉书·舆服志》，此不赘述。

二、婚姻与家庭

在汉代的社会生活中，婚姻、家庭是深受经学影响的一个重要方面。

---

① （汉）王符著，（清）汪继培笺，彭铎校正：《潜夫论笺校正》卷三《浮侈》，北京：中华书局1985年版，第122页。

② 《汉书》卷九九上《王莽传上》，北京：中华书局1962年版，第4076页。

③ （东汉）郑玄注，（唐）孔颖达疏：《礼记正义》卷二《曲礼上》，（清）阮元校刻：《十三经注疏》（附校勘记），北京：中华书局1980年版，第1240页。

④ 程树德撰，程俊英、蒋见元点校：《论语集释》卷二一《乡党下》，北京：中华书局1990年版，第728—729页。

经学向来重视婚姻,因为在以私有制为基础的封建社会里,婚姻实际是"一种政治的行为,是一种借新的联姻来扩大自己势力的机会"①。所以汉代经学不仅从其自然属性把它视为人之大伦——"夫婚姻之礼,人伦之大者也"②,而且更由其社会意义把它列为众礼之首,所谓"《诗》始《国风》,《礼》本《冠》《婚》"③。这也就决定了经学不可能将爱情作为婚姻的基础,而必然要将"财产多寡,门第高低"作为最主要的条件。例如,《礼记·曲礼》云,男女"非受币不交不亲"④,这便为男家聘礼、女家嫁妆的财产婚姻提供了理论依据。

"汉人"的结婚主要有"议婚""婚仪""婚年"三项内容。而这三项内容的具体规定都完全采用了经学的模式。

汉代人的议婚一般是经"媒妁之言",由父母议定。依据《诗经》,《白虎通》卷一〇《嫁娶》曾明确解释说:

> 男不自专娶,女不自专嫁,必由父母须媒妁何?远耻防淫佚也。《诗》云:"娶妻如之何?必告父母。"又曰:"娶妻如之何?匪媒不得。"⑤

戴封就是一个非常典型的事例。《后汉书》卷八一《独行列传·戴封》:

> 戴封……年十五,诣太学,师事鄮令东海申君。申君卒,送丧到东海,道当经其家。父母以封当还,豫为娶妻。⑥

---

① 中共中央马克思恩格斯列宁斯大林著作编译局编:《马克思恩格斯选集》第4卷,北京:人民出版社1972年版,第74页。

② 《汉书》卷八《宣帝纪》,北京:中华书局1962年版,第265页。类似说法还有许多,如《汉书》卷九七上《外戚传·序》:"夫妇之际,人道之大伦也。"(北京:中华书局1962年版,第3933页)

③ 《汉书》卷八一《匡衡传》,北京:中华书局1962年版,第3340页。

④ (东汉)郑玄注,(唐)孔颖达疏:《礼记正义》卷二《曲礼上》,(清)阮元校刻:《十三经注疏》(附校勘记),北京:中华书局1980年版,第1241页。

⑤ (清)陈立撰,吴则虞点校:《白虎通疏证》卷一〇《嫁娶》,北京:中华书局1994年版,第452页。

⑥ 《后汉书》卷八一《独行列传·戴封》,北京:中华书局1965年版,第2683页。

汉代人的婚仪也几乎与"嘉礼"所谓六礼,即"纳采""问名""纳吉""纳徵""请期""亲迎",完全相同。史载王太后为平帝娶妻王莽之女,便下诏光禄大夫刘歆等杂定婚仪,并规定百官家属应"皆以礼娶"①。而《白虎通》卷一〇《嫁娶》也将上述六礼作为婚仪的程式记录下来——

> 《礼》曰:"女子十五许嫁。"纳采、问名、纳吉、请期、亲迎,以雁贽;纳徵曰"玄纁",不用雁也。②

当然,所谓六礼一般人家不可能完全照办,但它在汉代被作为婚仪的模式却是毫无疑义的。

汉代人的婚年一般是男以二十始婚,女以十五始嫁。如《汉书》卷二《惠帝纪》载:"女子年十五以上至三十不嫁,五算。"③又《后汉书》卷七六《循吏列传》云,任延使"男年二十至五十,女年十五至四十,皆以年齿相配"④。这种婚年同样也与经学的模式相吻合。例如《礼记·内则》《春秋谷梁传》中便有男二十而娶、女十五而嫁的说法。诚然,汉代经学还有主张男子三十而娶、女子二十而嫁的。包括孔子在内,似乎也有过论述。但是这与汉人的实际婚年并不相符,王充即明确指出:"虽言男三十而娶,女二十而嫁,法制张设,未必奉行。何以效之? 以今不奉行也。"⑤而且它也并不排斥前者,正如董家遵先生所说:

> 对于"男三十而娶,女二十而嫁",孔子认为这是一种男女结婚年龄之最高标准,不是最低的限制。⑥

因此,在《白虎通》卷一〇《嫁娶》中,这两种说法便同时并列。

---

① 《汉书》卷一二《平帝纪》,北京:中华书局 1962 年版,第 355 页。
② (清)陈立撰,吴则虞点校:《白虎通疏证》卷一〇《嫁娶》,北京:中华书局 1994 年版,第 457 页。
③ 《汉书》卷二《惠帝纪》,北京:中华书局 1962 年版,第 91 页。
④ 《后汉书》卷七六《循吏列传·任延》,北京:中华书局 1965 年版,第 2462 页。
⑤ (东汉)王充著,张宗祥校注,郑绍昌标点:《论衡校注》卷一八《齐世》,上海:上海古籍出版社 2010 年版,第 380 页。
⑥ 董家遵:《中国古代婚姻史研究》,广州:广东人民出版社 1995 年版,第 236 页。

再从离婚来看,"汉人"离婚的具体原则有"七去""三不去",主要是针对妇女的。它突出反映了汉代婚姻压迫妇女、男尊女卑的封建宗法观念。"七去"亦称"七出",就是丈夫对妻子可以解除婚姻的七种条件,"三不去"则是丈夫对妻子不能离婚的三种条件。这些离婚原则实际上也完全是经学倡导的模式。如《大戴礼记·本命》:

> 妇有七去:不顺父母去,无子去,淫去,妒去,有恶疾去,多言去,窃盗去。不顺父母,为其逆德也;无子,为其绝世也;淫,为其乱族也;妒,为其乱家也;有恶疾,为其不可与共粢盛也;口多言,为其离亲也;盗窃,为其反义也。妇有三不去:有所取、无所归不去,与更三年丧不去,前贫贱、后富贵不去。①

事实也的确如此。杨树达先生《汉代婚丧礼俗考》所列举的"出妇"便大多不出"七去"的范围。如《东观汉记》卷一六载,应顺"少与同郡许敬善,敬家贫亲老,无子,为敬去妻更娶"②。《汉书》卷九八《元后传》载,"(元后)母,嫡妻,魏郡李氏女也。后以妒去"③;《后汉书》卷二八下《冯衍传》载,冯衍"娶北地任氏女为妻,悍忌,不得畜媵妾,儿女常自操井臼,老竟逐之"④;《汉书》卷七二《王吉传》载,王吉"东家有大枣树垂吉庭中,吉妇取枣以啖吉。吉后知之,乃去妇"⑤等,都可谓"七去"中的典型。而《后汉书》卷二六《宋弘传》记载,宋弘以"糟糠之妻不下堂"⑥拒娶湖阳公主,则堪称"三不去"的一个显例。

汉代人的离婚主要是男子的权利,妇女没有这种权利。班昭《女诫》

① (清)王聘珍撰,王文锦点校:《大戴礼记解诂》卷一三《本命》,北京:中华书局1983年版,第255页。
② (东汉)刘珍等撰,吴树平校注:《东观汉记校注》卷一六《传一一·应顺》,北京:中华书局2008年版,第727页。
③ 《汉书》卷九八《元后传》,北京:中华书局1962年版,第4015页。
④ 《后汉书》卷二八下《冯衍传》,北京:中华书局1965年版,第1002页。
⑤ 《汉书》卷七二《王吉传》,北京:中华书局1962年版,第3066页。
⑥ 《后汉书》卷二六《宋弘传》,北京:中华书局1965年版,第905页。

称:"《礼》,夫有再娶之义,妇无二适之文,故曰夫者天也。天固不可逃,夫固不可离也。"①因此,丈夫即使行为不端,妻子也不得要求离婚。但这并不是绝对的,在某些特殊情况下,妻子也可以和丈夫离婚。一是丈夫悖逆人伦,二是丈夫杀妻父母,三是丈夫废绝纲纪。然而这些特殊规定也仍然是经学的原则。因为经学强调在"义""亲"不可两全时,应"大义灭亲"。上述行为则完全违背了纲常伦理,已经到了义、亲不可两全的地步。所谓"悖逆人伦,杀妻父母,废绝纲纪,乱之大者也,义绝,乃得去也"②。所以,这种妻子可以和丈夫离婚的特殊规定也还是与经学相吻合的。

家庭也是汉代经学特别重视的一个主题。因为作为社会最基本的细胞,它有着复杂的社会关系,治家的好坏将直接关系到整个国家的统治。《礼记·大学》明确提出,其治理天下的步骤是"修身""齐家""治国""平天下",目的即在于通过在家庭中维护封建宗法关系,保证纲常伦理在整个国家的统治地位。所以,汉代经学对家庭中的各种关系都一一从理论上做出了规定。而鲜明特点,就是"父为子纲,夫为妻纲"。它突出表现了维护家长权威、压迫妇女以作为封建专制基础的功效,因而它也必然要为汉代统治者所赞赏和采纳。史载东汉王朝便据此规定了家庭中的各种关系。诸如:

> 父子者何谓也? 父者,矩也,以法度教子;子者,孳孳无已也。故《孝经》曰:"父有争子,则身不陷于不义。"③

此为父子关系。

> 夫妇者何谓也? 夫者,扶也,以道扶接也;妇者,服也,以礼屈

---

① 《后汉书》卷八四《列女传·曹世叔妻》,北京:中华书局 1965 年版,第 2790 页。
② (清)陈立撰,吴则虞点校:《白虎通疏证》卷一〇《嫁娶》,北京:中华书局 1994 年版,第 468 页。
③ (清)陈立撰,吴则虞点校:《白虎通疏证》卷八《三纲六纪》,北京:中华书局 1994 年版,第 376 页。

服。《昏礼》曰:"夫亲脱妇之缨。"①

此为夫妻关系。

> 《礼·亲属记》曰:"男子先生称兄,后生称弟。"……谓之兄弟何? 兄者,况也,况父法也;弟者,悌也,心顺行笃也。②

此为兄弟关系。

> 女子先生称姊,后生为妹。……姊尊妹卑,其礼异也。《诗》云:"问我诸姑,遂及伯姊。"③

此为姊妹关系。

> 诸父兄弟,父之纪也,以其有亲恩连也……曰内亲也。④

此为伯侄、叔侄关系。

> 谓之舅姑何? 舅者,旧也;姑者,古也。旧古之者,老人之称也。⑤

此为舅甥、姑侄关系。

> 称夫之父母谓之舅姑何? 尊如父而非父者,舅也。亲如母而非母者,姑也。故称夫之父母为舅姑也。⑥

此为婆(公)媳关系。又《白虎通》卷一〇《嫁娶》说:"女者,如也,从如人

---

① (清)陈立撰,吴则虞点校:《白虎通疏证》卷八《三纲六纪》,北京:中华书局 1994 年版,第 376 页。
② (清)陈立撰,吴则虞点校:《白虎通疏证》卷八《三纲六纪》,北京:中华书局 1994 年版,第 379—380 页。
③ (清)陈立撰,吴则虞点校:《白虎通疏证》卷八《三纲六纪》,北京:中华书局 1994 年版,第 379 页。
④ (清)陈立撰,吴则虞点校:《白虎通疏证》卷八《三纲六纪》,北京:中华书局 1994 年版,第 378—379 页。
⑤ (清)陈立撰,吴则虞点校:《白虎通疏证》卷八《三纲六纪》,北京:中华书局 1994 年版,第 379 页。
⑥ (清)陈立撰,吴则虞点校:《白虎通疏证》卷八《三纲六纪》,北京:中华书局 1994 年版,第 380 页。

也。在家从父母，既嫁从夫，夫殁从子也。《传》曰：'妇人有三从之义也。'"①这又具体规定了父女、母女、夫妻与母子关系。可见，汉代家庭中的各种关系都已用经学加以规定了。

当然，这些规定与实际生活还有着很大距离。从有关记载看，由于经学的统治地位才开始确立，它在两汉时期也确实没有彻底改变原已形成的种种社会关系，乃至生活中还遭到传统观念的顽强抵抗。例如，对班昭《女诫》论三从四德，时称才女的曹丰生（班昭丈夫之妹）便公然表示反对，著"书以难之"②。以致到东汉后期，王符还愤怒地谴责说：

> 又贞洁寡妇，或男女备具，财货富饶，欲守一醮之礼，成同穴之义，执节坚固，齐怀必死，终无更许之虑。遭值不仁世叔，无义兄弟，或利其娉币，或贪其财贿，或私其儿子，则强中欺嫁，处迫胁遣送，人有自缢房中，饮药车上，绝命丧躯，孤捐童孩。此犹迫胁人命自杀也。
>
> 或后夫多设人客，威力胁载，守将抱执，连日乃缓，与强掠人为妻无异。③

但是总的来看，上述规定毕竟是一种新的对稳固统治更为有利的家庭关系，这并不是已经落后的传统观念所能抗衡的。因此，在汉王朝的大力推动下，它在较短的时间内便越来越多地为人们所遵循。即以婆媳关系为例说，我们从史不绝书的大量记载中就可以得到印证。例如：

> （姜）诗事母至孝，妻奉顺尤笃。母好饮江水，水去舍六七里，妻尝沂流而汲。后值风，不时得还，母渴，诗责而遣之。④
>
> 鲍永……事后母至孝，妻尝于母前叱狗，而永即去之。⑤

① （清）陈立撰，吴则虞点校：《白虎通疏证》卷一〇《嫁娶》，北京：中华书局1994年版，第491页。
② 《后汉书》卷八四《列女传·曹世叔妻》，北京：中华书局1965年版，第2792页。
③ （汉）王符著，（清）汪继培笺，彭铎校正：《潜夫论笺校正》卷五《断讼》，北京：中华书局1985年版，第236—237页。
④ 《后汉书》卷八四《列女传·姜诗妻》，北京：中华书局1965年版，第2783页。
⑤ 《后汉书》卷二九《鲍永传》，北京：中华书局1965年版，第1017页。

沛郡周郁……骄淫轻躁，多行无礼，郁父伟谓（其妻）阿曰："新
妇贤者女，当以道匡夫。郁之不改，新妇过也。"阿拜而受命。①

这不正是《白虎通》所谓"尊""亲"舅姑、《女诫》所谓"曲从"舅姑的真实
写照吗？贾谊曾认为秦俗殄灭伦理，以致"抱哺其子，与公併倨，妇姑不相
说，则反唇而相稽"，并至今"犹尚未改"。②然而就在此后一百多年间，汉
人的婆媳关系便已发生了这样深刻的变化，足见经学的影响之大。

此外，为了确保封建宗法关系的延续，汉代家庭中的继承制度、继母
制度与媵妾制度都曾受到了经学的影响。

就前者而言，主要是对父母仍在世时诸子分家的限制。《后汉书》卷七
六《循吏列传·许荆》云：荆迁贵阳太守，"为设丧纪婚姻制度，使知礼禁"。注
引《谢承书》曰："郴人谢弘等不养父母，兄弟分析，因此皆还供养者千有余
人。"③又《后汉书》卷四三《何敞传》云，敞迁汝南太守，显孝悌有义行者，"百
姓化其恩礼。其出居者，皆归养其父母，追行丧服，推财相让者二百许人"④。
这显然也是受到了《礼记·曲礼》"父母在，不得有私财"观念的制约。

关于继母制度，大致有两种情况。一种是"继母如母"，即无论嫡子、
庶子均以继母为嫡母；一种是"慈母如母"，即庶子无母，使妾抚养，而视
为"慈母"或生母。如《仪礼·丧服》云：

继母如母。《传》曰："继母何以为母？继母之配父，与因母（郑
注：'因，犹亲也。'）同。故孝子不敢殊也。"慈母如母。《传》曰："慈
母者何也？"《传》曰："妾之无子者，妾子之无母者，父命妾曰'女以为
子'，命子曰'女以为母'。若是，则生养之，终其身如母；死则丧之三
年如母，贵父之命也。"⑤

---

① 《后汉书》卷八四《列女传·周郁妻》，北京：中华书局1965年版，第2784页。
② 《汉书》卷四八《贾谊传》，北京：中华书局1962年版，第2244页。
③ 《后汉书》卷七六《循吏列传·许荆》，北京：中华书局1965年版，第2472页。
④ 《后汉书》卷四三《何敞传》，北京：中华书局1965年版，第1487页。
⑤ （东汉）郑玄注，（唐）孔颖达注；《仪礼注疏》卷三〇《丧服》郑玄注，（清）阮元校刻：《十三经注
疏》（附校勘记），北京：中华书局1980年版，第1103页。

但无论是哪一种情况,能否做到后母如母都将被视为其是否具有孝行的依据。一般来说,见诸汉史记载的,多为"继母如母"。例如何武,官拜大司空,因未能亲身迎接后母,即被哀帝以"孝声不闻,恶名流行,无以率示四方"①而策免。再如冯豹,"年十二,母为父所出。后母恶之,尝因豹夜寐,欲行毒害,豹逃走得免。敬事愈谨,而母疾之益深"②,时人皆称为孝子。胡广,"时年已八十,而心力克壮。继母在堂,朝夕瞻省,傍无几杖,言不称老。及母卒,居丧尽哀,率礼无愆"③。诸葛瑾,"遭母忧,居丧至孝,事继母恭谨,甚得人子之道"④。

至于媵妾制度,则主要是反对过多纳妾,并用经学来论证妻妾之间的关系。史载元帝时,因"郡国多困",贡禹便奏言:

> 《论语》曰:"君子乐节礼乐。"……(今)取女皆大过度,诸侯妻妾或至数百人,豪富吏民畜歌者至数十人,是以内多怨女,外多旷夫。⑤

又如桓帝时,"后宫采女五六千人",荀爽亦对策说:

> 众礼之中,婚礼为首。故天子娶十二,天之数也;诸侯以下各有等差,事之降也。……臣愚以为诸非礼聘未曾幸御者,一皆遣出,使成妃合。⑥

再从妻妾关系看,《白虎通》卷一〇《嫁娶》说:"《礼·内则》曰:'妾事夫人,如事舅姑。'尊嫡绝妒嫉之原。"又说,"妾虽贤不得为嫡"。⑦ 所以吕思勉先生指出:"(汉代)嫡庶之别颇严。观《汉书·外戚恩泽侯表》:孔乡侯

---

① 《汉书》卷八六《何武传》,北京:中华书局1962年版,第3486页。
② 《后汉书》卷二八下《冯豹传》,北京:中华书局1965年版,第1004页。
③ 《后汉书》卷四四《胡广传》,北京:中华书局1965年版,第1510页。
④ 《三国志》卷五二《吴书·诸葛瑾传》注引《吴书》,北京:中华书局1959年版,第1232页。
⑤ 《汉书》卷七二《贡禹传》,北京:中华书局1962年版,第3070—3071页。
⑥ 《后汉书》卷六二《荀爽传》,北京:中华书局1965年版,第2055页。
⑦ (清)陈立撰,吴则虞点校:《白虎通疏证》卷一〇《嫁娶》,北京:中华书局1994年版,第487、478页。

傅晏,元寿二年,坐乱妻妾位免,徙合浦可知。"①

三、丧葬与祭祀

"汉人"的丧葬、祭祀是深受经学影响的另一个重要方面。汉代自"独尊儒术",经学即力图将丧葬、祭祀完全纳入自己的轨道之中。这主要是由于在其整个统治活动中丧葬、祭祀占着有特殊地位,所有宗法关系在它们之中都可以得到体现,加之经学本身就具有浓厚的神学色彩,因而经学也不能不特别瞩目于丧葬、祭祀活动。

当然,随着社会的进步,经学所推崇的古代礼制已不可能被完全采用。尽管如此,其影响仍然很大。仅就丧葬而言,在葬礼制度上,当时所谓"敛""殡""葬"的有关规定,便很大程度上是经学礼制的一种具体运行。② 汉代曾实行"合葬"制度,同样也有着经学的依据。史载建平二年(前5年),帝太后丁氏去世后,哀帝为父母合葬,便特别强调:

> 朕闻夫妇一体。《诗》云:"穀则异室,死则同穴。"昔季武子成寝,杜氏之殡在西阶下,请合葬而许之。附葬之礼,自周兴焉。"郁郁乎文哉! 吾从周。"孝子事亡如事存。帝太后宜起陵恭皇之园。③

再如行丧制度,汉人一般也将经学规定的"五服",即"斩衰""齐衰""大功""小功""缌麻",作为持服的根据。他们或为父母行服,或为祖父母、伯叔父母、兄弟姊妹行服,几乎鲜有例外者。乃至在选官方面,西汉后期还明确规定,其不为父母行服者不得察举。如《汉书》卷八七《扬雄传》注引应劭曰:"汉律以不为亲行三年服不得选举。"④东汉中期以后,关于持

---

① 吕思勉:《秦汉史》,上海:上海古籍出版社1983年版,第483页。
② 参看《后汉书》志四、志五、志六《礼仪志》。
③《汉书》卷一一《哀帝纪》,北京:中华书局1962年版,第339页。
④《汉书》卷八七《扬雄传》,北京:中华书局1962年版,第3569页。

服的规定更为严格,包括宦官在内都必须为父母行服。① 这说明尽管前人曾有所谓"两汉丧服无定制"②的结论,但实际上,除了国家有特别规定予以干预,上述"五服"制度仍然是当时人们行丧的主要依据。

至于丧葬风俗,则更为典型。当时所存在的两种相反的丧葬风俗都将经学作为自身的依据。这两种风俗就是薄葬和厚葬。前者如夏侯胜,死前遗言:"衣周于身,棺周于衣,勿随俗动吾冢,种柏,作祠堂。"③其根据是《易》《礼》《论语》等。如明帝诏禁厚葬即声称:

> 昔曾、闵奉亲,竭欢致养;仲尼葬子,有棺无椁。丧贵致哀,礼存宁俭。今百姓送终之制,竞为奢靡。生者无担石之储,而财力尽于坟土。伏腊无糟糠,而牲牢兼于一奠。糜破积世之业,以供终朝之费,子孙饥寒,绝命于此,岂祖考之意哉! 又车服制度,恣极耳目。田荒不耕,游食者众。有司其申明科禁,宜于今者,宣下郡国。④

王符也说:

> 古者墓而不坟,中世坟而不崇。仲尼丧母,冢高四尺,遇雨而崩,弟子请修之,夫子泣曰:"古不修墓。"⑤

后者如原涉,为父修墓"乃大治起冢舍,周阁重门"⑥,根据则是"重孝"。例如盐铁会议,贤良指出:

> 今生不能致其爱敬,死以奢侈相高,虽无哀戚之心,而厚葬重币者则称以为孝,显名立于世,光荣著于俗。故黎民相慕效,至于发屋

---

① 详请参看(南宋)徐天麟撰:《东汉会要》卷七《服制》,上海:上海古籍出版社 1978 年版,第111 页。又见(清)顾炎武著,(清)黄汝成集释,栾保群、吕宗力校点:《日知录集释》卷一五《期功丧去官》,上海:上海古籍出版社 2006 年版,第 903 页。
② 见(清)赵翼撰,曹光甫点校:《廿二史札记》卷三《两汉丧服无定制》,上海:上海古籍出版社2011 年版,第 60 页。
③ 《汉书》卷七五《夏侯胜传》,北京:中华书局 1962 年版,第 3085 页。
④ 《后汉书》卷二《明帝纪》,北京:中华书局 1965 年版,第 115 页。
⑤ 《后汉书》卷四九《王符传》,北京:中华书局 1965 年版,第 1636 页。
⑥ 《汉书》卷九二《游侠传·原涉》,北京:中华书局 1962 年版,第 3716 页。

卖业。①

可见,其薄葬也好,厚葬也好,在理论上也都是以经学为依据的。

汉代盛行祭祀,不仅统治者曾频繁祭祀天地、祖宗、山川、诸神,而且在劳动人民中间也有为数众多的杂祀。这一方面反映了当时人们对于社会现实的种种寄托,另一方面更表明了汉代统治者对于神权的依赖和重视。正如班固所说:"《洪范》八政,三曰祀。祀者,所以昭孝事祖通神明也。"②因此,要想保证其祭祀活动更具有权威性,在"独尊儒术"的前提下,统治者即必须从经学中去寻找根据。也就是说,为了能证明其合理性,上述各种形式的祭祀活动还必须建立在经学的基础上。例如,关于祭祀的意义和必要性,王莽就曾根据经学提出:

> 王者父事天,故爵称天子。孔子曰:"人之行莫大于孝,孝莫大于严父,严父莫大于配天。"王者尊其考,欲以配天,缘考之意,欲尊祖,推而上之,遂及始祖。③

王充也曾提出:

> 王者父事天,母事地,推人事父母之事,故亦有祭天地之祀。山川以下,报功之义也。缘生人有功得赏,鬼神有功亦祀之。④

又《春秋繁露·王道》说,"《春秋》立义,天子祭天地,诸侯祭社稷,诸山川不在封内不祭"⑤。也同样是用经学来规定当时祭祀中的尊卑等级制度。此外,在祭祀的名称、形式、内容和程序上,它们也必须符合经学的有关论述。如东汉祭天的"封禅",史载光武帝就是以《虞书》《河》《洛》谶言作为依据。《后汉书》志七《祭祀上》载:

① 王利器撰:《盐铁论校注(定本)》卷六《散不足》,北京:中华书局1992年版,第354页。
② 《汉书》卷二五《郊祀志》,北京:中华书局1962年版,第1189页。
③ 《汉书》卷二五《郊祀志》,北京:中华书局1962年版,第1264页。
④ (东汉)王充著,张宗祥校注,郑绍昌标点:《论衡校注》卷二五《祭意》,上海:上海古籍出版社2010年版,第509页。
⑤ 苏舆撰,钟哲点校:《春秋繁露义证》卷四《王道》,北京:中华书局1992年版,第112—113页。

　　《河图·赤伏符》曰："刘秀发兵捕不道,四夷云集龙斗野,四七之际火为主。"《河图·会昌符》曰："赤帝九世,巡省得中,治平则封,诚合帝道孔矩,则天文灵出,地祇瑞兴。帝刘之九,会命岱宗,诚善用之,奸伪不萌。赤汉德兴,九世会昌,巡岱皆当。天地扶九,崇经之常。汉大兴之,道在九世之王。封于泰山,刻石著纪,禅于梁父,退省考五。"《河图·合古篇》曰："帝刘之秀,九名之世,帝行德,封刻政。"《河图·提刘予》曰："九世之帝,方明圣,持衡拒,九州平,天下予。"《洛书·甄曜度》曰："赤三德,昌九世,会修符,合帝际,勉刻封。"《孝经·钩命决》曰："予谁行,赤刘用帝,三建孝,九会修,专兹竭行封岱青。"①

同样,其祭地的所谓"社稷"也有经学的依据,如《白虎通》卷二《社稷》:"王者所以有社稷何?为天下求福报功;……《尚书》曰:'乃社于新邑。'《孝经》曰:'保其社稷,而和其民人,盖诸侯之孝也。'"②

　　反之,凡经学没有论述的祭祀,则皆视为"淫祀"而斥之。如《白虎通》卷二《五祀》:

　　　　《礼》曰:天子祭天地,诸侯祭山川,卿大夫祭五祀,士祭其先。……非所当祭而祭之,名曰"淫祀"。淫祀无福。③

其目的也还是要使祭祀能适合汉王朝的需要。从统治集团看,西汉后期的所谓"毁庙罢园"就是这样一个显例。④《后汉书》卷一〇上《皇后纪》载,邓太后也"常以鬼神难征,淫祀无福,乃诏有司罢诸祠官不合典礼者"⑤。至于一般民俗,则可以宋均、第五伦等人的事例为代表。《后汉

---

① 《后汉书》志七《祭祀上》,北京:中华书局 1965 年版,第 3165—3166 页。
② (清)陈立撰,吴则虞点校:《白虎通疏证》卷二《社稷》,北京:中华书局 1994 年版,第 83—85 页。
③ (清)陈立撰,吴则虞点校:《白虎通疏证》卷二《五祀》,北京:中华书局 1994 年版,第 79 页。
④ 参看(南宋)徐天麟撰:《西汉会要》卷一三《礼七》,上海:上海人民出版社 1977 年版,第 125 页。
⑤ 《后汉书》卷一〇上《皇后纪上·和熹邓皇后》,北京:中华书局 1965 年版,第 422 页。

书》卷二六《宋均传》云:宋均"调补辰阳长。其俗少学者而信巫鬼,均为立学校,禁绝淫祀,人皆安之"①。又据《风俗通义·怪神》载,会稽俗多淫祀,好卜筮,民皆以牛祭祀。太守第五伦到官后,乃下令予以严禁,虽遭到掾吏的强烈反对,仍坚持主张说:"夫建功立事在敢断,为政当信经义。"言"'淫祀无福,非其鬼而祭之,谄也'。《律》不得屠杀少齿"。于是遂通告属县,晓谕百姓,民不得有"出门之祀"②。

四、复仇与报恩

汉代复仇、报恩的风气很盛。仅见于文献记载的,便堪称为社会的突出问题。以复仇而言,当时既有为国君、父母和自己报仇的,又有为子女、兄弟和亲戚报仇的,还有为朋友、主人报仇的。甚至于怨怨相报,竟发展到"人相杀伤,虽已伏法,而私结怨仇,子孙相报,后忿深前,至于灭户殄业"③的地步。而报恩则有报养育之恩者,报托孤之恩者,报师门之恩者,报选举之恩者,报解狱之恩者,等等。

汉代复仇、报恩的盛行,原因是多方面的,诸如历史传统与社会政治、经济因素都曾起了重要作用。但是最直接的,还是由于其舆论的导向,即得到了经学的鼓励和支持。例如在复仇问题上,经学便给予充分肯定。《礼记·曲礼》明确规定说:"父之仇,弗与共戴天。兄弟之仇,不反兵。交游之仇,不同国。"④类似规定还可以见于《大戴礼记·曾子制言》《周礼·地官·调人》等记载中。不过,最值得注意的还是《春秋公羊传》,它对复仇的态度尤为强烈。如定公四年称:"父不受诛,子复仇可

---

① 《后汉书》卷二六《宋均传》,北京:中华书局1965年版,第1411页。
② (东汉)应劭撰,王利器校注:《风俗通义校注》卷九《怪神》,北京:中华书局1981年版,第401—402页。
③ 《后汉书》卷二八上《桓谭传》,北京:中华书局1965年版,第958页。
④ (东汉)郑玄注,(唐)孔颖达疏:《礼记正义》卷三《曲礼上》,(清)阮元校刻:《十三经注疏》(附校勘记),北京:中华书局1980年版,第1250页。

也。父受诛,子复仇,推刃之道也。"①隐公十一年说:"君弑,臣不讨贼,非臣也。子不复仇,非子也。"②又庄公四年提出:"九世犹可以复仇乎?虽百世可也!"③另外,对《春秋》庄公九年所载"八月庚申,及齐师战于乾时,我师败绩",它也发微说:"此其言败何?伐败也。曷为伐败?复仇也。"④以至于强调"《春秋》无义战"的《公羊》学竟把复仇作为其例外,提出春秋虽战争频仍,"而复仇者有二焉"⑤。可见,在关于复仇的问题上,《公羊传》不但对复仇已完全予以肯定,而且也不容置疑地论证了它的合理性。因此,这对于人们的复仇欲望无疑会起着强烈的煽动作用。史载西汉末年周党因读《春秋》对乡佐复仇,就是一个很典型的例子:

> 周党……至长安游学。初,乡佐尝众中辱党,党久怀之。后读《春秋》,闻复仇之义,便辍讲而还,与乡佐相闻,期克斗日。⑥

这也正是汉代复仇会受到称誉的原因所在。

同样,对报恩问题,经学也充分肯定了它的合理性。其论述主要集中在《诗经》和《论语》这两部经典中。前者曾提出"无德不报"的主张,并对何以应报父母之恩作出了形象描述,即所谓"父兮生我,母兮鞠我。拊我畜我,长我育我,顾我复我,出入腹我。欲报之德,昊天罔极"⑦。后者则比较完整地保存了孔子关于"以德报德"的见解——

---

① (东汉)何休解诂,(唐)徐彦疏:《春秋公羊传注疏》卷二五《定公四年》,(清)阮元校刻:《十三经注疏》(附校勘记),北京:中华书局1980年版,第2337页。

② (东汉)何休解诂,(唐)徐彦疏:《春秋公羊传注疏》卷三《隐公十一年》,(清)阮元校刻:《十三经注疏》(附校勘记),北京:中华书局1980年版,第2210页。

③ (东汉)何休解诂,(唐)徐彦疏:《春秋公羊传注疏》卷六《庄公四年》,(清)阮元校刻:《十三经注疏》(附校勘记),北京:中华书局1980年版,第2226页。

④ (东汉)何休解诂,(唐)徐彦疏:《春秋公羊传注疏》卷七《庄公九年》,(清)阮元校刻:《十三经注疏》(附校勘记),北京:中华书局1980年版,第2231页。

⑤ 苏舆撰,钟哲点校:《春秋繁露义证》卷二《竹林》,北京:中华书局1992年版,第49页。

⑥ 《后汉书》卷八三《逸民列传·周党》,北京:中华书局1965年版,第2761页。

⑦ 程俊英、蒋见元:《诗经注析·小雅·蓼莪》,北京:中华书局1991年版,第627页。

> 或曰:"以德报怨,何如?"子曰:"何以报德? 以直报怨,以德
> 报德。"①

因此,在经学对这些论述的解释和倡导下,汉代也就层出不穷地产生了各种报恩活动。例如宣帝继位,因丙吉在其年幼时曾多予照看,宣帝便根据"无德不报"而封他为博阳侯:

> 朕微眇时,御史大夫吉与朕有旧恩,厥德茂焉。《诗》不云乎?
> "亡德不报。"其封吉为博阳侯,邑千三百户。②

又灵帝即位,陈蕃因辅弼先帝被窦太后封为高阳乡侯,其诏书中亦特别强调说:"盖褒功以劝善,表义以厉俗,无德不报,《大雅》所叹。"③可见,汉代报恩的盛行也是由于经学的肯定和鼓励。

当然,经学在某些方面对复仇、报恩还有所保留。它对复仇、报恩的鼓励虽然是基于维护"孝道",及维护由此所衍生的各种伦理关系,但它们毕竟是无视国家权威的行为。从某种意义上说,不加限制的复仇、报恩无异于"专杀"和"私恩"。特别是《公羊》学,它对复仇的强烈支持,实际是主张"亲亲"原则应具有其绝对性,即要求"忠"在一定的条件下必须服从于"孝",这显然也不符合统治者由孝劝忠的最终目的。所以,在关于复仇与报恩的问题上,经学还必须予以某些限制。例如《周礼·地官·调人》说,"凡杀人而义者,不同国,令勿仇,仇之则死"④,就是强调不能无条件地复仇。又《周礼·春官·朝士》提出,报仇者应"书于士",实际也是规定要向官府通报,对复仇予以一定限制。另外,从《大戴礼记》《周礼》

---

① 程树德撰,程俊英、蒋见元点校:《论语集释》卷三〇《宪问下》,北京:中华书局1990年版,第1017页。
② 《汉书》卷七四《丙吉传》,北京:中华书局1962年版,第3144页。
③ 《后汉书》卷六六《陈蕃传》,北京:中华书局1965年版,第2168页。
④ (东汉)郑玄注,(唐)孔颖达疏:《周礼注疏》卷一四《地官·调人》,(清)阮元校刻:《十三经注疏》(附校勘记),北京:中华书局1980年版,第732页。

等对复仇不同义务的规定,以及孔子所说"伯夷、叔齐不念旧恶,怨是用希"①"以直报怨"看,这些也都表明经学并不是绝对地主张复仇。正因为如此,汉王朝在法律上一般对复仇都予以禁止,正如东汉张敏所说:

> 孔子曰:"民可使由之,不可使知之。"《春秋》之义,子不报仇,非子也。而法令不为之减者,以相杀之路不可开故也。②

同时为了维护君权的神圣,他们还反复强调其"尊尊"的目的性,并以《左传》所谓"大义灭亲"③来抗衡《公羊》学。④ 如哀帝即公开声称:"汉家之制,推亲亲以显尊尊。"⑤桓谭也上疏提出:民间皆推崇复仇,"此为听人自理而无复法禁者也。今宜申明旧令,若已伏官诛而私相伤杀者,虽一身逃亡,皆徙家属于边,其相伤者,加常二等,不得雇山赎罪"⑥。这种做法既表明了汉王朝推崇孝道的目的何在,同时也表现出汉代今古文学在理论上的分野和对立。正如日本学者日原利国先生所说:

> 《公羊传》的"父不受诛,子复仇可也"是不见于其他经传里的主张。同样是春秋学,然而《左氏传》学派则是站在"大义灭亲"(《左传·隐公四年》)的立场上,持完全相反的见解:"君讨臣,谁敢仇之?君命天也。"(《左传·定公四年》)⑦

这恐怕也就是从西汉后期《左传》逐渐受到统治者的重视,而《公羊传》却开始受到冷落的一个重要原因吧。

---

① 程树德撰,程俊英、蒋见元点校:《论语集释》卷一〇《公冶下》,北京:中华书局1990年版,第345页。
② 《后汉书》卷四四《张敏传》,北京:中华书局1965年版,第1503页。
③ 杨伯峻:《春秋左传注·隐公四年》,北京:中华书局1990年版,第38页。
④ 例如,在关于"首匿"的问题上,汉王朝便明确规定:凡属"谋反"等重罪皆不得"首匿",否则将严厉制裁。参看《汉书》卷八《宣帝纪》,北京:中华书局1962年版,第251页。
⑤ 《汉书》卷一一《哀帝纪》,北京:中华书局1962年版,第339页。
⑥ 《后汉书》卷二八上《桓谭传》,北京:中华书局1965年版,第958页。
⑦ [日]日原利国:《复仇论》,载辛冠洁等编:《日本学者论中国哲学史》,北京:中华书局1986年版,第121页。

至于报恩,尽管在经籍中还找不到有关限制它的直接论述,但从孔子说"君子周而不比,小人比而不周"①看,似乎也并不是对各种报恩都不加限制。况且,就它与复仇的关系而言,二者被作为酬偿他人给予利害的特殊方式,向来都相反相成,缺一不可。而既然复仇要受到某些限制,那么报恩也势必会受到某些限制。事实也是如此。汉代屡兴大狱、穷治朋党,便也含有限制甚至打击私恩的意图。但令人啼笑皆非的是,这恰恰又从反面说明了报恩的合理性,更加鼓励了人们当时对于私恩的树立。

特别值得深思的是,尽管存在着上述种种限制,汉代复仇、报恩的基本理论,尤其《公羊》学的复仇说,仍然是汉王朝极力倡导和肯定的。例如在《白虎通》卷四《诛伐》中,汉王朝便完全采纳了《公羊》学的复仇理论。这种矛盾现象既反映出统治者对于复仇的矛盾心理,即所谓"不许复仇,则伤孝子之心,而乖先王之训;许复仇,则人将倚法专杀,无以禁止其端矣"②,同时也表明他们还没有完全理顺忠孝之间的关系,结果就难免要造成理论上的混乱和矛盾。这也可以说是汉代以经治国的一个失误。

五、谦让之风

汉代的谦让之风非常盛行。人们在思想上都推崇谦让,不仅把它视为特别高尚的美德,更把它看作是礼乐教化的表现。所谓"公卿大夫相与循礼恭让,则民不争"③。如张奋便征引孔子说:"揖让而化天下者,礼乐之谓也。"④又班昭亦声称:"谦让之风,德莫大焉,故典坟述美,神祇降

---

① 程树德撰,程俊英、蒋见元点校:《论语集释》卷三《为政上》,北京:中华书局1990年版,第100页。
② 《旧唐书》卷五○《刑法志》载韩愈语,北京:中华书局1975年版,第2154页。
③ 《汉书》卷八一《匡衡传》,北京:中华书局1962年版,第3334页。
④ 《后汉书》卷三五《张奋传》,北京:中华书局1965年版,第1199页。按《乐记》云:"揖让而天下治者,礼乐之谓也。"[(清)孙希旦撰,沈啸寰、王星贤点校:《礼记集解》卷三七《乐记》,北京:中华书局1989年版,第987页]

福。"①因而在生活中谦让也就成为一种普遍的社会风气。

汉代盛行谦让也与经学有着直接关系,因为经学对谦让就极为推崇。例如对尧、舜、禹的所谓"禅让",经学曾一再赞颂。孔子还将泰伯让贤赞叹为"至德",称"泰伯其可谓至德也已矣。三以天下让,民无得而称焉"②。他还把能否礼让看作如何对待礼的标准,提出"能以礼让为国乎?何有"③的主张。在《公羊传》中,也有对曹公子喜时让位的赞扬。所以,正是在这种观念的作用下,汉人一般都推崇谦让。

汉代的谦让范围相当广泛,举凡对他人的忍让、恭顺和对名利的推让都可以被称为"谦让"。但它的范围虽然广泛,实际归纳起来,主要分为两类:一类可被称为"驯让",一类可被称为"推让"。

(一) 驯让

逊让,就是驯服退让,所谓"礼所揖让何? 所以尊人自损也。揖让则不争"④。它主要是指臣对君、子对父、妻对夫与下对上,即居于各种支配关系中的被支配者对其支配者的恭敬顺让、忍辱归善。用董仲舒的话说,即"《春秋》君不名恶,臣不名善,善皆归于君,恶皆归于臣"⑤。用班昭的话说,就是要"谦让恭敬,先人后己,有善莫名,有恶莫辞,忍辱含垢,常若畏惧"⑥。实际上,这种驯让不过是汉代纲常伦理的一种具体表现而已。例如,《汉书》卷八一《孔光传》载:

> (光)典枢机十余年,守法度,修故事。上(成帝)有所问,据经法以心所安而对,不希指苟合;如或不从,不敢强谏争……时有所言,辄

① 《后汉书》卷八四《列女传·曹世叔妻》,北京:中华书局 1965 年版,第 2785 页。
② 程树德撰,程俊英、蒋见元点校:《论语集释》卷一五《泰伯上》,北京:中华书局 1990 年版,第 507 页。
③ 程树德撰,程俊英、蒋见元点校:《论语集释》卷八《里仁下》,北京:中华书局 1990 年版,第 255 页。
④ (清)陈立撰,吴则虞点校:《白虎通疏证》卷三《礼乐》,北京:中华书局 1994 年版,第 95 页。
⑤ 苏舆撰,钟哲点校:《春秋繁露义证》卷一一《阳尊阴卑》,北京:中华书局 1992 年版,第 325 页。
⑥ 《后汉书》卷八四《列女传·曹世叔妻》载班昭《女诫》,北京:中华书局 1965 年版,第 2787 页。

削草稿,以为章主之过,以奸忠直,人臣大罪也。①

这就是所谓臣对君的驯让。又《后汉书》卷三九《刘平传》载:

> 薛包……丧母,以至孝闻。及父娶后妻而憎包,分出之,包日夜
> 号泣,不能去,至被殴杖。不得已,庐于舍外,旦入而洒扫,父怒,又逐
> 之。乃庐于里门,昏晨不废。②

这是所谓子对父的驯让。《后汉书》卷八三《逸民列传·梁鸿》载:

> 梁鸿……为人赁舂。每归,妻为具食,不敢于鸿前仰视,举案
> 齐眉。③

这是所谓妻对夫的驯让。《书钞》卷五一引谢承《后汉书》载:

> 郑弘……为太尉,时举将第五伦为司空,班次在下。每正朔朝
> 见,弘必曲躬自卑。④

这又是所谓故吏对举主的驯让,等等。

(二) 推让

就是对名利的推辞或转让,也就是经学所赞美的让国、让位之类。这种推让在统治者中当时非常盛行。见诸历史记载的,便有卫青代子让封侯,韦玄成、刘恺让爵于兄,耿国、邓彪让爵于弟,马廖兄弟让列侯,邓骘兄弟让封邑,以及桓郁、丁鸿欲让国于兄弟等事例。而且不仅让封国,还有推让财产甚至察举功名者。如原涉"父(任南阳太守)死,让还南阳赙送"⑤,王商"父薨……推财以分异母诸弟"⑥,宋弘"封枸邑侯,所得租奉

---

① 《汉书》卷八一《孔光传》,北京:中华书局1962年版,第3353—3354页。
② 《后汉书》卷三九《刘平传》,北京:中华书局1965年版,第1294页。
③ 《后汉书》卷八三《逸民列传·梁鸿》,北京:中华书局1965年版,第2765—2768页。
④ 《后汉书》卷三三《郑弘传》,北京:中华书局1965年版,第1154—1156页。
⑤ 《汉书》卷九二《游侠传·原涉》,北京:中华书局1962年版,第3714页。
⑥ 《汉书》卷八二《王商传》,北京:中华书局1962年版,第3369页。

分赡九族"①,张堪"让先父余财数百万与兄子"②,种暠"父卒,暠悉以(父财三千万)赈恤宗族及邑里之贫者"③;鲁恭以弟年小,"欲先就其名,托疾不仕",至"(鲁)丕举方正,恭始为郡吏"④,刘矩"以父叔辽未得仕进,遂绝州郡之命。太尉朱宠、太傅桓焉嘉其志义,故叔辽以此为诸公所辟,拜议郎,矩乃举孝廉"⑤,朱晖"与同郡陈揖交善,揖早卒,有遗腹子友,晖常哀之。及司徒桓虞为南阳太守,召晖子骈为吏,晖辞骈而荐友"⑥,陈重"少与同郡雷义为友……太守张云举重孝廉,重以让义,前后十余通记"⑦。可见其推让的盛行。

汉代谦让之风的盛行,集中体现了经学关于推广教化、揖让而治的德治主张,也反映出汉代统治者在进行残酷压迫的同时对于怀柔政策的重视。其目的就是要借此来培养服从统治秩序的驯服工具,用纲常伦理观念来束缚人们的思想,并腐蚀他们的反抗意志。诚如孔子所说:"道之以德,齐之以礼,有耻且格。"⑧因此,这不仅比较有效地巩固了汉王朝的统治,而且也表明了汉代地主阶级在政治上的成熟及其统治政策的进一步完备。

不过,能否完全消弭人民的反抗并不取决于统治者的意愿;只要还有压迫存在,反抗便不可避免。别的不说,几乎贯穿于整个两汉时期的农民起义,便足以证明这一点。另一方面,汉代的谦让之风本身也存在着问题。其中最严重的,就是弄虚作假问题。因为在统治者的极力表彰下,人们只要能获得谦让的美名,便可以得到舆论的称赞,并得到察举等优待和

① 《后汉书》卷二六《宋弘传》,北京:中华书局1965年版,第903—904页。
② 《后汉书》卷三一《张堪传》,北京:中华书局1965年版,第1100页。
③ 《后汉书》卷五六《种暠传》,北京:中华书局1965年版,第1826页。
④ 《后汉书》卷二五《鲁恭传》,北京:中华书局1965年版,第874页。
⑤ 《后汉书》卷七六《循吏传·刘矩》,北京:中华书局1965年版,第2476页。
⑥ 《后汉书》卷四三《朱晖传》,北京:中华书局1965年版,第1459页。
⑦ 《后汉书》卷八一《独行列传·陈重》,北京:中华书局1965年版,第2686页。
⑧ 程树德撰,程俊英、蒋见元点校:《论语集释》卷三《为政上》,北京:中华书局1990年版,第68页。

名利,所以不少人都不择手段。他们"务欲绝出流辈,以成卓特之行"①,甚至不惜弄虚作假。许武即是一例。《后汉书》卷七六《循吏列传》:

> (许)武太守第五伦举为孝廉。武以二弟晏、普未显,欲令成名,乃请之曰:"礼有分异之义,家有别居之道。"于是共割财产以为三分,武自取肥田广宅奴婢强者,二弟所得并悉劣少。乡人皆称弟克让而鄙武贪婪,晏等以此并得选举。武乃会宗亲,泣曰:"吾为兄不肖,盗声窃位,二弟年长,未豫荣禄,所以求得分财,自取大讥。今理产所增,三倍于前悉以推二弟,一无所留。"于是郡中翕然,远近称之。②

所以,就连"汉人"当时都批评这种所谓"谦让"是"饰伪",后人也抨击它说"不自知其非也"③。这在一定程度上就不免要限制和抵消它的作用的发挥。

六、艺术生活

汉代的艺术大致有音乐、舞蹈、美术与杂技等形式。但是无论音乐、舞蹈,还是美术、杂技,它们在"独尊儒术"后,除了满足人们的艺术享受,都成了传播经学、宣传教化的重要工具。就拿美术来说:它的题材固然广泛,但也不外乎神仙鬼怪、明王圣贤、忠臣孝子与义士烈女之类。唐人张彦远《历代名画记》卷三记《汉明帝画宫图》称:

> 五十卷,第一起庖牺,五十杂画赞。汉明帝雅好画图,别立画官,

---

① 参看(清)赵翼撰,曹光甫点校:《廿二史札记》卷五《东汉尚名节》,上海:上海古籍出版社2011年版,第90页。
② 《后汉书》卷七六《循吏列传·许荆》,北京:中华书局1965年版,第2471页。
③ 参看(东汉)应劭撰,王利器校注:《风俗通义校注》卷四《过誉》,北京:中华书局1981年版,第168页;(清)赵翼撰,曹光甫点校:《廿二史札记》卷五《东汉尚名节》,上海:上海古籍出版社2011年版,第90页。

诏博洽之士班固、贾逵辈取诸经史事,命尚方画工图画,谓之画赞。①
又《后汉书》卷六〇下《蔡邕传》云:"光和元年,遂置鸿都门学,画孔子及
七十二弟子像。"②洪适《隶续》卷一七《鲁峻石壁残画像》引《水经》说:

> 金乡山(汉)司隶校尉鲁君冢前有石祠、石庙,四壁皆青石,隐起
> 自书契以来忠臣、孝子、烈妇、孔子及七十二弟子形象,象边皆刻石
> 记之。③

另据《汉书》卷六六《杨恽传》记载,在皇宫西阁中有"尧舜禹汤"和"桀
纣"画④;《汉书》卷一〇〇上《叙传上》载,成帝时,宫中有"张画屏风,画
纣醉踞妲己作长夜之乐"⑤等。而目的,就是要通过这种生动形象的艺术
形式向人们进行封建伦理道德的灌输。所以,王延寿撰《鲁灵光殿赋》,
便以"恶以诫世,善以示后"⑥来总结汉代美术为什么要选择以上题材。
这一方面反映出汉代统治者对艺术的社会作用的重视和引导,另一方面
也说明了经学的影响之大。

在音乐方面更是如此。从有关记载看,在经学的影响下,统治者当时
已把它完全视为宣传教化的工具。因为在他们看来,音乐具有潜移默化
的教育功能,它既可以感化人心,培养人的道德品质,又可以节制人的欲
望,培养美好、高尚的情操,还可以振奋人的精神,培养刚毅、谦让、仁义的
性格;乃是移风易俗的重要途径。"乐者,圣人之所乐也,而可以善民心。
其感人深,其移风易俗易,故先王著其教焉。"⑦尤其是在维护统治方面,

---

① (唐)张彦远注,俞剑华注释:《历代名画记》卷三《汉明帝画宫图》,上海:上海人民美术出版社
 1964年版,第81页。
② 《后汉书》卷六〇下《蔡邕传》,北京:中华书局1965年版,第1998页。
③ 《隶续》卷一七《鲁峻石壁残画像》,(南宋)洪适撰:《隶释 隶续》,北京:中华书局1986年版,
 第433页。
④ 《汉书》卷六六《杨恽传》,北京:中华书局1962年版,第2891页。
⑤ 《汉书》卷一〇〇上《叙传上》,北京:中华书局1962年版,第4200—4201页。
⑥ 《全后汉文》卷五八《王延寿》,(清)严可均编:《全上古三代秦汉三国六朝文》,北京:中华书
 局1958年版,第790页。
⑦ 《汉书》卷二二《礼乐志》,北京:中华书局1962年版,第1036页。

音乐更有着极为特殊的功效。《白虎通》卷三《礼乐》便征引孔子说：

> 子曰："乐在宗庙之中，君臣上下同听之，则莫不和敬；族长乡里
> 之中，长幼同听之，则莫不和顺；在闺门之内，父子兄弟同听之，则莫
> 不和亲。故乐者，所以崇和顺，比物饰节，节奏合以成文，所以合和父
> 子君臣，附亲万民也。"①

又成帝时，刘向上书说："宜兴辟雍，设庠序，陈礼乐，隆雅颂之声，盛揖攘
之容，以风化天下。如此而不治者，未之有也。"②和帝时，张奋上疏曰：

> 圣人所美，政道至要，本在礼乐。《五经》同归，而礼乐之用尤
> 急。孔子曰："安上治民，莫善于礼；移风易俗，莫善于乐。"③

因此，在这种理论的倡导下，他们当时都特别重视音乐，并且在统治中也
都力图把它付诸实践。史载韩延寿为太守，"春秋乡射，陈钟鼓管弦"④；
明帝幸南阳，"召校官弟子作雅乐，奏《鹿鸣》"⑤；章帝"幸阙里，以太牢祠
孔子及七十二弟子，作六代之乐"⑥；鲍德任太守，于郡学"备俎豆黻冕，行
礼奏乐"⑦等，就是比较典型的事例。乃至在东汉时期，他们还把音乐作
为顺和阴阳的工具。《后汉书》卷三《章帝纪》称，建初五年（80 年）冬，
"始行《月令》迎气乐"。注引《东观汉记》曰：

> 马防上言："圣人作乐，所以宣气致和，顺阴阳也。臣愚以为可因
> 岁首发太簇之律，奏《雅》《颂》之音，以迎和气。"时以作乐器费多，遂
> 独行十月迎气乐也。⑧

---

① （清）陈立撰，吴则虞点校：《白虎通疏证》卷三《礼乐》，北京：中华书局 1994 年版，第 94 页。
② 《汉书》卷二二《礼乐志》，北京：中华书局 1962 年版，第 1033 页。
③ 《后汉书》卷三五《张奋传》，北京：中华书局 1965 年版，第 1199 页。
④ 《汉书》卷七六《韩延寿传》，北京：中华书局 1962 年版，第 3211 页。
⑤ 《后汉书》卷二《明帝纪》，北京：中华书局 1965 年版，第 113 页。
⑥ 《后汉书》卷七九上《儒林列传上·孔僖》，北京：中华书局 1965 年版，第 2562 页。
⑦ 《后汉书》卷二九《鲍昱传》，北京：中华书局 1965 年版，第 1023 页。
⑧ 《后汉书》卷三《章帝纪》，北京：中华书局 1965 年版，第 141 页。

再有,汉代音乐本身也已经被经学化了。汉代音乐与先秦基本相同,还是五声、八音、十二律的体系。五声是指我国传统的五个基本调式,即宫(C)、商(D)、角(E)、徵(G)、羽(A);八音是指八种演奏乐器,即金、石、丝、竹、匏、土、革、木;十二律则是指十二音阶,即七个自然音阶,再加上五个半音阶。这些本来只是音乐的基础知识,但是在当时却被经学一一予以附会。如五声比附于五行——

> 五声者何谓也,宫、商、角、徵、羽。土谓宫,金谓商,木谓角,火谓徵,水谓羽。《月令》曰:"盛德在木,其音角。"又曰:"盛德在火,其音徵;盛德在金,其音商;盛德在水,其音羽。"①

八音比象于八卦——

> 八音者,何谓也?《乐记》曰:"土曰埙,竹曰管,皮曰鼓,匏曰笙,丝曰弦,石曰磬,金曰钟,木曰柷敔。"此谓八音也。法《易》八卦也。②

十二律则与十二月相比配。甚至它们还被附会于各种社会现象和统治者的各种政策。如《毛诗》说:"情发于声,声成文谓之音。治世之音安以乐,其政和;乱世之音怨以怒,其政乖;亡国之音哀以思,其民困。"③所谓"唱和有象"④,就是对于它的一个概括总结。

另外,在关于音乐欣赏的内容上,汉代统治者也根据经学"政与乐通"⑤之论强调应有所取舍。具体地说,就是他们提倡"雅颂之声",而反对"靡靡之音"即"郑卫之音"。如哀帝罢除乐府,便因此下诏说:

> 惟世俗奢泰文巧,而郑卫之声兴。夫奢泰则下不孙而国贫,文巧

---

① (清)陈立撰,吴则虞点校:《白虎通疏证》卷三《礼乐》,北京:中华书局1994年版,第120页。
② (清)陈立撰,吴则虞点校:《白虎通疏证》卷三《礼乐》,北京:中华书局1994年版,第121页。
③ (西汉)毛亨传,(东汉)郑玄笺,(唐)孔颖达疏:《毛诗正义》卷一《国风·关雎》,(清)阮元校刻:《十三经注疏》(附校勘记),北京:中华书局1980年版,第270页。
④ 《汉书》卷二一上《律历志上》,北京:中华书局1962年版,第958页。
⑤ (清)孙希旦撰,沈啸寰、王星贤点校:《礼记集解》卷三七《乐记》,北京:中华书局1989年版,第978页。

则趋末背本者众,郑卫之声兴则淫辟之化流,而欲黎庶敦朴家给,犹浊其源而求其清流,岂不难哉!孔子不云乎?"放郑声,郑声淫。"其罢乐府官。郊祭乐及古兵法武乐,在经非郑卫之乐者,条奏,别属他官。①

又成帝时,平当以宫中之乐皆为郑声,上书要求"放郑近雅"②;光武帝时,宋弘以桓谭"数进郑声",斥责桓谭"非忠正者"③。这些也都是例证。说明就是在音乐的欣赏内容上,经学也有着很深的影响。

在舞蹈和杂技方面,经学同样也有着影响。当然,由于其独特的艺术形式,它们在内容上不可能像音乐、美术那样受到经学的深刻影响。但是在表演的规模、场所以及观众的身份等问题上,它们也仍然要多少受到经学的制约。例如关于舞蹈表演的规模,《白虎通》卷三《礼乐》便明确规定了它的尊卑等级。所谓"天子八佾(八人为列),诸侯四佾(四人为列),所以别尊卑"④,并征引《公羊传》"天子八佾,诸公六,诸侯四"⑤为据。而蔡邕《独断》则对这种规定的意义和象征作了比较具体的解释——"天子八佾,八八六十四人。八者象八风,所以风化天下也。公之乐六佾,象六律也。侯之曰四佾,象四时也"⑥。类似情况还有一些记载,不再一一列举。

七、结语

综上所述,在以经治国的思想指导下,汉代的社会生活曾受到经学的深刻影响。这不仅表明经学当时已经成为整个社会的精神支柱,而且也透露出汉代地主阶级运用经学来巩固统治的根本目的。因为经学的影响

---

① 《汉书》卷二二《礼乐志》,北京:中华书局 1962 年版,第 1072—1073 页。
② 《汉书》卷二二《礼乐志》,北京:中华书局 1962 年版,第 1072 页。
③ 《后汉书》卷二六《宋弘传》,北京:中华书局 1965 年版,第 904 页。
④ (清)陈立撰,吴则虞点校:《白虎通疏证》卷三《礼乐》,北京:中华书局 1994 年版,第 104 页。
⑤ (东汉)何休解诂,(唐)徐彦疏:《春秋公羊传注疏》卷三《隐公五年》,(清)阮元校刻:《十三经注疏》(附校勘记),北京:中华书局 1980 年版,第 2207 页。
⑥ (东汉)蔡邕撰:《独断》卷上,上海:上海古籍出版社 1990 年版,第 11 页。

虽然有多种方面,但是其中最突出和最本质的,还是那种对"贵贱有等"和纲常伦理观念的灌输。可以说,无论衣、食、住、行,还是婚姻家庭和其他方面,它们都已成为体现尊卑制度和推广教化的工具。这就清楚地昭示人们:汉代统治者之所以要借助经学进行统治,其目的就是既要用经学从制度上来宣扬他们的等级关系,保证"为每个阶级确定了在国家中的特殊法律地位"[①],同时又要用经学来禁锢人们的思想,使之懂得"君臣父子之纲""违邪归正之路"[②],从而自觉地遵守和维护统治秩序。因此,尽管这种做法在具体实施中还存在着问题,有的甚至是严重问题,但是总的来说,它对巩固汉王朝的统治无疑是有利和有效的。

作为中国传统文化的一个重要发展阶段,汉代以经治国对社会生活的深刻影响,对形成具有共同文化特征的生活方式也起了显著的促进作用。从以上论述即可以看出,在以经治国的方针指导下,汉代的生活方式已经由风俗各异开始出现趋同。人们当时不止思想上把经学奉为圭臬,而且在生活中也都逐渐地身体力行。尽管由于各地经济、文化的发展很不平衡,经学还只能在某种程度上统一各地的生活习惯,但是随着时间的推移,当时也确实越来越明显地出现了"天下为一,万里同风"[③]的趋势。这对于形成具有共同文化特征的生活方式即自然会起到很大的促进作用,并为汉民族的形成和具有中国传统文化特征的生活方式的形成奠定了基础。

此外,就其影响的广度而言,汉代以经治国对社会生活的深刻影响,也表明经学已经渗入汉代社会的各个角落。在统治者的大力推行下,不仅汉代的政治、经济、军事、法律与文化教育被纳入经学的轨道之中,甚至汉代的社会生活和其他方面也都与经学有着直接或间接的关系。因此,要研究汉代历史,如果不研究经学,不研究汉代的以经治国,也就不可能真正了解汉代社会,不可能真正了解汉代的历史。

[①] 中共中央马克思、恩格斯、列宁、斯大林著作编译局编译:《列宁全集》第6卷,北京:人民出版社1991年版,第93页。

[②]《后汉书》卷七九下《儒林列传下·论》,北京:中华书局1965年版,第2589页。

[③]《汉书》卷六四下《终军传》,北京:中华书局1962年版,第2818页。

附论十四

重评班昭《女诫》的女性伦理观

班昭,亦名曹大家,是东汉时期著名的女性史学家和教育家。她在晚年所写的《女诫》一书,历来被视为中国历史上第一部女性劝诫要籍。全文以"妇行"为本,分为"卑弱第一""夫妇第二""敬慎第三""妇行第四""专心第五""曲从第六""和叔妹第七"①,汇聚了班昭对妇女地位、妇女言行、夫妻关系、家庭关系等问题的主要观点。尽管近代以来许多人都把她斥为"中国妇女界第一个罪人"②,并批判《女诫》给妇女套上了一副沉重的"枷锁"③,但仔细分析,实际其中却不无合理之处。以下即结合汉代社会背景对《女诫》中的女性伦理观重新认识。

一、男女有别、夫尊妻卑的伦理观

远古时代,男女无别。"其民聚生群处,知母不知父,无亲戚兄弟夫妻男女之别,无上下长幼之道。"④随着对偶婚的出现,专偶制必然要求以一定的规范来维护个体家庭的存在,男女有别的思想由此形成。《周礼·天官冢宰·九嫔》曰:

> 九嫔掌妇学之法,以教九御,妇德、妇言、妇容、妇功,各帅其属,而从时御叙于王所。⑤

---

① 《后汉书》卷八四《列女传·曹世叔妻》,北京:中华书局1965年版,第2787—2791页。以下凡引"曹世叔妻",均不再注明。
② 周之风:《班昭是中国妇女界第一个罪人》,载《广西妇女》1942年第22期。
③ 陈东原:《中国妇女生活史》,上海:商务印书馆1937年版,第47—48页。
④ 许维遹:《吕氏春秋集释》卷二〇《恃君览》,北京:中华书局2009年版,第544页。
⑤ (东汉)郑玄注,(唐)孔颖达疏:《周礼注疏》卷七《九嫔》,(清)阮元校刻:《十三经注疏》(附校勘记),北京:中华书局1980年版,第687页。

即体现了对男女之别的强调。秦始皇《泰山刻石》称：

> 贵贱分明，男女礼顺，慎遵职事。昭隔内外，靡不清静。施于后嗣，化及无穷。遵奉遗诏，永承重戒。[1]

从中也可见对于男女有别、内外分工的肯定。故《礼记·昏义》曰："男女有别而后夫妇有义，夫妇有义而后父子有亲，父子有亲而后君臣有正。"[2]

以男女有别为基础的男尊女卑观念出现很早，战国时期便存在"产男则相贺，产女则杀之"[3]的恶俗。《礼记·内则》曰："子生，男子设弧于门左，女子设于门右。三日，始负子，男射女否。"孙希旦释云："男射而女否者，女子卑，略其礼也。"[4]《列子·天瑞》曰："男女有别，男尊女卑，以男为贵。"[5]《周易·系辞上》开宗明义第一句就是："天尊地卑，乾坤定矣，卑高以陈，贵贱位矣。"其"乾道成男，坤道成女"，"一阴一阳之为道"。[6]故《礼记·郊特牲》曰："妇人，从人者也：幼从父兄，既嫁从夫。"[7]

汉代以《周易》为代表的"阴阳五行和天人感应说开始渗入婚姻思想中"[8]。董仲舒便用阴阳五行来论证男尊女卑——"男女之法，法阴与阳"。"阴阳亦可以谓男女，男女亦可以谓阴阳。"[9]"君臣父子夫妇之义，皆取诸阴阳之道。""夫为阳，妻为阴。"[10]而且"丈夫虽贱皆为阳，妇人虽贵

---

① 《史记》卷六《秦始皇本纪》，北京：中华书局1959年版，第243页。
② （清）孙希旦撰，沈啸寰、王星贤点校：《礼记集解》卷五八《昏义》，北京：中华书局1989年版，第1418页。
③ （清）王先慎撰，钟哲点校：《韩非子集解》卷一八《六反》，北京：中华书局1998年版，第417页。
④ （清）孙希旦撰，沈啸寰、王星贤点校：《礼记集解》卷二八《内则》，北京：中华书局1989年版，第761页。
⑤ 杨伯峻：《列子集释》卷一《天瑞》，北京：中华书局1979年版，第22页。
⑥ （曹魏）王弼、（晋）韩康伯注，（唐）孔颖达疏：《周易正义》卷七《系辞上》，（清）阮元校刻：《十三经注疏》（附校勘记），北京：中华书局1980年版，第75—76、78页。
⑦ （清）孙希旦撰，沈啸寰、王星贤点校：《礼记集解》卷二六《郊特牲》，北京：中华书局1989年版，第709页。
⑧ 彭卫：《略论汉代婚姻思想的时代特征》，载《上海社会科学院学术季刊》1987年第2期。
⑨ 苏舆撰，钟哲点校：《春秋繁露义证》卷一六《循天之道》，北京：中华书局1992年版，第445—446页。
⑩ 苏舆撰，钟哲点校：《春秋繁露义证》卷一二《基义》，北京：中华书局1992年版，第350页。

皆为阴"①。而《白虎通义》则更是进一步把男尊女卑的伦理观神圣化和法典化了。如《白虎通》卷一〇《嫁娶》：

> 男娶女嫁何？阴卑，不得自专，就阳而成之。故《传》曰："阳倡阴和，男行女随。"……夫妇者，何谓也？夫者，扶也，扶以人道者也；妇者，服也，服于家事，事人者也。②

《白虎通》卷一《爵》：

> 妇人无爵何？阴卑无外事。是以有三从之义：未嫁从父，既嫁从夫，夫死从子，故夫尊于朝，妻荣于室，随夫之行。③

所以彭卫先生指出："进入封建社会的汉王朝，婚姻关系中男尊女卑倾向十分明显，构成了这一时代的主流。"④

事实也正是如此。张家山汉简《二年律令·贼律》便明确规定：

> 妻悍而夫殴笞之，非以兵刃也，虽伤之，毋罪。（32）
> 妻殴夫，耐为隶妾。（33）⑤

可见汉初对于妻子的暴力行为是严格规定和管制的。妻子如果殴打丈夫，不管什么原因，都要被"耐为隶妾"，而丈夫如果是因为"妻悍"而打伤对方，只要未使用兵刃，就不会受到惩罚。汉初社会对所谓悍妻、悍妇的极力压抑，正是这一历史时期对女性人格特征进行人为塑造的重要表现之一。

班昭完全接受了这一思想，如其"阴阳殊性，男女异行。阳以刚为德，

---

① 苏舆撰，钟哲点校：《春秋繁露义证》卷一一《阳尊阴卑》，北京：中华书局1992年版，第325页。
② （清）陈立撰，吴则虞点校：《白虎通疏证》卷一〇《嫁娶》，北京：中华书局1994年版，第452、491页。
③ （清）陈立撰，吴则虞点校：《白虎通疏证》卷一《爵》，北京：中华书局1994年版，第21页。
④ 彭卫：《汉代婚姻形态》，西安：三秦出版社1988年版，第160页。
⑤ 张家山二四七号汉墓竹简整理小组编著：《张家山汉墓竹简〔二四七号墓〕》（释文修订本），北京：文物出版社2006年版，第13页。

阴以柔为用,男以强为贵,女以弱为美"云云。可以说,《女诫》一书的前提和核心就是以阴阳关系来分析夫妻的不同地位和行为。她在"卑弱第一"中,开篇就以《诗经·小雅·斯干》"乃生男子,载寝之床。载衣之裳,载弄之璋。其泣喤喤,朱芾斯皇,室家君王。乃生女子,载寝之地。载衣之裼,载弄之瓦。无非无仪,唯酒食是议,无父母诒罹"①为依据,认为"卧之床下,明其卑弱,主下人也",女子从一生下来就注定应该是卑弱的。具体到夫妻关系,班昭主张:"夫妇之道,参配阴阳,通达神明,信天地之弘义,人伦之大节也。……不可不重也。"并强调"妻妇之不可不御,威仪之不可不整""夫主之不可不事,礼义之不可不存",因为"夫不御妇,则威仪废缺;妇不事夫,则义理堕阙"。

班昭基于"男女有别"所论述的这些阳尊阴卑、男尊女卑观念,一度曾遭到学界的强烈反对和贬斥。但必须承认,这些观念在当时的历史条件下还是值得肯定的。恩格斯指出:

> 母权制的颠覆,乃是女性的具有全世界历史意义的失败。男子掌握了家中的管理权,而妇女失掉了荣誉地位,降为贱役变成男子淫欲的奴婢,变成生孩子的简单工具了。②

而"男女有别",无疑就是这次划时代革命的一个主要内容。正如李衡眉先生所说:"'男女有别'的原则正是用以巩固人类这次具有世界历史意义的革命成果的有力措施。"③顾颉刚先生也指出:

> "男、女有别"和"夫、妇有别"等反烝、报的封建制度及其思想,以及残酷地在禁锢妇女、迫害妇女的制度下所造成的无限痛苦,这些痛苦,长期由妇女承担,不知道曾流出了多少血泪,送掉了多少生命,但如果一分为二地看,它也有一些些的好处,就是一夫一妻制被它固

---

① 程俊英、蒋见元:《诗经注析·小雅·斯干》,北京:中华书局1991年版,第547—548页。
② 恩格斯:《家庭、私有制和国家的起源》,北京:人民出版社1954年版,第54页。
③ 李衡眉:《早期儒家婚姻观论略》,收入氏著《中国古代婚姻史论集》,长春:吉林文史出版社1992年版,第39页。

定下来了,除了法定的妻和正名定分的妾之外,一个男子倘使和别的女性发生关系时,就被社会上看作不道德,在法律上也得受处分了。①

更重要的是,班昭的女性观虽然以男尊女卑为基调,但她在夫妻关系中却强调"夫不贤,则无以御妇;妇不贤,则无以事夫",即妇顺要以夫贤为前提,只有夫妻双方都"贤"才可以做到"夫妇之好,终身不离"、和谐相处的观点。这种观点无论在过去还是现在都是难能可贵的。

滥觞于先秦而完成于汉代的"三从"思想起源于男女有别,包括"未嫁从父、既嫁从夫、夫死从子"三个方面的规范。《说文解字·从》曰:"从,随行也。"②一般认为,"三从"思想是男尊女卑的集中体现,女性因此而被束缚于父权和夫权,甚至许多人认为女性已完全沦为男性的附属品。实则并不尽然。就拿"未嫁从父"来说,汉代女性的婚龄通常是十五岁,故未嫁之前大多数女子实际属于未成年人,而未成年人理所当然要接受其父亲即主要监护人的管教,这在今天也仍然为法律所认同。糟粕最多的当属"既嫁从夫",但这实际也与当时"男耕女织"的家庭经济结构相适应。丈夫是家庭收入的最主要的获得者。至于"夫死从子",虽表面上是要求母亲服从、听从或跟从儿子,但在其丈夫去世已失去家庭生活最主要支柱的情况下,这在很大程度上实际是规定了儿子必须赡养母亲的义务,否则便是不孝。明白了这一点,我们也就不难理解为什么汉代许多"孝子"的孝行都是父亲去世后所对母亲的孝养,甚至是对继母的"孝谨"③。尽管"三从"理论使得女性从被动到主动越来越认同自己的依附地位,并逐渐遵守男权社会的一整套男尊女卑的伦理规范,丧失了自己的独立人格和对个人价值的追求,但它在实际生活中却又赋予男性更多、更重要的

---

① 顾颉刚:《由"丞"、"报"等婚姻方式看社会制度的变迁(下)》,载《文史》第15辑。

② (东汉)许慎撰,(北宋)徐铉校定:《说文解字》,北京:中华书局2013年版,第166页。

③ 参看晋文:《论"以经治国"对我国汉代社会生活的整合功能》,载《社会学研究》1992年第6期;《论经学与汉代忠孝观的整合》,载《江海学刊》2001年第5期。

社会和家庭负担——作为父亲,应承担其教育、抚养子女的职责,作为丈夫,要能够养家糊口,而作为儿子,在父亲去世后则必须接过父亲的重担。这些都被看作理所当然,否则就不是一位合格的父亲、丈夫或儿子,不是被认为无能,也会自认为不孝。

二、谦恭柔顺的女性观

班昭在《女诫》中还以阴阳殊性为基础提出了女性应该遵守的一系列日常行为规范,主要包括"女人之常道"、"敬顺"之妇道、谨守"四德"和"从一而终"等内容。

（一）"女人之常道"

《女诫》"卑弱第一"中提出"卑弱下人""执勤""继祭祀""三者盖女人之常道,礼法之典教矣"的主张。

"谦让恭敬,先人后己,有善莫名,有恶莫辞",要求女性应该具备谦恭的美德。这不仅仅是汉代女性,也是自古以来所公认的全社会的美德。

"晚寝早作,勿惮夙夜,执务私事,不辞剧易,所作必成,手迹整理。"要求女性应该具备勤劳的美德,也是无可厚非的。当然,从现在的角度看,她的这些要求同时埋没了女性作为独立个体的地位,忽视了女性自己的独立人格和要求。

"正色端操,以事夫主,清静自守,无好戏笑,洁齐酒食,以供祖宗,是谓继祭祀也。"女性还应该能够操办家庭的祭祀活动。在中国古代,祭祀活动往往由女性完成。女子从小就要学习祭祀之礼数,《礼记·内则》曰:

> 女子十年不出,姆教婉、娩、听从……学女事,以共衣服;观于祭祀,纳酒浆、笾豆、菹醢,礼相助奠。[1]

---

[1] （清）孙希旦撰,沈啸寰、王星贤点校:《礼记集解》卷二八《内则》,北京:中华书局1989年版,第772—773页。

故《女诫》强调妇人应尽到"继祭祀"的职责。

班昭在《女诫》中对女性"常道"的要求局限于家庭范围之内,这实际反映了"男主外,女主内"的传统观点。

(二)"敬顺"之妇道

汉代是一个女性地位比上不足比下有余的时代。女性在婚姻关系中所扮演的角色十分复杂,既有如《汉书》卷七六《王章传》所载,在丈夫穷困时激励丈夫面对生活中的困厄发奋努力,后来又劝解丈夫"人当知足"的患难之妻,也有因各种理由杀夫者。史载宣帝时魏相便上书说:"案今年计,子弟杀父兄、妻杀夫者,凡二百二十二人。"[1]而且深宫中也不乏凶悍之妻妾,所谓"内则为深宫后庭将有骄臣悍妾醉酒狂悖卒起之败"[2]。

面对当时混乱的社会状况,班昭认为:"男以强为贵,女以弱为美。"女性应该发扬自身"柔""弱"的特点来"修身""避强",以达成"敬顺之道"。因为"房室周旋,遂生媟黩。媟黩既生,语言过矣。语言既过,纵恣必作。纵恣既作,则侮夫之心生矣"。"侮夫不节,谴呵从之。"夫妻之间长期相处难免产生矛盾,如果矛盾产生以后在语言上不加控制,自然就可能会有过分的言语,而遭到丈夫的苛责。而"夫事有曲直,言有是非。直者不能不争,曲者不能不讼。讼争既施,则有忿怒之事矣","忿怒不止,楚挞从之",而"楚挞既行,何义之存? 谴呵既宣,何恩之有? 恩义俱废,夫妇离矣"。所以"夫为妇者,义以和亲,恩以好合",这就是所谓"妇人之大礼也"。"夫敬非它,持久之谓也。夫顺非它,宽裕之谓也。持久者,知止足也。宽裕者,尚恭下也。"妻子应该懂得自我控制、谦恭卑下,宽以待人,这样才能做到"夫妇之好,终身不离"。"故妇专以柔顺为德,不以强辩为美也。"

(三)谨守"四德"

班昭在《女诫》中第一次明确了"四德"的具体内容,她说:

---

[1]《汉书》卷七四《魏相传》,北京:中华书局 1962 年版,第 3136 页。
[2]《汉书》卷八五《谷永传》,北京:中华书局 1962 年版,第 3468 页。

"夫云妇德,不必才明绝异也……清闲贞静,守节整齐,行己有耻,动静有法,是谓妇德。"女子不一定要才华出众,贤明、仁智,只要能够做到安守本分,遵守礼节,做事情有原则和尺度就是妇德了。

"妇言,不必辩口利辞也……择辞而说,不道恶语,时然后言,不厌于人,是谓妇言。"班昭所说的妇言,主要侧重于女子个人的语言修养,说话时应该注意自己的语言修辞,不要说伤害别人的话,想好了以后才能发言,不要让人感到厌恶。班昭所说的"妇言"并没有像《礼记·内则》所要求的"男不言内,女不言外。……内言不出,外言不入"那般严格。

"妇容,不必颜色美丽也……盥浣尘秽,服饰鲜絜,沐浴以时,身不垢辱,是谓妇容。"女子要对自己的外表有所要求,但不必过分追求容貌漂亮,能够做到洗刷污秽,衣服、服饰干净整洁,适时洗澡,讲究卫生就可以了。

"妇功,不必工巧过人也……专心纺织,不好戏笑,絜齐酒食,以奉宾客,是谓妇功。"女子不必手巧过人,能够做到专心致志做好纺织工作,不要爱好玩要嬉笑,可以置办酒饭招待客人就好。

《女诫》强调女子应该加强自己的个人修养,包括遵守礼制,注重品德,三思而后言,不要惹人讨厌,讲究卫生,干净整洁,做好自己的"本职工作",专心纺织,招呼客人,这些都是无可厚非的。特别是"慎言",这是每个人应该必修的教育内容,慎言有助于维护家族的和睦团结。当然,在传统社会中,女性往往被局限于家庭活动范围之内,家长里短成为女性们谈论的主要内容,而这些却恰恰成为培养"长舌妇"的温床。

（四）"从一而终"

汉朝是传统礼教形成的重要时期,西汉神爵四年(前58年)宣帝曾经诏赐"贞妇顺女帛"[1],这是中国有史以来史籍中第一次关于褒奖贞妇的记载。《白虎通》卷一〇《嫁娶》称:

---

[1]《汉书》卷八《宣帝纪》,北京:中华书局1962年版,第264页。

夫有恶行,妻不得去者,地无去天之意也。夫虽有恶,不得去也。故《礼记·郊特牲》曰:"一与之齐,终身不改。"悖逆人伦,杀妻父母,废绝纲纪,乱之大也。义绝,乃得去也。①

班昭在《女诫》"专心第五"中也特别强调了妇女的忠贞问题,她说:"《礼》,夫有再娶之义,妇无二适之文,故曰夫者天也。天固不可逃,夫固不可离也。"因为丈夫就是妻子的天,所以丈夫可以再娶,妻子却不能离婚再嫁。

班昭在这里强调的"妇无二适之文",根据下文"夫固不可离"的说法,应当是指妻子不可以主动离婚,而不包括丈夫死后改嫁的情况(董仲舒《春秋决狱》明文规定:"夫死无男,有更嫁之道也。")。她所说的忠贞并不等同于后世所说寡妇不能再嫁之忠贞。《女诫》成书后不久,东汉王朝即出现旌表贞节之事。《后汉书》卷五《安帝纪》载:元初元年(114年)"春正月甲子,改元元初。赐民爵,人二级……贞妇帛,人一匹";元初六年(119年)二月诏曰"贞妇有节义十斛;甄表门闾,旌显厥行"。② 朝廷用名利来奖励"贞妇",也表明政府对妇女忠贞的重视。至后世,宋明理学将这一理论作了苛刻的发挥。《二程遗书》曰:"饿死事极小,失节事极大。"③这时的忠贞观已经发展为片面的节烈观,与班昭的忠贞观还有着明显区别。

班昭强调女性应该"从一而终"的道德规范,这实际就是秦汉时期社会现实问题的反映。秦汉时期是传统礼教开始发展时期。史载秦始皇便公开规范并强调说:

皇帝并宇,兼听万事,远近毕清。……饬省宣义,有子而嫁,倍死不贞。防隔内外,禁止淫佚,男女洁诚。夫为寄豭,杀之无罪,男秉义

① (清)陈立撰,吴则虞点校:《白虎通疏证》卷一〇《嫁娶》,北京:中华书局1994年版,第467—468页。
② 《后汉书》卷五《安帝纪》,北京:中华书局1965年版,第220、229—230页。
③ 程颢、程颐:《二程遗书》,上海:上海古籍出版社1992年版,第235页。

程。妻为逃嫁,子不得母,咸化廉清。大治濯俗,天下承风。蒙被休经,皆尊度轨。[①]

所谓"妻为逃嫁",即指"有夫之妇逃离夫家与他人再婚"[②]。睡虎地秦简、岳麓秦简、张家山汉简等都有许多关于妻子逃亡再嫁的社会现象或实例。从中可以窥见,秦汉时期妇女逃离夫家与他人再婚是一个比较重要的社会问题。特别是有子女的家庭,妇女的"逃嫁"更加被视为不贞,这使财产继承紊乱,使孩子失去母亲,影响了家庭和整个社会的稳定,所以秦汉时期强调妇女的忠贞问题在当时也确有必要。虽然有学者认为贞节作为夫妻之间需要遵循的一种规范,"是婚姻的衍生物,而婚姻又是由男女两性缔结的,所以贞节是对两性行为的限制和约束,而并非如人们通常所理解的那样,仅仅是对女性而言的"[③]。但在男权社会中,由于"一夫一妻制从其开始之日起,就具有了一种特殊的性质,使它成为只是对妇女的一夫一妻制,而不是对男子的"[④],因而"从一而终"的道德规范也就只能成为"一夫一妻制"下对女性单方面的规范,而男性却享有事实上的一妻多妾制。

三、委曲求全的家庭观

东汉时期的经济基础在理论上虽然是男耕女织式的小农家庭,但它往往被包含在大家族之中。由于土地兼并的发展,大地主田庄经济是实际上社会经济的主角,这时所形成的大家族较前代数量明显增加。而根据沙波特家庭关系与家庭人数(N)的关系公式 N2 - N/2,每当家庭成员增加一人,家庭成员之间的关系就增加 N - 1 种,故如何处理好大家庭的

---

① 《史记》卷六《秦始皇本纪》,北京:中华书局 1959 年版,第 262 页。
② 晋文:《秦始皇未曾破坏母系制遗存——与张岩先生"破坏"说商榷》,载《南京师大学报(社会科学版)》1999 年第 3 期。
③ 郭玉峰、王贞:《中国古代的贞节:并非仅对女性的规范》,载《天津师范大学学报(社会科学版)》2002 年第 5 期。
④ 恩格斯:《家庭、私有制和国家的起源》,北京:人民出版社 1954 年版,第 60 页。

内部秩序便显得尤为重要。

　　《女诫》不仅强调女性与丈夫和睦相处的重要性,同时也提出应该重视与舅姑和睦相处。"曲从第六"中,班昭把与丈夫的关系定位为"恩",与舅姑的关系则为"义"。她说:"物有以恩自离者,亦有以义自破者也。夫虽云爱,舅姑云非,此所谓以义自破者也。"在二者之间,儒家经典更加强调舅姑意见的重要性,《礼记·内则》曰:

　　　　子甚宜其妻,父母不说,出。子不宜其妻,父母曰:"是善事我",子行夫妇之礼焉,没身不衰。①

《大戴礼记·本命》谓妇有七去,其一就是"不顺父母"。所以班昭在《女诫》中特别强调应求得舅姑的欢心。而求得舅姑欢心的最好方法,"固莫若尚于曲从矣"。"姑云不尔而是,固宜从令;姑云尔而非,犹宜顺命。勿得违戾是非,争分曲直。此则所谓曲从矣。"

　　承接"曲从第六",班昭认为如果只是单纯屈从舅姑仍远远不够,她又在"和叔妹第七"中说:

　　　　妇人之得意于夫主,由舅姑之爱己也;舅姑之爱己,由叔妹之誉己也。由此言之,我臧否毁誉,一由叔妹,叔妹之心,复不可失也。

要在夫家安身立足,除了应做到舅姑满意,还要注意处理好与丈夫兄弟姐妹的关系,因为"室人和则谤掩,外内离则恶扬。此必然之势也"。聪明之人"则能依义以笃好,崇恩以结援,使徽美显章,而瑕过隐塞,舅姑矜善,而夫主嘉美,声誉曜于邑邻,休光延于父母";而愚蠢之人"于嫂则托名以自高,于妹则因宠以骄盈。骄盈既施,何和之有!恩义既乖,何誉之臻!是以美隐而过宣,姑忿而夫愠,毁誉布于中外,耻辱集于厥身,进增父母之羞,退益君子之累"。要得到叔妹之心,最好的方法也莫过于谦虚顺从,因为"谦则德之柄,顺则妇之行。凡斯二者,足以和矣"。如果能够做到这

---

① (清)孙希旦撰,沈啸寰、王星贤点校:《礼记集解》卷二七《内则》,北京:中华书局1989年版,第738页。

一点,在叔妹,则不会有妒嫉和猜疑,在丈夫亦没有了不满。

汉代是一个转型中的时代,社会伦理关系远没有后世那样严格,西汉前期贾谊曾发出"妇姑不相说,则反唇而相稽。……曩之为秦者,今转而为汉矣"①的感叹。而维持大家庭秩序的重要纽带之一,就是"孝"。孝不仅是家庭伦理道德的核心,也是以忠孝为家国同构的汉代政府维护社会和国家秩序的最重要的政治手段之一。汉代除开国者高祖刘邦及光武帝刘秀以外,诸帝皆以"孝"作为谥号,足见对孝行的重视。故汉代治国的主要特点,就是"以孝治天下"②,"以经义断事"③。

"曲从舅姑""和叔妹"的主张在注重表彰"孝道""孝行"的汉代社会是有很重要的现实意义的。正如贾谊所说:"夫和妻柔,姑慈妇听,礼之至也。……夫和则义,妻柔则正,姑慈则从,妇听则婉,礼之质也。"④妻子恃舅姑如恃父母,若要做到尽孝,也就更多地体现为孝敬舅姑和顺从舅姑。况且,从家庭的社会功能看,在秦汉时期,家庭暴力问题较为普遍,而班昭所提倡的顺从舅姑、和睦叔妹,既有利于得到丈夫的认可和恩爱,从客观上来说也有利于促进整个社会的稳定。

当然,"姻缘关系的成员(妻、媳)只处于从属地位,遵守血缘关系影响下的家庭生活秩序"⑤,也是这种观念在后世不断片面强调所造成的恶果之一。

　　　　在中国人的心理世界中,占据支配地位的,是人伦,而非人权。

人权的立足点是独立的自我,人伦的立足点则是自我所从属的各种

---

① 《汉书》卷四八《贾谊传》,北京:中华书局1962年版,第2244页。
② (唐)李隆基注,(北宋)邢昺疏,金良年整理:《孝经注疏》卷八《孝治章》,上海:上海古籍出版社2009年版,第35页。
③ (清)赵翼撰,曹光甫点校:《廿二史札记》卷二《汉时以经义断事》,上海:上海古籍出版社2011年版,第38页。
④ (西汉)贾谊撰,阎振益、钟夏校注:《新书校注》卷六《礼》,北京:中华书局2000年版,第215页。
⑤ 乌丙安:《中国民俗学》,沈阳:辽宁大学出版社1985年版,第139页。

亲属关系。①

《女诫》中的许多观点反映了传统社会伦理意识中极强的依附色彩。由此产生的是社会群体力量对个体个性追求的否定,家族宗法关系对个体独立意识和空间的剥夺。尤其是女性,由于片面地自我约束,就更加丧失了自我,这是一种历史的悲哀。

中国传统女教并不完全是现代社会发展的障碍。仔细分析,还有很多值得肯定之处。具体到班昭的《女诫》,其中"谦让恭敬,先人后己,有善莫名,有恶莫辞""执务私事,不辞剧易,所作必成,手迹整理""夫为妇者,义以和亲,恩以好合"以及倡导"四德"、不要轻易离婚、和睦家庭等,即使在现在,它的规范作用和道德感召力量仍然是不容忽视的。"现在成为思想包袱的一些传统观念,在过去却曾起过进步的作用,而且一些传统观念似乎是应该彻底抛弃的东西,但只要换一个角度,却可以看到它的合理性。"②

"长期以来,由'保护'政策所造成的弱者心态,潜伏在我们心中,从各个方面影响着我们的生活",故"表现在(弱)女人身上,仍然是对社会、对男人的期待:期待理解和扶助,而不是从自己脚下做起"。我们"在放弃'女性'的同时丢失了身为女人的自信"③。女性应该以自身的特点担负人类的重担,在追求个人价值实现的同时来达到两性的和谐相处。在破除依附心理的同时,坚持宽厚仁德、勤劳节俭、为他人着想、敬奉长辈、克己容人、奉献牺牲、知耻有节的传统道德仍然十分必要。

现代社会越来越追求两性的平等和个人价值的实现,但是两性的平等并不等于两性的趋同,个人价值的实现也不等于个人利己主义的泛滥。在当前社会中,面对不断开放的经济和社会关系,面对人们价值观念的变化和社会媒体等方面的误导,女性的道德观,尤其是性观念、婚姻家庭观

① 韩德民:《孝亲的情怀》,北京:北京语言文化大学出版社2001年版,第7页。
② 周桂钿:《董学探微》,北京:北京师范大学出版社1989年版,第4页。
③ 李小江:《中国妇女在社会转型中的变化和作为》,载《延边大学学报(社会科学版)》1997年第3期。

念,如果引导不当就可能在摆脱传统道德、追求自身价值的体现中,步入个人利己主义或自由主义的误区,以某种表面上的"独立"而掩盖实质上的依附。其结果必然会给社会秩序带来严重的危害,这就更要求全社会必须高度重视女性道德建设,发挥女性道德在稳定家庭、安定社会、促进经济建设和推动社会主义精神文明进步中的积极作用。

附录一　汉代重要经学家表

姓　名	主要生活年代	经学传授与著述	备　注
伏　胜	秦汉之际	《尚书大传》四卷	秦朝任博士
陆　贾	西汉初年	《新语》十二篇	汉初任太中大夫
叔孙通	西汉初年	《傍章》十八篇	汉初制朝仪,任太常
田　何	西汉初年	传《周易》,撰《易传》	汉代言《易》者本之田何
贾　谊	西汉前期	传《春秋左氏传》,著《新书》	景帝时任长沙王太傅等
晁　错	西汉前期	传《尚书》	景帝时任御史大夫
申　培	西汉前期	传《鲁诗》《谷梁春秋》	太中大夫
辕　固	西汉前期	传《齐诗》	景帝时任博士
韩　婴	西汉前期	传《韩诗》,撰《韩诗外传》	景帝时任常山王太傅
胡毋生	西汉前期	传《公羊春秋》	景帝时任博士
孔安国	西汉前期	传《古文尚书》《周礼》	武帝时任谏大夫
董仲舒	西汉中期	传《公羊春秋》,著《春秋繁露》等	武帝时任江都、胶西王相

姓 名	主要生活年代	经学传授与著述	备 注
公孙弘	西汉中期	传《公羊春秋》	武帝时任丞相
瑕丘江公	西汉中期	传《谷梁春秋》	传子至孙为博士
儿 宽	西汉中期	传《尚书》《谷梁春秋》	武帝时任御史大夫
后 苍	西汉中期	传《齐诗》，撰《齐故》	曾任博士
韦玄成	西汉后期	传《鲁诗》	元帝时任丞相
匡 衡	西汉后期	传《齐诗》	成帝时任丞相
戴 德	西汉后期	传《礼记》，撰《大戴礼记》	曾任信都王太傅
戴 圣	西汉后期	传《礼记》，撰《礼记》	曾任九江郡太守
翟方进	西汉后期	传《左氏春秋》	成帝时任丞相
刘 向	西汉后期	传《谷梁春秋》，撰《说苑》《新序》《洪范五行传论》《别录》等	元帝时任宗正
刘 歆	西汉后期	传《左氏春秋》《周礼》，著《七略》《五行传》《三统历》等	刘向之子，哀帝时任九江太守，王莽时任国师
郑 兴	东汉初年	传古文经学，校《三统历》等	光武帝时任太中大夫
郑 众	东汉前期	传古文经学，撰《春秋难记条例》《周礼解诂》《春秋删》十九篇等	郑兴之子，章帝时任大司农
卫 宏	东汉前期	传古文经学，撰《毛诗序》《尚书训旨》《汉旧议》	光武帝时任议郎
牟 融	东汉前期	传《大夏侯尚书》	章帝时任太尉
杨 政	东汉前期	传《梁丘易》，善说经书，有"说经锵锵杨子行"之称	章帝时任左中郎将
魏 应	东汉前期	传《鲁诗》	章帝时任五官中郎将
伏 恭	东汉前期	传《齐诗》，删《齐诗章句》为二十万言	明帝时任司空，章帝尊为"三老"

续表

姓　名	主要生活年代	经学传授与著述	备　注
薛　汉	东汉前期	传《韩诗》,受诏校定图谶	明帝时任千乘太守
曹　褒	东汉前期	传《庆氏礼》《礼记》,撰《新礼》	和帝时任射声校尉
李　育	东汉中期	传《公羊》学,撰《难左氏义》四十一事	章帝时任博士
贾　逵	东汉中期	传《春秋左氏传》《周官解诂》	和帝时任侍中兼骑都尉
许　慎	东汉中期	传古文经学,著《五经异议》《说文解字》	曾任功曹、县长
马　融	东汉中期	传古文经学,撰《三传异同说》等	桓帝时任南郡太守
何　休	东汉后期	传《公羊春秋》,撰《公羊墨守》《左氏膏肓》《谷梁废疾》	灵帝时任谏议大夫
蔡　邕	东汉后期	作《熹平石经》,撰《独断》等	灵帝时任议郎
服　虔	东汉后期	传古文经学,撰《春秋左氏传解》	灵帝时任九江太守
卢　植	东汉后期	传古文经学,撰《尚书章句》《三礼解诂》	灵帝时任北中郎将
赵　歧	东汉后期	撰《孟子章句》《三辅决录》	献帝时任太仆、太常
郑　玄	东汉后期	注《周易》《尚书》《毛诗》《三礼》《论语》《孝经》等	综合今古文学,成为一代宗师

说明:本表主要依据于《汉书》《后汉书》的资料,并参考借鉴了章权才《两汉经学史·两汉经学传授表》(广州:广东人民出版社1990年版)。

附录二　已发表相关论文目录

1. 《秦代学校浅说》,《山东师大学报(哲学社会科学版)》1985 年第 2 期。

2. 《略论邓太后与东汉经学的发展》,《山东师大学报(社会科学版)》1988 年《历史研究专辑》。

3. 《汉代以经治国的历史考察》,《扬州师院学报(社会科学版)》1991 年第 2 期。

4. 《以经治国与汉代法律》,《江海学刊》1991 年第 3 期。

5. 《从西汉抑商政策看官僚地主的经商》,《中国史研究》1991 年第 4 期,中国人民大学复印报刊资料《先秦、秦汉史》1992 年第 1 期、《经济史》1992 年第 1 期转载,1995 年获江苏省普通高校第一届人文、社会科学优秀成果三等奖。

6. 《以经治国与汉代教育》,《徐州师范学院学报(哲学社会科学版)》1991 年第 4 期。

7. 《论〈春秋〉〈诗〉〈孝经〉〈礼〉在汉代政治地位的转移》,《山东师大学报(社会科学版)》1992 年第 3 期,中国人民大学复印报刊资料《先秦、秦汉史》1992 年第 8 期转载。

8. 《论"以经治国"对我国汉代社会生活的整合功能》,《社会学研究》1992 年第 6 期,中国人民大学复印报刊资料《先秦、秦汉史》1993 年第 1 期转载。

9.《以经治国与汉代经济》,《江汉论坛》1992年第12期,中国人民大学复印报刊资料《经济史》1993年第1期、《先秦、秦汉史》1993年第2期转载。

10.《东汉"小侯"考》,《南都学坛》1993年第2期。

11.《以经治国与汉代"荒政"》,《中国史研究》1994年第2期,1999年获江苏省普通高校第二届人文社会科学研究成果三等奖。

12.《评〈神秘文化——谶纬文化新探〉》,《中国史研究动态》1994年第8期。

13.《以经治国与汉代用人》,《齐鲁学刊》1994年第6期。

14.《汉武帝尊〈公羊〉的原因》,《历史教学》1995年第7期。

15.《秦始皇未曾破坏母系制遗存——与张岩先生"破坏"说商榷》,《南京师大学报(社会科学版)》1999年第3期。

16.《论西汉〈春秋〉独尊向〈诗经〉为尊的嬗变》,李天石、徐湖平主编:《文献与考古研究》,兰州:兰州大学出版社1999年版。

17.《秦汉思想史研究的新成果——评〈刘安评传〉》,《江苏社会科学》1999年第4期。

18.《论经学与汉代忠孝观的整合》,《江海学刊》2001年第5期,中国人民大学复印报刊资料《伦理学》2002年第2期转载。

19.《汉代太学浅说》,《山东师大学报(人文社会科学版)》2001年第6期。

20.《汉代的古今观及其理论的构建》,《南京大学学报(哲学·人文科学·社会科学)》2001年第6期。

21.《略论汉代的"〈春秋〉大一统"理论》,《徐州师范大学学报(哲学社会科学版)》2001年第4期。

22.《读孙筱著〈两汉经学与社会〉》,《中国史研究动态》2003年第6期。

23.《汉代赦制略论》(与杨国誉合著,通讯作者),《学海》2004年第3期。

24.《2003年秦汉史研究综述》(与李一全合著,第一作者),《中国史研究动态》2004年第10期,收入中国社会科学院《中国史研究动态》编辑部编:《中国史研究历程》秦汉卷,北京:商务印书馆 2022 年版。

25.《也谈"汉武帝尊儒"问题——与孙景坛教授商榷》,《南京社会科学》2005 年第 10 期。

26.《汉武帝"财政总管"的富国之策》,《人民论坛》2007 年第 5 期。

27.《汉代私学浅说》,雷依群、徐卫民主编:《秦汉研究》第一辑,西安:三秦出版社 2007 年版。

28.《重评班昭〈女诫〉的女性伦理观》(与赵会英合著,第一作者),《南都学坛》2007 年第 6 期,收入《安作璋先生史学研究六十周年纪念文集》,济南:齐鲁书社 2007 年版。

29.《论经学与汉代"受命"论的诠释》,《学海》2008 年第 4 期,收入中国秦汉史研究会编:《秦汉史论丛》第十一辑,长春:吉林文史出版社 2009 年版。

30.《西汉盐铁会议若干问题再评议》,《江海学刊》2010 年第 2 期,《新华文摘》2010 年第 12 期转载,中国人民大学复印报刊资料《先秦、秦汉史》2010 年第 4 期转载。

31.《简评王文涛〈秦汉社会保障研究——以灾害救助为中心的考察〉》(与汪良合著,第一作者),《河北师范大学学报(哲学社会科学版)》2010 年第 6 期。

32.《汉代官学教育与商品经济的发展》(与胡小静合著,第一作者),顾江主编:《文化产业研究》第四辑,南京:东南大学出版社 2011 年版。

33.《2009 年秦汉史研究综述》(与李伟合著,通讯作者),《中国史研究动态》2010 年第 11 期,中国人民大学复印报刊资料《先秦、秦汉史》2011 年第 2 期转载,收入中国社会科学院《中国史研究动态》编辑部编:《中国史研究历程》秦汉卷,北京:商务印书馆 2022 年版。

34.《"上行"与"下效"——对两汉"崇俭抑奢"风尚的再探讨》(与杨国誉合著,通讯作者),《湖南师范大学社会科学学报》2011 年第 4 期。

35.《秦汉时期的刑罚减免述论》(与杨国誉合著,通讯作者),《理论学刊》2012 年第 4 期。

36.《"重瞳"记载的起源、内涵与转变——从项羽"重瞳"说起》(与赵怡冰合著,第一作者),《中国史研究》2014 年第 2 期。

37.《汉代霾或"霾雾"探微》,中国秦汉史研究会编:《秦汉史论丛》第十四辑,成都:四川人民出版社 2017 年版。

38.《从青少年时期的学习看桑弘羊的知识积累》,《文史知识》2018 年第 5 期。

39.《2017—2018 年秦汉史研究述评》,《中国史研究动态》2019 年第 2 期,收入中国社会科学院《中国史研究动态》编辑部编:《中国史研究历程》秦汉卷,北京:商务印书馆 2022 年版。

40.《西汉盐铁会议对匈奴和战之争》,《中国社会科学报》,2020 年 1 月 13 日《历史学》,第 5 版。

41.《汉民族的形成及其民族意识》,《中国社会科学院大学学报》2022 年第 4 期。

42.《2020 年中国古代史研究报告·先秦秦汉史》,路育松主编:《中国历史学前沿报告(2021)》,北京:社会科学文献出版社 2022 年版。

43.《2021 年中国古代史研究报告·先秦秦汉史》(与齐正阳合著,第一作者),路育松主编:《中国历史学前沿报告(2022)》,北京:社会科学文献出版社 2023 年版。

44.《从推广教化看秦汉王朝的民族边疆治理》,《郑州大学学报(哲学社会科学版)》2023 年第 3 期,《新华文摘》2023 年第 23 期转载。

45.《古今之辨与"焚书坑儒"的悲剧》,秦始皇帝陵博物院编:《秦始皇帝陵博物院论丛(2003)/先秦秦汉历史考古与博物馆论集》,西安:三秦出版社 2023 年版。

46.《重评董仲舒与司马迁的义利观》,《中州学刊》2024 年第 7 期。

47.《身死还是苟活——试论东汉肉刑存废之议》(与余迪合著,通讯作者),未刊稿。

参考文献

安作璋:《两汉与西域关系史》,济南:齐鲁书社 1979 年版。

安作璋:《秦汉农民战争史料汇编》,北京:中华书局 1982 年版。

安作璋:《桑弘羊》,北京:中华书局 1983 年版。

白寿彝、高敏、安作璋主编:《中国通史》第五卷,上海:上海人民出版社 1995 年版。

(东汉)班固撰:《白虎通德论》,上海:上海古籍出版社 1990 年版。

(东汉)班固撰:《汉书》,北京:中华书局 1962 年版。

北京师范大学中文系章太炎著作译注小组:《章太炎〈秦政记〉〈秦献记〉评注》,北京:人民出版社 1974 年版。

(东汉)蔡邕撰:《独断》卷上,上海:上海古籍出版社 1990 年版。

陈东原:《中国妇女生活史》,上海:商务印书馆 1937 年版。

(清)陈立撰,吴则虞点校:《白虎通疏证》,北京:中华书局 1994 年版。

陈奇猷校释:《吕氏春秋校释》,上海:学林出版社 1984 年版。

(西晋)陈寿撰:《三国志》,北京:中华书局 1959 年版。

陈松长主编:《岳麓书院藏秦简(肆)》,上海:上海辞书出版社 2015 年版。

陈松长主编:《岳麓书院藏秦简(伍)》,上海:上海辞书出版社 2017 年版。

程颢、程颐:《二程遗书》,上海:上海古籍出版社 1992 年版。

程俊英、蒋见元:《诗经注析》,北京:中华书局 1991 年版。

(明)程荣纂辑:《汉魏丛书》,长春:吉林大学出版社 1992 年版。

程树德:《九朝律考》,北京:中华书局 1963 年版。

程树德撰,程俊英、蒋见元点校:《论语集释》,北京:中华书局 1990 年版。

邓小平:《邓小平文选》(1—3),北京:人民出版社 1993 年版。

董家遵:《中国古代婚姻史研究》,广州:广东人民出版社 1995 年版。

杜俊燕、秦进才:《汉代教化传播初探》,《河北学刊》2020 年第 5 期。

(唐)杜佑撰,王文锦等点校:《通典》,北京:中华书局 1988 年版。

(西晋)杜预注,(唐)孔颖达疏:《春秋左传正义》,(清)阮元校刻:《十三经注疏》(附校勘记),北京:中华书局 1980 年版。

恩格斯:《家庭、私有制和国家的起源》,北京:人民出版社 1954 年版。

范家伟:《复肉刑议与汉魏思想之转变》,《中国史研究》1996 年第 1 期。

范文澜:《范文澜历史论文选集》,北京:中国社会科学出版社 1979 年版。

(南朝宋)范晔撰:《后汉书》,北京:中华书局 1965 年版。

(唐)房玄龄等撰:《晋书》,北京:中华书局 1974 年版。

冯友兰:《中国哲学史》,北京:中华书局 1961 年版。

高敏:《论汉代"假民公田"制的两种类型》,《求索》1985 年第 1 期。

顾颉刚:《由"丞"、"报"等婚姻方式看社会制度的变迁(上)》,《文史》第 14 辑。

顾颉刚:《由"丞"、"报"等婚姻方式看社会制度的变迁(下)》,《文史》第 15 辑。

顾颉刚撰,王煦华导读:《秦汉的方士与儒生》,上海:上海古籍出版社1998年版。

(清)顾炎武著,(清)黄汝成集释,栾保群、吕宗力校点:《日知录集释》,上海:上海古籍出版社2006年版。

广东省社会科学院历史研究所、中国社会科学院近代史研究所中华民国史研究室、中山大学历史系孙中山研究室编:《孙中山全集》,北京:中华书局1981年版。

(晋)郭璞注,(北宋)邢昺疏:《尔雅注疏》,(清)阮元校刻:《十三经注疏》(附校勘记),北京:中华书局1980年版,第2608页。

郭庆藩:《庄子集释》,北京:中华书局2004年版。

郭玉峰、王贞:《中国古代的贞节:并非仅对女性的规范》,《天津师范大学学报(社会科学版)》2002年第5期。

国家文物局古文献研究室编:《马王堆帛书》,北京:文物出版社1980年版。

韩德民:《孝亲的情怀》,北京:北京语言文化大学出版社2001年版。

韩树峰:《汉魏法律与社会——以简牍、文书为中心的考察》,北京:社会科学文献出版社2011年版。

(西汉)韩婴撰,许维遹校释:《韩诗外传集释》,北京:中华书局1980年版。

何宁撰:《淮南子集释》,北京:中华书局1998年版。

(东汉)何休解诂,(唐)徐彦疏:《春秋公羊传注疏》,(清)阮元校刻:《十三经注疏》(附校勘记),北京:中华书局1980年版。

(南宋)洪迈:《容斋随笔》,北京:中华书局2005年版。

(南宋)洪适撰:《隶释 隶续》,北京:中华书局1986年版。

[日]户川芳郎著,姜镇庆译,李德龙校:《古代中国的思想》,北京:北京大学出版社1994年版。

华有根:《西汉礼学新论》,上海:上海社会科学院出版社1998年版。

黄华生：《论刑罚轻缓化》，北京：中国经济出版社 2005 年版。

黄今言：《汉代"贫富失度"与"调均贫富"论略》，《安作璋先生史学研究六十周年纪念文集》，济南：齐鲁书社 2007 年版。

黄今言：《秦汉赋役制度研究》，南昌：江西教育出版社 1988 年版。

黄天华：《中国财政制度史》，上海：上海人民出版社 2017 年版。

（北宋）黄庭坚撰：《古文真宝》前集，四库全书文渊阁本。

（西汉）贾谊撰，阎振益、钟夏校注：《新书校注》，北京：中华书局 2000 年版。

（清）焦循撰，沈文倬点校：《孟子正义》，北京：中华书局 1987 年版。

金春峰：《汉代思想史》，北京：中国社会科学出版社 1987 年版。

晋文：《从商鞅变法到西汉前期抑商政策的转变》，《光明日报》，1985 年 2 月 13 日《史学》。

晋文：《从推广教化看秦汉王朝的民族边疆治理》，《郑州大学学报（哲学社会科学版）》2003 年第 3 期。

晋文：《从西汉抑商政策看官僚地主的经商》，《中国史研究》1991 年第 4 期。

晋文：《东汉小侯考》，《南都学坛》1993 年第 2 期。

晋文：《汉代的古今观及其理论的构建》，《南京大学学报（哲学·人文科学·社会科学）》2001 年第 6 期。

晋文：《汉代太学浅说》，《山东师大学报（人文社会科学版）》2001 年第 6 期。

晋文：《汉民族的形成及其民族意识》，《中国社会科学院大学学报》2022 年第 4 期。

晋文：《两汉王朝对匈奴的战争诉求》，《社会科学战线》2022 年第 8 期。

晋文：《龙岗秦简中的"行田""假田"等问题》，《文史》2020 年第 2 辑。

晋文:《论〈春秋〉〈诗〉〈孝经〉〈礼〉在汉代政治地位的转移》,《山东师大学报(社会科学版)》1992 年第 3 期。

晋文:《论经学与汉代"受命"论的诠释》,《学海》2008 年第 4 期。

晋文:《论经学与汉代忠孝观的整合》,《江海学刊》2001 年第 5 期。

晋文:《论"以经治国"对我国汉代社会生活的整合功能》,《社会学研究》1992 年第 6 期。

晋文:《秦代学校浅说》,《山东师大学报(哲学社会科学版)》1985 年第 2 期。

晋文:《秦始皇未曾破坏母系制遗存——与张岩先生"破坏"说商榷》,《南京师大学报(社会科学版)》1999 年第 3 期。

晋文:《睡虎地秦简与授田制研究的若干问题》,《历史研究》2018 年第 1 期。

晋文:《西汉"武功爵"新探》,《历史研究》2016 年第 2 期。

晋文:《也谈秦代的工商业政策》,《江苏社会科学》1997 年第 6 期。

晋文:《以经治国与汉代法律》,《江海学刊》1991 年第 3 期。

晋文:《以经治国与汉代"荒政"》,《中国史研究》1994 年第 2 期。

晋文:《以经治国与汉代教育》,《徐州师范学院学报(哲学社会科学版)》1991 年第 4 期。

晋文:《以经治国与汉代社会》,广州:广州出版社 2001 年版。

晋文:《以经治国与汉代用人》,《齐鲁学刊》1994 年第 6 期。

晋文:《沅陵汉简〈计簿〉中的人口与"事算"新证》,《中国社会科学报》,2021 年 12 月 22 日《争鸣》。

晋文:《张家山汉简中的田制等问题》,《山东师范大学学报(人文社会科学版)》2019 年第 4 期。

晋文:《走马楼西汉简〈都乡七年垦田租簿〉的年代问题》,《山东师范大学学报(社会科学版)》2021 年第 3 期。

荆门市博物馆编著:《郭店楚墓竹简》,北京:文物出版社 1998 年版。

荆州博物馆、武汉大学简帛研究中心编著:《荆州胡家草场西汉简牍选粹》,北京:文物出版社 2021 年版。

(西汉)孔安国撰,(唐)孔颖达正义:《尚书正义》,上海:上海古籍出版社 2007 年版。

黎翔凤撰,梁运华整理:《管子校注》,北京:中华书局 2004 年版。

(唐)李百药撰:《北齐书》,北京:中华书局 1972 年版。

(北宋)李昉编纂,任明、朱瑞平、聂鸿音校点:《太平御览》,石家庄:河北教育出版社 1994 年版。

(北宋)李昉等撰:《太平御览》,北京:中华书局 1960 年版。

李衡眉:《中国古代婚姻史论集》,长春:吉林文史出版社 1992 年版。

李均明、何双全编:《散见简牍合辑》,北京:文物出版社 1990 年版。

李开元:《焚书坑儒的真伪虚实——半桩伪造的历史》,《史学集刊》2010 年第 6 期。

(唐)李隆基注,(北宋)邢昺疏,金良年整理:《孝经注疏》,上海:上海古籍出版社 2009 年版。

(唐)李隆基注,(北宋)邢昺疏:《孝经注疏》,(清)阮元校刻:《十三经注疏》(附校勘记),北京:中华书局 1980 年版。

李普国:《论董仲舒的经济思想》,《中国经济史研究》1986 年第 4 期。

李埏:《史记·货殖列传》引〈老子〉疑义试析》,《历史研究》1999 年第 4 期。

李小江:《中国妇女在社会转型中的变化和作为》,《延边大学学报(社会科学版)》1997 年第 3 期。

(唐)李延寿撰:《北史》,北京:中华书局 1974 年版。

李泽厚:《秦汉思想简议》,《中国社会科学》1984 年第 2 期。

(明)李贽撰:《藏书》,北京:中华书局 1959 年版。

林兴龙:《汉代社会救济问题研究》,厦门:厦门大学出版社 2017 年版。

刘家和:《论汉代春秋公羊学的大一统思想》,《史学理论研究》1995年第 2 期。

刘俊文:《日本学者研究中国史论著选译》(八),北京:中华书局 1992年版。

(东汉)刘熙:《释名》,《丛书集成初编》,北京:中华书局 1985 年版。

(西汉)刘向编著,石光瑛校释:《新序校释》,北京:中华书局 2001年版。

(西汉)刘向编撰,张涛译注:《列女传译注》,济南:山东大学出版社1990 年版。

(西汉)刘向撰,向宗鲁校证:《说苑校证》,北京:中华书局 1987年版。

(东汉)刘珍等撰,吴树平校注:《东观汉记校注》,北京:中华书局2008 年版。

柳诒徵:《中国文化史》,南京:南京钟山书局 1935 年版。

吕思勉:《秦汉史》,上海:上海古籍出版社 1983 年版。

吕雯慧:《论中国家族教化传递模式的近代转型》,《湖南师范大学教育科学学报》2011 年第 1 期。

吕宗力:《汉代的流言与讹言》,《历史研究》2003 年第 2 期。

吕宗力:《汉代的谣言》,杭州:浙江大学出版社 2011 年版。

马代忠:《长沙走马楼西汉简〈都乡七年垦田租簿〉初步考察》,中国文化遗产研究院编:《出土文献研究》第 12 辑,上海:中西书局 2013 年版。

(南宋)马端临撰:《文献通考》,北京:中华书局 2011 年版。

马非百:《秦集史》,北京:中华书局 1982 年版。

(东汉)马融撰,(东汉)郑玄注,(明)陶原良详解:《忠经详解》,影印上海图书馆藏明崇祯刻本。

(西汉)毛亨传,(东汉)郑玄笺,(唐)孔颖达疏:《毛诗正义》,(清)阮元校刻:《十三经注疏》(附校勘记),北京:中华书局 1980 年版。

毛泽东:《毛泽东选集》(1—4),北京:人民出版社 1991 年版。

南京博物院、山东省文物管理处合编:《沂南古画像石墓发掘报告》,北京:文化部文物管理局 1956 年版。

牛天伟、金爱秀:《汉画神灵图像考述》,开封:河南大学出版社 2009 年版。

(北宋)欧阳修撰:《新唐书》,北京:中华书局 1975 年版。

(北宋)欧阳修撰:《新五代史》,北京:中华书局 1974 年版。

(唐)欧阳询撰,汪绍楹校:《艺文类聚》,上海:上海古籍出版社 1965 年版。

彭浩、陈伟、[日]工藤元男主编:《二年律令与奏谳书——张家山二四七号汉墓出土法律文献释读》,上海:上海古籍出版社 2007 年版。

彭卫:《汉代婚姻形态》,西安:三秦出版社 1988 年版。

彭卫:《略论汉代婚姻思想的时代特征》,《上海社会科学院学术季刊》1987 年第 2 期。

(清)皮锡瑞:《经学历史》,台北:台北艺文印书馆 1987 年版。

(清)皮锡瑞著,周予同注释:《经学历史》,北京:中华书局 1959 年版。

裴锡圭:《湖北江陵凤凰山十号汉墓出土简牍考释》,《文物》1974 年第 7 期。

裴锡圭:《裴锡圭学术文集》,上海:复旦大学出版社 2012 年版。

[日]日原利国:《复仇论》,辛冠洁等编:《日本学者论中国哲学史》,北京:中华书局 1986 年版。

山东大学《商子译注》编写组:《商子译注》,济南:齐鲁书社 1982 年版。

(清)沈家本:《历代刑法考》,北京:中华书局 1985 年版。

(南朝梁)沈约撰:《宋书》,北京:中华书局 1974 年版。

睡虎地秦墓竹简整理小组编:《睡虎地秦墓竹简》,北京:文物出版社

1978 年版。

（西汉）司马迁撰：《史记》，北京：中华书局 1959 年版。

宋娟等：《江苏省快速城市化进程对雾霾日时空变化的影响》，《气象科学》2012 年第 3 期。

苏舆撰，钟哲点校：《春秋繁露义证》，北京：中华书局 1992 年版。

（北宋）苏辙著，曾枣庄、马德富校点：《栾城集》，上海：上海古籍出版社 1987 年版。

孙洪升、宋一淼：《论司马迁的经济思想》，《思想战线》2016 年第 1 期。

孙景坛：《汉武帝"罢黜百家"不是学术谎言吗？——答南京师范大学历史系秦汉史专家张进教授》，http://www.confucius2000.com/admin/list.asp？id=1711。

孙少华：《〈孔丛子〉真伪辨》，《古典文学知识》2006 年第 6 期。

（清）孙希旦撰，沈啸寰、王星贤点校：《礼记集解》，北京：中华书局 1989 年版。

（清）孙星衍：《汉官六种》，北京：中华书局 1990 年版。

缩印浙江书局汇刻本《二十二子》，上海：上海古籍出版社 1986 年版。

［德］陶安：《殊死考》，张中秋编：《中华法系国际学术研讨会文集》，北京：中国政法大学出版社 2007 年版。

陶广峰：《汉魏晋宫刑存废析》，《法学研究》1997 年第 3 期。

汪荣宝撰，陈仲夫点校：《法言义疏》，北京：中华书局 1987 年版。

（清）汪文台辑：《七家后汉书》，石家庄：河北人民出版社 1987 年版。

（曹魏）王弼、（东晋）韩康伯注，（唐）孔颖达疏：《周易正义》，（清）阮元校刻：《十三经注疏》（附校勘记），北京：中华书局 1980 年版。

（东汉）王充著，张宗祥校注，郑绍昌标点：《论衡校注》，上海：上海古籍出版社 2010 年版。

（清）王夫之：《读通鉴论》，北京：中华书局 1975 年版。

（汉）王符著，（清）汪继培笺，彭铎校正：《潜夫论笺校正》，北京：中华书局 1985 年版。

王国维：《观堂集林》，北京：中华书局 1959 年版。

王利器撰：《新语校注》，北京：中华书局 1986 年版。

王利器撰：《盐铁论校注（定本）》，北京：中华书局 1992 年版。

（清）王先谦撰，沈啸寰、王星贤点校：《荀子集解》，北京：中华书局 1988 年版。

（清）王先谦撰，沈啸寰、王星贤点校：《荀子集解》，北京：中华书局 2013 年版。

（清）王先慎撰，钟哲点校：《韩非子集解》，北京：中华书局 1998 年版。

王云度：《论项羽的英雄气概》，曹秀明、岳庆平主编：《项羽研究》第 1 辑，南京：凤凰出版社 2011 年版。

王子今：《“焚书坑儒”再议》，《光明日报》，2013 年 8 月 14 日《史学》。

王子今：《两汉的沙尘暴记录》，《寻根》2001 年第 5 期。

（北齐）魏收撰：《魏书》，北京：中华书局 1974 年版。

乌丙安：《中国民俗学》，沈阳：辽宁大学出版社 1985 年版。

武树臣：《中国法律思想史》，北京：法律出版社 2004 年版。

徐复观：《两汉思想史》，上海：华东师范大学出版社 2001 年版。

（魏）徐干撰，孙启治解诂：《中论解诂》，北京：中华书局 2014 年版。

（唐）徐坚撰：《初学记》，北京：中华书局 2004 年版。

（南宋）徐天麟撰：《东汉会要》，上海：上海古籍出版社 1978 年版。

（南宋）徐天麟撰：《西汉会要》，上海：上海人民出版社 1977 年版。

徐文武：《〈尸子〉辨》，《孔子研究》2005 年第 4 期。

许殿才：《历史文化认同意识在秦汉统一多民族国家建设中的作用》，《中国社会科学院研究生院学报》2012 年第 6 期。

（东汉）许慎撰，（北宋）徐铉校定：《说文解字》，北京：中华书局 2013

年版。

（东汉）许慎撰，（清）段玉裁注：《说文解字注》，上海：上海古籍出版社 1988 年版。

许维遹：《吕氏春秋集释》，北京：中华书局 2009 年版。

薛菁：《汉末魏晋复肉刑之议论析》，《东南学术》2004 年第 3 期。

薛菁：《魏晋南北朝刑法体制研究》，福州：福建人民出版社 2006 年版。

（东汉）荀悦撰，（明）黄省曾注：《申鉴》，上海：上海古籍出版社 1990 年版。

（东汉）荀悦撰，（明）黄省曾注，孙启治校补：《申鉴注校补》，北京：中华书局 2012 年版。

（清）严可均编：《全上古三代秦汉三国六朝文》，北京：中华书局 1958 年版。

杨伯峻：《春秋左传注》，北京：中华书局 1990 年版。

杨伯峻：《列子集释》，北京：中华书局 1979 年版。

杨鸿烈：《中国法律思想史》，上海：上海书店出版社 1984 年版。

杨静婉：《关于汉代"假民公田"与"赋民公田"的几个问题——与高敏先生商榷》，《湘潭大学学报（社会科学版）》1987 年第 2 期。

杨明照撰：《抱朴子外篇校笺》，北京：中华书局 1991 年版。

杨振国：《"重瞳"再训》，《内蒙古民族师院学报（哲学社会科学版）》1993 年第 2 期。

应强、尚栩：《记者手记：巴黎应对"法国式"雾霾》，新华网 2014 年 3 月 16 日，http://news. xinhuanet. com/world/2014-03/16/c_119790739. htm。

（东汉）应劭撰，王利器校注：《风俗通义校注》，北京：中华书局 1981 年版。

（隋）虞世南编：《北堂书钞》，四库全书文渊阁本。

（东晋）袁宏撰：《后汉纪》，张烈点校：《两汉纪》下册，北京：中华书局

2002 年版。

曾辉:《肉刑存废之争论——以东汉末期主张恢复之人的生活视角分析》,《沧桑》2011 年第 5 期。

张春龙:《里耶秦简中迁陵县学官和相关记录》,清华大学出土文献研究与保护中心编:《出土文献》第 1 辑,上海:中西书局 2010 年版。

张家山二四七号汉墓竹简整理小组编著:《张家山汉墓竹简〔二四七号墓〕》(释文修订本),北京:文物出版社 2006 年版。

张建国:《中国法系的形成与发达》,北京:北京大学出版社 1997 年版。

张俊杰:《汉代礼乐教化观的转型探微》,《理论导刊》2015 年第 5 期。

张梦晗:《从新出简牍看西汉后期南京的农业经济》,《中国农史》2020 年第 6 期。

张荣芳:《论两汉的"公田"》,《中山大学学报(社会科学版)》1985 年第 1 期。

张辛欣、林晖:《"借我一双慧眼吧!"——气象专家详解雾霾天气成因及趋势》,新华网 2013 年 1 月 13 日,http://www.sxdaily.com.cn/n/2013/0115/c349-5055017-2.html。

(唐)张彦远注,俞剑华注释:《历代名画记》,上海:上海人民美术出版社 1964 年版。

张燕:《专家考证:敦煌汉代生态环境优于今日》,新华社 2002 年 5 月 26 日,http://www.people.com.cn/GB/huanbao/55/20020526/737307.html。

章炳麟:《章氏丛书》,民国六年(1917)浙江图书馆刻本。

(唐)章碣:《焚书坑》,《全唐诗》卷六六九,北京:中华书局 1980 年版。

赵靖:《中国古代经济思想史讲话》,北京:人民出版社 1986 年版。

（东汉）赵岐注，（北宋）孙奭疏：《孟子注疏》，（清）阮元校刻：《十三经注疏》（附校勘记），北京：中华书局 1980 年版。

（清）赵翼撰，曹光甫点校：《廿二史札记》，上海：上海古籍出版社 2011 年版。

（东汉）郑玄注，（唐）贾公彦疏：《周礼注疏》，（清）阮元校刻：《十三经注疏》（附校勘记），北京：中华书局 1980 年版。

（东汉）郑玄注，（唐）孔颖达疏：《礼记正义》，（清）阮元校刻：《十三经注疏》（附校勘记），北京：中华书局 1980 年版。

中共中央马克思恩格斯列宁斯大林著作编译局编：《马克思恩格斯选集》（1—4），北京：人民出版社 1972 年版。

中共中央马克思、恩格斯、列宁、斯大林著作编译局编译：《列宁全集》第 21 卷，北京：人民出版社 1985 年版。

中共中央马克思、恩格斯、列宁、斯大林著作编译局编译：《列宁全集》第 6 卷，北京：人民出版社 1991 年版。

中共中央马克思恩格斯列宁斯大林著作编译局译：《马克思恩格斯全集》第 39 卷，北京：人民出版社 1974 年版。

中共中央马克思恩格斯列宁斯大林著作编译局译：《马克思恩格斯全集》第 4 卷，北京：人民出版社 1972 年版，第 121 页。

中国气象报社：《雾和霾的区别》，中国气象局网站 2012 年 9 月 18 日。

中国史学会：《中国历史学年鉴（1991）》，北京：人民出版社 1991 年版。

钟肇鹏：《谶纬论略》，沈阳：辽宁教育出版社 1991 年版。

周桂钿：《董学探微》，北京：北京师范大学出版社 1989 年版。

周天游：《两汉复仇盛行的原因》，《历史研究》1991 年第 1 期。

周予同：《周予同经学史论著选集》，上海：上海人民出版社 1983

年版。

周之风:《班昭是中国妇女界第一个罪人》,《广西妇女》1942 年第22 期。

朱汉民、陈松长主编:《岳麓书院藏秦简(壹)》,上海:上海辞书出版社 2010 年版。

(清)朱彝尊:《曝书亭集》,上海:世界书局 1937 年版。

后　记

　　我开始研究汉代以经治国是在 1984 年。当时我师从安作璋教授攻读中国古代史研究生,在先生的指导下,我选择了这一课题作为硕士论文的研究内容。

　　说实话,由于研究经学治国要求有很深的学术功底,我对自己能否最终写成论文、通过答辩都感到怀疑。令我非常感动的是,尽管我一再向安师表示为难,甚至一度还打算改变选题,但先生始终都热情地鼓励我坚持研究下去,并认为只要是不断努力,就一定会得到丰厚的回报。限于时间和学力,我的硕士论文只写了五万字左右,这多少让老师有些失望。但他仍然希望我能继续研究,以争取写出一部比较像样的专著。

　　遵照先生的教诲,在许多师友的支持、帮助和鼓励下,这些年来我虽然还从事经济史和文化史研究,却一直都没有放弃对汉代以经治国的研究。先后在《中国史研究》《社会学研究》《江海学刊》《江汉论坛》《南京大学学报》等刊物上发表了十余篇专题论文,受到学术界的好评。现在这部书稿终于草成,安师又专门为本书撰写了热情洋溢的序,我衷心地感谢先生的提携与关怀!我也要衷心感谢许多师友的指教和鼓励,感谢广州出版社的领导和编辑!我还要特别感谢我的妻子刘文汇女士!作为大学教师,她在从事繁重的教学科研工作的同时,承担了几乎全部的家务劳动,使我才能够潜心研究和写作。作为相近专业的同事,她也是这部书稿的第一位读者和批评者。可以毫不夸张地说,本书的出版同样凝聚了她的许多心血!

　　本书的撰写断断续续有十余年,虽然已反复修改,但其中肯定还有不少错误,诚望得到读者及学界同仁的批评和指正。

晋　文

2001 年 7 月于金陵腾龙里

新版后记

　　拙著《以经治国与汉代社会》出版后曾得到学界好评。除了大陆学者的肯定,台湾"中央研究院"的同行也委托南京的好友到我家中求购了十五册。迄今二十三年,我始终铭记恩师安作璋先生的教诲——本书"并非完美无缺,有些问题也还需要进一步探讨"(《以经治国与汉代社会·序》,广州:广州出版社2001年版),注意更进一步地研究汉代的经学治国问题。尽管从2003年开始,我就更多地转入经济史和政治史、地方史研究,但这些年来我也在《中国社会科学报》《中国史研究》《中国史研究动态》《江海学刊》《学海》《南京社会科学》《山东师大学报》《郑州大学学报》《中州学刊》《秦汉史论丛》等报刊和孔子2000网发表(布)了30余篇论文。因此,对拙著予以修订,并增补内容以出版其研究更为全面的新版,便提到了议事日程之上。

　　新版《以经治国与汉代社会》的修订与增补主要体现在两个方面。一是在初版八章框架下对所论内容的部分修改和润色,二是围绕初版八章内容所作的专题研究。特别是后者,以附论形式分别讨论了汉武帝是否"独尊儒术"问题、秦汉"教化"与民族边疆治理问题、天命与"圣人异相"问题、古今之辨与"焚书坑儒"问题、汉代霾或"霾雾"与用人问题、董仲舒与司马迁的义利观问题、经学与两汉"崇俭抑奢"问题、经学与汉代赦免问题、经学与东汉肉刑存废之议问题、汉代太学与私学问题、汉代"荒政"与赋民公田问题、班昭《女诫》与女性伦理观问题,可以说是新版增补的基本内容。此外,新版《以经治国与汉代社会》还遵照近年通行的写作规范,统一了全书的注释体例。

需要说明的是,本书新版保留了初版"序言"和"后记",保留了附论中的自引,也没有将同名参考文献统一为同一个版本,意在显示四十年来我对汉代经学治国问题的研究轨迹,也是要表明我的一些学术观点在先,为什么相关论述未征引学界同行的大作。还要说明的是,新版中的附论有多篇是与我的学生合作撰写的,他(她)们分别是赵怡冰(烟台市开发区)、杨国誉(盐城师范学院)、余迪(河海大学出版社)和赵会英(昌乐县卫生健康局)。详见本书附录二《已发表相关论文目录》,此不赘述。

在新版《以经治国与汉代社会》付梓之际,我要特别感谢恩师安作璋先生!没有恩师为我确定的经学研究课题,就没有我对汉代以经治国的系列研究。我曾在初版"后记"中简要提到恩师指导我的硕士论文选题之事。2019年2月先生病逝后,我在《缅怀恩师安作璋先生》(《安作璋先生纪念文集》编委会编:《良史春秋笔 名师齐鲁风——安作璋先生纪念文集》,济南:齐鲁书社2020年版)中又详细回忆了我的硕士论文选题的前因后果。兹转引如下:

> 恩师为我解决的第二件事情是硕士论文的选题。我们(即师兄陈乃华、师弟刘德增和我)入学后,安老师便考虑为我们确定硕士论文选题。在学期过半时,安老师提出了三个选题——秦汉民俗研究、秦汉官吏法研究和汉代经学治国研究,认为均有重要的学术价值,特别是经学题目,并让我们自己挑选。我稍作迟疑,前两个题目就分别被刘德增、陈乃华挑走,只剩下没有可选择的经学。我虽然也硬着头皮接受,但心里不太乐意。主要有两个原因:一是经学太难,很难做出成就;二是我喜欢经济史,对思想史一类的选题往往敬而远之。所以见到安老师的时候,不管是集体上课,还是单独向先生请教,我都

表示经学的选题难度太大,希望先生能让我另选一个题目。而安老师则耐心地给我讲道理,认为研究这个课题很有意义,是当今学术研究的前沿课题;对我本人来说,更具有全面掌握研究秦汉史的传世文献的作用;从研究方法来说,研究经学治国并不是要研究经学本身,而是要研究经学在治国中的作用,只要能弄清经学在指导某项国家政策中的通常含义,完全不必陷入对经学派别、相关段落、字词的繁琐考证之中。最终我慢慢接受了这一课题,安心搜集资料与写作。尽管相关工作量很大,仅抄录的重要史料卡片就满满一抽屉,但我从中却获得了很大收益。我把涉及秦汉史研究的主要文献认真研读了一遍,有些重要文献甚至读了几遍,这对我以后全面研究秦汉史奠定了坚实的史料基础。另一方面,随着我的研究论著不断发表,我也成为新三届大学生中最早研究经学相关问题的一批学者之一(参见陈长琦《改革开放 40 年来的秦汉魏晋南北朝史研究》,《中国史研究动态》2018 年第 1 期)。此外,硕士选题的确定还为我的经济史研究埋下了伏笔。我本来一心想做经济史,所以入学不久我就开始搜集资料,在三个月内撰写了一篇近五万字的长文,题为《论秦汉时期的重农抑商政策》。但安老师审阅此文后,仍然主张我应该做经学课题。他的主要理由是,这篇文章写得确有新意,对秦汉重农抑商政策的梳理也比较全面,对一名硕士生来说,值得称道。但从长远发展来看,进一步研究的空间不大。如果作为我的硕士论文选题,现在就把学位论文基本写好,将影响我今后几年的学习和提高。"磨刀不误砍柴工",实际经济史以后我仍然可做。现在先把经济史研究放一放,并不妨碍我在研究经学课题全面搜集资料时顺手摘抄和补充一些经济史资料,更不妨碍我发表单篇论文,最终将形成我的另一个研究方向。事实也是如此。经过几番修改,这篇长文的第一节的部分内容,就以《从商鞅变法到西汉前期抑商政策的转变》为题发表在《光明日报》1985 年 2 月 13 日史学版上;第二节的主要内容,也以《从西汉抑商政策看官僚地主的经商》为题发表在《中国史研究》1991年第4期上；第三节的部分内容则与经学治国研究相结合，以《以经治国与汉代经济》为题发表在《江汉论坛》1992年第12期上。可以毫不夸张说，我的秦汉史研究之所以能有思想史和经济史两个主要研究方向，正是因为安老师预先为我做好了长远规划。由此，我也深刻体会到先生的良苦用心，也更加体会到他对我的厚爱与期望，以及指导方法的高明。

我还要特别感谢著名历史学家也是多年好友王子今先生！他欣然允诺为本书新版撰写序言，使拙著大为增色，亦让我感念子老的情谊。同时感谢郭妙妙、吴艳等十余位博士生和硕士生。他（她）们为本书新版做了精心校对，使拙著避免了许多文字错误。还有孟祥才教授、王云度教授、蒋广学教授、汤惠生教授、彭卫研究员、臧知非教授、潘清研究员和姜守明教授等都曾给予过帮助。

新版《以经治国与汉代社会》被列入"随园史学文库"，并得到江苏省一级学科重点学科南京师范大学中国史项目的资助。其部分内容的撰写，亦得到了国家社会科学基金重大委托项目"中华思想通史"（20@ZH026）和国家"十四五"发展规划重大学术文化工程《（新编）中国通史》纂修工程秦汉卷的资助。在出版过程中，江苏人民出版社社长王保顶先生和南京师范大学原中国史学科主持人李天石教授曾给予大力支持，责任编辑张欣女史更付出了辛勤劳动，在此谨一并致谢。

晋　文

2024年5月于南京随园